Volker von Prittwitz (Hrsg.)
Institutionelle Arrangements in der Umweltpolitik

Volker von Prittwitz (Hrsg.)

Institutionelle Arrangements in der Umweltpolitik
Zukunftsfähigkeit durch innovative
Verfahrenskombinationen?

Leske + Budrich, Opladen 2000

Die Deutsche Bibliothek – CIP-Einheitsaufnahme
Institutionelle Arrangements in der Umweltpolitik : Zukunftsfähigkeit
durch innovative Verfahrenskombinationen? / Volker von Prittwitz (Hrsg.). –
Opladen : Leske + Budrich, 2000

ISBN 3-8100-2641-7

Gedruckt auf säurefreiem und alterungsbeständigem Papier.

© 2000 Leske + Budrich, Opladen

Das Werk einschließlich aller seiner Teile ist urheberrechtlich geschützt. Jede Verwertung außerhalb der engen Grenzen des Urheberrechtsgesetzes ist ohne Zustimmung des Verlages unzulässig und strafbar. Das gilt insbesondere für Vervielfältigungen, Übersetzungen, Mikroverfilmungen und die Einspeicherung und Verarbeitung in elektronischen Systemen.

Satz: Leske + Budrich
Druck: Druck Partner Rübelmann, Hemsbach
Printed in Germany

Inhalt

Vorwort 9

Volker von Prittwitz
Institutionelle Arrangements und Zukunftsfähigkeit 12

Institutionelle Arrangements in Mehrebenensystemen

Kristine Kern
Institutionelle Arrangements und Formen der Handlungskoordination
im Mehrebenensystem der USA 41

Christoph Knill/Andrea Lenschow
Neue Steuerungskonzepte in der europäischen Umweltpolitik:
Institutionelle Arrangements für eine effektivere Implementation? 65

Christian Hey
Zukunftsfähigkeit und Komplexität – Institutionelle Innovationen
in der Europäischen Union 85

Globale Herausforderungen – globale Arrangements?

Frank Biermann
Zukunftsfähigkeit durch neue institutionelle Arrangements auf der
globalen Ebene? Zum Reformbedarf der internationalen
Umweltpolitik 103

Sebastian Oberthür
Institutionelle Innovationsperspektiven in der internationalen
Umweltpolitik 117

Jörg F. Mayer-Ries
Globales Arrangement für eine lokale Politik nachhaltiger
Entwicklung – Das Klima-Bündnis.. 137

Institutionelle Arrangements im internationalen Vergleich

Lutz Mez
Die ökologische Steuerreform: Eine umweltpolitische Innovation
im internationalen Vergleich 163

Ralf Nordbeck
Umweltplanung als institutionelles Arrangement –
Ein vergleichender Überblick 181

Carsten Kluth
Institutionelle Arrangements und Fußballübertragungsrechte –
Die Einführung des Bezahlfernsehens in Deutschland und Italien 203

Institutionelle Arrangements ausgewählter Politikfelder

Jan-Peter Voß
Institutionelle Arrangements zwischen Zukunfts- und
Gegenwartsfähigkeit: Verfahren der Netzregulierung im
liberalisierten deutschen Stromsektor 227

Jochen Monstadt
Energiemanagement im Umbruch: Institutionelle Steuerung
regionaler Energiepolitik am Beispiel Berlins 255

Walter Kahlenborn, Michael Kraack, Kerstin Imbusch
Institutionelle Arrangements im Schnittfeld zwischen Umwelt- und
Tourismus-Politik 293

Hagen Lang
Institutionelle Arrangements als Determinanten gesetzeskonformen
Metallrecyclings? Eine Untersuchung am Beispiel des Autorecyclings 311

Die Autorinnen und Autoren 327

Vorwort

Plakative Bezeichnungen wie *Hierarchie, Markt, Gemeinschaft, Verhandeln und Argumentieren* bringen Koordinationsprinzipien auf einen Begriff. Sie sind und bleiben daher, genauso wie neuere Leitkonzepte der Institutionenanalyse, so *Internationale Regime und Wohlfahrtsregime,* für die wissenschaftliche Politikanalyse von grundlegender Bedeutung. In dem Maße allerdings, in dem Regelmuster im Detail und in komplexer Verkoppelung arrangiert werden, reichen plakative Grundbegriffe zur institutionellen Handlungsanalyse nicht mehr aus. So müssen Regelkriterien und Regeltypen bestimmt werden, anhand derer sich unterschiedliche Ausprägungen von Koordinationsmustern verstehen lassen. Weiter fragt sich, wie Regelelemente miteinander verkoppelt sind, welche situativen Wirkungsprofile jeweilige Regelkombinationen aufweisen und welche Regelkombinationen im Sinne von Best practice-Erfahrungen situationsgerecht sein können.

Antworten auf diese Fragen werden in dem vorliegenden Band insbesondere unter dem Gesichtspunkt umweltpolitisch fundierter Zukunftsfähigkeit gesucht. Hierbei ergibt sich ein breites Spektrum von Herangehensweisen und Lösungsperspektiven, auch gegliedert nach den Teilabschnitten des Bandes (Institutionelle Arrangements in Mehrebenensystemen, globale Institutionen-Arrangements, institutionelle Arrangements im internationalen Vergleich und institutionelle Arrangements in ausgewählten Politikfeldern). In allen Beiträgen wird jedoch davon ausgegangen, dass institutionelle Settings grundsätzlich arrangierbar sind und dementsprechend das Konzept *institutionelle Arrangements* als leitendes Analysekonzept genutzt werden kann.

In seinem einleitenden Beitrag *Institutionelle Arrangements und Zukunftsfähigkeit* gibt *Volker von Prittwitz* einen Überblick grundlegender Begriffe und Typologien zur Problematik. Institutionelle Arrangements sind demnach in einem Prozess wechselseitiger Anpassung gestaltete, veränderbare, dabei aber doch gültige Regelkombinationen. Diese können sich mit problembezogenen, zum Beispiel internationalen, Regimen decken; sie können aber auch unterschiedliche Regime kombinieren oder ohne speziellen inhaltlichen Problembezug sein, also reine Verfahrens- oder Organisationsarrangements darstellen. Institutionelle Arrangements sind als intranationale, internationale oder Mehrebenenarrangements möglich. Sie lassen sich nach herkömmlichen institutionellen Mustern wie Hierarchie, Gemeinschaft, Markt, aber auch nach den darin enthaltenen Verhaltensregeln, Zielregeln, Verfahrensregeln und Verteilungsregeln analysieren. Im zweiten Teil des Beitrags werden vier Begriffe von Zukunftsfähigkeit vorgestellt, Zukunftsfähigkeit als ökologische Nachhaltigkeit, Zukunftsfähigkeit als Nachhaltigkeitsdreieck aus Ökologie, Ökonomie und sozialer Gerechtigkeit, Zukunftsfähigkeit als Zukunftsorientierung staatlichen Handelns und Zukunftsfähigkeit als systemischer Komplex von Leistungsanforderungen. Je nach dem verwendeten Konzept der Zukunftsfähigkeit ergeben sich spezifische Anforderungsprofile und favorisierte Formen institutioneller Arrangements. Eine besondere Herausforderung für die Analyse von Zukunftsfähigkeit und institutioneller Innovation stellt die Auseinandersetzung mit neuen Gesellschafts-Umweltbeziehungen im Zeichen des technomorphen und artifiziellen Menschen dar.

Einsichten in die Struktur und Wirkungsweise *institutioneller Arrangements in Mehrebenensystemen* liefern im ersten Themenabschnitt des Bandes Kristine Kern, Christoph Knill und Barbara Lenschow sowie Christian Hey. *Kristine Kern* legt in ihrem Beitrag *Institutionelle Arrangements und Formen der Handlungskoordination im Mehrebenensystem der USA* eine Typologie von Regulierungsformen und charakteristischen institutionellen Arrangements in Mehrebenensystemen vor. Hierbei unterscheidet sie grundsätzlich zwischen zentraler Regulierung, dezentraler Regulierung, Regulierungsverzicht und Mehrebenenregulierung. Während zentrale Regulierung als klassische hierarchische Koordination von Politikebenen zu fassen ist, läuft dezentrale Regulierung auf Wettbewerb und Kooperation zwischen den Einzelstaaten hinaus. Eine schwache bundesstaatliche und einzelstaatliche Position führt zum Regulierungsverzicht zugunsten der kommunalen Ebene. Mehrebenenregulierung schließlich wirkt vor allem als ein dynamisches Miteinander unterschiedlicher Ebenenregulierungen. Unter dem Stichwort *Neue institutionelle Arrangements* hebt Kern die institutionellen Wirkungs- und Prozessoptionen eines race to the bottom und eines race to the top hervor.

Christoph Knill und Barbara Lenschow stellen in ihrem Beitrag *Neue Steuerungskonzepte in der europäischen Umweltpolitik: Institutionelle Arrangements für eine effektivere Implementation?* ein Anpassungsdefizit institutioneller Arrangements an gegebene Kontexte nationalstaatlicher Politik fest. Verfahrensformen, die unter dem Stichwort Bottom-up-Strategien propagiert werden, rufen per se keinen positiv bewertbaren Wirkungsunterschied gegenüber traditionellen Top-down-Strategien hervor. Entscheidend für die Wirksamkeit europäischer Umweltpolitik ist es vielmehr, institutionelle Arrangements zu bilden, die die jeweils spezifischen Politik- und Verwaltungskulturen der EU-Mitgliedsländer nicht zu durchbrechen suchen, sondern deren spezifische Innovationspotentiale nutzen.

Christian Hey bezieht sich in seinem Beitrag *Zukunftsfähigkeit und Komplexität – Institutionelle Innovationen in der Europäischen Union* auf ver-

Vorwort

schiedene Modelle der Devolution politischer Aufgaben an technische Ausschüsse. Diese kombinieren Elemente der Selbststeuerung privater Akteure mit Elementen umweltpolitischer Steuerung, schaffen Partizipationsangebote für umweltorientierte Akteure und beinhalten ein Mehrebenensystem der Normsetzung und Entscheidungsfindung, in dem politisch-hoheitliche und technisch-kommunikative Funktionen miteinander verkoppelt sind. Solche Devolutionsregime müssen selbst einer ökologischen Kontextsteuerung unterliegen; ansonsten werden die sich selbst überlassenen Akteure dazu neigen, Kosten zu externalisieren oder nur inkrementale Anpassungen zu vollziehen. Letztlich favorisiert Hey also Devolutionsmodelle *im Schatten der Umweltverbände*. Ein geglücktes institutionelles Arrangement ökologischer Kontextsteuerung mit künstlicher Ausbalancierung von Interessen und einem anspruchsvollen normativem Referenzrahmen bildet lediglich die EU-Luftreinhaltepolitik. Ansonsten steht die gezielte ökologische Kontextsteuerung delegierter öffentlicher Aufgaben in der Europäischen Union noch in den Anfängen.

Frank Biermann, Sebastian Oberthür und Jörg F. Mayer-Ries diskutieren *institutionelle Arrangements globaler Umweltpolitik*. Während *Frank Biermann* in seinem Beitrag *Zukunftsfähigkeit durch neue institutionelle Arrangements auf der globalen Ebene? Zum Reformbedarf der internationalen Umweltpolitik* angesichts der bisherigen Koordinationsdefizite in der Weltumweltpolitik für die Bildung einer globalen Umweltbehörde plädiert und dafür auch reelle Chancen der Verwirklichung sieht, verortet *Sebastian Oberthür* in seinem Beitrag *Institutionelle Innovationsperspektiven in der internationalen Umweltpolitik* die Option einer stärkeren Hierarchisierung der globalen Umweltpolitik in einem breiten Set an institutionellen Innovationsperspektiven. Eine hierarchische Umstrukturierung internationaler Umweltpolitik scheidet Oberthürs Auffassung nach schon daher aus, weil sie nicht realisierbar ist; sie wäre aber auch unter Effektivitäts- und Effizienzkriterien einem schrittweisen Wandel keineswegs überlegen.

Jörg F. Mayer-Ries Blick auf institutionelle Arrangements der globalen Umweltpolitik unterscheidet sich von dem Biermanns und Oberthürs unter zwei Gesichtspunkten: Zum einen verortet er institutionelle Variablen in einem primär sozioökonomisch strukturierten regulationstheoretischen Ansatz und zum andern hebt er besonders auf Wechselbeziehungen zwischen der kommunalen und der globalen Ebene ab. In seinem Beitrag *Globales Arrangement für eine lokale Politik nachhaltiger Entwicklung – Das Klimabündnis* hebt er den Trend zu transnationalen Governancestrukturen hervor und analysiert das Klimabündnis als neuartiges Arrangement heterogener Ziele und Inhalte. Sein letztliches Fazit, das Auseinanderdriften eines europäischen und eines amazonensischen Städtebündnisses, bleibt allerdings skeptisch.

Lutz Mez, Ralf Nordbeck und Carsten Kluth analysieren institutionelle Arrangements im *internationalen Vergleich*. Die ökologischen Steuerreformen in Schweden, Dänemark, den Niederlanden und Deutschland stellen, wie

Lutz Mez in seinem Beitrag *Die ökologische Steuerreform: Eine umweltpolitische Innovation im internationalen Vergleich* zeigt, unterschiedliche Varianten eines Regelungskomplexes dar, der sich bisher als überwiegend positiv bewertbar erwiesen hat. So wurde hierdurch das Umweltbewusstsein bei privaten Haushalten und in Industrie und Gewerbe gesteigert, Wirkungen waren auch ein effizienterer Einsatz knapper Ressourcen und teils erhebliche Verbesserungen der Umweltqualität. Aber auch die Staatsseite hat eine Erweiterung der Handlungskapazität infolge der Ökologischen Steuerreformen erfahren, da innovative Arrangements, neue Zuständigkeiten und Institutionen zur Professionalisierung des Umsetzungsprozesses entstanden. Besonder auffällig ist bei den Vorreiterländern der Reform die vielfältige, bewusste Kombination von Maßnahmen im Policy-Mix und in sogenannten „policy-packages" je nach der vorherrschenden Tradion des Politikstils.

Ralf Nordbeck stellt in seinem Beitrag *Umweltplanung als institutionelles Arrangement – Ein vergleichender Überblick* ein übereinstimmendes Muster nationaler Umweltpläne und Nachhaltigkeitsstrategien in der Zielebene, jedoch zwei Ländergruppen in der Prozessebene der Umweltplanung fest: In Ländern mit korporatistischen Beteiligungsstrukturen wird die Öffentlichkeit nur marginal beteiligt (Südkorea, Dänemark) oder die Partizipation folgt den eingespielten Regeln korporatistischer Interessenbeteiligung, wodurch bei starker Konsensorientierung konsistente und kohärente Zielstrukturen ausgearbeitet und umgesetzt werden können (Niederlande, Schweden). Die Planungsprozesse nationaler Umweltpläne in Ländern mit pluralistischer Struktur zeichnen sich demgegenüber durch breit angelegte Konsultationsprozesse mit direkter Beteiligung von Bürgern und gesellschaftlichen Gruppen aus (Australien, Großbritannien, Kanada). Dadurch sind die Zielstrukturen von Umweltplänen und Nachhaltigkeitsstrategien dieser Länder nicht annähernd so stringent; andererseits finden sich hier die innovativsten Ansätze intergouvernementaler Koordination.

Carsten Kluth verdeutlicht in seinem Beitrag *Institutionelle Arrangements und Fußballübertragungsrechte – Die Einführung des Bezahlfernsehens in Deutschland und Italien* die Bedeutung der Anpassung von Politikstrategien an bestehende institutionelle Arrangements. So führte die genauere Anpassung der italienischen Politikstrategie an die bestehenden institutionellen Bedingungen in Italien letztlich zu einer erfolgreicheren Lösung als in Deutschland. Die bestehenden Arrangements in beiden Ländern beinflussten allerdings die Strategiewahl der hauptsächlichen Akteure in beiden Ländern in hohem Masse. Dies bildete und bildet deshalb eine große Herausforderung, weil sich in Italien wie Deutschland ein deutlicher Veränderungsprozess der vorherrschenden Regelungstypen in beiden Ländern zugunsten von Wettbewerbsarrangements und zuungunsten kooperativer Arrangements vollzog.

Mit *institutionellen Arrangements ausgewählter Politikfelder* befassen sich Jan-Peter Voß, Jochen Monstadt, Walter Kahlenborn/Michael Kraack, Kerstin Imbusch und Hagen Lang. *Jan-Peter Voß* fokussiert in seinem Beitrag *Institutionelle Arrangements zwischen Zukunfts- und Gegenwartsfähigkeit: Verfahren der Netzregulierung im liberalisierten deutschen Stromsektor* das Verhältnis von Zukunfts- und Gegenwartsfähigkeit institutioneller Arrangements. Eine absolute, den konkreten politischen Verhältnissen enthobene Fassung des Kriteriums Zukunftsfähigkeit erscheint nicht sinnvoll. Institutionelle Arrangements entfalten vielmehr ihre spezifischen Gestaltungspotentiale der effektiven Annäherung an Zukunftsfähigkeit gerade dann, wenn ihre kontextuelle Bedingtheit respektiert und genutzt wird. Potentiale kontextbezogener Steuerung sieht Voß in der tarierenden Prozesssteuerung über das Bereitstellen von Information, die Zuteilung ökonomischer Ressourcen, die Ausstattung mit Rechten und operativen Kompetenzen und die Unterstützung der Organisationsfähigkeit gesellschaftlicher Interessen. Hinzu kommen die institutionelle Einbindung von Interessen, „governing by objectives" und die öffentliche Thematisierung.

Jochen Monstadt identifiziert in seinem Beitrag *Energiemanagement im Umbruch: Institutionelle Steuerung regionaler Energiepolitik am Beispiel Berlins* umweltpolitische und ökonomische Schwachpunkte herkömmlicher Regelungsstrukturen: Umweltpolitisch wurde mit dem bisherigen Arrangement, wonach Umweltpolitik als eigenständiges ökologisches Korrektiv der Energiepolitik institutionalisiert war, zwar ein umweltschutzbezogener Investitionsdruck auf die Energiewirtschaft entwickelt; ein Kontinuitätsbruch der regionalen Regelungsstrukturen im Energiebereich und eine Öffnung bestehender Netzwerke für umweltpolitische Handlungsbedarfe kam aber nicht zustande. Ökonomisch führte der Verzicht auf den Preis als Koordinationsfaktor und das hohe Maß an staatlich garantierter Absatzsicherheit zu einer Investitionslethargie, zum Beispiel im Bereich der Einsparung von Energie. Auch in der neuen Struktur der Marktöffnung sieht Monstadt allerdings erhebliche umweltpolitische Risiken, so einen verringerten Preispielraum für rationelle Energieverwendung. Angesichts dessen und der stark gewachsenen Bedeutung informeller Netzwerke muss die Architektur von Steuerungsprozessen ökologischer Energiepolitik deutlich komplexer sein als im Zeichen des bilateralen Steuerungsmodells zwischen Staat und Energiewirtschaft. Hierbei können auch Institutionen kooperativer Planung, so dem Ende der achtziger Jahre begründeten Berliner Energiebeirat, nicht mehr ungebrochen funktionale oder gar innovatorische Wirkungen zugesprochen werden.

Walter Kahlenborn, Michael Kraack und Kerstin Imbusch analysieren in ihrem Beitrag *Institutionelle Arrangements im Schnittfeld zwischen Umwelt- und Tourismuspolitik* den Tourismus als neue Herausforderung der Umweltpolitik. Zwar ist die internationale Dimension des Schnittfelds zwischen Umwelt- und Tourismuspolitik inzwischen von den Beteiligten erkannt worden, und die in verschiedenen Foren möglich gewordene Diskussion tourismusinduzierter Umweltprobleme stellt einen Fortschritt im Sinne ökologischer Nachhaltigkeit dar; die regelungsbezogenen Arrangements bergen jedoch binnenstrukturelle Probleme im Zusammenspiel der einzelnen Arrangements. Demzufolge schlagen die Autoren ein übergreifendes Arrangement, zumindest in der Form der Abstimmung zwischen den einzelnen Umwelt- und Tourismus-Foren, vor.

Hagen Lang kommt in seinem abschließenden Beitrag *Institutionelle Arrangements als Determinanten gesetzeskonformen Metallrecyclings? Eine Untersuchung am Beispiel des Autorecyclings* zu einer zwiespältigen Antwort auf die Frage danach, ob institutionelle Arrangements zukunftsfähige Lösungen in diesem Feld ermöglichen: Kooperationsverbünde, die eine zukunftsfähige Gestaltung der Autorecyclingpolitik fördern, stehen dabei kriminellen Entsorgungsgemeinschaften der Recyclingfirmen sowie der ambivalent zu beurteilenden freiwilligen Selbstverpflichtung zum Autorecycling entgegen, die von Bundesregierung, Recycling-, Automobil- und Zulieferverbänden eingegangen wurde. Erfolgreich scheint allerdings eine Strategie zu sein, die simultan auf aktiver Anwendung von Ordnungsrecht und Strafrecht, innerbehördlicher Kommunikation und Kooperation sowie externer Kommunikation und Kooperation mit den Normadressaten basiert.

Der Sammelband entstand im Rahmen des Arbeitskreises Umweltpolitik der Deutschen Vereinigung für Politische Wissenschaft (DVPW). Er wurde in zwei Workshops vorbereitet, die dankenswerterweise in Tagungsräumen der Freien Universität Berlin stattfinden konnten. Für die finanzielle Unterstützung dieser Workshops ist der Fritz Thyssen Stiftung zu danken, für Ihre Unterstützung bei der Erstellung der Rahmenteile des Sammelbandes Maijaleena Mattila. Für die gute Zusammenarbeit danke ich schließlich dem Verlag Leske + Budrich.

Berlin, im Februar 2000 *Volker von Prittwitz*

Institutionelle Arrangements und Zukunftsfähigkeit

Volker von Prittwitz

Institutionen legitimieren, orientieren und regulieren. Während ältere soziologische und kulturanthropologische Ansätze diese Leistungen nur Institutionen zutrauten, die auf Dauer vorgegeben und von den Adressaten psychisch verinnerlicht waren – bis hin zu der Gehlen'schen Vorstellung von Institutionen als menschlichem Instinktersatz (Gehlen 1964)[1] –, betrachtet die mit Annahmen der Rationalen Wahlhandlungstheorie (Rational Choice) operierende Analyse Institutionen schlicht als einen *Satz von Regeln (Shepsle 1989; Scharpf 1991)*[2]. Die Beteiligten erkennen Institutionen demnach zwar als Rahmenbedingung ihres Handelns an, wissen aber, dass diese grundsätzlich revidiert, verbessert, weiter entwickelt werden können. Ein solches zweiebeniges Institutionenverständnis mag auf den ersten Blick verwirrend erscheinen; in einer sich laufend verändernden, hochgradig individualisierten Gesellschaft, in der demokratische Willensbildungsformen öffentlichen Handelns als selbstverständlich gelten, wird es grundlegend: An die Stelle universal und dauerhaft vorgegebener Institutionen treten grundsätzlich gestaltbare, anpassungsfähige, dabei aber gültige Regelkomplexe und Orientierungsmuster.

Mit einem solchen Wechsel des Institutionenverständnisses verändert sich auch die wissenschaftliche Bearbeitungsform von Institutionen. Die Beschreibung bestehender Institutionen verliert an Gewicht. Demgegenüber hat

---

[1] Gerhard Göhler steht mit seinem Begriff sozialer Institutionen in dieser kulturanthropologisch-soziologischen Tradition. Er fasst als soziale Institutionen *relativ auf Dauer gestellte, durch Internalisierung verfestigte Verhaltensmuster und Sinngebilde mit regulierender und orientierender Funktion* (Göhler 1996: 28). Sein Begriff politischer Institutionen (*Regelsysteme der Herstellung und Durchführung verbindlicher, gesamtgesellschaftlich relevanter Entscheidungen und Instanzen der symbolischen Darstellung von Orientierungsleistungen der Gesellschaft*) enthält zwar kein explizites Definitionselement zwingender Internalisierung, rekurriert darauf aber implizit, vermittelt über den Zusammenhang von Symbolisierung und Wertinternalisierung (Göhler 1996: 29ff).

[2] Elinor Ostrom definiert Institutionen gleichsinnig, aber strikt subjektiv-wahrnehmungsbezogen als *the shared concepts used by humans in repetitive situations organized by rules, norms, and strategies* (Ostrom 1999: 37).

sich unter Bezeichnungen wie *Internationale Regimeanalyse* (Krasner 1982, Oberthür 1997; u.a.), *Institutional Analysis and Development (IAD)-Ansatz* (Kiser/Ostrom 1982; Ostrom 1999), *Akteurszentrierter Institutionalismus* (Mayntz/Scharpf 1995) oder *Governanceanalyse* (Kenis/Schneider 1996; u.a.) eine neue Institutionenanalyse entwickelt, in der gestaltbare Institutionenformen und deren Wirkungsprofile erörtert werden. In der Auseinandersetzung mit Institutionenanalysen dieser Art ergeben sich grundlegende Begriffe und Überlegungen zur Analyse institutioneller Arrangements.

Als Brückenkonzepte bieten sich dabei zunächst umgangssprachlich vertraute Governancebegriffe wie *Staat/Hierarchie, Markt, Gemeinschaft, Verhandeln, Verbände* oder *Netzwerke* an, da sie eine Fülle geschichtlich gesättigter Assoziationen und damit korrespondierender Ordnungspräferenzen transportieren und daher leicht anschlussfähig sind. So stehen die Begriffe *Staat und Hierarchie* in Europa für einen ursprünglich aus dem Absolutismus erwachsenen, inzwischen jedoch üblicherweise rechtsstaatlich geläuterten und demokratisch gebundenen herrschaftlichen Steuerungskomplex. *Markt* steht für einen primär ökonomischen Idealtypus des freien, anonymen Wettbewerbs, der dem Idealtypus *Staat/Hierarchie* genau entgegengesetzt und zentraler Bezugspunkt wirtschaftsliberaler Denk- und Handlungskonzepte ist (Hayek 1991). Das auf gemeinsame Werte und Überzeugungen gegründete Konzept der *Gemeinschaft* steht im Mittelpunkt kommunitarischer Gesellschafts- und Handlungskonzepte (Walzer 1993; Etzioni 1994). *Verhandeln, Netzwerk, Verbände* und *Private Interessenregierung* sind die Catchwords der neokorporatistischen Sicht von Staat und Gesellschaft (Mayntz/Scharpf 1995; Kenis/Schneider 1996; Streeck/Schmitter 1996). *Solidarität* schließlich steht für eine durch die Arbeiterbewegung geprägte, insbesondere auf materielle Gleichheit abhebende, Gesellschafts- und Handlungskonzeption. Die skizzierten Begriffe bilden allerdings keine geschlossene Typologie. Denn sie lassen sich nur teilweise nach denselben Kriterien vergleichen, so die Begriffe *Hierarchie* und *Markt* nach dem Kriterium zentraler Disposition (Kieser/ Kubicek 1992). Bestimmte Kriterien, so das Tönnies'sche Kriterium gemeinsamer Werte und Überzeugungen zur Charakterisierung von Gemeinschaften (Tönnies 1991), sind nur auf einzelne Begriffe fruchtbar anwendbar. Schließlich ist nicht klar, inwieweit die Governancekonzepte lediglich Regelungsprinzipien und inwieweit sie ausdifferenzierte Regelmuster darstellen.

Systematischer als die Governanceanalyse erscheint der *Institutional Analysis and Development (IAD)*-Ansatz (Kiser/Ostrom 1982; Ostrom 1999). Dessen Autoren unterscheiden in einer horizontalen Ebene sieben Regeltypen, nämlich *Entry and exit rules* (Regeln der Teilnahmeberechtigung u.ä.), *Position rules* (Wie entwickelt sich jemand vom einfachen Mitglied zum Träger einer besonderen Aufgabe?), *Scope rules* (Verständnis der funktionalen/geographischen Bedingungen u.ä.), *Authority rules* (Normverständnis), *Aggregation rules* (Verständnis von Regeln, die die Wahlentscheidungen Beteiligter betreffen), *Information rules* (Geheimhaltungsnormen u.ä.) und

Payoff rules (Regeln des Umfangs und der Handhabung von Sanktionen bei Regelbrüchen). Hinzu kommt die Unterscheidung von drei Regelebenen, *Operational rules, Collective-choice rules* und *Constitutional-choice rules* (Kiser/Ostrom 1982). Hierbei betreffen Operationale Regeln unmittelbar tagesaktuelle Entscheidungen, Kollektive-Wahl-Regeln dagegen wirken darauf ein, wer als Akteur eines Regelsets in Frage kommt und welche Regeln für die Veränderung operationaler Regeln gelten. Konstitutionelle Wahlregeln schließlich betreffen die Kollektive-Wahl-Regeln. Gerade mit Bezug auf politiknahe Entscheidungsprozesse bietet es sich an, den Ostrom'schen Gedanken der vertikalen Regeldifferenzierung aufzugreifen, da er die übliche Differenzierung zwischen Verfassungs- und einfachen Gesetzesregelungen systematisiert. Die horizontal strukturierte Regeltypologie dagegen weist Schwächen auf, die einer politikanalytischen Verwendung entgegenstehen. So sind die gelieferten Typen offensichtlich nicht trennscharf, sondern überschneiden sich zu beträchtlichen Teilen. Beispielsweise können Anforderungen der Geheimhaltung (*Information rules*) auch als Normen (*Authoritative rules*) intepretiert werden. Alle sonstigen Regeltypen lassen sich auch unter dem Aspekt der Grenzregelung (*Entry and exit rules*) auffassen. Die wissensbezogenen Regeltypen (*Aggregation rules, Scope rules*) passen nicht zum üblichen Regelbegriff und erscheinen entbehrlich, wenn Wissenskonzepte politikanalytisch außerhalb von Regelkonzepten verwendet werden (Nullmeier 1993). Wie auch Edella Schlager kritisiert, fehlt der Ostrom'schen Typologie eine übergreifende Orientierung, die ihre verdichtete Rezeption erlauben würde (Schlager 1999). Schließlich bleibt in der Ostrom'schen Regeltypologie die Differenzierung zwischen materiellen Normen und prozeduralen Verfahren, eine grundlegende Unterscheidung von Regeltypen, unberücksichtigt.

In der *Analyse internationaler Regimes* werden unterschiedliche Normtypen, nämlich Prinzipien, Normen, Regeln und entscheidungsbezogene Verfahren, differenziert (Krasner 1982). Die hieraus entstehenden Regelkomplexe können als *dynamische Regime* auch in ihrem Entstehungs- und Weiterentwicklunsprozess analysiert werden (Gehring 1994, Oberthür 1997). Zudem sind Ansätze zu einer Wirkungsanalyse solcher Regimes entwickelt worden (Jakobeit 1998). Wie der Name sagt, sind Internationale Regimes allerdings nur Regelungskomplexe auf internationaler Ebene. Zudem sind im Rahmen dieser Analyse bisher keine Differenzierungen grundsätzlich unterschiedlicher Regelungsformen und ihrer Verknüpfungsoptionen entwickelt worden. Um institutionelle Arrangements systematisch analysieren zu können, reicht daher auch die Analyse internationaler Regimes nicht aus. Vielmehr müssen Anregungen aus unterschiedlichen institutionenanalytischen Ansätzen miteinander kombiniert und systematisiert werden. Hierbei ist mit Überlegungen zur allgemeinen Regelanalyse zu beginnen.

1. Regelanalyse

1.1 Regelungsfunktionen

Regelungen können einer Fülle unterschiedlicher sachlicher Funktionen dienen, so der inhaltlichen Regulierung, der Verfahrenssteuerung, der Integration, der Personalrekrutierung, der Umsetzung von Beschlüssen, und vielem anderen mehr. Gemeinsam ist allen Regelungen im gesellschaftlichen und politischen Bereich allerdings, dass sie bei zumindest teilweise konfligierenden Akteurszielen Handeln koordinieren. Durch solche Koordination erreichte Lösungen sollen die Wohlfahrt jedes einzelnen Beteiligten (Paretokriterium), zumindest aber die Wohlfahrt der Beteiligten als Gesamtkollektiv (Kaldorkriterium) gegenüber einem Zustand ohne Regelung verbessern (Scharpf 1989, 1992). Ob Regelungen diese Wohlfahrtsfunktion erfüllen können, hängt davon ab, ob ihr Geltungsbereich (Regelbereich) und ihre Struktur (Regelstruktur) den situativen Anforderungen entsprechen.

1.2 Regelbereich

Als Regelbereich wird der räumliche, zeitliche und sachliche Bereich aufgefasst, für den a) nach der Intention der Regelungsinstanz eine Regelung gelten soll (Intentionaler Regelbereich), b) in dem eine Regelung praktisch gilt (Praktischer Regelbereich). Unter räumlichen, zeitlichen wie sachlichen Gesichtspunkten können weite oder enge sowie diffus abgegrenzte oder scharf abgegrenzte Regelbereiche bestehen.[3] Leistungsfähig können Regelungen offensichtlich nur dann sein, wenn ihr praktischer Regelbereich ausreichend groß ist, sie also ausreichend weit gefasst sind und praktisch durchgesetzt werden können. Zu der Anforderung ausreichender Wirkungsbreite einer Regelung kommt das Kriterium ausreichender Wirkungstiefe. Dieses bestimmt sich danach, ob eine Regelung ursächliche Bedingungen eines Problems erfasst (Prittwitz 1990: 54 – 58).

1.3 Regelstruktur

Die Struktur einer Regelung lässt sich nach dem gewählten Regelungsansatz, den eingesetzten Regelungsinstrumenten und den implizierten Beziehungsstrukturen zwischen den Beteiligten klassifizieren. Wohlfahrtsförderliche Koordination kann mit unterschiedlichen *Regelungsansätzen* verfolgt werden, so

---

3 Zu der generellen Abgrenzungsproblematik von Systemen siehe Willke 1997, zu institutionenbezogenen Abgrenzungskriterien im einzelnen Prittwitz 1994: 85-87.

Verhaltensregelung, Zielregelung, Verfahrensregelung und *Verteilungsregelung.*
Bei der *Verhaltensregelung* wird ein bestimmtes Verhalten der Adressaten eingefordert oder angeregt. Zu deren Durchsetzung kommt das gesamte instrumentelle Spektrum regulativer Politik in Frage, von negativen Vorgaben und Anreizen, so Verboten und dazugehörigen Sanktionsandrohungen bei Übertretung, über positive materielle Verhaltensanreize bis hin zu informellen, beispielsweise psychologischen, Verhaltensanreizen (Orden u.ä.). Üblicherweise werden Verhaltensregelungen durch übergeordnete Durchsetzungs- bzw. Sanktionsinstanzen administriert. Diese sind aber oft durch wechselseitig-reziproke Verhaltensregelungen institutionell gerahmt – ein Regelungstyp, der zumindest in kleineren Gemeinschaften auch ohne zentrale Durchsetzungsinstanz bestehen kann.

Durch *Zielregelung* wird nicht das konkrete Verhalten, sondern ein Ziel oder der Zielkomplex des zu steuernden Systems festgelegt. Solche Ziele sind insbesondere Leistungsziele. Zielregelungen umfassen damit alle Formen ergebnisorientierter Steuerung (Output-Steuerung). Im Mittelpunkt der Managementproblematik von Zielregelungen stehen die Frage, wie Ziele zwischen Zielgeber und Zieladressat vereinbart werden (Kontraktmanagement), und die Frage, wie erbrachte Leistungen ins Verhältnis zu vereinbarten Zielen gesetzt werden (Controlling).

Verfahrensregeln lassen das konkrete Adressatenverhalten und die Handlungsziele der Beteiligten offen. Bestimmt werden dagegen Anforderungen für die (dauerhafte) Beteiligung an Verfahren. Hierbei wird grundsätzlich von freiem Zugang, freiwilliger Beteiligung und Chancengleichheit aller Teilnehmer/innen ausgegangen (Luhmann 1969). Verfahren können in der Regel nur bei scharfer Sanktionierung von Verfahrensverstößen durch eine übergeordnete Sanktionsinstanz sowie bei Existenz einer Instanz funktionieren, die die Verfahrensauslegung in Zweifels- oder Streitfällen autoritativ bestimmt.

Auch *Verteilungsregeln* lassen Adressatenverhalten und Handlungsziele offen, regeln aber die Verteilung von Gütern oder Kompetenzen zwischen Regeladressaten. Ähnlich wie die Verfahrensregeln bestimmen sie also einen Kontextausschnitt des Akteurshandelns. Politikanalytisch eingeführt ist insbesondere die Unterscheidung distributiver Verteilung mit einem zusätzlichen Nutzen für alle Nutznießer und redistributiver Umverteilung (Lowi 1964).

Hinsichtlich des Grades, in dem Adressatenverhalten festgelegt wird, unterscheiden sich demnach die skizzierten Regelungsansätze in charakteristischer Weise: Während Verhaltensregelung Adressatenverhalten unmittelbar betrifft und bis zu der vollständigen Verhaltensfestlegung führen kann, legen Ziel-, Verfahrens- und Verteilungsregelungen Adressatenverhalten nicht zwingend fest. In Zielregelungen sind allerdings die Verhaltensziele festgelegt.

1.4 Regelleistung

Ausgehend von den dargestellten Struktureigenschaften unterschiedlicher Regelungsansätze ergeben sich einige Plausibilitätsschlüsse auf deren allgemeine Leistungspotentiale und Leistungsgrenzen. So dürften strikte Verhaltensregelungen, die die Entscheidungskomplexität in besonders hohem Maße reduzieren, im Zeichen geringer Handlungskapazität oder zu hoher Umweltkomplexität am leistungsfähigsten sein. Bei hoher Handlungskapazität oder geringer Umweltkomplexität dagegen dürften Ziel- und Verfahrensregelungen leistungsfähiger sein. Zielregelungen empfehlen sich insbesondere, wenn Steuerungsadressaten hoch kompetent in der Zielrealisierung sind, jedoch dazu neigen, Optima mit zu niedrigen Leistungsanforderungen zu wählen. Verfahrensregelungen empfehlen sich durch ihre spezifische Kombination von Offenheit (Zugangsoffenheit, Ergebnis- und damit Zukunftsoffenheit) und strikten Durchführungsauflagen immer dann, wenn motivations- und leistungsförderliche Wettbewerbselemente genutzt werden sollen. Funktionierende Verfahren wirken sich dementsprechend im allgemeinen innovationsförderlich aus. Zudem fördern sie durch ihre Gleichheitsimplikation und Zukunftsoffenheit Integration. Verteilungsregelungen bilden oft eine wichtige Voraussetzung für das praktische Funktionieren von Verfahrensregelungen, die nur formelle Verfahrensgerechtigkeit sicherstellen.

Im einzelnen allerdings lassen sich die Leistungspotentiale von Regeln nur anhand des jeweiligen situativen Kontextes begründet abschätzen. So kann eine Koordinationsregelung bei potentiellem Verteilungskonflikt leistungsfähig, bei unaufhebbarem Verteilungskonflikt dagegen wirkungslos, ja sogar schädlich sein (Prittwitz 1996: 57-59). Das Leistungspotential von Regelungen hängt also entscheidend davon ab, ob ihr Bereich und ihre Struktur der jeweiligen sachlichen und politischen Problemsituation angemessen sind. Da Problemsituationen häufig komplex sind, stellen sich häufig auch komplexe Regelanforderungen. Ein erster Schritt von einfachen Regeln zu entsprechend komplexeren Regelstrukturen bilden Muster anerkannter, dabei aber grundsätzlich gestaltbarer Regelelemente, institutionelle Muster wie *Privileg, Bürokratie, Club, Nachbarschaft, Verhandlungssystem, Wettbewerb, Politische Wahl* und *Öffentlichkeit*. Diese werden im folgenden unter besonderer Berücksichtigung von Verteilungs-, Ziel-, Verfahrens- und Verhaltensregeln skizziert.

2. Institutionelle Muster

Privilegien beinhalten eine ausgeprägt ungleiche, starre Verteilungsregelung von Rechten. Der Kreis der Privilegierten ist im allgemeinen eng abgegrenzt. Anders als es die heute verbreitete Wortassoziation von Privilegierung mit illegitimer Bereicherung nahelegt, bedeutet *Privileg* wörtlich **legitimiertes Vorrecht** (Mohnhaupt 1997). Privilegien müssen dementsprechend nicht unbedingt nur personal-machtbegründet zustandekommen; es gab und gibt auch funktional begründete Privilegien (zum Beispiel Amtsprivilegien), die ursprünglich unter Umständen sogar verfahrensmäßig zustandekamen (von Westphalen 1979). Da Privilegien aber im allgemeinen auf Dauer aufrechterhalten werden, ohne verfahrensmäßig legitimiert zu werden, bilden sie einen Gegenpol zu modernen Regelformen offener, egalitärer und durch periodische Verfahren legitimierter Institutionen.

Auch das Koordinationsmuster der *Hierarchie*, wörtlich *Priesterherrschaft*, schließt ausgeprägte Ungleichheit zwischen den Beteiligten ein. Anders als das Privileg umfasst die hierarchische Ordnung aber auch die Untergeordneten und kann dementsprechend weit ausgreifen. Das institutionelle Muster der Hierarchie schließt Verhaltensregelung, dabei insbesondere zentralistische Verhaltensregelungen mit Sanktionskraft gegenüber den Regeladressaten, ein. Es korrespondiert mit dem Konzept des Nationalstaats, der durch klare, mit Macht, unter Umständen sogar Gewalt administriertes Grenzen von anderen Nationalstaaten abgegrenzt, insofern geschlossen ist.

Der Idealtypus *Bürokratie* wurde von dem Klassiker des Bürokratiebegriffs, Max Weber, als Inbegriff legaler, das heißt rational-moderner Herrschaft typologisiert (Weber 1921/1972: 124-128). Der Umgang mit den Klienten (Antragswesen), die zwischenbehördliche wie die innerbehördliche Kommunikation sind stark durch formale Verfahren (Laufbahnregelungen, Aktenförmigkeit, Abzeichnungsverfahren) strukturiert, eine Regelstruktur, die die sachliche Gemeinwohlorientierung der öffentlichen Verwaltung sicherstellen soll. Je nach Kompetenzbereich bestehen abgestufte formale Aufnahmehürden, die die jeweils angemessene fachliche Kompetenz der Verwaltungsangestellten und damit des ganzen bürokratischen Apparates gewährleisten. Dieser starken Verfahrensorientierung der öffentlichen Verwaltung mit der Chance auf zumindest formale Gleichbehandlung und offenen Zugang stehen ein strikt hierarchischer Behördenaufbau und die Privilegierung des öffentlichen Dienstes gegenüber. Diese schließt Handlungsprivilegien ein, so das Amtsprivileg, dabei insbesondere die Möglichkeit, Verwaltungsakte zumindest kurzfristig einseitig durchführen zu können, aber auch Versorgungsprivilegien, so auf Lebenszeit gesicherte Anstellung, grundsätzlich leistungsunabhängige Besoldung und Pensionszahlung. Im Zeichen dieser Privilegien ist Bürokratie nicht nur durch hohe Verfahrensformalität, sondern auch durch die Bildung nichtsachlicher Machtstrukturen und hieraus resultierende Leistungs- und Effizienzverluste gekennzeichnet. Besonders ungeeignet erscheinen bürokratische Strukturen, wenn rasches, risikofreudiges und dazu möglicherweise auch formaliter regelabweichendes (unbürokratisches) Entscheidungsverhalten erforderlich ist.

Gemeinschaften beruhen, Tönnies (1991) zufolge, auf instinktivem Gefallen, gewohnheitsbedingter Anpassung oder auf ideenbezogenem gemeinsamem Gedächtnis der beteiligten Personen. Gemeinschaften wie die Ortsgemeinschaft oder die Religionsgemeinschaft entwickeln hochgradige Integration, ja überindividuelle Verschmelzung mit starkem Bewusstsein für gemeinsame Vergangenheit, Gegenwart und Zukunft. Nach außen, gegenüber Individuen oder auch Gemeinschaften mit anderen Werten, Traditionen etc., grenzen sie sich dementsprechend in der Regel deutlich, oft scharf und diskriminierend ab.

Wer Mitglied eines *Clubs* werden möchte, hat dagegen durchaus eine reelle Chance zur Aufnahme; er muss sich allerdings üblicherweise einem Verfahren stellen, in dem Clubrepräsentanten über seine Aufnahme entscheiden. Das Ordnungsmuster *Club* steht für damit für eine durch Kooptations-Verfahren geregelte Aufnahme beziehungsweise Abgrenzung. Innerhalb von Clubs sollen die zur Verfügung stehenden Ressourcen grundsätzlich gleich verteilt sein. Clubfunktionen werden ebenfalls nach legitimierten Verfahren, insbesondere Wahlverfahren, verteilt. Der Regelkomplex *Club* verbindet damit – unter Umständen enge und strikte – Abgrenzung mit der Kapazität zu gezielter Mitgliederaufnahme und verfahrensbegründeten Vorgehensweisen im Inneren wie nach außen. Auch in Clubs besteht allerdings ein beträchtliches Risiko der Vermachtung und der starren Abgrenzung gegenüber der Umwelt. Clubs können damit leistungsförderlich, aber auch mobilitäts- und innovationsfeindlich wirken.

Der Regelkomplex *Nachbarschaft* unterscheidet sich vom Regelkomplex *Club* vor allem hinsichtlich der Aufnahmekriterien. Während Clubs strikt nach dem Kooptations-Prinzip verfahren – die Mitglieder entscheiden darüber, wen sie zusätzlich aufnehmen –, haben Anwohner grundsätzlich keinen, zumindest keinen verfahrensbegründeten Einfluss darauf, wer ihr Nachbar wird.[4] Die Beziehungsregeln zwischen Nachbarn umfassen ein breites Spektrum, das von reziproken informellen Verhaltensregeln über informelle Verfahrensregeln bis zu formalen Verfahrensressourcen, so dem gerichtlichen Prozess, reicht. In jedem Fall sind die Beziehungen durch strikte Gegenseitigkeit und insofern auch Gleichverteilung bestimmt. Der idealtypische Regelkomplex *Nachbarschaft* entspricht damit grundlegenden Anforderungen der modernen, Mobilität und Chancengleichheit voraussetzenden, Gesellschaft. Störend wirkt hierbei allerdings das grundsätzlich bestehende Risiko einer unliebsamen Zwangsnachbarschaft.

Verhandlungssysteme umfassen grundsätzlich Gleichgestellte, die im Verhältnis zueinander souverän handeln können, unter Umständen sogar Vetomacht besitzen. Verhandeln ist ein informeller Verfahrenskomplex. Gegenüber Dritten sind Verhandlungssysteme im allgemeinen klar abgegrenzt. Sie

---

4   Bereits klassisch das Motiv des Zugabteils, das die aktuellen Inhaber im Sinne eines Clubs gegenüber zudringlichen *Bewerbern* abschirmen möchten, jedoch letzlich nicht abschirmen können. Wer in einem Zugabteil sitzt, muss sich vielmehr auch mit ungeliebten (Sitz-)Nachbarn abfinden.

gelten als besonders leistungsfähig dafür, Interessenunterschiede informell zu überbrücken und öffentliches Handeln flexibel und praxisnah zu implementieren. Verhandlungssysteme haben enge Leistungsgrenzen, wenn die Grundpositionen der Beteiligten strikt nicht abstufbar (diskret) oder durch verschiedene Grundwerte bestimmt sind. Sie sind ferner grundsätzlich dem sogenannten Verhandlungsdilemma ausgesetzt, das zwischen dem gemeinsamen Interesse an einer Lösung und den individuellen Verteilungsinteressen der Beteiligten besteht (Scharpf 1992). Schließlich neigen abgegrenzte Verhandlungssysteme dazu, abgegrenzte (lokale) Optima zu Lasten globaler (gemeinwohlbezogener) Optima zu favorisieren.

Solidarität, eine mit Gleichheitsvorstellungen verbundene Haltung wechselseitiger Verbundenheit (Hondrich/Koch-Arzberger 1992), kann zwar Kraft aus Gruppenbezügen gewinnen (Gruppensolidarität, Bewegungssolidarität), lässt sich aber auch als ergänzendes Konzept zu moderner Individualisierung verstehen (Gabriel/Herlth/Strohmeier 1997). Sie äußert sich so in der modernen Gesellschaft zunehmend in entgrenzter Form.

Wettbewerbssysteme sind teilweise oder vollständig offene Verfahrenssysteme, in denen mehrere Bewerber um ein knappes Gut konkurrieren. Diese institutionelle Anordnung verlangt die strikte Chancengleichheit der Wettbewerber respektive strikten Verfahrenscharakter. Um diesen aufrechterhalten zu können, müssen die jeweiligen Rahmendaten (zu vergebendes Gut, Bewertungskriterien der erbrachten Wettbewerbsleistungen) unabhängig von den Bewerbern festgelegt und durchgeführt werden. Nachteile von Wettbewerbsverfahren liegen in der Härte für die jeweils Unterlegenen und der Schwierigkeit, unlautere Wettbewerbsversuche zu unterbinden. Sofern die jeweils Unterlegenen durch andere Regelsysteme aufgefangen und rückgebunden werden können und unlauterer Wettebewerb vermieden werden kann, sind Wettbewerbssysteme besonders leistungs- und damit gemeinwohlförderlich. Sie implizieren auch besonders große Innovations- respektive Anpassungs- und Lernpotentiale.

Politische Wahlen stellen eine politische Wettbewerbsform mit besonders strikten Auflagen der Chancengleichheit und der Offenheit (Allgemeinheit) dar. Konkurriert wird um ein besonderes Gut, die Vergabe politischer Repräsentationsrechte. Wahlen in diesem Sinne erfüllen nicht nur grundlegende Funktionen der politischen Repräsentation und Rekrutierung, sondern tragen auch stark zur symbolischen Repräsentation demokratischer Staaten bei (Luhmann 1969; Göhler 1999).

Öffentlichkeit schließlich lässt sich nach den hier zugrundegelegten Kriterien als Regelkomplex der grundsätzlichen Offenheit für alle Interessierten und damit grundsätzlicher Gleichverteilung von Beteiligungschancen fassen. Da keine inhaltliche Positionen vorgeschrieben sind, handelt es sich um einen nicht nur durch Norm, sondern durch Verfahren bestimmten Institutionenkomplex. Dieser bildet einen Rahmen für Diskurs und politisches Lernen, aber auch für symbolische Politik jeder Form (Edelmann 1990; Prittwitz

2000), für Agitation, Verlautbarung (Neidhard 1996) und politisches Theater (Meyer/Kampmann 1998). Öffentlichkeit in diesem Sinne ist aufgrund ihrer Offenheit, Gleichheit und Verfahrensnormierung ein hochmoderner Regelkomplex. *Öffentliche Meinung*, die im Rahmen von Öffentlichkeit entsteht, kann demgegenüber auch als Ausdruck informeller Verhaltensnormierung, sozialer Kontrolle, aufgefasst werden (Noelle-Neumann 1999).

Vergleichen wir die skizzierten institutionellen Muster nach den behandelten Kriterien der Offenheit und Gleichheit im Überblick, so ergibt sich eine klare Aufteilung: Den traditionellen Mustern *Privileg* (ungleich, geschlossen), *Hierarchie* (ungleich, weitgehend geschlossen) und *Bürokratie* (weitgehend ungleich, weitgehend geschlossen) stehen die modernen Muster *Öffentlichkeit, Wettbewerb, Wahlen* (gleich, offen) sowie *Solidarität* (extrem gleich, weitgehend offen) und *Nachbarschaft* (gleich, weitgehend offen) gegenüber. *Verhandlungssysteme* (gleich, weitgehend geschlossen), *Gemeinschaften* (weitgehend gleich, geschlossen) und *Clubs* (weitgehend gleich, geregelte Aufnahme) bilden einen Brückenbereich zwischen diesen institutionellen Polen.

Abbildung 1: Institutionelle Muster im Vergleich

		Offenheit	
		geschlossen	offen
Chancenverteilung	ungleich	Privileg Hierarchie	
		Bürokratie	
	gleich	Gemeinschaft Club	Öffentlichkeit
		Verhandlungssystem	Nachbarschaft Wettbewerb, Wahlen
			Solidarität

Obwohl institutionelle Muster der dargestellten Art unterschiedliche Regelelemente miteinander kombinieren, stellen sie immer noch recht einfache Strukturen dar. Weit höhere Regelkomplexität erreichen institutionelle Arrangements.

3. Institutionelle Arrangements

3.1 Begriff

Der Begriff *Institutionelle Arrangements* ist bisher in der Literatur nur kursorisch, ohne systematische Fassung und ohne speziellen Erkenntnisertrag verwendet worden. Dies gilt auch für sein Verhältnis zu verwandten Begriffen wie *Institutionelle Gefüge, Institutionelle Systeme* und *Regime*. Demgegenüber schlage ich vor, die Bezeichnung nur für Regelkomplexe zu verwenden, die fünf Kriterien erfüllen, übergreifende Gestaltungsperspektive, wechselseitige Anpassung der Arrangeure, Kombination verschiedener Regelelemente, Gültigkeit und Veränderbarkeit:

1. Gestaltung: Institutionelle Arrangements werden gestaltet, entstehen also nicht zufällig. Die Gestaltung kann sich aus politischen Prozessbedingungen ergeben; sie wird häufig aber als Beitrag zur Bewältigung eines gemeinsamen Problems aufgefasst.
2. Wechselseitigkeit: Institutionelle Arrangements kommen in einem Prozess zustande, in dem sich mehrere Akteure miteinander arrangieren. Dabei können inhaltliche Argumente und Lernprozesse, aber auch Aushandlungsprozesse dominieren. Institutionelle Arrangements haben dementsprechend häufig Kompromisscharakter.
3. Kombination: In institutionellen Arrangements können gleiche Regeltypen unterschiedlicher Regelebenen, unterschiedliche Regeltypen oder (selbst kombinierte) Regelkomplexe, zum Beispiel problembezogene Regime, miteinander kombiniert werden.
4. Geltung: Institutionelle Arrangements sind gültige, das heißt von den Adressaten selbst als gültig aufgefasste, Regelkomplexe. Diese können formell oder informell sein. Gültigkeit in diesem Sinne schließt nicht zwingend ein, dass alle Regelungen auch praktisch befolgt werden. Institutionelles Arrangement und Praxis müssen sich also nicht unbedingt decken.
5. Veränderbarkeit: Institutionelle Arrangements können – durch öffentlich anerkannte Verfahren – grundsätzlich verändert respektive durch neue Arrangements ersetzt werden. Sie entfalten damit ihre Wirkung nicht als unumstößlich vorgegebene, vollständig internalisierte Normkomplexe, sondern in einem spezifischen Spannungsverhältnis von aktueller Gültigkeit und potentieller Revidierbarkeit. Institutionelle Arrangements können damit auch als Gestaltungsprozesse analysiert werden, die durch nicht voll steuerbare Prozessbedingungen beeinflusst werden.

Dieses Verständnis institutioneller Arrangements entspricht insofern Grundannahmen des *Akteurszentrierten Institutionalismus*, als grundsätzlich von rationalem Akteurshandeln nach jeweiligen situativen Regelbedingungen, andererseits von der rationalen Beeinflussbarkeit von Institutionen ausgegangen wird. Es umfasst die Analyse *internationaler Regime* (Krasner 1982; Kohler-Koch 1989; Rittberger 1993; Oberthür 1997). Neben internationalen Regelkomplexen können institutionelle Arrangements aber auch innerstaatliche und mehrebenige Regelkomplexe beinhalten; sie können sich auch auf mehrere Problemfelder beziehen oder gar allgemeine Verteilungs- oder Verfahrensregeln ohne speziellen Problembezug zum Gegenstand haben.

Die Analyse institutioneller Arrangements korrespondiert mit der neueren *Governanceanalyse* insofern, als unterschiedliche Koordinationsformen systematisch erfasst und ins Verhältnis zueinander gesetzt werden. Anders als die Governanceanalyse, die Regelkomplexe zwischen Staat und Markt zentral stellt, und klassische politikbezogene Institutionenformen, so etwa Wahl- und andere Repräsentationsformen, nicht einbezieht, schließt die Analyse institutioneller Arrangements aber alle denkbaren Regelungstypen und deren Kombinationen ein.

Das Konzept institutioneller Arrangements ist ein Brückenkonzept formeller und informeller Institutionalisierung. Der Ansatz lässt sich insofern auch für die Analyse von Formen informeller Partizipation (Liebert/Lauth 1999) nutzbar machen.

Grenzen der Analyse institutioneller Arrangements ergeben sich allerdings immer dann, wenn zumindest eines der fünf Kriterien (Gestaltung, Wechselseitigkeit, Kombination, Geltung, Veränderbarkeit) nicht voll erfüllt ist. So könnten beispielsweise auch unterschiedliche Demokratiesysteme, so präsidentielle versus parlamentarische Demokratie, Mehrheits- versus Konkordanzdemokratie, unitarische versus föderale Demokratie und repräsentative versus direkte Demokratie (Schmidt 1998) als institutionelle Arrangements bezeichnet werden. Da politische Systeme dieser Art aber in einem langen geschichtlichen Prozess gewachsen und nur selten als ganzes gestaltet worden sind, sie zudem, schon durch ihre Verfassungsbindung, nur in eingeschränktem Maße verändert werden können, empfiehlt sich die Bezeichnung *institutionelles Arrangement* meines Erachtens hier weniger. Den hauptsächlichen Gegenstand der institutionellen Arrangement-Analyse bilden gut überschaubare und voll gestaltbare Regelkomplexe. Die Analyse institutioneller Arrangements steht daher der Analyse öffentlichen Handelns (Policy-Analyse) näher als der Analyse politischer Systeme.

3.2 Arrangementtypen

Institutionelle Arrangements lassen sich zunächst, ausgehend von den im ersten Kapitel dargestellten einfachen Regeltypen, hinsichtlich ihrer *Regelstruktur* typologisieren. Ein erster Typus sind dabei Arrangements, die um einen bestimmten Regelungskern angelegt, also regelzentrierte Arrangements. Die jeweilige Kernregelung derartiger Arrangements wird durch andere Regeln nur unterstützt, kontrolliert oder teilkompensatorisch ergänzt. So wird in einem *normzentrierten Arrangement* eine zentrale Verhaltensnorm (Beispiel: Verbot der Öleinleitung vom Schiff aus in die Nordsee) mit Verfahrens- und/oder Organisationsregelungen (Beispiel: Angebot kostenloser Annahme des Altöls aus Schiffen in den norddeutschen Häfen bis 1991, Streichung des Angebots ab 1991 und *anstelle dessen* Aufbau und Forcierung militärgestützter Nordseeüberwachung) administriert. In *verfahrenszentrierten Arrangements,* beispielsweise dem System doppelt gewichteter Mehrheiten in der GEF (Global Environmental Facility), steht dagegen ein bestimmtes Entscheidungsverfahren im Mittelpunkt. Dieses Verfahren kann allerdings nur bei der Respektierung bestimmter Verhaltensnormen, beispielsweise der grundsätzlichen Bereitschaft zu Verhandlungen, sowie bestimmten Regeln zur Organisation des Vorlaufs der Abstimmungen, ihrer Protokollierung und ähnliches durchgeführt werden. Schließlich ergeben sich *verteilungszentrierte Arrangements* (Beispiel: Verteilung von Ministerposten in einer Koalitionsregierung), die nur bei bestimmten Verhaltensanforderungen an die Beteiligten, etwa der Geheimhaltung stattgefundener Paketlösungen (Kompensation und Koppelgeschäfte), zustande zu bringen sind.

Governancekonzepte wie *Privileg, Bürokratie, Club, Verhandlungssystem, Wettbewerb* oder *Öffentlichkeit* (Kapitel 2) lassen sich üblicherweise als regelzentrierte Arrangements dieser Art analysieren. Denn dabei dominieren meist bestimmte Regeltypen (Beispiel: Club: Mitgliederaufnahme durch verfahrensgestützte Kooptation). Dass sich bei *höherer Auflösung* allerdings rasch die Frage stellt, welcherlei Regeltypen nun im Mittelpunkt stehen, ist allerdings insbesondere bei komplexeren Institutionen (Beispiel: Bürokratie respektive konkrete Verwaltungsformen) unübersehbar. Ausreichend präzise Institutionenanalyse ist dann nur mehr als Analyse konkreter institutioneller Arrangements möglich.

Werden unterschiedliche Regeln ohne klaren Schwerpunkt gezielt miteinander verbunden, besteht ein nichtzentriertes institutionelles Arrangement. Eine Form solcher Arrangements sind *Gleichgewichts-Arrangements*. Dabei sollen Schwächen eines Regeltypus durch einen anderen Regeltypus ausgeglichen werden. Funktionelle Überlegungen dieser Art sind allerdings in der politischen Praxis nur selten ausschlaggebend dafür, dass ein institutionelles Arrangement mit etwa gleich starken unterschiedlichen Regeltypen zustande kommt. Arrangements dieser Art ergeben sich vielmehr meist in einem politischen Kompromiss zwischen den Verfechtern unterschiedlicher Regeltypen, zum Beispiel den Anhängern staatlicher Regulation und marktwirtschaftlicher Verfahren. In solchen Fällen tritt die Prozessdimension institutioneller Arrangements, des „Sich-Arrangierens", in den Vordergrund. Das jeweilige institutionelle Arrangement korrespondiert mit der jeweiligen politischen Kräftekonstellation.

Anders als in der Theorie sozialer Systeme, in der funktionale Differenzierung als ungeplanter systemischer Prozess erscheint (Luhmann 1984), kann die *Bildung funktionaler Subsysteme* auch als Ergebnis eines institutionellen Arrangements analysiert werden. Subsysteme in bestimmter Form entstehen demnach durch Regelsetzung. So können einem Subsystem (Beispiel: Gesundheitssektor) eigenständige Entscheidungskompetenzen und Freiheiten der Verfahrensgestaltung zuerkannt und gesamtsystemische Ressourcen in bestimmten Umfang zur Verfügung gestellt werden. Andererseits können bestimmte Leistungsanforderungen an ein funktionales Subsystem gerichtet werden. Durch ein solches Arrangement wird die gesamtsystemische Steuerungsebene entlastet; sie behält aber die strategische Führungs- und Entwicklungsmöglichkeit. Bleiben die vereinbarten Leistungen des Subsystems an das Gesamtsystem aus oder werden sie in zu geringem Maß geliefert, können die Repräsentanten des Gesamtsystems Leistungen an das Teilsystem reduzieren, ja unter Umständen sogar dessen Autonomie aufheben. Mit *subsystemischen Arrangements* dieser Art, im angloamerikanischen Sprachbereich auch als *devolution* bezeichnet (Hey 2000), entstehen zusätzliche Freiheitsgrade der funktionalen Ausdifferenzierung wie Entdifferenzierung.

Eine jahrhundertelange Institutionalisierungsdiskussion bezieht sich auf das Arrangement räumlicher Regelebenen unter den Stichworten *Subsidiarität* und *Föderalismus*[5]. Einzelne institutionelle Ebenen beziehen sich dabei auf räumliche Teileinheiten wie Kommunen, Regionen, Länder oder Bundesstaaten, institutionelle Koppelungen auf die Verflechtung dieser räumlichen Verwaltungs – respektive Politikebenen (Laufer/Münch 1998). Auch die Analyse von Mehrebenensystemen in diesem Sinne kann durch das Konzept der institutionellen Arrangements angeregt werden: Räumlich-institutionelle Mehrebenensysteme lassen sich nämlich nicht nur duch die gezielte Kombination von Regeln desselben Typs, zum Beispiel von Verhaltensnormen, optimieren. Hierzu können auch unterschiedliche ebenenspezifische Verhaltens-, Verteilungs- und Verfahrensregelungen miteinander kombiniert oder neue „diagonale" Regelkombinationen entwickelt werden. So sind im US-amerikanischen Mehrebenensystem nicht nur dualistische Funktionsverteilungen zwischen der Bundesebene und der Staatenebene sowie zentralistische Regelungsformen, sondern auch dezentrale Regulierungsformen üblich. Letztere müssen nicht in qualitätsmindernde Deregulierung (*race to the bottom*) münden, sondern können, vor allem im Rahmen mehrebeniger Regulierung, auch zu einem dezentralen Qualitätswettbewerb (*race to the top*) führen (Kern 2000).

Im Rahmen derartiger räumlicher Mehrebenen-Arrangements wird die Option *konditionaler Regelwechsel* nach dem Muster *Knüppel aus dem Sack* (*stick behind the door*), wie sie auch zwischen übergreifender Ebene und funktionalen Teilsystemen denkbar ist, besonders häufig und intensiv diskutiert. Hierfür stehen Stichworte wie *Verhandeln im Schatten des Rechts*, *Verhandeln im Schatten der Hierarchie* (Scharpf 1989, 1992), *Verhandeln im Schatten des Diskurses* (Viehöver 1999). Auch das Stichwort der – durch die übergreifende Ebene kontextgesteuerten – *Tarierten Verhandlung* (Dunsire 1993; Voß 2000) hat hier seinen Platz.

Konditionale Regelwechsel müssen allerdings nicht unbedingt der Logik *Knüppel aus dem Sack* folgen. Vielmehr kann das Inkrafttreten jeweiliger Re-

---

5 Das Subsidiaritätskonzept wird im allgemeinen auf die neuere katholische Soziallehre (*Sozialencyclika Quadragesimo Anno 1931*) zurückgeführt, hat aber ideengeschichtlich auch andere Quellen und eine weit längere Tradition. Das Föderalismuskonzept in der heutigen Form ist bereits in der Lehre von Althusius (1576) weitgehend vorgedacht worden, wurde damals (vor dem Dreißigjährigen Krieg und dem letztlichen Aufstieg des Absolutismus) aber in einer stark gesellschaftlichen, dem Subsidiaritätskonzept nahen Form verstanden (Hüglin 1994).

gelsysteme an die erklärte Wahrnehmung äußerer Situationswechsel gekoppelt werden. Ein Beispiel hierfür ist das *umweltpolitische Handlungssystem* aus Gefahrenabwehr, Risikomanagement und struktureller Ökologisierung. Darin überschichten sich situationsspezifische Regelsysteme, so das Ordnungs- und Polizeirecht (*Gefahrenabwehr*), die expertengestützte Routineabwägung (*Risikomanagement*) und die gesellschaftliche Internalisierung von Wert- und Strukturwandel (*Strukturelle Ökologisierung*). Je spezifischer die situative Handlungsanforderung, desto größeres Gewicht erhält dabei die spezifischere *dringlichere* Regelungsform (Prittwitz 1994: 187-193). Metaphorisch lässt sich dieses institutionalisierte Handlungssystem anhand von Regelformen individueller Zahnpflege verdeutlichen: Grundsätzlich hält ein auf seine Zahnpflege achtender Mensch darauf, sich gesund zu ernähren (Allgemeiner Gesundheitsbezug). Um das dennoch nicht auf Null reduzierbare Risiko bleibender Zahnschäden zu minimieren, reinigt er regelmäßig seine Zähne, sei es mit chemisch-mechanischen Mitteln wie dem Zähneputzen oder biologisch-mechanischen Mitteln wie Zahnseide (Risikomanagement). Kommt es trotz dieses Risikomanagements zu akuten Zahnschäden, muss der Zahnarzt eingreifen (Gefahrenabwehr). Keines der Regelsysteme ist überflüssig; es wird jedoch im allgemeinen versucht, den Einsatz spezifischerer (aufwendigerer) Regelsysteme zugunsten der unspezifischeren (weniger aufwendigen) Regelsysteme zu beschränken. Hierbei kann es durchaus zu situativen Regelkonflikten und Abschätzungsproblemen kommen. Von beträchtlicher Bedeutung sind auch kulturspezifische Präferenzen für jeweilige *Regelebenen*.

Regeln können weiterhin in *Staffelarrangements* phasenweise zugeordnet werden. So werden schwierige Verhandlungen häufig in unterschiedlich geregelte Verhandlungsphasen aufgeteilt nach dem Muster: Interessenvoraussetzungen und Akteursziele in einem diskursiven Mediationsverfahren vorklären, die hauptsächliche Verhandlung in Ausschüssen mit Sachdiskussion und bindender Entscheidung durchführen, noch offen gebliebene Probleme in einem Gespräch zwischen Spitzenrepräsentanten beheben. Mit der phasenweisen Regeldifferenzierung werden spezifische Vorteile der einzelnen Regeltypen für jeweilige Teilziele genutzt (Lauer-Kirschbaum 1996; Holzinger/ Weidner 1997).

Institutionelle Arrangements können schließlich explizite Binnenregeln zur Selbstbeobachtung, Selbstkontrolle und gezielten Weiterentwicklung enthalten. Hierfür erscheint die Bezeichnung *Reflexives Arrangement* als angemessen. Institutionelle Binnensteuerung dieser Art kann an Verhaltens- oder Leistungsstandards orientiert sein; sie kann aber auch qua Verfahren geregelt sein. Neben Entscheidungsverfahren im engeren Sinne, zum Beispiel Abstimmungsverfahren, spielen dabei im allgemeinen Beobachtungs-, Kontroll- und Bewertungsverfahren eine große Rolle. Damit entwickeln sich institutionelle Arrangements in Richtung orientierungs- und lernfähiger Regelsysteme. Andererseits können damit – möglicherweise störende – Rückkopplungen zwischen Selbstbeobachtung und Handlungsentscheidung entstehen. So versuchen Akteure unter Umständen, Kontroll- und Bewertungsverfahren in ihrem Sinne zu beeinflussen oder zu unterlaufen.

Ob oder wie sich institutionelle Arrangements faktisch ändern, dürfte durch solche Binnenregelungen- und Entwicklungsstandards erheblich beeinflusst werden. Gleichgesetzt werden dürfen Standards der Binnenentwicklung aber keineswegs mit der realen Veränderung institutioneller Arrangements. Regeltechnisch vorgesehene Veränderungen können geblockt werden; umgekehrt kommt es häufig gerade wegen fehlender Arrangementregeln zur Herausbildung neuer oder weiterentwickelter Arrangements. Dabei lassen sich dynamische (selbstverstärkende) und nichtdynamische Prozesse feststellen (Oberthür 1996, 1997).

4. Das institutionelle Leistungskriterium Zukunftsfähigkeit

Institutionelle Arrangements lassen sich im jeweiligen Einzelfall nach Zielbeziehungsweise Leistungskriterien gestalten. Ein Komplex solcher Leistungskriterien wird unter dem Stichwort *Zukunftsfähigkeit* diskutiert. Hierbei kursieren unterschiedliche Konzepte.

4.1 Zukunftsfähigkeit als ökologische Nachhaltigkeit

In der umweltpolitisch inspirierten Diskussion wird der Begriff „Zukunftsfähigkeit" herkömmlicherweise synonym mit dem Konzept ökologischer Nachhaltigkeit verwendet. Besonders starken Einfluss hierauf hatte die Studie *Zukunftsfähiges Deutschland. Ein Beitrag zu einer global nachhaltigen Entwicklung* (BUND/Misereor 1996). Darin wird der besonders durch den Brundtland-Bericht aus dem Jahr 1987 (Brundlandt 1987) und den Erdgipfel von Rio de Janeiro aus dem Jahr 1992 bekannt gewordene Begriff „Sustainability" anhand ökologischer Nachhaltigkeitskriterien diskutiert und mit *Zukunftsfähigkeit* übersetzt. So heißt es in der Studie:

„Aus der Sustainablity-Debatte lässt sich die Frage ableiten: Welche Umwelt will der Mensch? In der Diskussion darüber kann man zwei Positionen unterscheiden... Die erste Position geht von der Ersetzbarkeit der Natur... aus. Sie kann als „schwache Zukunftsfähigkeit" bezeichnet werden. Anhänger dieser Position argumentieren, dass künftigen Generationen quasi ein Wohlstandspaket ausgehändigt wird, welches sich aus einer konstanten oder ansteigenden Summe aus materiellem und natürlichem Kapital zusammensetzt... Anhänger der zweiten Position sprechen von einem „konstanten Naturkapital" für künftige Generationen. Diese Position ist inzwischen weitgehend Konsens. Für die Zukunftsfähigkeit ist diese Erkenntnis ein wichtiger Schritt. So wie jeder Generation die Erde mit ihren natürlichen Ressourcen treuhänderisch übergeben worden ist, hat jede Generation die Verpflichtung, kommenden Generationen eine intakte Natur unabhängig da-

Institutionelle Arrangements und Zukunftsfähigkeit 29

von zu hinterlassen, wie hoch die produzierten Wohlstandsleistungen sind. Dies ist das zweite Werturteil. Es ist nicht verhandelbar" (BUND/Misereor 1996: 25/26).

Zukunftsfähigkeit heißt demzufolge im Sinne *starker Zukunftsfähigkeit*, dass es gelingt, die konstante Ausstattung mit natürlichen Ressourcen von Generation zu Generation zu übergeben. Als Ausdruck eines nicht verhandelbaren Werturteils hat der Begriff stark verhaltensnormativen Charakter im Sinne ressourcenschonenden Umgangs mit Natur.

Im Hinblick auf die *Institutionengestaltung* führt ein solches Verständnis zu einer klaren Zielorientierung dahin, für den Schutz und die Schonung nicht reproduzierbarer natürlicher Ressourcen zu sorgen. Hierzu dienen strikte Verhaltensnormen, die mit Hilfe von Sanktionensandrohung oder positiven Verhaltensanreizen durchgesetzt werden, aber auch Verfahrensregelungen, die zu einem schonenden Umgang mit natürlichen Ressourcen beitragen. So sind marktwirtschaftliche Verfahren so zu operationalisieren, dass sie *die ökologische Wahrheit sage*n (Weizsäcker/Lovins/Lovins 1995). Interessengruppen, Verbände, Parteien und Verwaltungseinheiten, die auf den Schutz nicht reproduzierbarer Ressourcen ausgerichtet sind, sollen an Einfluss gewinnen, die organisatorischen Schnittflächen jeglicher Verwaltung mit Umweltverwaltung vergrößert werden. Institutionelle Zukunftsaufgabe Nummer eins ist demnach die Integration von Umwelt- und Ressourcenschutz in institutionellen Verfahren, Organisationsmustern und regulatorischer Politik. Demzufolge stellen die institutionell gestützte Wertediffusion, die ökologische Leitbildentwicklung – und die Umweltplanung (Jänicke/Kunig/Stitzel 1999; Nordbeck 2000) zentrale Zugänge zu Zukunftsfähigkeit in diesem Sinne dar.

4.2 Zukunftsfähigkeit als ökologisch-ökonomisch-soziale Nachhaltigkeit (Nachhaltigkeitsdreieck)

Dem eindimensional-ökologischen Institutionenkriterium der Zukunftsfähigkeit steht ein komplexeres Nachhaltigkeits-Konzept von Zukunftsfähigkeit gegenüber, das ebenfalls auf den Brundlandt-Bericht und den Erdgipfel von 1992 zurückgeführt werden kann, das *integrativ-pluralistische Nachhaltigkeitskonzept*. Demzufolge konstituiert sich Nachhaltigkeit beziehungsweise Zukunftsfähigkeit aus Anforderungen ökologischer, ökonomischer und sozialer Nachhaltigkeit. Zukunftsfähig sind demnach nur Lösungen, die die ökonomische Entwicklung, den Schutz der natürlichen Lebensgrundlagen und die soziale Gerechtigkeit gerade zwischen Nord und Süd einschließen (Biermann 1998). Dieses in der Vergangenheit vor allem von Ländern der südlichen Hemisphäre eingeforderte Integrationskonzept wird inzwischen auch in OECD-Ländern, so der Bundesrepublik Deutschland, geltend gemacht. Ökonomische Ziele können dabei, anders als im eindimensionalen Nachhaltikeits-Konzept, auch in Konflikt mit Umweltschutzzielen treten.[6] So fließen Argumente zur globalen Wettbewerbfähigkeit betriebs- und volkswirtschaftlicher Einheiten (*Standort Deutschland*) in die Diskussion ökologischer Nachhaltigkeit ein.

Aus einem solchen pluralistischen, den Konflikt konstruktiv einbeziehenden Konzept von *Zukunftsfähigkeit* ergeben sich andere Schlüsse für die Institutionengestaltung als nach dem Zukunfts-Konzept der *umweltgerecht – nachhaltigen* Entwicklung (Sachverständigenrat für Umweltfragen 1996): Wer Zukunftsfähigkeit in einem integrativ-pluralistischen Sinne institutionell verankern will, muss der Legitimität unterschiedlicher Interessen und Wertorientierungen Rechnung tragen. Politikintegration in diesem Sinne wäre zunächst zu institutionalisieren über Konsensbildungsverfahren, so Diskurs-, Argumentations- und Mediationsverfahren, über die wissensorientierte Meinungsbildung in Anhörungen, epistemischen Kommissionen, Fachöffentlichkeit und politischer Laienöffentlichkeit, schließlich über interne Verhandlungs- und Planungsformen wie Umweltpakten, Umweltplänen und Selbstverpflichtungen.

Sofern keine Konsensbildung möglich ist, müssten aber auch explizit pluralistische Regelmuster zum Konfliktaustrag und zur – eventuell konfliktinduzierenden – Willensbildung einbezogen werden, wobei Abstimmungen und Wahlen zumindest als institutionelles Drohpotential Gewicht erhalten. Für integrativ-pluralistische Zukunftsfähigkeit erhalten damit konditionale Koppel-Arrangements aus Verfahren der diskursiven Konsensbildung und der Mehrheitsbildung Gewicht. Hierbei können auch subsystemische Arrangements hilfreich werden, wobei Konsensbildung innerhalb des Subsystems und Mehrheitsbildung im Verhältnis zwischen Subsystemen im Vordergrund der institutionellen Gestaltung steht. Im Ergebnis werden dann kompromissorientierte Gleichgewichtsarrangements die Folge sein. Die Vielfalt möglicher Arrangements, die konsensbildende Integration und pluralistische Integration miteinander verbinden, ist allerdings weit größer. So können sich die fach- und massenmediale Öffentlichkeit, Verhandlungsarenen und pluralistische Willensbildungsverfahren (Wahl, Lobbying) in unterschiedlichen Formen miteinander verbinden. Zukunftsfähigkeit im Sinne integrativ-pluralistischer Nachhaltigkeit geht damit institutionell in die gesamte Institutionenvielfalt demokratischer Willensbildung über.

---

6 Siehe zum Beispiel den Vortrag des BDI-Präsidenten Till Necker zum 25-jährigen Jubiläum des Umweltbundesamtes am 15. September 1999 im UBA, Berlin. Necker führte hier das Bild eines dreibeinigen Tisches ein, der bekanntlich nicht wackeln, allerdings mit seiner Platte in eine Schieflage kommen kann, wenn eines der drei Beine (gemeint war vor allem das ökonomische) *zu kurz* gerät. Siehe hierzu auch die spätere Entgegnung von Bundesminister Trittin, er habe den Eindruck, seitens der ökonomischen Verbände werde häufig nicht mit einem Dreibeintisch, sondern einem Einbein mit kleinen ausfahrbaren Seitenstreben operiert, auf das sich dann der Vertreter niederlasse.

4.3 Zukunftsorientierung der Staatstätigkeit

Zukunftsfähigkeit muss nun allerdings nicht unbedingt mit Nachhaltigkeit – sei sie eindimensional ökologisch oder mehrdimensional – gleichgesetzt werden. Deutlich wird dies anhand des *Kriteriums Zukunftsorientierung der Staatstätigkeit*, das von Manfred G. Schmidt (1998: 195f) vorgestellt worden ist. Schmidt beschreibt dieses Kriterium als *das Ausmaß, in dem die Demokratien Zukunftsinteressen schonen oder verletzen* und bemisst es anhand eines aus vier Indikatoren additiv zusammengesetzten Index. Diese Indikatoren sind: 1. der Anteil der öffentlichen Bildungsausgaben am Bruttoinlandsprodukt, 2. der Anteil der öffentlichen Forschungsausgaben am Bruttoinlandsprodukt, 3. der Prozentanteil der Zinslast für die Staatsverschuldung am Staatshaushalt/invertierte Skala, 4. Harold Wilensky´s Index der expansiven und innovativen Familienpolitik abzüglich der Messung der Frühverrentung (Schmidt 1998, 195: Fußnote 63). Anhand dieses – noch vorläufigen – Ansatzes kommt Schmidt zu zwei international vergleichenden Aussagen:

> Erstens: die Neigung, Politik zu Lasten der Zukunft zu betreiben, ist vor allem in Repräsentativdemokratien ein verbreitetes Laster. Im Unterschied dazu werden Zukunftsanliegen in alten Demokratien mit starken direktdemokratischen Strukturen überdurchschnittlich berücksichtigt, so in der Schweiz und in den Vereinigten Staaten von Amerika. Das zweite Resultat ist dies: Es gibt einen zweiten Weg zur überdurchschnittlichen Berücksichtigung von Zukunftsinteressen. Er ist in den meisten sozialstaatlich starken Demokratien begangen worden, die sich insoweit als leistungsfähiger erweisen als man angesichts der verbreiteten Kritik an der Sozialpolitik erwarten könnte. (Schmidt 1998: 195/196)

Auch wenn Schmidt die Auswahl seiner Indikatoren nicht theoretisch verortet oder anderweitig begründet, resultiert seine Vorgehensweise aus einem offensichtlich anders strukturierten Grundverständnis von Zukunftsfähigkeit, als es im Rahmen der ökologisch dominierten Nachhaltigkeitsdiskussion üblich ist. Im Mittelpunkt seiner Beurteilung stehen vielmehr Investitionen in Bildung und Forschung, die Aufrechterhaltung der finanziellen Handlungsfähigkeit eines Staates sowie die Familien- und die Verrentungspolitik.

4.4 Systemtheoretische Aspekte von Zukunftsfähigkeit

Während das Konzept der Zukunftsorientierung Manfred Schmidts eklektisch gebildet ist, kann Zukunftsfähigkeit auch in einem theoretischen Rahmen diskutiert werden. Hierzu eignet sich insbesondere die funktional-strukturelle Systemtheorie. So stellen sich sozialen Systemen, Talcott Parsons berühmtem *AGIL-Schema* (Parsons 1951) zufolge, generell mehrere miteinander verbundene Überlebensanforderungen: Systeme, die überleben sollen, müssen sich ausreichend an die Umwelt anpassen (Adaption), Systemziele erreichen (Goal Attainment), verschiedene Systemanforderungen integrieren (Integration) und ihre latenten soziokulturellen Grundlagenstrukturen, insbesondere ihre Wertgrundlagen, erhalten (Latent Pattern Maintenance). Mit Blick auf komplexe soziale Systeme hat Helmut Willke diese Parson'schen Überlegungen zu systemaren Grundfunktionen um Überlegungen zur Systementwicklung ergänzt, wonach solche Systeme ihre *sachliche, soziale, zeitliche, operative und kognitive Komplexität* steigern und damit in einem erweiterten Sinne überlebensfähig werden. Komplexe Systeme sind demnach dadurch zukunftsfähig, dass sie nicht nur ihr Außenverhalten und ihre Binnenprozesse steuern (mit Parsons), sondern auch ihre strukturellen Kapazitäten der Komplexitätsverarbeitung gezielt weiterentwickeln. (Willke 1997: 72-124).

Genau an dieser Stelle lässt sich die Diskussion von Zukunftsfähigkeit, die systemtheoretische Diskussion und die Diskussion institutioneller Arrangements miteinander anregend verbinden: Können institutionelle Arrangements, wie hier angenommen, gezielt gestaltet werden, so stellen sie eine möglicherweise entscheidende Option der strukturellen Selbststeuerung von Systemen dar. Ist die Fähigkeit zur Selbststeuerung eine entscheidende Voraussetzung für die Zukunftsfähigkeit komplexer Systeme, so erscheint es sinnvoll, die von Willke entwickelten Komplexitätskriterien, insbesondere die Kriterien der strukturellen Selbststeuerung, als Zielkriterien zukunftsfähiger Institutionenentwicklung zu diskutieren.

Das Kriterium der *sachlichen Komplexitätssteigerung* lässt sich institutionell zunächst dadurch aufnehmen, dass die technischen und finanziell-ökonomischen Ressourcen zur Realisierung einer Regelung vergrößert werden; steigende sachliche Komplexität kann aber auch durch intelligentere Lösungen sowie die Förderung sachbezogenen institutionellen Lernens bearbeitet werden. Die *soziale Komplexität* von Regelungssystemen wird erhöht, indem komplexere Regel-, dabei auch Organisationsformen entwickelt werden, so neue Arbeitsteilungsformen und komplexere Verbindungen unterschiedlicher Regeltypen. *Zeitliche Komplexität* lässt sich dadurch erhöhen, dass in verstärktem Maß zukunftsoffene Verfahren statt starrer Verhaltensnormen eingesetzt werden, – ein institutionelles Charakteristikum moderner Institutionen im allgemeinen (siehe Kapitel 2). *Operative Komplexität* institutioneller Arrangements entsteht in dem Maße, in dem sich in Regelungskomplexen Selbststeuerungsverfahren und/oder Selbststeuerungsorganisationen entwickeln. Derartige *decision-making procedures* und dazu gehörige Überwachungs- und Kontroll-Verfahren sind in funktionierenden internationalen Regimes wie dem internationalen Walfang-Regime oder dem Regime zum Schutz der Ozonsphäre erfolgreich erprobt worden (Oberthür 1997). Sie können und sollten aber weiter ausgebaut, vor allem implementationssicherer gemacht werden (Wissenschaftlicher Beirat der Bundesregierung Globale Umweltveränderungen 1996: 78ff). *Kognitive Komplexität* schließlich kann institutionell vor allem dadurch gesteigert werden, dass unterschiedliche Systeme der Wissensgenerierung und Wissensverarbeitung entwickelt und miteinander (enger) vernetzt werden. Förderlich hierfür dürften einerseits leistungsresponsive Verfahren der Forschung und Entwicklung sein, die durch striktere Normen zum Schutz und zur Anerkennung von Innovation komplettiert werden. Das institutionelle Gegenerfordernis hierzu liegt in innovativen Verbindungen zwischen der Schließung und Öffnung wissensrelevanter Systeme. So wäre etwa daran zu denken, dass die Besetzung wissenschaftlicher Positionen nicht mehr von relativ starren kleinen wissenschaftlichen Gemeinschaften bestimmt wird, sondern hierfür übergreifende Leistungsindikatoren der Publikation herangezogen werden. Ein institutioneller Rahmenkomplex von höchster Bedeutung für die Zukunftsfähigkeit moderner Gesellschaften sind dementsprechend die genauen institutionellen Arrangements von Fach- und Allgemeinöffentlichkeit.

Die systemtheoretisch inspirierte Diskussion von Zukunftsfähigkeit unter den genannten Gesichtspunkten sollte schließlich nicht mehr abgekoppelt von dem ökologischen Diskurs der Zukunftsfähigkeit geführt werden: Die Forderung, das konstante Naturkapital im Sinne „starker Zukunftsfähigkeit" zu erhalten, stellt nämlich nach wie vor eine nicht transzendierte sachliche Anforderung von Zukunftsfähigkeit dar; Systemerhaltung schließt die Erhaltung der natürlichen Lebensgrundlagen ein. Natürliche Umwelt und gesellschaftliches System müssen daher in ihren Zukunftsperspektiven verkoppelt analysiert werden. Mit Blick auf die bereits stattgefundenen und sich für die Zukunft immer stärker abzeichnenden Entwicklungen der Gentechnologie und der künstlichen Intelligenz reicht dabei aber der einfach-ökologische Diskurs der Naturerhaltung nicht mehr aus: Technische Systeme prägen nicht nur zunehmend den Menschen (Technomorphie), sondern beginnen bereits, wie an der Reproduktionsmedizin zu sehen, Kapazitäten zur Artifizierung des Menschen zu bieten. Die Option einer Unterwerfung des Menschen unter überlegene Techniken oder gar die Option der Auslöschung menschlichen Seins (Technischer Genozid) müssen daher unter dem Gesichtspunkt von Zukunftsfähigkeit einbezogen werden.[7]

In dieser Sicht stellt sich die Grenzproblematik menschlicher Gesellschaft in einer neuen – angesichts wachsender Komplexität *emergenten* – Form: Da *der Mensch* einerseits *die Umwelt* mittels seiner enorm gewachsenen technischen Potentiale beherrscht und für ihre nachhaltige Erhaltung verantwortlich

---

7 Gedacht wird dabei an die rasch zunehmende Bedeutung der technischen Prothetisierung des Menschen, an die sich abzeichnende vollständige Genomanalyse des Menschen und die sich explosionsartig schnell entwickelnden gentechnologischen Reproduktions- und Produktionspotentiale, die sich immer mehr beschleunigenden Computerisierung, Digitalisierung und Miniaturisierung, die aufsteigenden Potentiale künstlicher Intelligenzbildung und die sich hieraus ergebenden Möglichkeiten beziehungsweise Gefahren einer neuen Technokratie. Zu dieser Sicht hat sich inzwischen ein vitaler, zwar noch stark naturwissenschaftlich-technisch dominierter, aber beginnend auch sozialwissenschaftliche Arbeiten einschließender Diskurs entwickelt – siehe als Beispiel van den Daele 1996, Moravec 1990, Guggenberger 1998, 1999, Bühl 1996 und viele andere. Die Hinweise darauf habe ich der Arbeit *Vom technomorphen zum artifiziellen Menschen* von Jessica Jane Clotten zu verdanken (unveröffentlichtes Manuskript 1999).

wird, andererseits die geschaffene Umwelt in möglicherweise existenzbedrohlicher Form wieder zurückwirken kann, verkoppeln sich die Frage nach der Nachhaltigkeit der Umwelterhaltung, die nach der Anpassungsfähigkeit an diese Umwelt und die des Schutzes vor dieser Umwelt in ganz neuen Formen. Die mit der Umweltbewegung im Zeichen weitgehend gesicherter Herrschaft über Natur isolierte und über alles gestellte Frage der Ressourcennachhaltigkeit wird also wieder in einen Kanon unterschiedlicher Zukunftskriterien im Spannungsfeld zwischen menschlicher Gesellschaft und Umwelt eingeordnet. Die Mensch-Umwelt-Beziehung gewinnt nach einer Phase weitgehend eindimensionaler Herrschaft des Menschen über Natur durch die höchst ambivalenten Folgen der Technisierung wieder an Komplexität.

Derartige, in der aktuellen Umweltdiskussion bisher noch unreflektierte Perspektivfragen von Zukunftsfähigkeit führen unter institutionellem Aspekt zu einem Miteinander zweier Hauptperspektiven: Flexibler leistungsresponsiver Institutionengestaltung und dem ständigen Versuch, sich gemeinsamer menschlicher und sozialer Wert- und Identitätsgrundlagen zu versichern. Diese beiden Hauptstränge werden verbunden durch die institutionelle Sicherung der Möglichkeit, auch weitgehendste Zukunftsforderungen und Perspektiven unter Gesichtspunkten der Identitätsbildung und Integrationsfähigkeit diskursfähig zu halten. Zentrales institutionelles Kriterium von Zukunftsfähigkeit in diesem Sinne ist die Erhaltung vitaler Demokratie gegenüber technischen *Sachzwängen* jeder Art.

Literatur

Biermann, Frank (1998): Weltumweltpolitik zwischen Nord und Süd. Die neue Verhandlungsmacht der Entwicklungsländer, Baden-Baden.
Brundtland, G. et al. (1987): Our Common Future: World Commission on Environment and Development, Oxford.
Bühl, Achim (1996): CyberSociety. Mythos und Realität der Informationsgesellschaft, Köln.
BUND/Misereor (1996): Zukunftsfähiges Deutschland. Ein Beitrag zu einer global nachhaltigen Entwicklung, Basel u.a.
Clotten, Jessica Jane (1999): Vom technomorphen zum artifiziellen Menschen, unveröffentlichtes Manuskript, Berlin.
Daele, Wolfgang van den/Friedhelm Neidhardt (1996): „Regierung durch Diskussion" – Über Versuche, mit Argumenten Politik zu machen, in: Wolfgang van den Daele/Friedhelm Neidhardt (Hrsg.), Kommunikation und Entscheidung. Politische Funktionen öffentlicher Meinungsbildung und diskursiver Verfahren, Berlin, S. 9-51.
Dunsire, Andrew (1993): Manipulating Social Tensions. Collaboration as an Alternative Mode of Government Intervention, Köln.
Edelmann, Murray (1990): Politik als Ritual. Die symbolische Funktion staatlicher Institutionen und politischen Handelns, Frankfurt a.M./New York.
Etzioni, Amitai (1994): The Sprit of Community – The Reinvention of American Society, NewYork.

Gabriel, Karl/Herlth, Alois/Strohmeier, Klaus Peter (Hrsg.) (1997): Modernität und Solidarität. Konsequenzen gesellschaftlicher Modernisierung, Freiburg.
Gehlen, Arnold (1964): Urmensch und Spätkultur, Frankfurt a.m.
Gehring, Thomas (1994): Dynamic International Regimes: Institutions for International Environenmental Governance, Frankfurt a.M.
Göhler (Hrsg.) (1996): Institutionenwandel, Opladen.
Göhler, Gerhard (1999), Trust and Conflict Resolution: Theoretical Perspectives, Manuskript, Berlin.
Guggenberger, Bernd (1998): Sein oder Design. Im Supermarkt der Lebenswelten, Hamburg.
Guggenberger (1999): Das digitale Nirvana. Vom Verlust der Wirklichkeit in der schönen neuen Online-Welt, Reinbeck bei Hamburg.
Hayek, Friedrich A. von (1991): Die Verfassung der Freiheit, 3.Aufl. (Nachdruck der 2.Aufl.), Tübingen.
Hey, Christian (2000): Zukunftsfähigkeit und Komplexität: Institutionelle Innovationen in der EU, in: Prittwitz (Hrsg.), S. 85-100.
Holzinger, Katharina/Weidner, Helmut (1997): Das Neusser Mediationsverfahren im politischen Umfeld, Schriften zu Mediationsverfahren im Umweltschutz 17, WZB Discussion paper FS II 97-303, Berlin: Wissenschaftszentrum Berlin für Sozialforschung.
Hondrich, Otto/Koch-Arzberger, Claudia (1992): Solidarität in der modernen Gesellschaft, Frankfurt am Main.
Hüglin, Thomas O. (1994): Althusius – Vordenker des Subsidiaritätsprinzips, in: Alois Riklin/Gerard Batliner (Hrsg.), Subsidiarität, Baden-Baden, 97-117.
Jakobeit, Cord (1998): Wirksamkeit in der internationalen Umweltpolitik, in: Zeitschrift für Internationale Beziehungen, Heft 2, S. 345-366.
Jänicke, Martin (1986): Staatsversagen, Die Ohnmacht der Politik in der Industriegesellschaft, München.
Jänicke, Martin/Philip Kunig/Michael Stitzel (1999): Umweltpolitik, Bonn.
Kenis, Patrick/Volker Schneider (Hrsg.) (1996): Organisation und Netzwerk. Institutionelle Steuerung in Wirtschaft und Politik, Fankfurt/New York.
Kern, Kristine (2000): Institutionelle Arrangements und Formen der Handlungskoordination im Mehrebenensystem der USA, in: Prittwitz (Hrsg.), S. 41-64.
Kieser, Alfred/Kubicek, Herbert (1992): Organisation, 3. Aufl., Berlin/New York.
Kiser, Larry L./Elinor Ostrom (1982): The Three Worlds of Action: A Metatheoretical Synthesis of Institutional Approaches, in: Elinor Ostrom (Hrsg.), Strategies of Political Inquiry, Beverly Hills/Cal., S. 179-222.
Kohler-Koch, Beate (Hrsg.) (1989): Regime in den Internationalen Beziehungen, Baden-Baden.
Krasner, Stephen D. (Hrsg.) (1982): International Regimes, Ithaca/London.
Lauer-Kirschbaum, Thomas (1996): Argumentatives Verhandeln in Mediationsverfahren, in: Prittwitz (Hrsg.), S. 111-133.
Laufer, Heinz/Ursula Münch (1998): Das föderative System der Bundesrepublik Deutschland, Opladen.
Liebert, Ulrike/Lauth, Hans-Joachim (1999): Do Informal Institutions Matter? Informelle Institutionen in der interkulturell vergleichenden Partizipations- und Demokratisierungsforschung, in: Dies. (Hrsg.): Im Schatten demokratischer Legitimität. Informelle Institutionen und politische Partizipation im interkultureller Demokratienvergleich, Opladen, S. 11-37.
Lowi, Theodore J. (1964): American Business, Public Policy, Case Studies and Political Theorie, in: World Politics 16, S. 676-715.
Luhmann, Niklas (1969): Legitimation durch Verfahren, Frankfurt a.M.
Luhmann, Niklas (1984): Soziale Systeme, Frankfurt a.M.

Meyer, Thomas/Kampmann, Martina (1998): Politik als Theater. Die neue Macht der Darstellungskunst, Berlin.
Mayntz, Renate/Fritz W. Scharpf (1995): Der Ansatz des aktuerszentrierten Institutionalismus, in: Dies. (Hrsg.), Gesellschatliche Selbstregelung und politische Steuerung, Frankfurt a.m./New York, S. 39-72.
Mohnhaupt, Heinz (1997): Die Unendlichkeit des Privilegienbegriffs. Zur Einführung in das Tagunsthema, in: Barbara Dölemeyer und Heinz Mohnhaupt (Hrsg.), Das Privileg im europäischen Vergleich, Frankfurt a.m.
Moravec, Hans (1990): Mind Children. Der Wettlauf zwischen menschlicher und künstlicher Intelligenz, Hamburg.
Neidhard, Friedhelm (1996): Öffentliche Diskussion und politische Entscheidung. Der deutsche Abtreibungskonflikt 1970-1994, in: Wolfgang van den Daele/Friedhelm Neidhardt (Hrsg.), Kommunikation und Entscheidung. Politische Funktionen öffentlicher Meinungsbildung und diskursiver Verfahren, Berlin, S. 53-82.
Noelle-Neumann, Elisabeth (1999): Öffentliche Meinung, in: Elisabeth Noelle-Neumann/ Winfried Schulz/Jürgen Wilke (Hrsg.): Fischer Lexikon Publizistik Massenkommuniktion, Frankfurt am Main, S. 366-382.
Nordbeck, Ralf (2000): Umweltplanung als institutionelles Arrangement – ein vergleichender Überblick, in: Prittwitz (Hrsg.)
Nullmeier, Frank (1993): Wissen und Policy-Forschung. Wissenspolitologie und rhetorisch-dialektisches Handlungsmodell, in: Politische Vierteljahreszeitschrift 34, Sonderheft 24, S. 175-198.
Oberthür, Sebastian (1996): Die Reflexivität internationaler Regime. Erkenntnisse aus der Untersuchung von drei umweltpolitischen Problemfeldern, in: Zeitschrift für Internationale Beziehungen 3/1, S. 7-44.
Oberthür, Sebastian (1997): Umweltschutz durch internationale Regime, Opladen.
Ostrom, Elinor (1999): Institutionel Rational Choice: An Assesment of the Institutional Analysis and Development Framework, in: Paul A. Sabatier (Hrsg.), Theories of the Policy Process, Boulder/Col./Oxford, S. 35-72.
Parsons, Talcott (1951): The Social System, London.
Prittwitz, Volker von (1990): Das Katastrophenparadox. Elemente einer Theorie der Umweltpolitik, Opladen.
Prittwitz, Volker von (unter Mitarbeit von Kai Wegrich, Stefan Bratzel und Sebastian Oberthür) (1994): Politikanalyse, Opladen.
Prittwitz, Volker von (Hrsg.) (1996): Verhandeln und Argumentieren. Dialog, Interessen und Macht in der Umweltpolitik, Opladen.
Prittwitz, Volker von (1996): Verhandeln im Beziehungsspektrum eindimensionaler und mehrdimensionaler Kommunikation, in: Ders. (Hrsg.), S. 41-68.
Prittwitz, Volker von (Hrsg.) (2000): Institutionelle Arrangements in der Umweltpolitik. Zukunftfähigkeit durch innovative Verfahrenskombinationen, Opladen.
Prittwitz, Volker von (2000): Symbolische Politik. Erscheinungsformen und Funktionen am Beispiel der Umweltpolitik, in: Bernd Hansjürgens/Gertrude Lübbe-Wolff (Hrsg.): Symbolische Umweltpolitik, Frankfurt a.M., i.E..
Rittberger, Volker (Hrsg.) (1993): Regimes in International Relations, Oxford.
Scharpf, Friz W. (1989): Politische Steuerung und politische Institutionen, in: Hans-Hermann Hartwich (Hrsg.), Macht und Ohnmacht politischer Institutionen. 17. Wissenschaftlicher Kongress der DVPW 12. bis 16. September 1988 in der Technischen Hochschule Darmstadt. Tagungsbericht, Opladen.
Scharpf, Fritz W. (1991): Political Institutions, Decision Styles, and Policy Choices, in: R.M. Czada/Adrienne Heritier (Hrsg.), Political Choice. Institutions, Rules, and the Limits of Rationality, Frankfurt am Main, S. 53-86.

Scharpf, Fritz W. (1992): Koordination durch Verhandlungssysteme: Analytische Konzepte und institutionelle Lösungen, in: Arthur Benz/Fritz W. Scharpf/Reinhard Zintl (Hrsg.), Horizontale Politikverfechtung. Zur Theorie von Verhandlungssystemen, Frankfurt a.M./New York, S. 51-96.

Scharpf, Fritz W./Bernd Reissert/Fritz Schnabel (1976): Politikverflechtung. Theorie und Empirie des kooperativen Föderalismus in der Bundesrepublik, Kronberg/Ts.

Schlager (1999): A Comparison of Frameworks, Theories, and Models of Policy Processes, in: Paul A. Sabatier (Hrsg.), Theories of the Policy Process, Boulder/Col./Oxford.

Schmidt, Manfred G. (1998): Das politische Leistungsprofil der Demokratien, in: Michael Th. Greven (Hrsg.), Demokratie – eine Kultur des Westens? 20. Wissenschaftlicher Kongress der DVPW, Opladen, S. 181-199.

Shepsle, Kenneth A (1989): Studying Institutions. Some Lessons from the Rational Choice Approach, in: Journal of Theoretical Politics 1, S. 131-147.

Streeck, Wolfgang/Philippe C. Schmitter (1996): Gemeinschaft, Markt, Staat – und Verbände? Der mögliche Beitrag von privaten Interessenregierungen zu sozialer Ordnung, in: Patrick Kenis/Volker Schneider (Hrsg.), Organisation und Netzwerk. Institutionelle Steuerung in Wirtschaft und Politik, Frankfurt/New York, S. 123-164.

Tönnies, Ferdinand (1991): Gemeinschaft und Gesellschaft, 3.Aufl. Des Neudrucks der 8. Auflage von 1935, Darmstadt.

Viehöver, Willi (1999): Verschlungene Wege unter dem Müllmassiv. Kooperationstheoretische Hüttenwanderung von der Verpackungsmülldebatte über die PET-Verordnung zum Abfallregime Duales System Deutschland, unveröffentlichtes Manuskript, München

Voß, Jan-Peter (2000): Institutionelle Arrangements zwischen Zukunfts- und Gegenwartsfähigkeit. Verfahren der Netzregulierung im liberalisierten Stromsektor, in: Prittwitz (Hrsg.), S. 227-254.

Walzer, Michael (1993): Die kommunitaristische Kritik am Liberalismus, in: Axel Honneth (Hrsg.), Kommunitarismus – eine Debatte über die moralischen Grundlagen moderner Gesellschaften, Frankfurt am Main, S.157-180.

Weber, Max (1921/1972): Wirtschaft und Gesellschaft. Grundriss der verstehenden Soziologie, 5.Aufl., Tübingen.

Weizsäcker, Ernst Ulrich von/Lovins, Amory B./Lovins, L. Hunter (1995): Faktor Vier. Doppelter Wohlstand – halbierter Naturverbrauch, München.

Westphalen, Raban Graf von (1979): Akademisches Privileg und demokratischer Staat: ein Beitrag zur Geschichte und bildungspolitischen Problematik des Laufbahnwesens in Deutschland, Stuttgart.

Willke, Helmut (1997): Systemtheorie I: Grundlagen, 5. Aufl., Stuttgart.

Wissenschaftlicher Beirat der Bundesregierung Globale Umweltveränderungen (1995): Jahresgutachten 1996. Wege zur Lösung globaler Umweltprobleme, Berlin.

Institutionelle Arrangements
in Mehrebenensystemen

Institutionelle Arrangements und Formen der Handlungskoordination im Mehrebenensystem der USA*

Kristine Kern

1. Einleitung

Über die Leistungsfähigkeit von föderalistischen Mehrebenensystemen besteht keineswegs Einigkeit: Einerseits können Entscheidungsprozesse in solchen Systemen zu Handlungsblockaden führen. Andererseits kann argumentiert werden, dass Föderalstaaten aufgrund der Existenz von zwei interdependenten Entscheidungsebenen höhere Problemlösungspotentiale als unitarische Systeme aufweisen. Gerade bei hohem Anpassungsdruck in einer komplexen Umwelt sind föderalistische Mehrebenensysteme leistungsfähiger als zentralisierte hierarchische Ordnungen. Die lockere horizontale Koppelung der Subeinheiten eines Mehrebenensystems, die zwar koordiniert, aber dennoch relativ selbständig agieren, bietet Vorteile.[1] Dabei kann sich zwischen den Subeinheiten ein regulativer Wettbewerb entwickeln, der geeigneten Politikansätzen letztlich zum Durchbruch verhilft und zu einer Politikkonvergenz auf relativ hohem Niveau führt (‚race to the top') (vgl. Vogel 1995, 1997). Der Nachteil besteht allerdings darin, dass der völlige Verzicht auf hierarchische Interventionen, insbesondere auf die Festsetzung von Mindeststandards, auch einen Deregulierungswettbewerb (‚race to the bottom') zur Folge haben kann, der mit dem Abbau von Schutzbestimmungen verbunden ist, die für eine nachhaltige Entwicklung unverzichtbar sind. Dies bedeutet, dass im föderalistischen Mehrebenensystem der USA, dessen Handlungsfähigkeit hier im Mittelpunkt stehen soll, weder die rein hierarchische Koordination der Politikebenen noch die Beschränkung auf den regulativen Wettbewerb zwischen den Einzelstaaten ausreicht, sondern nach alternativen institutionellen Arrangements gefragt werden muss, durch die die Vorteile von Mehrebenensystemen genutzt werden, gleichzeitig aber auch Nachteile (Deregulierungswettbewerb, Handlungsblockaden etc.) vermieden werden können.

---

* Für kritische Kommentare zu den diversen Fassungen des Manuskripts danke ich insbesondere Frank Bönker, Jochen Lang, Britta Meinke, Ralf Nordbeck und Marlies Schneider; vgl. auch Kern (2000).
1 Vgl. Scharpf (1985); Benz (1991, 1995); March (1994: 193); Mayntz (1995: 134ff.); siehe hierzu auch Chisholm (1989: 11ff.), der die Vorteile der informell-horizontalen Koordination von Organisationen gegenüber formeller Zentralisierung hervorhebt.

Im Hinblick auf die Leistungsfähigkeit institutioneller Arrangements und der entsprechenden Formen der Handlungskoordination in Mehrebenensystemen ist daher ein neues Verständnis vonnöten, das sowohl über die alte staatszentrierte *top-down*-Sichtweise als auch über die in den siebziger und achtziger Jahren sehr populäre *bottom-up*-Perspektive[2] hinausgeht. Beschränkt man sich entweder auf die hierarchische Koordination der Politikebenen oder auf die Selbstkoordination der Einzelstaaten, gehen die Vorteile von Mehrebenensystemen verloren, weil von mehreren interdependenten Entscheidungsebenen in beiden Fällen nicht mehr die Rede sein kann. Jenseits der Zentralisierung auf der einen und der Dezentralisierung auf der anderen Seite kann die Politikentwicklung in Mehrebenensystemen auf einer ganzen Palette von Alternativen beruhen, die von interdependenten, aber relativ unverbundenen Entscheidungsarenen auf beiden Ebenen bis zur vollständigen Überlagerung von Entscheidungsarenen reicht. Deren Interdependenz hängt dabei zum einen davon ab, ob auf beiden Ebenen eigenständige Politikentscheidungen getroffen werden (können), die, obgleich sie sich gegenseitig beeinflussen, formell voneinander unabhängig sind. Entscheidend ist zum anderen, ob symmetrische Beziehungen zwischen den Akteuren der beiden Ebenen existieren (vgl. Chisholm 1989: 42; vgl. Benz 1994: 99ff.). Dies gilt weder bei stark zentralisierten Mehrebenensystemen, die rein hierarchisch koordiniert werden, noch bei stark dezentralisierten Mehrebenensystemen, bei denen die Politikkonvergenz allein auf der Selbstkoordination der Einzelstaaten basiert.

Da die Dichotomisierung von Zentralisierung und Dezentralisierung für die Analyse von Mehrebenensystemen längst nicht ausreicht, werden im folgenden drei Regulierungstypen voneinander abgegrenzt, die sukzessive dargestellt werden: Erstens wird auf die zentrale Regulierung, d.h. die hierarchische Koordination der beiden Politikebenen eingegangen, die für die Anfangsphase der amerikanischen Umweltpolitik durchaus charakteristisch ist. Zweitens wird die dezentrale Regulierung skizziert, die auf der Selbstkoordination der Einzelstaaten beruht. Drittens wird es schließlich um die neuartigen institutionellen Arrangements[3] gehen, die sich als Folge der Unzulänglichkeiten der beiden anderen Ansätze entwickelt haben. Welche Varianten

---

2 Zu den *top-down*- und *bottom-up*-Ansätzen in der Implementationsforschung siehe vor allem Sabatier (1986); vgl. auch Peters (1993).

3 Auf den Steuerungsbegriff wird hier weitgehend verzichtet, da dieser – trotz der in den letzten Jahren vorgenommenen Relativierungen (z.B. Mayntz 1987: 91ff.) – häufig immer noch mit hierarchischer Koordination gleichgesetzt oder zumindest implizit von einem Steuerungssubjekt und einem Steuerungsobjekt ausgegangen wird. Für die Charakterisierung der hier im Mittelpunkt stehenden interdependenten Beziehungen zwischen den Ebenen erscheint dieser Begriff daher kaum geeignet. In der Literatur finden sich daneben die Begriffe Selbststeuerung, Selbstregulierung oder Regelung; siehe vor allem Mayntz und Scharpf (1995); Mayntz und Scharpf (1995a: 16); Ulrich (1994); von Beyme (1995). Darüber hinaus ist gerade in jüngster Zeit häufig von *governance* die Rede (siehe unten).

der Mehrebenenregulierung, so soll gefragt werden, konnten sich dabei aufgrund ihrer Leistungsfähigkeit besonders gut durchsetzen? Welche Konsequenzen ergeben sich aus der Entwicklung dieser neuartigen institutionellen Arrangements für den amerikanischen Föderalismus, der in der Vergangenheit seine Flexibilität und Anpassungsfähigkeit immer wieder unter Beweis gestellt hat? Ist diese politische Institution, die das politische System der USA von Anfang an prägte, zukunftsfähig oder eher reformbedürftig?

2. Regulierungstypen im Mehrebenensystem der USA

Die genannten Regulierungstypen unterscheiden sich, wie Übersicht 1 zeigt, zunächst einmal hinsichtlich der Stärke der einzelstaatlichen und der bundesstaatlichen Position im Regulierungsprozess. In einigen (wenigen) Bereichen verzichten Bund und Einzelstaaten ganz auf Regulierungen, die allenfalls auf der lokalen Ebene getroffen werden (‚Regulierungsverzicht').[4] Daneben existieren Staatsaufgaben, die vornehmlich in den Kompetenzbereich der Einzelstaaten fallen, ohne dass ein nennenswerter Einfluss des Bundes auf die Politikentscheidung feststellbar ist (‚dezentrale Regulierung'). Insbesondere in den Bereichen, in denen die einzelstaatliche Aufgabenerfüllung in der Vergangenheit zu Defiziten geführt hat, konnte der Bund durch mehrere Zentralisierungswellen die Oberhand gewinnen (‚zentrale Regulierung'). Da die Einzelstaaten heute jedoch über beachtliche Handlungskapazitäten verfügen, auf zentralstaatliche Interventionen aber selbst bei Devolution nicht völlig verzichtet wird, gibt es immer mehr Politikbereiche, in denen sich interdependente Politikarenen herausbilden oder durch Überlagerung eine einzige Politikarena entsteht, in der Akteure beider Ebenen gemeinsam nach Kompromissen suchen (‚Mehrebenenregulierung'). Dieser Regulierungstyp entsteht durch die Veränderung der Kompetenzverteilung zwischen den Einzelstaaten und dem Bund. Die Angleichung von Regelungen kann in Mehrebenensystemen daher auf mehreren Wegen erfolgen: Erstens können einheitliche Standards vom Bund autoritativ festgesetzt werden (zentrale Regulierung durch hierarchische Koordination); zweitens können sie aus dem regulativen Wettbewerb zwischen den Einzelstaaten resultieren (dezentrale Regulierung durch die Selbstkoordination der Einzelstaaten); und drittens können sie aus dem regulativen Wettbewerb zwischen den Ebenen hervorgehen, falls nationale und einzelstaatliche Standards stark voneinander abweichen (Mehrebenenregulierung).[5]

---

4   Solche Fälle, auf die hier nicht weiter eingegangen werden soll, treten in der amerikanischen Umweltpolitik durchaus auf. So sind die Städte und Kreise z.B. für die Regulierung der zulässigen Lärmemissionen, für die Flächennutzungsplanung sowie für Recycling-Programme zuständig.
5   Siehe hierzu die Unterscheidung im Bereich der Telekommunikationspolitik, in dem zwischen autoritativ angeordneten Standards (hierarchische Standardisierung), ausge-

Übersicht 1: Regulierungstypen in Mehrebenensystemen

	Bundesstaatliche Position *Stark*	Bundesstaatliche Position *Schwach*
Einzelstaatliche Position *Stark*	**Mehrebenenregulierung** Entscheidungen auf beiden Ebenen möglich	**Dezentrale Regulierung** Entscheidungen werden auf der einzelstaatlichen Ebene getroffen
Einzelstaatliche Position *Schwach*	**Zentrale Regulierung** Entscheidungen werden auf der Bundesebene getroffen	**Regulierungsverzicht** Regulierung auf die lokale Ebene beschränkt

Bei der Charakterisierung der Regulierungstypen kann auf unterschiedliche institutionelle Arrangements und entsprechende Formen der Handlungskoordination (,governance') zurückgegriffen werden, die vor allem im Zuge des Aufstiegs des ‚Neuen Institutionalismus' (nicht nur) in der Politikwissenschaft an Bedeutung gewonnen haben.[6] Die drei grundlegenden Typen – Markt, Gemeinschaft/Solidarität und Hierarchie – wurden in den letzten Jahren auf unterschiedliche Weise modifiziert und erweitert:[7] So befasste sich Ouchi auf der Basis der Transaktionskostenökonomie mit einem organisationstheoretischen Vergleich von Märkten, Bürokratien und Clans (Ouchi 1980), Streeck und Schmitter führten einen vierten Typus, Assoziationen, ein (Streeck und Schmitter 1985, 1985a), und zudem standen Verhandlungssysteme als weiterer Typus im Zentrum der Diskussion (vgl. Scharpf 1993: 58; Mayntz und Scharpf 1995a: 60f.). Darüber hinaus hat der Governance-Begriff, der auch die Selbststeuerung politischer Systeme umfasst, in der Theorie der internationalen Beziehungen Fuß gefasst, die sich mit dem als anarchisch geltenden internationalen System befasst, in dem ein Steuerungszentrum gar nicht existiert. So spricht z.B.

---

handelten Standards (kooperative oder Komiteestandardisierung) und Standards, die sich über spontane Diffusions- und Imitationsprozesse ausbreiten (nichtkooperative Standardisierung), differenziert wird (Schmidt und Werle 1992; Mayntz und Schneider 1995: 92); Mayntz (1990: 146f.) grenzt bei den Verfahren zur Festsetzung von Umweltstandards ebenfalls die hierarchisch-autoritativ gesetzten von den ausgehandelten Standards ab.

6   Zum ‚Neuen Institutionalismus' siehe insbesondere March und Olsen (1984, 1989) sowie den Überblick von Hall und Taylor (1996).
7   Siehe hierzu Willke (1995: 87ff.), insbesondere seine Systematisierung der bislang vorgeschlagenen Steuerungsformen. Der Governance-Begriff findet mittlerweile breite Anwendung; vgl. z.B. Hollingworth und Lindberg (1985); Campbell, Hollingworth und Lindberg (1991); Kooiman (1993); March und Olsen (1995); Kenis und Schneider (1996); Stoker (1998); Peters (1998); zur Diskussion in der Theorie der Internationalen Beziehungen siehe vor allem Rosenau (1992); Gehring (1994, 1995); Young (1994, 1997); zur Abgrenzung zwischen ‚Steuerung' und ‚Governance' sowie zur Entwicklung des Governance-Begriffs und seinen unterschiedlichen Bedeutungen siehe Mayntz (1998: 7f.).

Young (1994: 9) von Governance-Systemen, die er mit institutionellen Arrangements und (internationalen) Regimen gleichsetzt.[8]

Die drei Regulierungstypen korrespondieren – wie Übersicht 2 zeigt – mit unterschiedlichen institutionellen Arrangements sowie Formen der Handlungskoordination, wobei man in Mehrebenensystemen zwischen der hierarchischen Koordination der Politikebenen, der Selbstkoordination der Einzelstaaten sowie der Verhandlungskoordination unterscheiden kann. Bei *zentraler Regulierung* wird durch den Bund hierarchisch koordiniert,[9] und Politikinnovationen können daher nur vom Bund ausgehen. Bei *dezentraler Regulierung*, die auf der Selbstkoordination der Subeinheiten basiert, kommen zwei Varianten in Betracht: zum einen der regulative Wettbewerb zwischen den Einzelstaaten, zum anderen die Emergenz horizontaler Verhandlungssysteme, durch die die Kooperation und Koordination der Einzelstaaten institutionalisiert wird. Bei *Mehrebenenregulierung* hingegen besteht eine Möglichkeit darin, die Selbstkoordination der Einzelstaaten mit hierarchischer Koordination zu kombinieren. Dies kann zu einem beschränkten Wettbewerb zwischen den Politikebenen führen, da durch nationale Mindeststandards die Festsetzung schärferer einzelstaatlicher Standards ermöglicht wird, die sich wiederum auf die nationalen Standards auswirken können. Als eine zweite Variante der Mehrebenenregulierung kommen vertikale Verhandlungssysteme zwischen dem Bund und den Einzelstaaten in Betracht.

Übersicht 2: Regulierungstypen, institutionelle Arrangements und Formen der Handlungskoordination

Regulierungstypen	Institutionelle Arrangements	Formen der Handlungskoordination
Zentrale Regulierung	Hierarchie zwischen Bund und Einzelstaaten	Hierarchische Koordination der Politikebenen
Dezentrale Regulierung	Wettbewerb zwischen den Einzelstaaten	Selbstkoordination der Einzelstaaten
	Horizontale Verhandlungssysteme	Horizontale Verhandlungskoordination
Mehrebenenregulierung	Wettbewerb zwischen den Politikebenen (Mindeststandards)	Verbindung von hierarchischer Koordination und Selbstkoordination
	Vertikale Verhandlungssysteme	Vertikale Verhandlungskoordination

---

8   Insgesamt mag zwar die Vieldeutigkeit des Governance-Begriffes beklagt werden, eine Verkürzung auf „self-organizing interorganizational networks", wie sie Rhodes (1996: 660ff.) vorschlägt, stellt jedoch kaum einen Ausweg aus diesem Dilemma dar.
9   In diesem Kontext bezieht sich die hierarchische Handlungskoordination ausschließlich auf das Verhältnis der beiden Politikebenen, d.h. die verbindliche Festsetzung von nationalen Standards, die den Einzelstaaten keine eigenen Handlungsspielräume mehr belassen.

3. Zentrale Regulierung: Hierarchische Koordination von Politikebenen

Kennzeichnend für zentrale Regulierung sind hierarchisch geprägte Beziehungen zwischen den Politikebenen, die eher in unitarischen Systemen auftreten, dem amerikanischen Föderalismus jedoch nicht völlig fremd sind.[10] Bei hierarchischer Koordination kann gezielt zwischen Alternativen gewählt werden, und die zu erwartenden Ergebnisse lassen sich besser prognostizieren als bei eigendynamischen Prozessen der Selbstkoordination. Allerdings setzt zentrale Regulierung kontinuierliche Kontrolle und Überwachung voraus, da es ansonsten zu Implementationsdefiziten kommt (vgl. Mayntz und Schneider 1995: 93). Erfolgversprechend ist hierarchische Koordination nur dann, wenn sowohl die Motivations- als auch die Informationsprobleme, die bei hier zwangsläufig auftreten, lösbar sind (Scharpf 1993: 62ff.).

Zu Motivationsproblemen kommt es, weil die Akteure primär ihre Eigeninteressen verfolgen, d.h. egoistisch oder gar opportunistisch handeln, und die Steigerung der allgemeinen Wohlfahrt durch demokratische Verfahren deshalb keineswegs garantiert werden kann. Dagegen kann eingewandt werden, dass sich das Verhalten der Akteure grundsätzlich an (sozialen) Normen orientiert und die politischen Präferenzen nicht exogen, sondern endogen durch die politischen Institutionen geprägt werden.[11] Welche der beiden Positionen die Realität besser widerspiegelt, mag dahingestellt bleiben. Unbestritten ist jedenfalls, dass das Motivationsproblem am besten in den Griff zu bekommen ist, wenn die Eigeninteressen der Akteure mit allgemeinen Normen kompatibel sind und institutionelle Anreize geschaffen werden, durch die eine weitgehende Übereinstimmung erreicht werden kann.[12] Daneben ist bei hierarchischer Koordination mit Informationsproblemen zu rechnen, weil zentrale Entscheidungsinstanzen entweder gar nicht in der Lage sind, sich die zur Lösung dezentraler Probleme notwendigen Informationen zu beschaffen, oder Probleme bei der Verarbeitung dieser Informationen auftreten (vgl. Jänicke 1987: 167). Da die zentralstaatliche Ebene oft nur über unvollständige

---

10 Siehe hierzu Lijphart (1999: 189), der im Hinblick auf die Ausprägung des Föderalismus bzw. Unitarismus in Abhängigkeit vom Zentralisierungsgrad fünf verschiedene Typen voneinander abgrenzt. Dabei reicht das Spektrum von den föderalistischen und dezentralisierten Demokratien, wozu er auch die USA rechnet, bis zu den unitarischen und zentralisierten Demokratien (z.B. Großbritannien, Neuseeland).

11 Exogene oder endogene Präferenzbildung kann als der Hauptunterschied zwischen der *Rational Choice*-Variante des Institutionalismus und dem historischen Institutionalismus angesehen: „Thus one, perhaps *the*, core difference between rational choice institutionalism and historical institutionalism lies in the question of preference formation, whether treated as exogenous (rational choice) or endogenous (historical institutionalism)" (Thelen und Steinmo 1992: 9).

12 Siehe z.B. March und Olsen (1984: 739); Wildavsky (1987: 4f.) sowie Dowding und King (1995: 9).

Institutionelle Arrangements und Handlungskoordination in den USA 47

Informationen verfügt, ist sie zu einer adäquaten Lösung lokaler Probleme meist nicht in der Lage, und suboptimale Ergebnisse sind häufig die Folge (vgl. Ostrom 1990: 8ff.). Außerdem ist oft eine zu starke Zentralisierung zu beobachten, zum einen weil die zunehmenden Interdependenzen zwischen den Aufgabenbereichen zu Koordinationsproblemen führen, die hierarchisch gelöst werden müssen (Scharpf 1993: 62ff.), zum anderen weil sich die Akteure auf den unteren Hierarchieebenen risikoavers verhalten und Entscheidungen nicht selbst treffen mögen, sondern lieber den übergeordneten Instanzen überlassen (vgl. Benveniste 1991: 149).

Zentrale Regulierung hat sich im amerikanischen Mehrebenensystem sukzessive vor allem seit den dreißiger Jahren mit der von Franklin D. Roosevelt eingeleiteten Politik des *New Deal* entwickelt. Die Ausweitung der bundesstaatlichen Regelungskompetenzen war eine Folge der veränderten Auslegung der *commerce clause* durch den *Supreme Court*. Diese Verfassungsbestimmung, durch die der Zentralstaat ermächtigt wird, den Handel zwischen den Einzelstaaten zu regeln, diente seitdem als eine Art Generalklausel für bundesstaatliche Interventionen.[13] Ein weiterer Zentralisierungsschub war vor allem Ende der sechziger und Anfang der siebziger Jahre zu verzeichnen, und viele Politiken gelangten während dieser Periode erstmals auf die nationale politische Agenda. Heute können die Einzelstaaten eigene Standards grundsätzlich nur dann festlegen, wenn die jeweilige Materie nicht bereits vom Bund abschließend geregelt wurde und die einzelstaatlichen Standards den Handel zwischen den Einzelstaaten nicht zu stark restringieren. Zentralisierung hat durchaus ihren Preis, da subnationale Politikinnovationen durch die Hierarchisierung der Politikebenen weitgehend verhindert werden und das Innovationspotential des Mehrebenensystems bei diesem Regulierungstyp keineswegs voll ausgeschöpft wird. Deshalb sind bei zentraler Regulierung, die heute in Reinform freilich kaum noch existiert, die Politikinnovationen des Bundes entscheidend. Zieht der Bund eine Regelungsmaterie ganz an sich *(total federal preemption),* wird der regulative Wettbewerb zwischen den Einzelstaaten von vornherein unterbunden.

Da einheitliche Bestimmungen für das ganze Land zumindest in einigen Bereichen als notwendig erachtet werden, findet sich zentrale Regulierung auch im amerikanischen Umweltrecht. So ist es den Einzelstaaten prinzipiell nicht möglich, eigene Emissionsstandards für Automobile festzulegen. Umfassende Regelungen des Bundes bestehen daneben z.B. im Bereich der Pestizid- und Gefahrstoffregulierung. In den am stärksten zentralisierten Regelungsbereichen gelten die nationalen Bestimmungen, die auch von der Bundesverwaltung implementiert werden, unmittelbar, und abweichende Regelungen können zumindest bei *total federal preemption* nicht getroffen werden. Selbst dabei gibt es allerdings eine ganz Reihe von Ausnahmen, z.B.

---

13 Zur Veränderung der Auslegung der *commerce clause* durch den Obersten Gerichtshof siehe Kern (1997).

können Einzelstaaten die Zulassung von Pestiziden ablehnen, die vom Bund bereits anerkannt wurden (vgl. Baumgartner und Jones 1993: 232; Jarass 1993: 52). Und bei der Festsetzung der Kfz-Emissionsstandards wurde das Prinzip der Totalharmonisierung ebenfalls von vornherein durchbrochen, da Kalifornien, das entsprechende Grenzwerte bereits vorher festgesetzt hatte, eine Ausnahmegenehmigung *(waiver)* erhielt. Abschließende Regelungen des Bundes kommen ohnehin nur relativ selten vor und werden gerade in Zeiten, in denen Deregulierung und Devolution in Washington ganz oben auf der politischen Tagesordnung stehen, in zunehmendem Maß zum Angriffspunkt konservativer Politiker. Im Gegensatz zur dezentralen Regulierung, mit der man eher bei Prozessstandards rechnen muss, da nationale Standards häufig gar nicht zustande kommen, ist zentrale Regulierung vornehmlich bei Produktstandards anzutreffen, deren Harmonisierung selbst von den Herstellern präferiert wird, um die Beschränkung des Handels zwischen den Einzelstaaten zu vermeiden.[14] Darüber hinaus ist zum einen festzustellen, dass zentrale Regulierung eher in der Luftreinhaltepolitik als etwa im Gewässerschutz oder in der Abfallpolitik anzutreffen ist, und zum anderen steigt der Zentralisierungsgrad einer Politik offenbar mit dem Ausmaß des involvierten Risikos: So regelt die Bundesregierung den Betrieb von Atomkraftwerken und Öltankern und erlässt Bestimmungen über Gefahrstoffe und Altlasten, während die Festlegung der zulässigen Lärmemissionen, die Beseitigung von Hausmüll oder die Flächennutzungsplanung ganz den Einzelstaaten und Kommunen überlassen bleibt.[15]

Durch den Ende der sechziger Jahre eingeleiteten Kurswechsel hin zur zentralen Regulierung der Umweltpolitik[16] veränderte sich die Machtbalance im föderalen System der USA nachhaltig. Während sich die Bundesregierung bis in die sechziger Jahre im wesentlichen auf die Forschungsfinanzierung und die technische Unterstützung der einzelstaatlichen Initiativen beschränkt hatte, sahen sich die Einzelstaaten seit Ende der sechziger Jahre mit der Herausforderung konfrontiert, nationale Umweltprogramme implementieren zu müssen. Der starke Zentralisierungstrend der amerikanischen Umweltpolitik in den siebziger Jahren, das umweltpolitische Pendant zur allgemeinen Zentralisierung des amerikanischen Mehrebenensystems in diesem Zeitraum, führte dabei zum sukzessiven Auf- und Ausbau der dezentralen Handlungskapazitäten im Bereich der Umweltpolitik, der sich ohne die Interventionen des Bundes wohl kaum im gleichen Umfang vollzogen hätte. Darüber hinaus trägt die Zentralisierung der Kompetenzen ganz entscheidend zur vertikalen Integration politischer Systeme bei, weil

---

14 Zu den Differenzen zwischen Produkt- und Prozessstandards bei der Harmonisierung siehe Scharpf (1996, 1999).
15 Zu den Regulierungstypen in der amerikanischen Umweltpolitik siehe Kern (2000: 86ff.).
16 Im Gegensatz zu vielen anderen Politikfeldern vollzog sich die Zentralisierung in der amerikanischen Umweltpolitik innerhalb nur weniger Jahre.

sie eine Erweiterung der interorganisatorischen Politiknetzwerke mit sich bringt.[17] Zudem wird durch zentrale Regulierung die Position nationaler Verbände deutlich gestärkt, da die Lobbytätigkeit in D.C. immer wichtiger wird und es daher gute Gründe gibt, die Organisationsressourcen am Potomac zu konzentrieren.

4. Dezentrale Regulierung: Wettbewerb und Kooperation zwischen Einzelstaaten

Im Gegensatz zur zentralen Regulierung wird die Einführung neuer Politiken bei dezentraler Regulierung nicht durch zentralstaatliche Interventionen erzwungen, sondern erfolgt zumeist auf freiwilliger Basis.[18] Da seit Beginn der achtziger Jahre – nach einer langen Phase, in der der Bund vermehrt Einfluss auf viele Politikfelder genommen hat – unterschiedliche Varianten der Devolutionspolitik erprobt worden sind, befindet sich dieser Regulierungstyp mittlerweile wieder auf dem Vormarsch. Angeknüpft wird dabei an den dualen Föderalismus,[19] der in den USA vor dem *New Deal* der dreißiger Jahre dominierte. Weit verbreitet ist die dezentrale Regulierung in den USA im Bereich des Gewässerschutzes (z.b. Grundwasserschutz) und im Abfallrecht (z.B. Hausmüll), während sich die Kompetenzen der Einzelstaaten im Bereich der Luftreinhaltung im wesentlichen auf die Festsetzung der Emissionsstandards für Altanlagen beschränken.

Die Befürworter des dezentralen Regulierungsansatzes, die ihre Argumente meist ausschließlich auf die Funktionsweise des Wettbewerbs zwischen den Einzelstaaten stützen, vertreten die Auffassung, dass die durch einzelstaatlichen Wettbewerb ausgelöste Politikkonvergenz, die sich, wie angenommen wird, ex post quasi ganz von selbst einstellt, einer ex ante durch den Zentralstaat veranlassten Harmonisierung vorzuziehen sei. Während bei hierarchischer Intervention mit suboptimalen Ergebnissen gerechnet werden müsse, würden sich im regulativen Wettbewerb zwischen den Einzelstaaten im Endeffekt die effizientesten Ansätze durchsetzen (vgl. Dye 1990: 177). Die kompetitiven Beziehungen zwischen den Einzelstaaten würden zumindest langfristig zu einer Konvergenz der einzelstaatlichen Standards führen, und durch soziale Experimente und Lernprozesse könn-

---

17 Vgl. Anton (1989), insbesondere seine Ausführungen zur Entstehung vertikaler Koalitionen zwischen den Politikebenen.
18 Vgl. hierzu die Ausführungen von Majone (1991: 104), der im internationalen Kontext zwischen *pull*-Effekten und *push*-Effekten differenziert. Gemeint sind damit zum einen Politikinnovationen, die freiwillig eingeführt werden, zum anderen die Oktroyierung von Politiken, deren Übernahme unumgänglich ist.
19 Charakteristisch für den dualen Föderalismus ist die klare Trennung zwischen den Kompetenzen des Bundes und der Einzelstaaten.

ten, so wird argumentiert, überflüssige Regelungen sogar völlig eliminiert werden.[20] Dye zeigt sich von den innovativen Wirkungen des Wettbewerbs zwischen den Einzelstaaten überzeugt, da die Politiker wie Unternehmer auf dem freien Markt miteinander konkurrieren würden: „Competition is the driving force behind innovation. This is true in government as in the marketplace. Just as economists are becoming increasingly aware of the central role of the innovative entrepreneur in the creation of wealth, political scientists must understand that intergovernmental competition inspires policy innovation" (ebd.: 20).[21]

Zwar ist die Vorstellung einer durch Marktkräfte stimulierten Politikkonvergenz sicherlich reizvoll, der ‚Konvergenzthese' kann aber entgegengehalten werden, dass der regulative Wettbewerb keineswegs zu einer einzigen effizienten Lösung führen muss, sondern mehrere Gleichgewichte existieren können, von denen aber keines ein Optimum darstellt (vgl. Majone 1993: 12f.).[22] Erschwert wird das Erreichen des regulativen Optimums durch mehrere Gründe: Erstens handelt es sich keineswegs um Wettbewerb zwischen einer großen Anzahl von Konsumenten, sondern um oligopolistischen Wettbewerb zwischen einer überschaubaren Gruppe von Einzelstaaten. Zweitens muss die Zeitdimension berücksichtigt werden: Verläuft der Prozess sehr langsam, besteht die Gefahr, dass in der Mehrzahl der Einzelstaaten über einen relativ langen Zeitraum suboptimale Regelungen gelten, die später aus Kostengründen kaum noch modifiziert werden können.[23] Da es sich um eine pfadabhängige Entwicklung handelt, determinieren die einmal gewählten Regelungen die Handlungsspielräume, die in der Folgezeit zur Verfügung stehen.[24] Drittens ist das Modell des regulativen Wettbewerbs bei Marktversagen, wenn es darum geht, grenzüberschreitende negative Externalitäten zu internalisieren, gar nicht anwendbar. Viertens kann eingewandt werden, dass auf zentralstaatliche Standards keineswegs ganz verzichtet werden kann, weil regulativer Wettbewerb in Deregulierungswettbewerb umschlagen und den schrittweisen Abbau sozialregulativer Schutzbestimmungen zur Folge haben kann. In diesem Fall kommt es zwar zur Politikkonvergenz, aber zu keiner effizienten Lösung.

---

20 Zur Kritik an dieser Position siehe z.B. Weale (1994: 77).
21 Zur Kritik des Modells des kompetitiven Föderalismus siehe Katz (1994); als Hauptproblem des auf Tiebout (1956) zurückgehenden Modells wird vor allem die Vernachlässigung des bundesstaatlichen Einflusses hervorgehoben.
22 Zwar bezieht sich die Kritik von Majone (1993) und Weale (1994) primär auf die Politikkonvergenz innerhalb der Europäische Union, ihre Argumentation kann jedoch auf vergleichbare Systeme übertragen werden.
23 Eine strukturell ähnliche Situation ergibt sich, wenn bereits eingeführte technische Systeme standardisiert werden sollen (Mayntz und Scharpf 1995: 21); mit weiteren Nachweisen.
24 Vgl. die Argumentation bei Mayntz und Schneider (1995: 93); zur Bedeutung von Entscheidungssequenzen siehe vor allem Pierson (1997, 1998); Pierson und Skocpol (1999).

Diese Kritik ist sicherlich berechtigt, allerdings zeigt die neuere Entwicklung in der amerikanischen Umweltpolitik, dass die Institutionalisierung der Selbstkoordination die Durchsetzung effizienter Lösungen durchaus beschleunigt, da die dadurch ausgelöste Eigendynamik die zügige Übernahme neuer Politikansätze begünstigt. So ist in den USA 1993 das *Environmental Council of the States* (ECOS) entstanden, das primär der Selbstkoordination der Einzelstaaten dient. Die ‚mission‘ von ECOS ist es, „to improve the environment of the United States by providing for the exchange of ideas, views and experiences among the states, fostering cooperation and coordination in environmental management, and articulating state positions to Congress and EPA on environmental issues." Neben der Interessenvertretung der Einzelstaaten bei der nationalen Gesetzgebung ist es eine der Hauptaufgaben der Organisation, Jahrestagungen zu organisieren, die primär dem Erfahrungsaustausch dienen und auf denen die umweltpolitischen Innovationen der Einzelstaaten vorgestellt werden *(state innovation reports).*[25] Dadurch entsteht – zumindest zwischen den teilnehmenden Einzelstaaten – ein Wettbewerb um die Vorreiterschaft in der Umweltpolitik, der nicht nur die Entstehung, sondern auch die Diffusion von Politikinnovationen fördert.

Neben dem Wettbewerb zwischen den Einzelstaaten kann es auch zur Institutionalisierung von horizontalen Verhandlungssystemen kommen. Dieser Ansatz ist allerdings weitgehend auf die Lösung regionaler Probleme mit einer begrenzen Anzahl von Akteuren beschränkt, während die Lösung nationaler Probleme durch horizontale Verhandlungskoordination unter Beteiligung aller 50 Einzelstaaten kaum möglich ist.[26] Obwohl Verhandlungskoordination auf den ersten Blick als ein zweckmäßiges Instrument zur Lösung regionaler Umweltprobleme erscheinen mag, stößt sie rasch an ihre Grenzen. Ganz abgesehen davon, dass ein Konsens meist nur bei einer geringen Anzahl von Beteiligten erfolgversprechend ist (Scharpf 1993: 65; Benz 1995: 97), können sich die Verhandlungen zwischen den Einzelstaaten als ausgesprochen zäh erweisen, und ein Konsens ist bisweilen gar nicht erreichbar. Das Verhandlungsdilemma besteht zum einen darin, dass es zu einer Einigung oft nur dann kommt, wenn Koppelgeschäfte oder Ausgleichszahlungen möglich sind (Benz 1994: 150ff.), zum anderen wird das Verhalten der beteiligten Akteure mitunter durch kompetitive Handlungsorientierungen geprägt, die eine gemeinsame Suche nach geeigneten Lösungen kaum zulassen (Scharpf 1993: 66).

Die US-amerikanische Praxis bestätigt diese Überlegungen, da die formalisierte Selbstkoordination der Einzelstaaten durch eigens geschaffene Verhand-

---

25 Siehe hierzu die homepage von ECOS: http://www.sso.org/ecos.
26 Dies zeigt etwa die Entwicklung der Verhandlungen der *Ozone Transport Assessment Group* (OTAG), in der 36 der im östlichen Teil der USA gelegenen Einzelstaaten vertreten waren und deren Zweck es war, das Ozonproblem durch einen transregionalen Ansatz zu lösen. Da ein Konsens nicht erreicht werden konnte, wurde das interventionistische Eingreifen der U.S. EPA unumgänglich (Cushman 1997).

lungssysteme nur selten unmittelbar zum Erfolg führt. *Interstate compacts*[27] sind heute in vielen Politikfeldern anzutreffen (z.b. in der Gesundheits-, Bildungs- oder Wasserpolitik) und, anders als früher, werden nicht nur bilaterale, sondern auch multilaterale Verträge abgeschlossen.[28] Ein gutes Beispiel für den Bereich der Umweltpolitik ist die Kooperation von New York, Pennsylvania, New Jersey und Delaware zur Verteilung der Ressourcen und zum Schutz des *Delaware River*. Die Festlegung von umfassenden Maßnahmen, einschließlich Qualitätsstandards, die weitaus strikter sind als die nationalen Grenzwerte, wird heute zwar gern als Erfolg und als Beispiel für die Innovationsfähigkeit der Einzelstaaten dargestellt (z.B. Ringquist 1993: 3f.). Übersehen wird dabei allerdings, dass dieser positiven Entwicklung mehrere Dekaden des Scheiterns vorausgingen. Bereits in den zwanziger Jahren wurde ohne jeden Erfolg versucht, einen Kompromiss auf dem Verhandlungswege zu finden. Statt dessen musste der Verteilungskonflikt zwischen den Einzelstaaten bis in die fünfziger Jahre durch den *Supreme Court* geregelt werden. Eine Wende brachte erst die Errichtung der *Delaware River Basin Commission* im Jahre 1961. Erst Anfang der achtziger Jahre kam schließlich doch noch ein tragfähiger Kompromiss *(good faith agreement)* zustande. Nachdem es durch die technische Expertise der Kommission gelungen war, das Nullsummenspiel in ein Positiv-Summen-Spiel zu transformieren, willigte am Ende auch New York ein, das als Oberlieger zunächst keinerlei Anreize hatte, einer verbindlichen Vereinbarung zuzustimmen, die dem Einzelstaat lediglich Nachteile gebracht hätte (Lord und Kenney 1993). Auch andere Beispiele zeigen,[29] dass die auftretenden Streitpunkte meist nur durch nationale Institutionen geklärt werden können, insbesondere durch den Kongress oder den Obersten Gerichtshof (Nice 1987: 118ff.), d.h. als Ausweg aus dem Verhandlungsdilemma wird vorzugsweise die hierarchische Koordination gewählt. Auch in anderen Bereichen der Umweltpolitik scheitern Verhandlungen zwischen den Einzelstaaten für gewöhnlich, wenn der Bund nicht wenigstens eine Moderatorfunktion übernimmt (Patton 1996: 20f.).

---

27 Zwar müssen solche interstaatlichen Verträge nach der Verfassung (U.S. Constitution, Article 1, Section 10) vom Kongress genehmigt werden, dieses Erfordernis wurde vom *Supreme Court* jedoch auf einige wenige Fälle begrenzt (Engdahl 1987: 394ff.).
28 Vor 1920 gab es nur etwa drei Dutzend *compacts,* seitdem wurden mehr als 150 solcher Verträge unterzeichnet, 100 davon erst nach dem zweiten Weltkrieg (Hanson 1999: 36).
29 Wesentlich negativer fällt die Einschätzung zur Lösung der Verteilungsprobleme im *Colorado River Basin* aus, die sieben Einzelstaaten (sowie Mexiko) betrifft. Ohne den Bund als Konfliktmittler scheint in diesem Fall ein dauerhafter Kompromiss kaum in Sicht (Lord und Kenney 1993: 21ff.). Wie wichtig das Engagement des Bundes für die Konsensfindung ist, zeigt sich auch bei einer Reihe anderer regionaler Umweltprobleme, z.B. beim Schutz der *Chesapeake-Bay* (Kooperation von Maryland, Virginia, Pennsylvania und Washington D.C.) (Windelberg 1989) oder bei der Senkung der Ozonbelastung im Nordosten der USA (Kooperation von 12 Einzelstaaten im Nordosten sowie Washington D.C.).

5. Varianten der Mehrebenenregulierung

Bei der Mehrebenenregulierung, dem dritten Regulierungstyp, können mehrere Varianten voneinander abgrenzt werden, die zwischen zwei Extremen liegen: Einerseits handelt es sich dabei um relativ unverbundene Entscheidungsarenen auf beiden Ebenen, in denen formell voneinander unabhängige Entscheidungen getroffen werden. Andererseits ist an vertikale Verhandlungssysteme zu denken, die aus der vollständigen Überlagerung zentraler und dezentraler Entscheidungsarenen resultieren können. Mehrebenenregulierung schließt damit zum einen die Festsetzung von Mindeststandards und den daraus mitunter resultierenden Wettbewerb zwischen den Politikebenen, zum anderen die Entstehung von vertikalen Verhandlungssystemen ein, die Akteure beider Politikebenen umfassen. Mehrebenenregulierung ist weder im dualen Föderalismus, für den die klare Aufteilung der Staatsaufgaben zwischen Bund und Einzelstaaten charakteristisch ist, noch im zentralisierten Föderalismus, bei dem die hierarchische Koordination der Politik'-ebenen vorherrscht, zu erwarten. Eher ist mit diesem Regulierungstyp unter den Bedingungen des kooperativen Föderalismus zu rechnen, der sich in den USA in den dreißiger Jahren im Zuge des *New Deal* entwickelte (Rose-Ackerman 1981: 162). Daneben kann es bei Devolution zu Mehrebenenregulierung kommen, wenn das Ausmaß zentralstaatlicher Intervention bewusst reduziert wird und den Einzelstaaten größere Handlungsspielräume gewährt werden.

Bei Mehrebenenregulierung nehmen beide Entscheidungsebenen prinzipiell gleichberechtigte Funktionen wahr, d.h. nur bei diesem Regulierungstyp können sich interdependente und symmetrische Beziehungen zwischen den Entscheidungsebenen und den Akteuren der beiden Ebenen ausbilden. Da weder die einzelstaatliche noch die zentralstaatliche Politikebene ihrer Entscheidungsbefugnisse beraubt werden, bestehen weitaus bessere Voraussetzungen für die Entstehung und Verbreitung von Politikinnovationen. Dies ist gerade in der Umweltpolitik von besonderer Bedeutung, da technologische Innovationen hier ein ungleich stärkeres Gewicht haben als in anderen Politikfeldern und der kontinuierlichen Anpassung der Politik an die neuesten technologischen Entwicklungen so am besten Rechnung getragen wird. Daraus folgt, dass sich nicht nur die rein hierarchische Koordination, sondern auch die reine Selbstkoordination restriktiv auf Politikinnovationen auswirken kann, während eine geeignete Kombination institutioneller Arrangements bessere Politikergebnisse verspricht.

Während dezentrale Regulierung mit der Selbstkoordination der Einzelstaaten einhergeht und zentrale Regulierung die hierarchische Koordination durch den Bund mit sich bringt, kommen bei Mehrebenenregulierung kombinierte Formen zur Anwendung, die Elemente des Wettbewerbs wie der Hierarchie umfassen. Weitgehende Dezentralisierung, bei der die Politikintegration ganz der Selbstkoordination der Einzelstaaten überlassen bleibt, ist kein empfehlenswerter Ansatz, da der Koordinationsaufwand beträchtlich ist – ganz abgesehen davon, dass der bei sozialregulativer Politik mögliche Deregulierungswettbewerb zu suboptimalen Lösungen führen kann. Wird diese Form der Vereinheitlichung der Politik in föderalen Systemen angewandt, so werden die Vorteile, die aus der Gleichzeitigkeit von zwei interdependenten Entscheidungsebenen resultieren können, preisgegeben, da der übergeordneten Politikebene nur noch marginale Bedeutung zukommt und Entscheidungen ausschließlich auf der dezentralen Ebene fallen. Ähnliche Ergebnisse sind bei der weitgehenden Zentralisierung der Kompetenzen zu befürchten, da nicht nur Implementationsdefizite auftreten, sondern auch Politikinnovationen in den Einzelstaaten von vornherein blockiert werden. Das System geht dann, bedingt durch die Einschränkung der einzelstaatlichen Handlungsspielräume, in ein unitarisches System über. Die wohl wichtigste Form der Kombination hierarchischer Elemente mit dem Wettbewerb zwischen den Einzelstaaten stellt die Festsetzung von Mindeststandards dar, die von den Einzelstaaten verschärft werden können. Durch dieses institutionelle Arrangement ist es einerseits möglich, einen Deregulierungswettbewerb von Anfang an zu vermeiden. Anderseits wird der Wettbewerb zwischen den Einzelstaaten dadurch keineswegs unterbunden, sondern lediglich auf die Konkurrenz der Vorreiter limitiert, die die vom Bund geforderten Maßnahmen für unzureichend halten.

In verbundenen Entscheidungsarenen kann, falls die vorhandenen Entscheidungsspielräume von den innovativen Einzelstaaten genutzt werden, sogar der Fall eintreten, dass deren Standards unmittelbar mit den nationalen Mindeststandards konkurrieren. Dies hat zur Folge, dass die formell-hierarchischen Strukturen nicht mehr als solche erkennbar sind, m.a.W. das Mehrebenensystem mutiert zu einem dynamischen Nebeneinander von zwei oder nur wenigen Entscheidungsarenen. Dies zeigt der Fall der Festsetzung der Kfz-Emissionsstandards in den USA und in Kalifornien, da durch die im *Clean Air Act* vorgesehene Wahlmöglichkeit zwischen den nationalen und den kalifornischen Standards der regulative Wettbewerb zwischen den Politikebenen sogar institutionalisiert wurde. Aus dem Vergleich der Regulierungstätigkeit in Kalifornien und auf nationaler Ebene kann auf eine simultane Entwicklung in den beiden relevanten Entscheidungsarenen geschlossen werden. In diesem Fall kam es innerhalb kurzer Zeiträume zu Innovationsschüben, die durch das Nebeneinander von zwei interdependenten Entscheidungsarenen eine zusätzliche Dynamisierung erfuhren, d.h. auf lange Phasen der Stabilität folgten kurze Phasen des Wandels, aber auf beiden Ebenen relativ gleichzeitig.

Die Verbindung und Überlagerung von Entscheidungsarenen, die offenbar erhebliche Auswirkungen auf die Innovationsdynamik des Mehrebenensystems haben, ist von der Existenz zentraler Akteure abhängig, die in der Lage sind, sich in allen relevanten Politikarenen unmittelbar in den Regulierungsprozess einzuschalten. Ihre zentrale Stellung können sie bei Mehrebenenregulierung dazu nutzen, Entscheidungsarenen strategisch zu wählen, d.h. bei Bedarf zwischen diesen zu wechseln.[30] Da bei Mehrebenenregulierung Interdependenzen zwischen den Entscheidungen auftreten, die in den verschiedenen Politikarenen gefällt werden, haben die Strategien der zentralen Akteure unmittelbare Wirkungen auf die Abfolge der Entscheidungen und damit auf die materielle Politik. Im Rahmen von Verhandlungen, die sich auf Entscheidungen auf einer anderen Politikebene auswirken, kann es sogar zu Tauschprozessen kommen, bei denen versucht wird, durch Koppelgeschäfte *(issue linkages, package deals)* den Verhandlungsgegenstand auf Entscheidungen in der anderen nicht unmittelbar tangierten Politikarena zu erweitern. Um einen geglückten Versuch handelt es sich bei der Entscheidung des *California Air Resources Board* über die Einführung von Elektroautos in Kalifornien, die um einige Jahre verschoben wurde. Hier gelang es der Automobilindustrie, die nationalen Standards für konventionelle Fahrzeuge, die als Folge des schließlich erreichten Kompromisses de facto angehoben wurden, zum Verhandlungsgegenstand in Kalifornien zu machen, weil ca. 18 Prozent der kalifornischen Automobile in anderen Einzelstaaten erworben wurden. Das Nebeneinander von interdependenten Entscheidungsebenen hat jedoch nicht zwangsläufig dynamische Politikentwicklungen zur Folge, sondern kann durchaus zu Handlungsblockaden führen. Da eine Möglichkeit, solche Blockaden zu verhindern oder aufzulösen, in der Sequentialisierung und Hierarchisierung der Entscheidungsarenen besteht (vgl. Benz 1991, 1995), ist – wie der Fall der Kfz-Emissionsstandards zeigt – hierbei sogar eine inverse Hierarchisierung denkbar, bei der die eigentliche Entscheidungsmacht der dezentralen Ebene zufällt, während die Wahlmöglichkeiten auf der nationalen Ebene zumindest de facto eingeschränkt werden. Maßgeblich ist dann allerdings eine einzige dezentrale Politikarena, und die Politikdynamik, die gerade in der Umweltpolitik besonders wichtig ist, hängt im wesentlichen von den institutionellen Arrangements auf der dezentralen Politikebene ab.

Bei Mehrebenenregulierung kann es sogar zur vollständigen Überlagerung der beiden Entscheidungsarenen kommen, wenn diese in ein einziges vertikales Verhandlungssystem übergehen, in das Akteure beider Ebenen eingebunden sind, in dem Konflikte gelöst und Kompromisse ausgehandelt werden. Zwar geht dies über die bloße Beteiligung der Einzelstaaten an den Entscheidungen des Bundes weit hinaus, da der Bund nicht mehr autonom entscheiden kann und statt dessen zwischen den Akteuren der beiden Ebenen Kompromisse ausgehandelt und vertraglich geregelt werden. Da die Ent-

---

30 Darauf verweisen auch Thomas and Hrebenar (1996: 146): „(The) integration of the American interest group system is also a product of more sophisticated group tactics. Lack of success at one level may lead a group, such as the Right-to-Life movement, to pursue its goals at another level. Or success at one level, such as that achieved by gay rights groups, may prompt the group to try to repeat its successes in other jurisdictions."

scheidungen in einem einzigen Verhandlungssystem fallen, ist mit dynamischen Politikentwicklungen allerdings nur in Ausnahmefällen zu rechnen.[31] Intergouvernementales *policy-making* in Mehrebenensystemen kann dabei als Verhandlungsprozess, sein Ergebnis als ‚Vertrag' zwischen den Ebenen betrachtet werden (Majone 1996: 624).

Ein Beispiel hierfür sind die *Environmental Partnership Agreements* zwischen der *U.S. Environmental Protection Agency* und den Umweltbehörden der Einzelstaaten, durch die strategische Prioritäten und Zielsetzungen der einzelstaatlichen Umweltpolitik ausgehandelt und in Vertragsform gekleidet wurden.[32] Eingeleitet wurde diese Entwicklung durch eine gemeinsame Tagung der U.S. EPA und der Umweltminister der Einzelstaaten im Mai 1995, auf der die Grundlagen für das *National Environmental Performance Partnership System* (NEPPS) erarbeitet wurden. Zentrale Komponenten der auf dieser Tagung beschlossenen Vereinbarung sind z.B. die stärkere Gewichtung von Umweltzielen und Umweltindikatoren, der Abschluss entsprechender Vereinbarungen zwischen der EPA und den Einzelstaaten, eine Differenzierung der Aufsichtstätigkeit der EPA und die gemeinsame Evaluation der Maßnahmen. Im Mittelpunkt standen dabei die im Rahmen einer kooperativen Implementation von Umweltgesetzen realisierbaren Kosteneinsparungen, die Erhöhung der Flexibilität der Einzelstaaten bei der Erreichung der vereinbarten Ziele und die Beteiligung der Öffentlichkeit bei der Festsetzung umweltpolitischer Ziele und Prioritäten. Zwar stellt dieser Ansatz eine fundamentale Veränderung der Beziehungen zwischen Bund und Einzelstaaten dar, um einen totalen Rückzug des Bundes handelt es sich aber dennoch nicht, da nicht alle Kompetenzen auf die Einzelstaaten übertragen wurden, sondern dazu übergegangen wurde, die umweltpolitischen Ziele (der Einzelstaaten) gemeinsam zu bestimmen.

Die genannten Varianten der Mehrebenenregulierung können die Folge einer partiellen Zentralisierung von Staatsaufgaben sein, die zuvor ausschließlich in die Zuständigkeit der Einzelstaaten fielen (Transformation von dezentraler Regulierung in Mehrebenenregulierung). Dabei entsteht zunächst eine zusätzliche Entscheidungsarena auf der Bundesebene, und anschließend kommt es zur Verbindung und (partiellen) Überlagerung nationaler und einzelstaatlicher Politikarenen. In der Übergangsphase von der dezentralen zur zentralen Regulierung können sich vertikale Verhandlungssysteme herausbilden, weil dem Bund allmählich Kompetenzen zuwachsen, während die

---

31 Zur Innovationsfähigkeit von Verhandlungssystemen siehe von Prittwitz (1994: 93), der diesen einen ambivalenten Charakter im Hinblick auf Responsivität und Innovationsfähigkeit zuschreibt, da sie innovative Akteure nicht unbedingt ausschließen, jedoch zur Begrenzung auf etablierte Akteure tendieren.

32 Zur Entwicklung des *National Environmental Partnership Systems* siehe vor allem U.S. EPA (1993, 1995); Florida Center for Public Management (1995); Rombel (1995); Hagevik (1995, 1996); Green Mountain Institute (1996); Kraft und Scheberle (1998: 137); zum Stand der Umsetzung siehe auch http://www.sso.org/ecos/nepps.

Einzelstaaten den neuen Anforderungen, die vom Bund an sie gestellt werden, noch sehr zurückhaltend begegnen. Eine Umsetzung der ehrgeizigen Ziele des Bundes ist oft nur möglich, wenn den Interessen der Einzelstaaten ausreichend Rechnung getragen wird.

Entstehen kann Mehrebenenregulierung daneben durch die Dezentralisierung oder Devolution völlig zentralisierter Staatsaufgaben (Transformation zentraler Regulierung in Mehrebenenregulierung), d.h. wenn ein stark zentralisiertes System wieder dezentralisiert wird und im Zuge der Devolutionspolitik Kompetenzen auf die dezentrale Ebene verlagert werden. Meist werden dabei nicht alle bundesstaatlichen Kompetenzen auf die Einzelstaaten übertragen, da Devolution nicht mit der Aufhebung bestehender Bundesgesetze verbunden ist, der Bund also weiterhin Aufsichtsfunktionen wahrnimmt. Diese Variante entspricht heute eher der Realität in den USA, da sich in den sechziger und siebziger Jahren ein Zentralisierungsschub vollzogen hatte, der fast alle Politikfelder erfasste, seit Anfang der achtziger Jahre hingegen Devolutionspolitik betrieben wird. Diese zweite Entwicklungslinie hat, solange sie nicht zur Reduktion auf dezentrale Regulierung und zum völligen Rückzug des Bundes führt, grundsätzlich positive Auswirkungen auf die Innovationsdynamik des Mehrebenensystems, da die Handlungsspielräume der Einzelstaaten erheblich erweitert und dezentrale Initiativen begünstigt werden. Entsteht Mehrebenenregulierung im Zuge der Devolutionspolitik, kann eher als bei der Transformation der dezentralen in zentrale Regulierung davon ausgegangen werden, dass sich auf der einzelstaatlichen Ebene schon entsprechende Institutionalisierungsprozesse vollzogen haben. Während die Transformation der dezentralen Regulierung in Mehrebenenregulierung in der amerikanischen Umweltpolitik relativ schnell zur völligen Zentralisierung des Mehrebenensystems führte (Totalharmonisierung), weil die Umweltpolitik Ende der sechziger Jahre in den meisten Einzelstaaten kaum institutionalisiert war, resultierte aus der Devolution des stark zentralisierten Systems nach 1980 keine völlige Verlagerung der umweltpolitischen Kompetenzen vom Bund auf die Einzelstaaten, da die Institutionalisierung auf der nationalen Ebene zu diesem Zeitpunkt bereits weit fortgeschritten war.

6. Neue institutionelle Arrangements jenseits von Hierarchie und Wettbewerb?

Im föderalistischen Mehrebenensystem der USA können also drei Regulierungstypen voneinander abgegrenzt werden: zentrale Regulierung, dezentrale Regulierung und Mehrebenenregulierung. Zentrale Regulierung, d.h. ein hierarchisch geprägtes Verhältnis zwischen den Politikebenen, dominierte in den USA zwischen 1960 und 1980, da die Handlungsspielräume der Einzelstaaten in diesem Zeitraum stark limitiert waren. Dezentrale Regulierung hingegen entspricht weitgehend den Vorstellungen des dualen Föderalismus, für den die völlige Trennung zwischen den Aufgabenbereichen der beiden Politikebenen charakteristisch ist. An diese Tradition, die vor dem *New Deal* der dreißiger Jahre weitgehend der Realität entsprach, knüpfte die Devolutionspolitik der achtziger Jahre an, die als Gegenreaktion auf die starke Zentralisierung des amerikanischen Föderalismus in den vorangegangenen Dekaden zu verstehen ist. Das Verhältnis der Einzelstaaten untereinander ist dabei durch Wettbewerb gekennzeichnet, da der Bund bei diesem Typus auf Interventionen weitgehend verzichtet.

Da rein hierarchische Koordination in föderalistischen Mehrebenensystemen zu erheblichen Implementationsdefiziten führen kann, während der Wettbewerb zwischen den Einzelstaaten keineswegs garantiert, dass sich die effizienteste Lösung tatsächlich durchsetzt, sind neuartige Kombinationen der traditionellen institutionellen Arrangements erforderlich. Im amerikanischen Föderalismus sind sowohl die zentrale als auch die dezentrale Regulierung in der Realität kaum mehr anzutreffen. Das Verhältnis der Politikebenen hat sich im Zeitverlauf erheblich verändert. Dabei können zwei Varianten der Mehrebenenregulierung voneinander abgegrenzt werden: Zum einen werden hierarchische Elemente mit dem regulativen Wettbewerb zwischen den Einzelstaaten kombiniert (Mindeststandards). Daraus kann ein Wettbewerb zwischen den Politikebenen resultieren, der dynamische Politikentwicklungen zur Folge hat und die Konvergenz von Politikansätzen auf einem relativ hohen Niveau begünstigt. Zum anderen vollzieht sich ein Wandel der intergouvernementalen Beziehungen, der eine Entwicklung hin zu vertikalen Verhandlungssystemen erkennen lässt. Diese beiden Varianten der Mehrebenenregulierung haben entscheidende Vorzüge gegenüber den beiden traditionellen Regulierungstypen. Während die Festsetzung von Mindeststandards, die als Basis des Wettbewerbs zwischen den Politikebenen angesehen werden kann, in den USA eine lange Tradition hat, stellt die Verlagerung der Politikentwicklung auf vertikale Verhandlungssysteme ein relativ neues Phänomen dar.

Vor dem Hintergrund der Entwicklung in den USA wird deutlich, dass bei der Kombination institutioneller Arrangements auf hierarchische Elemente, durch die die Entscheidungsfähigkeit erheblich gesteigert wird, nur schwerlich verzichtet werden kann. Dies hat mehrere Gründe: Zunächst ist anzumerken, dass durch die hierarchische Steuerung die Kapazitätsbildung auf der dezentralen Ebene stimuliert und die Fähigkeit zur Selbstkoordination gefördert wird. So wurde durch die starke Zentralisierung der amerikanischen Umweltpolitik in den siebziger Jahren der Grundstein für die erfolgreiche Devolution umweltpolitischer Aufgaben in den achtziger Jahren gelegt. Außerdem lässt sich aus der Analyse der horizontalen Verhandlungssysteme zwischen den Einzelstaaten *(compacts)* die Schlussfolgerung ziehen, dass solche Verhandlungen am ehesten zum Erfolg führen, wenn die *U.S. Environmental Protection Agency* eine Vermittlerrolle übernimmt, was man durchaus als einen Fall der ‚Selbstkoordination im Schatten der Hierarchie'

(Scharpf) interpretieren kann. Zudem werden in den USA – anders als in der Europäischen Union – in der Regel Mindeststandards festgesetzt, die von den Einzelstaaten verschärft werden können. Vorteilhaft ist dies vor allem, weil dadurch ein Deregulierungswettbewerb verhindert und ein allgemein anerkanntes Mindestniveau selbst in den Südstaaten, die in der Umweltpolitik traditionell nachhinken, gesichert werden kann.

Gleichzeitig zeigen die neuen institutionellen Arrangements, dass Wettbewerbselemente keineswegs vernachlässigt werden sollten, weil durch rein hierarchische Steuerung, z.B. durch Totalharmonisierung, nicht nur ein ‚*race to the bottom*‘, sondern auch das in der Umweltpolitik durchaus zu beobachtende ‚*race to the top*‘ (Vogel 1997) verhindert wird. Angesichts der Tatsache, dass die Gefahr eines Deregulierungswettbewerbs zwar häufig beschworen wird, aber nur selten nachgewiesen werden kann, sollte der Wettbewerb zwischen den Einzelstaaten, aber auch zwischen den Politikebenen gefördert werden. Dies betrifft erneut die Festsetzung von Mindeststandards, da dadurch ein Mindestniveau fixiert wird, das aber den Wettbewerb der Vorreiter, die schärfere Standards präferieren, nicht behindert. Daneben werden in den USA selbst bei *total federal preemption* häufig Ausnahmegenehmigungen *(waivers)* erteilt, die – trotz verbindlicher nationaler Regelungen – nicht nur den Wettbewerb zwischen den Einzelstaaten stimulieren, sondern auch als Blaupause für Reformen auf der nationalen Ebene dienen können. Wie der Fall der Kfz-Standards zeigt, reicht selbst eine einzige Ausnahmeregelung, die von anderen Einzelstaaten auf freiwilliger Basis übernommen werden kann, bereits aus, um eine System von Doppelstandards zu etablieren, das zum Wettbewerb zwischen den Politikebenen und zur Politikkonvergenz auf einem relativ hohen Niveau beitragen kann.

Schließlich sind im Zuge der Neugestaltung der intergouvernementalen Beziehungen vertikale Verhandlungssysteme entstanden, die in dieser Form bislang nicht existiert haben. Zwar entwickelten sich bereits in den siebziger Jahren kooperative Beziehungen zwischen der *U.S. Environmental Protection Agency* und den einzelstaatlichen Umweltbehörden, da die deutlichen Vollzugsdefizite durch rein hierarchische Steuerung kaum beseitigt werden konnten; Verhandlungsgegenstand waren dabei aber nicht die materiellen Politikinhalte oder die umweltpolitischen Zielsetzungen, sondern zumeist nur Fragen der Implementation nationaler Regelungen. Kennzeichnend für die aktuelle Entwicklung sind zum einen die den Einzelstaaten gewährten Handlungsspielräume und die hohe Flexibilität der Regelungen (z.B. durch die Gewährung von *block grants,* die nicht an bestimmte Programme gebunden sind). Zum anderen ist eine Art Kontraktmanagement zwischen der zuständigen Bundesbehörde und den einzelstaatlichen Behörden entstanden, das sich von den intergouvernementalen Beziehungen der Vergangenheit deutlich abhebt.

Insgesamt lässt sich festhalten, dass die Umweltpolitik im amerikanischen Mehrebenensystem heute durch eine Vielzahl neuartiger institutioneller Arrangements bestimmt wird, die sowohl der zentralen als auch der dezentralen Regulierung überlegen sind. Durch die Kombination hierarchischer Elemente mit dem Wettbewerb zwischen den Einzelstaaten (Mindeststandards) wird ein Deregulierungswettbewerb von vornherein vermieden, und zudem fördert das in den USA gewählte institutionelle Design den Wettbewerb zwischen den Politikebenen. Darüber hinaus führte der Wandel der intergouvernementalen Beziehungen zur Entstehung vertikaler Verhandlungssysteme. Die vielfältigen institutionellen Arrangements, die der amerikanische Föderalismus in den letzten Jahren hervorgebracht hat, sind der beste Beweis dafür, dass diese politische Institution kein Relikt der Vergangenheit, sondern durchaus zukunftsfähig ist.

Literatur

Anton, Thomas 1989: American Federalism and Public Policy. How the System Works, New York: Random House.
Baumgartner, Frank R. und Bryan D. Jones 1993: Agendas and Instability in American Politics, Chicago (IL) und London: University of Chicago Press.
Benveniste, Guy 1991: Survival Inside Bureaucracy, in: Graham Thompson, Jennifer Frances, Rosalind Levacic und Jeremy Mitchell (Hrsg.), Markets, Hierarchies and Networks. The Coordination of Social Life, London u.a.: Sage, S. 141-153.
Benz, Arthur 1991: Mehr-Ebenen-Verflechtung: Politische Prozesse in verbundenen Entscheidungsarenen, Max-Planck-Institut für Gesellschaftsforschung, MPIFG Discussion Paper 91/1, Köln.
Benz, Arthur 1994: Kooperative Verwaltung. Funktionen, Voraussetzungen und Folgen, Baden-Baden: Nomos.
Benz, Arthur 1995: Verhandlungssysteme und Mehrebenen-Verflechtung im kooperativen Staat, in: Wolfgang Seibel und Arthur Benz (Hrsg.), Regierungssystem und Verwaltungspolitik, Beiträge zu Ehren von Thomas Ellwein, Opladen: Westdeutscher Verlag, S. 83-102.
von Beyme, Klaus 1995: Steuerung und Selbstregelung. Zur Entwicklung zweier Pradigmen, Journal für Sozialforschung 35: 197-217.
Campbell, John L., J. Rogers Hollingworth und Leon N. Lindberg (Hrsg.) 1991: Governance of the American Economy, Cambridge u.a.: Cambridge University Press.
Chisholm, Donald 1989: Coordination Without Hierarchy. Informal Structures in Multiorganizational Systems, Berkeley (CA) u.a.: University of California Press.
Cushman, John H. 1997: Deadline Nears for States to Develop Antismog Plans, New York Times vom 16. März 1997.
Dowding, Keith und Desmond King 1995: Introduction, in: dies. (Hrsg.), Preferences, Institutions, and Rational Choice, Oxford: Clarendon Press, S. 1-19.
Dye, Thomas R. 1990: American Federalism. Competition Among Governments, Lexington (MA) und Toronto: Lexington Books.
Engdahl, David E. 1987: Constitutional Federalism, 2. Aufl., St. Paul (MN): West Publishing.
Florida Center for Public Management 1995: Prospective Indicators for State Use in Performance Agreements (in Consultation with Environmental Council of the States and the U.S. Environmental Protection Agency), Florida State University.

Gehring, Thomas 1994: Dynamic International Regimes. Institutions for International Environmental Governance, Frankfurt a.M. u.a.: Lang.
Gehring, Thomas 1995: Regieren im internationalen System. Verhandlungen, Normen und internationale Regime, Politische Vierteljahresschrift 36: 197-219.
Green Mountain Institute 1996: State Environmental Indicator Activity, Ms.
Hagevik, George 1995: A New Way to Protect the Environment, State Legislatures 21(6): 28-31.
Hagevik, George 1996: Environmental Performance Partnership, NCSL Legisbrief 4, Nr. 42, Denver (CO) und Washington D.C.: National Conference of State Legislatures.
Hall, Peter A. und Rosemary C.R. Taylor 1996: Political Science and the Three New Institutionalisms, Political Studies 44: 936-957.
Hanson, Russell L. 1999: Intergovernmental Relations, in: Virginia Gray, Russell L. Hanson und Herbert Jacob (Hrsg.), Politics in the American States. A Comparative Analysis, 7. Aufl., Washington D.C.: CQ Press, S. 32-65.
Hollingworth, J. Rogers und Leon N. Lindberg 1985: The Governance of the American Economy: The Role of Markets, Clans, Hierarchies, and Associative Behavior, in: Wolfgang Streeck und Philippe C. Schmitter, Private Interest Government. Beyond Market and State, London u.a.: Sage, S. 221-254.
Jänicke, Martin 1987: Staatsversagen. Die Ohnmacht der Politik in der Industriegesellschaft, 2. Aufl., München und Zürich: Piper.
Jarass, Hans-D. 1993: Strukturelemente des amerikanischen Umweltrechts im Vergleich, Natur und Recht 15: 49-54.
Katz, Ellis 1994: Cooperative – Dual – Competitive Federalism. The Pros and Cons of Model Building, in: Franz Greß, Detlef Fechtner und Matthias Hannes (Hrsg.), The American Federal System. Federal Balance in Comparative Perspective, Frankfurt a.M. u.a.: Peter Lang, S. 91-103.
Kenis, Patrick und Volker Schneider (Hrsg.) 1996: Organisation und Netzwerk. Institutionelle Steuerung in Wirtschaft und Politik, Frankfurt a.M. und New York: Campus.
Kern, Kristine 1997: Die Entwicklung des Föderalismus in den USA. Zentralisierung und Devolution in einem Mehrebenensystem, Schweizerische Zeitschrift für Politische Wissenschaft 3: 171-196.
Kern, Kristine 2000: Die Diffusion von Politikinnovationen. Umweltpolitische Innovationen im Mehrebenensystem der USA, Opladen: Leske + Budrich.
Kooiman, Jan (Hrsg.) 1993: Modern Governance: New Government – Society Interactions, London: Sage.
Kraft, Michael E. und Denise Scheberle 1998: Environmental Federalism at Decade's End. New Approaches and Strategies, Publius 28: 131-146.
Lijphart, Arend 1999: Patterns of Democracy. Government Forms and Performance in Thirty-Six Countries, New Haven (CT) und London: Yale University Press.
Lord, William B. und Douglas S. Kenney 1993: Resolving Interstate Water Conflicts: The Compact Approach, Intergovernmental Perspective 19(4): 19-23.
Mahtesian, Charles 1994: Romancing the Smokestack, Governing 8(11): 36-40.
Majone, Giandomenico 1991: Cross-National Sources of Regulatory Policymaking in Europe and the United States, Journal of Public Policy 11: 79-106.
Majone, Giandomenico 1993: Mutual Recognition in Federal Type Systems, European University Institute, EUI Working Paper, SPS Nr. 93/1, Badia Fiesolana, San Domenico (FI).
Majone, Giandomenico 1996: Public Policy and Administration: Ideas, Interests and Institutions, in: Robert E. Goodin und Hans-Dieter Klingemann (Hrsg.), A New Handbook of Political Science, Oxford und London: Oxford University Press, S. 610-627.
March, James G. (unter Mitarbeit von Chip Heath) 1994: A Primer on Decision Making. How Decisions Happen, New York u.a.: Free Press.

March, James G. und Johan P. Olsen 1984: The New Institutionalism: Organizational Factors in Political Life, American Political Science Review 78: 734-749.
March, James G. und Johan P. Olsen 1989: Rediscovering Institutions. The Organizational Basis of Politics, New York u.a.: Free Press.
March, James G. und Johan P. Olsen 1995: Democratic Governance, New York u.a.: Free Press.
Mayntz, Renate 1987: Politische Steuerung und gesellschaftliche Steuerungsprobleme – Anmerkungen zu einem theoretischen Paradigma, in: Thomas Ellwein, Joachim Jens Hesse, Renate Mayntz und Fritz W. Scharpf (Hrsg.), Jahrbuch zur Staats- und Verwaltungswissenschaft 1, Baden-Baden: Nomos, S. 89-110.
Mayntz, Renate 1990: Entscheidungsprozesse bei der Entwicklung von Umweltstandards, Die Verwaltung 23: 137-151.
Mayntz, Renate 1995: Föderalismus und die Gesellschaft der Gegenwart, in: Karlheinz Bentele, Bernd Reissert und Ronald Schettkat (Hrsg.), Die Reformfähigkeit von Industriegesellschaften. Fritz W. Scharpf. Festschrift zu seinem 60. Geburtstag, Frankfurt a.M. und New York: Campus, S. 131-144.
Mayntz, Renate 1998: New Challenges to Governance Theory, European University Institute, Robert Schuman Centre, Jean Monnet Chair Papers 50, Badia Fiesolana, San Domenico (FI).
Mayntz, Renate und Fritz W. Scharpf 1995: Steuerung und Selbstorganisation in staatsnahen Sektoren, in: Renate Mayntz und Fritz W. Scharpf (Hrsg.), Gesellschaftliche Selbstregelung und politische Steuerung, Frankfurt a.M. und New York: Campus, S. 9-38.
Mayntz, Renate und Fritz W. Scharpf 1995a: Der Ansatz des akteurszentrierten Institutionalismus, in: Renate Mayntz und Fritz W. Scharpf (Hrsg.), Gesellschaftliche Selbstregelung und politische Steuerung, Frankfurt a.M. und New York: Campus, S. 39-72.
Mayntz, Renate und Volker Schneider 1995: Die Entwicklung technischer Infrastruktursysteme zwischen Steuerung und Selbstorganisation, in: Renate Mayntz und Fritz W. Scharpf (Hrsg.), Gesellschaftliche Selbstregelung und politische Steuerung, Frankfurt a.M. und New York: Campus, S. 73-100.
Nice, David 1987: Federalism: The Politics of Intergovernmental Relations, New York: St. Martin's Press.
Ostrom, Elinor 1990: Governing the Commons. The Evolution of Institutions for Collective Action, Cambridge u.a.: Cambridge University Press.
Ouchi, William G. 1980: Markets, Bureaucracies, and Clans, Administrative Science Quarterly 25: 129-141.
Patton, Vickie L. 1996: A Balanced Partnership, Environmental Forum 13(3): 16-22.
Peters, B. Guy 1993: Alternative Modelle des Policy-Prozesses: Die Sicht ‚von unten' und die Sicht ‚von oben', in: Adrienne Héritier (Hrsg.), Policy-Analyse. Kritik und Neuorientierung, PVS-Sonderheft 24, Opladen: Westdeutscher Verlag, S. 289-303.
Peters, B. Guy 1998: Globalization, Institutions and Governance, European University Institute, Robert Schuman Centre, Jean Monnet Chair Papers 51, Badia Fiesolana, San Domenico (FI).
Pierson, Paul 1997: Increasing Returns, Path Dependence and the Study of Politics, European University Institute, Robert Schuman Centre, Jean Monnet Chair Papers 44, Badia Fiesolana, San Domenico (FI).
Pierson, Paul 1998: Not Just What, But *When:* Issues of Timing in Comparative Politics, Annual Meetings of the American Political Science Association, Boston (MA).
Pierson, Paul und Theda Skocpol 1999: Why History Matters, Newsletter of the Organized Section in Comparative Politics of the American Political Science Association 10(1): 29-31.

von Prittwitz, Volker (unter Mitarbeit von Kai Wegrich, Stefan Bratzel und Sebastian Oberthür) 1994: Politikanalyse, Opladen: Leske + Budrich.
Rhodes, R.A.W. 1996: The New Governance: Governing Without Government, Political Studies 44: 652-667.
Ringquist, Evan J. 1993: Environmental Protection at the State Level. Politics and Progress in Controlling Pollution, Armonk (NY) und London: M.E. Sharpe.
Rombel, Adam J. 1995: Toward a New System of Environmental Protection, Environmental Communique of the States3(1): 1-2.
Rosenau, James N. 1992: Governance, Order and Change in World Politics, in: James N. Rosenau und Ernst-Otto Czempiel (Hrsg.), Governance without Government: Order and Change in World Politics, Cambridge u.a.: Cambridge University Press, S. 1-29.
Rose-Ackerman, Susan 1981: Does Federalism Matter? Political Choice in a Federal Republic, Journal of Political Economy 89: 152-165.
Sabatier, Paul A. 1986: Top-Down and Bottom-Up Approaches to Implementation Research: A Critical Analysis and Suggested Synthesis, Journal of Public Policy 6: 21-48.
Scharpf, Fritz W. 1985: Die Politikverflechtungs-Falle: Europäische Integration und deutscher Föderalismus im Vergleich, Politische Vierteljahresschrift 26: 323-356.
Scharpf, Fritz W. 1993: Positive und negative Koordination in Verhandlungssystemen, in: Adrienne Héritier (Hrsg.), Policy-Analyse. Kritik und Neuorientierung, PVS-Sonderheft 24, Opladen: Westdeutscher Verlag, S. 57-83.
Scharpf, Fritz W. 1996: Mehrebenenpolitik im vollendeten Binnenmarkt, in: Thomas Ellwein, Dieter Grimm, Joachim Jens Hesse und Gunnar Folke Schuppert (Hrsg.), Jahrbuch zur Staats- und Verwaltungswissenschaft 8, Baden-Baden: Nomos, S. 351-377.
Scharpf, Fritz W. 1999: Regieren in Europa. Effektiv und demokratisch?, Frankfurt a.M. und New York: Campus.
Schmidt, Susanne K. und Raymund Werle 1992: The Development of Compatibility Standards in Telecommunications: Conceptual Framework and Theoretical Perspective, in: Meinolf Dierkes und Ute Hoffmann (Hrsg.), New Technology at the Outset. Social Forces in the Shaping of Technological Innovations, Frankfurt a.M. und New York: Campus, S. 301-326.
Stoker, Gerry 1998: Governance as Theory: Five Propositions, International Social Science Journal 155: 17-28.
Streeck, Wolfgang und Philippe C. Schmitter (Hrsg.) 1985: Private Interest Government. Beyond Market and State, London u.a.: Sage.
Streeck, Wolfgang und Philippe C. Schmitter 1985a: Gemeinschaft, Markt und Staat – und die Verbände? Der mögliche Beitrag von Interessenregierungen zur sozialen Ordnung, Journal für Sozialforschung 25: 133-157.
Thelen, Kathleen und Sven Steinmo 1992: Historical Institutionalism in Comparative Politics, in: Sven Steinmo, Kathleen Thelen und Frank Longstreth (Hrsg.), Structuring Politics. Historical Institutionalism in Comparative Politics, Cambridge (MA) u.a.: Cambridge University Press, S. 1-32.
Thomas, Clive S. und Ronald J. Hrebenar 1996: Interest Groups in the States, in: Virginia Gray and Herbert Jacob (Hrsg.), Politics in the American States. A Comparative Analysis, 6. Aufl., Washington D.C.: CQ Press, S. 122-158.
Tibout, Charles M. 1956: A Pure Theory of Local Expenditures, Journal of Political Economy 64: 416-424.
Ulrich, Günter 1994: Politische Steuerung. Staatliche Intervention aus systemtheoretischer Sicht, Opladen: Leske + Budrich.
U.S. Environmental Protection Agency 1993: Report of the Task Force to Enhance State Capacity. Strenghtening Environmental Management in the United States, Washington D.C.

U.S. Environmental Protection Agency 1995: National Environmental Performance Partnership Systems. Framework for Partnership between the U.S. Environmental Protection Agency and the States, Washington D.C.

Vogel, David 1995: Trading Up. Consumer and Environmental Regulation in a Global Economy, Cambridge (MA) und London: Cambridge University Press.

Vogel, David 1997: Trading Up and Governing Across: Transnational Governance and Environmental Protection, Journal of European Public Policy 4: 556-571.

Weale, Albert 1994: Environmental Protection. The Four Freedoms and Competition Among Rules, in: Michael Faure, John Vervaele und Albert Weale (Hrsg.), Environmental Standards in the European Union in an Interdisciplinary Framework, Antwerpen und Appeldoorn: Maklu, S. 73-89.

Wildavsky, Aaron 1987: Choosing Preferences by Contstructing Institutions: A Cultural Theory of Preference Formation, American Political Science Review 81: 3-22.

Willke, Helmut 1995: Systemtheorie III: Steuerungstheorie. Grundzüge einer Theorie der Steuerung komplexer Sozialsysteme, Stuttgart und Jena: Gustav Fischer Verlag.

Windelberg, Jens 1989: Regionale Umweltpolitik in den USA. Das Beispiel der Chesapeake Bay, Raumforschung und Raumordnung 47: 364-370.

Young, Oran R. 1994: International Governance. Protecting the Environment in a Stateless Society, Ithaca und London: Cornell University Press.

Young, Oran R. (Hrsg.) 1997: Global Governance. Drawing Insights from the Environmental Experience, Cambridge (MA) und London: MIT Press.

Neue Steuerungskonzepte in der europäischen Umweltpolitik: Institutionelle Arrangements für eine effektivere Implementation?

Christoph Knill und Andrea Lenschow

1. Einleitung

Es ist kein Geheimnis, daß es um die Implementation europäischer Politik generell nicht sehr gut bestellt ist und der Bereich der Umweltpolitik dabei im „Sündenregister" seit langem weit oben rangiert (CEC 1996; EP 1996; Collins/Earnshaw 1992). Erst in den letzten Jahren jedoch gewann dieses Problem an Bedeutung auf der politischen Agenda, nicht zuletzt, weil einige Mitgliedstaaten aufgrund der negativen Implementationsresultate die Legitimation europäischer Umweltpolitik generell in Frage gestellt und auf eine „Renationalisierung" regulativer Kompetenzen gedrängt haben.

Als Reaktion auf die weitreichenden Implementationsdefizite und die damit einhergehenden politischen Implikationen ist seit Beginn der neunziger Jahre eine grundlegende Umorientierung in der umweltpolitischen Steuerung zu beobachten, welche insbesondere im Fünften Umweltpolitischen Aktionsprogramm der EU zum Ausdruck kommt (CEC 1993). Im Kern dieses Wandels steht die Abkehr von klassischen Arrangements interventionistischer „top-down" Steuerung zugunsten von kontextorientierten „bottom-up" Ansätzen[1].

Anstatt detaillierter substantieller Vorgaben „von oben" setzt europäische Umweltpolitik verstärkt auf Ansätze wie prozedurale Regulierungen für die Selbststeuerung und Partizipation gesellschaftlicher Akteure. Indem europäische Policies mehr Spielraum für die Anpassung nationaler Arrangements an europäische Vorgaben belassen und positive Anreize für die Mitwirkung und Unterstützung gesellschaftlicher Akteure setzen, erhofft sich die Kommission eine effektivere Implementation europäischer Umweltpolitik.

Wie wir im Folgenden zeigen werden, ergibt sich jedoch ein ernüchterndes Bild, wenn man die Effekte dieser neuen umweltpolitischen Steuerungsmuster im Hinblick auf eine verbesserte Implementation betrachtet. So ist auch der Rückgriff auf alternative institutionelle Arrangements durch weit-

---

1 Die Begriffe „top-down" und „bottom-up" werden in diesem Zusammenhang zur Klassifizierung unterschiedlicher *Steuerungsformen* verwendet und nicht im Sinne von unterschiedlichen *analytischen Perspektiven* auf den Implementationsprozeß bzw. Modellen des Policy-Prozesses (die Sicht „von oben" versus die Sicht „von unten") (vgl. Peters 1993).

reichende Implementationsdefizite gekennzeichnet, welche die Ausgestaltung und generelle Wirksamkeit des neuen Steuerungskonzeptes in der europäischen Umweltpolitik grundlegend in Frage stellen. Darüber hinaus zeigen sich bei der vergleichenden Analyse alter und neuer Steuerungsansätze keine signifikanten Unterschiede im Hinblick auf deren jeweilige Implementationseffektivität. Die neuen Besen kehren keineswegs immer besser als die alten. Dieses Ergebnis ist um so erstaunlicher, als Verfechter der neuen Steuerungskonzepte sich in guter Gesellschaft mit namhaften Implementationsforschern sahen, welche die Einbeziehung von Implementeuren und Policy-Adressaten in den Prozeß der Politikformulierung sowie die Anpassung politischer Programme an spezifische sozio-ökonomische Kontextbedingungen als Grundvoraussetzung für eine effektive Implementation betonen (Lipsky 1980; Sabatier 1986).

Diese Resultate verweisen auf zwei zentrale Fragen, denen wir im Rahmen dieses Beitrags nachgehen wollen. Erstens soll erklärt werden, warum der Zugriff auf neue Formen umweltpolitischer Steuerung – trotz gegenläufiger Erwartungen – nicht zu einer verbesserten Implementation europäischer Politik beigetragen hat. Zweitens stellt sich die Frage, welche alternativen Ansatzpunkte vor diesem Hintergrund denkbar sind, um die Implementationseffektivität europäischer Umweltpolitik zu erhöhen.

Um diese Fragen zu beantworten, werden wir zunächst die wesentlichen Innovationen in der europäischen Umweltpolitik vorstellen und daran anschließend die Ursachen für den begrenzten Implementationserfolg dieser Arrangements herausarbeiten. Auf der Basis dieser Analyse entwickeln wir anschließend unser institutionalistisches Erklärungsmodell und präsentieren potentielle Lösungswege zur Verbesserung der Implementationseffektivität europäischer Politik.

Um die Implementationseffektivität verschiedener Steuerungsansätze zu beurteilen, beschränken wir uns auf die Evaluation von Policy-Ergebnissen (Outcomes) im engeren Sinne. Es wird untersucht, inwieweit notwendige rechtliche und administrative Voraussetzungen geschaffen worden sind, um den Zielvorgaben europäischer Maßnahmen gerecht zu werden. Es ist somit die Art und Weise der rechtlichen und administrativen Umsetzung europäischer Umweltpolitik und weniger die Evaluation von Policy-Wirkungen (Impacts), wie etwa die Verbesserung der Umweltqualität, welche uns als Indikator für effektive Implementation dient. Eine auf diese Weise eingeschränkte Begriffsbestimmung gewährleistet die Vergleichbarkeit von verschiedenen institutionellen Arrangements im Hinblick auf deren Implementationseffektivität. So brächte die Konzentration auf Policy-Wirkungen große konzeptionelle Probleme mit sich, um den Beitrag unterschiedlicher Maßnahmentypen bezüglich konkreter Umweltziele (z.B. Verbesserung der Luftqualität) zu vergleichen. Kurz: Ein Vergleich alter und neuer Steuerungsformen in der europäischen Umweltpolitik ist nur möglich, solange er sich auf den engen Bereich der rechtlichen und administrative Policy-Ergebnisse beschränkt.

2. Die Implementationseffektivität neuer Steuerungskonzepte

Seit ihrer Herausbildung als eigenständiges Politikfeld der Gemeinschaft während der siebziger Jahre basierte die europäische Umweltpolitik auf institutionellen Arrangements, die weitgehend dem klassischen Typus hierarchischer ordnungsrechtlicher Intervention entsprachen. Charakteristisch für diesen „top-down" Ansatz waren relativ detaillierte Policy-Vorgaben, welche einen vergleichsweise geringen Spielraum für die nationale Umsetzung beließen. Europäische Vorschriften beschränkten sich vielfach nicht auf die Definition von Verfahrensregeln, sondern enthielten konkrete inhaltliche Ziele (wie etwa Emissions- oder Qualitätsstandards), die einheitlich von allen Mitgliedstaaten realisiert werden mußten, unabhängig von den jeweils auf nationaler Ebene gegebenen Bedingungen.

In der Folgezeit zeigte sich jedoch, daß eine solche Regulierungsstrategie – abgesehen von der problematischen Konsensfindung im Ministerrat im Hinblick auf diese detaillierten Regelungsgegenstände – zu beträchtlichen Problemen im Implementationsprozeß führte. Als schwierig erwies sich nicht nur die flächendeckende Überwachung und Kontrolle der europäischen Vorgaben, sondern vor allem die Tatsache, daß die detaillierten Regelungen angesichts variierender geographischer, politischer, sozialer und ökonomischer Bedingungen auf nationaler, regionaler oder lokaler Ebene nicht immer den effektivsten Weg bedeuteten, um die angestrebten Policy-Wirkungen zu erzielen. Überdies erschwerte die substantielle, an technischen Faktoren orientierte Regulierungsstrategie eine schnelle und flexible Anpassung von Regelungsinhalten an technische und ökonomische Veränderungen (Haigh 1996).

Die neuen Arrangements, welche sich in der europäischen Umweltpolitik seit Anfang der neunziger Jahre beobachten lassen, stellen eine konkrete Reaktion auf diese Implementationsdefizite dar. So ist ihnen zunächst gemeinsam, daß sie sich auf prozedurale Vorgaben beschränken. Sie legen bestimmte Verfahrensregeln fest, definieren jedoch keine substantiellen Ziele im Hinblick auf die Ergebnisse bestimmter Verfahren. Dies, so die Hoffnung der Kommission, soll eine größere Anpassungsflexibilität an künftige Entwicklungen und nationale Kontextbedingungen ermöglichen. Zweitens zielen diese neuen Arrangements auf eine explizite Veränderung nationaler Kontextbedingungen ab, um auf diese Weise eine effektivere formale und praktische Umsetzung der Regelungsziele zu erreichen. Hierbei lassen sich zwei verschiedene Strategien unterscheiden: die Mobilisierung der Öffentlichkeit durch regulative Transparenz und Verfahrensbeteiligung sowie ökonomische Anreize für die Selbstregulierung der Industrie.

Das Streben der Kommission nach einer größeren Transparenz umweltpolitischer Regulierung und einer breiteren Verfahrensbeteiligung der Öffentlichkeit fand insbesondere in der Richtlinie über freien Zugang zu Informationen über die Umwelt seinen Niederschlag. Diese Direktive beinhaltet ein passives Informationsrecht, d.h. jeder Person muß auf Antrag ohne Nachweis eines besonderen Interesses freier Zugang zu allen bei den nationalen Behörden vorhandenen umweltrelevanten Informationen gewährt werden. Eine ähnliche Zielsetzung unterliegt auch der Richtlinie zur Umweltverträglichkeitsprüfung (UVP), die neben einem medienübergreifenden Genehmigungsansatz zur Beurteilung von Umweltbeeinträchtigungen weitgehende Beteiligungsmöglichkeiten für die Öffentlichkeit im UVP-Verfahren definiert. Das Setzen ökonomischer Anreize für die Selbststeuerung der Industrie steht dagegen bei den Verordnungen zum Öko-Audit und Öko-Label im Vordergrund. Im Rahmen der Öko-Audit Verordnung wird der Industrie die Möglichkeit eingeräumt, auf freiwilliger Basis ein betriebliches Umweltschutz-Managementsystem einzurichten und dessen Qualität durch externe Gutachter validieren zu lassen. Während das Öko-Audit als betriebsbezogenes Konzept charakterisiert werden kann, setzt das Öko-Label an einzelnen Produkten an und signalisiert – ähnlich dem deutschen Umweltengel – dessen umweltfreundliche Produktion und Beschaffenheit.

Empirische Befunde zeigen jedoch, daß diese umfassenden Veränderungen umweltpolitischer Steuerung die an sie geknüpften Hoffnungen im Hinblick auf eine effektivere Implementation kaum erfüllt haben. Bezüglich des Implementationserfolges von alten und neuen Steuerungsansätzen konnten keine signifikanten Unterschiede festgestellt werden. Implementationsresultate lassen sich weder auf der Basis von Steuerungstypus noch in Abhängigkeit von länderspezifischen Faktoren hinreichend erklären (Knill 1998; Knill/Lenschow 1998; Bouma 2000; Kimber 2000; Wright 2000).

Diese zunächst erstaunlichen Ergebnisse können auf der Basis mehrerer Faktoren erklärt werden. Erstens zeigt die konkrete Ausgestaltung neuer institutioneller Arrangements in der EU Umweltpolitik, daß sich der idealtypische Charakter dieser Steuerungskonzepte, insbesondere im Hinblick auf deren Anpassungsflexibilität, in der Praxis nur schwerlich realisieren läßt. Neue Arrangements kommen nicht in Reinform zur Anwendung, sondern stellen letztlich Mischformen dar, welche sowohl Elemente klassischer als auch neuer Steuerungskonzepte vereinen. Zweitens sind auch neue Steuerungskonzepte durch typische Schwächen gekennzeichnet. So ist die Kontextorientierung neuer Arrangements, die gewöhnlich als grundlegender Vorzug gepriesen wird, ein theoretisches diffuses Konzept, was in der Praxis zu zusätzlichen Implementationsproblemen führen kann.

2.1 Umweltpolitische Steuerungskonzepte: alte versus neue Arrangements

Grundlegend für die Diskussion über das Potential neuer Steuerungskonzepte ist die Annahme, daß diese sich in ihren Regelungsinhalten und -vorgaben tatsächlich entscheidend von klassischen Formen hierarchisch-interventionistischer Regulierung abheben. Betrachtet man jedoch die verschiedenen neuen Arrangements, wie sie in der europäischen Umweltpolitik in den letzten Jahren zur Anwendung kommen, so fällt auf, daß diese Annahme in dieser Form nicht zutrifft. Ein entscheidender Punkt, in dem sich alte und neue Steuerungskonzepte in der Praxis ähnlicher sind als theoretisch angenommen, bezieht sich auf die vielgerühmten Spielräume, welche neue Arrangements für die Anpassung supranationaler Vorgaben an nationale und subnationale Kontextbedingungen belassen sollen. Zumindest die von uns hier betrachteten Maßnahmen, die im Zuge dieser steuerungspolitischen Umorientierung ergangen sind, erfüllen dieses Kriterium nicht oder in nur unzureichender Weise. Dies läßt sich anhand von zwei Aspekten verdeutlichen.

Erstens stellen die meisten neuen Arrangements Mischformen dar, die neben „neuen" Komponenten auch typische Merkmale traditioneller „top-down" Konzepte aufweisen. Folglich zeigen sich Implementationsprobleme, die im Zusammenhang mit klassischen Steuerungskonzepten beobachtet wurden, zum Teil auch im Hinblick auf neue institutionelle Arrangements. Der Verzicht auf substantielle Regelungsinhalte zugunsten rein prozeduraler Vorgaben trägt letztlich kaum dazu bei, nationale Interpretationsspielräume bei der Implementation zu vergrößern. Der explizite Fokus auf die Beeinflussung nationaler Kontextbedingungen im Hinblick auf eine effektivere Umsetzung impliziert vielfach detaillierte Verfahrensvorgaben, welche nationale Interpretationsspielräume beträchtlich einschränken und umfassende Anpassungen bestehender Regeln verlangen. Das Problem ineffektiver Implementation aufgrund der schwierigen Anpassung an inflexible europäische Vorgaben stellt sich somit bei alten wie neuen Steuerungsformen in gleicher Weise.

Besonders deutlich trat dieses Problem bei der Implementation der Richtlinie über den freien Zugang zu Umweltinformationen in Erscheinung. Wenngleich diese Richtlinie generell sehr offen formuliert ist, so enthält sie doch einige konkrete Verfahrensregelungen, welche in vielen Mitgliedstaaten umfassende Änderungen in der Verwaltungspraxis verlangen. Konkret manifestiert sich dies an dem in der Richtlinie definierten Jedermann-Recht auf freien Zugang zu umweltrelevanten Informationen bei grundsätzlich allen Verwaltungsstellen auf nationaler, regionaler und lokaler Ebene. Dieses Informationsrecht steht in krassem Widerspruch zu der gängigen Verwaltungspraxis in vielen Mitgliedstaaten, mit der Folge einer vielfach äußerst restriktiven und ineffektiven Implementation der Richtlinie (Kimber 2000).

Besonders „zurückhaltend" vollzieht sich die Implementation in der Bundesrepublik, wo ein allgemeines Zugangsrecht nur schwerlich mit dem deutschen Verwaltungsverfahren in Einklang zu bringen ist, welches Informationsrechte an eine konkrete Verfahrensbeteiligung knüpft (Winter 1996). Im Gegensatz zur europäischen Richtlinie, welche das Recht auf Informationszugang von keinen besonderen Bedingungen abhängig macht, orientiert sich die deutsche Verwaltungspraxis am Grundsatz der beschränkten Aktenöffentlichkeit. Der Zugang zu administrativen Informationen wird grundsätzlich nur gewährt, wenn dies zum Schutz subjektiver öffentlicher Rechte des Einzelnen im Hinblick auf ein anstehendes Verwaltungsverfahren erforderlich ist (Burmeister/Winter 1990). Die europäischen Vorgaben sind also nicht flexibel genug, um eine reibungsfreie Transposition in das deutsche Recht zu ermöglichen.

Nationale Anpassungsprobleme an weitreichende europäische Verfahrensvorgaben sind vielfach auch für die ineffektive Umsetzung der UVP-Richtlinie verantwortlich. In diesem Zusammenhang ist es insbesondere die – neben prozeduralen Vorgaben im Hinblick auf transparentere Verfahren – geregelte medienübergreifende Beurteilung von Umweltauswirkungen, welche einigen Mitgliedstaaten sichtlich zu schaffen macht. Wenngleich die Richtlinie dies nicht explizit vorschreibt, so verlangt die konkrete Umsetzung eines solchen integrierten Ansatzes die Bündelung oder zumindest intensive Koordinierung administrativer Kompetenzen im Hinblick auf verschiedene Umweltmedien (CEC 1993a). Sind umweltpolitische Kompetenzen über eine Vielzahl von nationalen und subnationalen Behörden gestreut, wirft eine ordnungsgemäße Umsetzung signifikante Anpassungsprobleme auf.

Auch hier erweist sich insbesondere der Anpassungsprozeß in der Bundesrepublik als äußerst problematisch. Die Verwirklichung eines integrierten medienübergreifenden Regulierungsansatzes verlangt umfassende rechtliche und organisatorische Reformen, deren tatsächliche Realisierbarkeit angesichts der Reichweite der erforderlichen Änderungen ernsthaft bezweifelt werden darf. So zeichnet sich das deutsche Umweltrecht durch einen regelrechten „Vorschriftendschungel" aus, dessen Labyrinthcharakter noch erhöht wird durch inhaltliche und terminologische Unstimmigkeiten sowie dem Fehlen konsequent durchgehaltener Grundstrukturen (Kloepfer/Durner 1997: 1081-2). Ähnlich fragmentierte und bestenfalls negativ koordinierte Strukturen finden sich im Hinblick auf die administrative Organisation und Zuständigkeitsverteilung in der deutschen Umweltpolitik (Héritier/Knill/Mingers 1996). Eine Integration umweltpolitischer Verfahren und Kontrollstrukturen ist daher in der Bundesrepublik mit signifikanten Problemen konfrontiert.

Die Anreicherung der auf freiwillige Selbststeuerung ausgerichteten Öko-Label Verordnung mit hierarchischen Verfahrenselementen war ebenfalls ein entscheidender Grund dafür, daß sich die Implementation dieser Maßnahme bisher als Flop erwies. In der Verordnung werden detaillierte prozedurale Vorgaben für die Entwicklung von Beurteilungsmaßstäben und die Zertifizierung von umweltfreundlichen Produkten definiert. Wenngleich hierbei auf die weitreichende Beteiligung betroffener Industriesektoren und nationaler Behörden gesetzt wird, so hat die Sache doch einen „hierarchischen Haken": die letztliche Entscheidung darüber, welche Kriterien und Maßstäbe letztlich EU-weit angewandt werden sollen, bleibt der Kommission vorbehalten. Im Unterschied zur Öko-Audit Verordnung, wo der nationalen Ebene relativ großer Spielraum für die Ausgestaltung des Verfahrens belassen wird, finden wir im Fall des Öko-Label klassische Elemente hierarchischer und zentralistischer Steuerung, welche in krassem Gegensatz zu dem ursprünglichen Gedanken industrieller Selbstregulierung steht. Infolge dieser widersprüchlichen Ausrichtung kam die Umsetzung der Verordnung bisher nur schleppend voran; die Entscheidungen über Beurteilungs- und Zertifizierungsmaßstäbe auf Kommissionsebene gestalten sich aufgrund stark divergierender Vorstellungen unterschiedlicher nationaler Behörden und Industriesektoren als äußerst problematisch (Wright 2000).

Ein zweiter Aspekt, welcher den Mythos der Flexibilität von „bottom-up" Regulierung entzaubert, ergibt sich weniger aus dem Hybrid-Charakter der neuen Arrangements, sondern aus der Tatsache, daß die Wahl bestimmter Steuerungsformen – unabhängig davon, ob es sich hierbei um „top-down" oder „bottom-up" Ansätze handelt – keineswegs in einem technokratischen Vakuum stattfindet, sondern gleichzeitig durch nationale Rechts- und Verwaltungstraditionen geprägt ist, die sich in der Dominanz bestimmter Regulierungsstile und -strukturen manifestieren (Richardson 1982; van Waarden 1995).

Die Frage, ob bestimmte Probleme im Rahmen alter oder neuer Steuerungsansätze bewältigt werden sollen, ergibt sich auf nationaler Ebene daher nicht allein aus der Natur des Problems, sondern auch aus der Frage, inwieweit bestimmte Steuerungsformen mit historisch gewachsenen und institutionell verfestigten Rechts- und Verwaltungstraditionen vereinbar sind (vgl. Peters 1993: 301). So manifestieren sich national variierende Entwicklungspfade im Hinblick auf diese Aspekte in generell unterschiedlichen Präferenzen für eher staats- oder gesellschaftszentrierter Steuerungsmuster (Dyson 1980; Damaska 1986). Die Implementation sowohl traditioneller als auch neuer Steuerungsmuster kann daher in gleicher Weise darunter leiden, daß diese Instrumente nicht in etablierte Verwaltungs- und Regulierungsmuster auf nationaler Ebene „passen". Selbst neue Arrangements in Reinform, die hohe Spielräume für nationale Interpretation belassen, können signifikante Anpassungszwänge mit sich bringen, wenn sie im Widerspruch zu administrativen und rechtlichen Traditionen stehen.

So sind die Widerstände, die in vielen Mitgliedstaaten bei der Implementation der Informationsrichtlinie beobachtet werden können, nicht allein auf deren Anreicherung mit „top-down" Elementen zurückzuführen. Vielmehr steht diese Maßnahme im Widerspruch zu tradierten administrativen und rechtlichen Praktiken in vielen Mitgliedstaaten (Kimber 2000). In der Bundesrepublik ergeben sich diese aus dem Rechtsstaatsprinzip, wonach Gerechtigkeit sich weniger aus prozeduraler Fairneß und gleichen Zugangsmöglichkeiten zum Verwaltungsverfahren ergibt, denn aus der inhaltlichen Rechtmäßigkeit administrativer Entscheidungen (Scharpf 1970: 38). Vor diesem Hintergrund besteht in der Bundesrepublik – wie oben bereits ausgeführt – kein allgemeines, sondern ein beschränktes, an die Beteiligteneigenschaft des Einzelnen geknüpftes Zugangsrecht zum Verwaltungsverfahren. Diese eher restriktiven Zugangsmöglichkeiten ergeben sich überdies aus der deutschen Verwaltungstradition, in deren Kontext öffentliche Bedienstete typischerweise als „Diener des Staates" und weniger als „civil servants" verstanden werden und aus diesem Grund primär gegenüber dem Staat und weniger gegenüber der Gesellschaft rechenschaftspflichtig sind (König 1996). Ähnlich restriktive Prinzipien des Informationszuganges ergeben sich aus den obrigkeitsstaatlichen Traditionen Spaniens und Italiens (Caddy/Favoino 1997). Diese Tradition zeigt sich auch im Falle Frankreichs, wo dem Einzelnen zwar formal weitgehende Zugangsrechte eingeräumt werden, welche in der praktischen Anwendung jedoch durch vielerlei Hindernisse beträchtlich beschnitten werden (Bailey 1997).

Insgesamt verdeutlicht der Rückgriff auf neue Steuerungskonzepte in der EU Umweltpolitik, dass diese Konzepte ähnliche Implementationsprobleme aufweisen, wie sie im Zusammenhang mit traditionellen Formen hierarchischer Steuerung aufgetreten sind. Zunächst kommen neue institutionelle Arrangements in der Praxis selten in idealtypischer Form vor, sondern sind teilweise durch Elemente traditioneller Regulierung charakterisiert. Darüber hinaus zeigt sich, daß auch neue Arrangements mit dem typischen Problem alter Konzepte konfrontiert sind: der potentiellen Unvereinbarkeit mit nationalen Rechts- und Verwaltungstraditionen.

2.2 Typische Defizite neuer Arrangements

Das obige Fazit soll keineswegs implizieren, daß sich neue und alte Steuerungsansätze nicht unterscheiden. Vielmehr wollten wir zeigen, daß diese Unterschiede nicht so groß sind, wie gemeinhin angenommen. Sowohl klassische als auch neue Formen umweltpolitischer Steuerung weisen einige gemeinsame Merkmale auf, die ähnliche Probleme im Implementationsprozeß nach sich ziehen. Dies ändert jedoch nichts an der Tatsache, daß sich beide Steuerungsformen bezogen auf andere Merkmale fundamental unterscheiden. Dies gilt insbesondere für zwei Aspekte neuer Arrangements: den Verzicht auf substantielle Regelungsvorgaben und die explizite Kontextorientierung. Wie die Implementation der hier untersuchten Maßnahmen verdeutlicht, bringt jedoch gerade diese Offenheit im Hinblick auf substantielle Regelungsziele und spezifische Kontextkonstellationen typische Implementationsprobleme mit sich, welche zu der Frage berechtigen, ob neue Arrangements tatsächlich besser sind als traditionelle Steuerungskonzepte. Insofern bestätigen unsere Befunde entsprechende Hypothesen, die insbesondere in der deutschen Literatur zur Implementationsforschung entwickelt worden sind (Mayntz et al. 1978; Bohne 1981).

Diese spezifischen Implementationsprobleme, die sich aus dem Charakter neuer Steuerungskonzepte ergeben, beziehen sich im wesentlichen darauf, daß die von den Maßnahmen explizit angestrebte positive Stimulierung bzw. Modifikation des nationalen Policy-Kontext nicht erreicht wird. Im Hinblick auf diese Defizite verweisen die unserer Analyse zugrundeliegenden Beispiele auf drei zentrale Fehleinschätzungen. Erstens reichen die Anreize und die substantielle Offenheit neuer Arrangements vielfach nicht aus, um bei Policy-Adressaten und Implementeuren eine verhaltensändernde Wirkung im Hinblick auf eine effektive Implementation zu entfalten. Die fehlende Unterstützung einer Policy seitens administrativer und gesellschaftlicher Akteure kann auf mehrere Ursachen zurückgeführt werden, die in unmittelbarem Zusammenhang mit dem Policy-Design stehen.

- *Inhaltliche Offenheit*
  Zu vage und unklare Vorgaben bewirken, daß europäische Vorgaben nicht genügend Signalwirkung im nationalen Kontext entfalten und Anreizstrukturen für geändertes Verhalten nicht in der notwendigen Deutlichkeit zu setzen vermögen. Auf diese Weise wird es nationalen Regierungen und Verwaltungen ermöglicht, durch eine „minimalistische" formale und praktische Umsetzung die ursprüngliche Zielsetzung europäischer Programme zu umgehen.
  Im Falle der Informationsrichtlinie etwa haben vage Formulierungen im Hinblick auf Behörden und Daten, die von der Verpflichtung zur Informationsfreigabe ausgenommen sind, zu einer überaus extensiven und großzügigen Auslegung dieser Vorschriften auf nationaler Ebene eingeladen. Dies hat zur Folge, daß die weitreichenden Ziele der Richtlinie letztlich so zurückgestutzt wurden, daß sie nahezu vollständig in bestehende nationale Vorschriften paßten (Scherzberg 1994; Kimber 2000). Auch die Implementation der UVP-Richtlinie hat durch großzügige Interpretationen ihrer vagen Formulierungen gelitten. Dies betrifft insbesondere die Frage, inwieweit die UVP als Genehmigungsvoraussetzung für bestimmte Projekte zu berücksichtigen ist. Die europäische Richtlinie wurde im Wege verschiedener Verordnungen möglichst „störungsfrei" in bestehende Rechtsvorschriften integriert, mit der Konsequenz, daß europäische Vorgaben kaum einen Unterschied machen für die bisherige Praxis in vielen Mitgliedstaaten (Knill/Lenschow 1998).

- *Komplexität*
  Viele neuen Arrangements sind durch komplexe Steuerungsimpulse gekennzeichnet, welche unklare Anreizsignale für das Verhalten der involvierten Akteure implizieren.
  Dieser Umstand erklärt das relativ geringe Interesse der Industrie, sich am europäischen Öko-Label System zu beteiligen. Neben dem oben bereits erwähnten Hybrid-Charakter der Maßnahme ist dies insbesondere auf komplexe und mehrdeutige Vorschriften im Hinblick auf die von der Verordnung erfaßten Produkte und Industriesektoren sowie die zu verwendenden Beurteilungskriterien zurückzuführen. Aufgrund dieser un-

klaren und unsicheren Anreizstrukturen waren nur wenige Industriebetriebe bereit, ihre Produkte einem aufwendigen Zertifizierungsverfahren zu unterwerfen (Wright 2000).

– *Mangelnde Abstimmung mit dem bestehenden Regelungskontext*
Die Implementation der Öko-Audit Verordnung verdeutlicht, daß die unklare Signal- und Anreizwirkung neuer Instrumente auch die Folge einer mangelnden Abstimmung selbstregulativer Konzepte mit bestehenden regulativen Arrangements sein kann. So sieht die Verordnung keine Regelungen darüber vor, ob und inwieweit sich mit einer freiwilligen Teilnahme am Öko-Audit eventuelle Verfahrenserleichterungen bei der Genehmigung und Überwachung industrieller Anlagen für den einzelnen Betrieb verbinden. Aufgrund dieser durch die Verordnung nicht hinreichend geklärten Situation haben sich bisher erst vergleichsweise wenig Betriebe für eine Teilnahme am Öko-Audit entschlossen. Ein weiterer Grund für das schleppende Anlaufen des Öko-Audit liegt überdies in der lange Zeit unklaren Abstimmung der Verordnung mit alternativen Umwelt-Managementsystemen, wie etwa den Standards der British Standards Institution oder der internationalen Standardisierungsorganisation (ISO) (Zito/Egan 1997).

Ein zweiter Faktor, der erklärt, daß neue Steuerungskonzepte vielfach nicht die erwünschten kontextstimulierenden Wirkungen erzielen, liegt weniger in deren unklaren Handlungsanreizen, sondern an der Tatsache, daß diese Anreize sich nicht immer in einem positiven – effektive Implementation begünstigenden – Sinne auswirken. Die explizite Kontextorientierung und substantielle Offenheit neuer Arrangements mobilisieren nicht nur Unterstützung, sondern provozieren gleichzeitig auch den Widerstand solcher Akteure, die ihre Interessen durch die europäischen Politikvorgaben nicht hinreichend berücksichtigt sehen.

So hat die Informationsrichtlinie nicht nur freudige Aufnahme bei Umweltverbänden gefunden, denen sich dadurch neue Handlungsressourcen im politischen Prozeß eröffnen. In gleicher Weise stieß die Maßnahme auf starke Ablehnung seitens der Industrie, die der Richtlinie aus verschiedenen Gründen (Komplizierung und damit Verlängerung des Genehmigungsverfahrens, zusätzlicher Arbeitsaufwand, Furcht vor Industriespionage) ablehnend gegenüberstanden. Das Resultat dieses Interessenkonfliktes manifestiert sich – wie bereits ausgeführt – in einer tendenziell defizitären Umsetzung der Maßnahme in den meisten Mitgliedstaaten. Ein ähnliches Szenario gilt für den Fall der UVP, wo der Einfluß der Befürworter der Richtlinie nicht in jedem Mitgliedstaat ausreichend war, um Widerstände aus Industrie gegen eine effektive Umsetzung im Sinne der Ziele der Richtlinie durchzusetzen (Cupei 1994).

Drittens, und ganz unabhängig von unklaren Anreizstrukturen oder einer sich möglicherweise gleichzeitig entwickelnden Opposition, gehen neue

Steuerungskonzepte von der grundlegenden Mobilisierbarkeit der Adressaten aus. In der Realität beschränkt sich die Gruppe der positiv reagierenden Akteure allerdings auf schon (zum Teil) mobilisierte und ressourcenstarke Akteure. Die Effektivität neuer Arrangements stößt damit in Ländern, deren Umweltbewegung wenig intensiv und ressourenschwach ausgeprägt ist, leicht an natürliche Grenzen, obwohl gerade hier die „bottom-up" Mobilisierung für eine effektive Umweltpolitik wichtig wäre (Knill/Lenschow 2000).

Insgesamt zeigt sich also, daß neue Steuerungskonzepte keineswegs frei von Implementationsproblemen sind und damit keineswegs *per se* besser einzustufen sind als traditionelle Ansätze. So bewirken zu offen formulierte, komplexe oder unkoordinierte regulative Vorgaben vielfach zusätzliche Implementationsprobleme, welche durch die vergleichsweise klaren inhaltlichen Vorgaben traditioneller Konzepte vermieden werden. Hinzu kommt, daß neue Steuerungskonzepte trotz ihrer expliziten Kontextorientierung nicht zwangsläufig das Auftreten von Interessenkonflikten bei der Implementation verhindern. Sie sind in gleicher Weise wie traditionelle Konzepte anfällig für Widerstände einflußreicher Akteure, deren Interessen nicht im Einklang sind mit den jeweiligen Policy-Zielen.

Als Ergebnis der bisherigen Analyse läßt sich festhalten, daß neue sog. „bottom-up" Ansätze offenbar weit weniger geeignet sind, bessere Implementationsresultate europäischer Umweltpolitik herbeizuführen, als dies ursprünglich erwartet worden war. So zeigen erstens die von uns untersuchten Beispielsfälle, daß neue Arrangements kaum in ihrer idealtypischen Form anzutreffen sind, sondern Hybride aus traditionellen und neuen Steuerungskomponenten darstellen. Folglich weisen sie teilweise ähnliche Implementationsprobleme wie traditionelle Ansätze auf. Zweitens führen diejenigen Elemente neuer Arrangements, welche trotz deren Hybrid-Charakter wirklich als neu zu charakterisieren sind, keineswegs zu unmittelbar effektiverer Implementation. Vielmehr sorgen fehlende Performance-Vorgaben für ein zusätzliches Defizitpotential gegenüber traditionellen Mustern hierarchischer Intervention. Zusammen genommen lassen sich diese Erkenntnisse auf folgenden Nenner bringen: Zwischen der Wahl des Steuerungstyps und Implementationseffektivität besteht offensichtlich keine einfache kausale Beziehung.

Nun sollte dieses Ergebnis nicht dahingehend interpretiert werden, die Anwendung neuer Steuerungskonzepte als kompletten Fehlschlag abzuhaken und ganz schnell wieder zu alten Methoden zurückzukehren. Ziel der Analyse war es lediglich, zu zeigen, daß sie kein Allheilmittel für die Implementationsprobleme europäischer Umweltpolitik darstellen, sondern teilweise neue, teilweise ähnliche Defizite wie bisherige Ansätze aufweisen.

Dies schließt selbstverständlich nicht aus, daß die Implementation neuer Instrumente durchaus mit einigen „Erfolgsstories" aufwarten kann (vgl. etwa die relativ erfolgreiche Umsetzung der Öko-Audit Verordnung in der Bundesrepublik und der Richtlinie über den freien Zugang zu Umweltinformationen in Großbritannien – Knill/Lenschow 1998). Doch dieses gemischte Bild aus etwas Licht und viel Schatten findet sich – wie ausgeführt – in gleicher Weise für die Umsetzung alter Instrumente. Dieser Befund unterstreicht, daß weder die Form der Steuerung noch das jeweilige Untersuchungsland hinreichend Rückschlüsse erlauben, um die Implementationseffektivität europäischer Umweltpolitik zu erklären.

3. Institutionelle Anpassung als Problem effektiver Implementation

Wenn der Implementationserfolg europäischer Maßnahmen also weder länder- noch policy-bezogen beurteilt werden kann, so stellt sich die Frage, welche anderen Aspekte hierfür in Betracht kommen. Im folgenden schlagen wir hierfür die Anwendung einer institutionalistischen Perspektive vor. Wir argumentieren, daß nicht die Wahl des Steuerungskonzepte *per se* den Implementationserfolg europäischer Politik beeinflußt, sondern das Ausmaß institutionellen Anpassungsdrucks, welcher von diesen Policies auf nationale Strukturen und Prozesse ausgeht.

Probleme institutioneller Anpassung sind in der Implementationsforschung bisher weitgehend vernachlääsigt worden. Im Mittelpunkt stand primär die Frage nach dem optimalen Implementations-Design, d.h. es wurde untersucht, welche strukturellen und organisatorischen Voraussetzungen die bestmögliche Umsetzung einer bestimmten Policy gewährleisteten (Pressman/Wildavsky 1973; Scharpf 1978). Im Rahmen einer solchen Design-Perspektive wurde jedoch ein zentraler und in unserem Zusammenhang bedeutsamer Aspekt ausgeblendet: die Tatsache, daß bereits existierende Arrangements an dieses Optimaldesign angepaßt werden mußten. Wie jedoch aus unserer bisherigen Analyse deutlich wird, ist es weniger das Wissen um das richtige institutionelle Design als die Notwendigkeit der institutionellen *Anpassung* nationaler Arrangements an an europäische Vorgaben, die die Implementation problematisch macht. Implementationsprobleme lassen sich somit in erster Linie als Probleme institutionellen Wandels begriffen werden.

Damit wird die Frage, unter welchen Bedingungen man die Anpassung nationaler Institutionen an europäische Arrangements erwarten kann, von entscheidender Bedeutung im Hinbklick auf die effektive Implementation europäischer Umweltpolitik. Wie in den verschiedenen Varaianten des sog. Neo-Institutionalismus herausgearbeitet wurde (vgl. Hall/Taylor 1996), kann effektive institutionelle Anpassung an externe Vorgaben generell nur im Rahmen gewisser institutioneller Grenzen erwartet werden. Bestehende Institutionen beeinflussen das strategische Handeln von Akteuren, indem sie bestimmte Handlungskorridore eröffnen und gleichzeitig andere Optionen ausschließen. Auf diese Weise strukturieren sie Pfade für die künftige institutionelle Entwicklung. Zwar ist die Betonung institutioneller Stabilität und Kontinuität nicht gleichbedeutend mit einem statischen Verständnis institutioneller Entwicklung. Institutioneller Wandel beschränkt sich jedoch zumeist auf Aspekte, welche die grundlegende Identität einer Institution nicht in Frage stellen.

Anhand welcher Kriterien läßt sich nun die Höhe des institutionellen Anpassungsdrucks erfassen, der von europäischen Policies ausgeht? Eine solche Operationalisierung kann aufgrund der Komplexität und Vielfalt denkbarer Konstellationen kaum auf einer abstrakten theoretischen Ebene geleistet werden. Wir werden uns daher im folgenden auf die Präsentation einiger Indikatoren beschränken, die uns als ersten Zugang zu diesem Problem sinnvoll erscheinen.

Dabei kann zwischen zwei Stufen institutionellen Anpassungsdrucks unterschieden werden (Knill 1998; Knill/Lenschow 1998). Die erste Stufe bezieht sich auf Konstellationen hohen Anpassungsdrucks. Europäische Anforderungen übersteigen die Anpassungskapazität nationaler Institutionen; ineffektive Implementation ist die wahrscheinliche Konsequenz. Solche Konstellationen sind zu erwarten, wenn europäische Vorgaben im Widerspruch sind mit institutionell fest verankerten Elementen nationaler Regulierungsmuster (vgl. Krasner 1988). Im konkreten Fall bezieht sich dies etwa auf diejenigen Elemente sektoraler Regulierungsstile und -strukturen, welche generelle Aspekte der nationalen Verwaltungs- und Rechtstradition repräsentieren und durch eine starke Einbettung in den makro-institutionellen Kontext des politisch-administrativen und rechtlichen Systems gekennzeichnet sind.

Die zweite Stufe institutionellen Anpassungsdrucks bezieht sich auf Konstellationen, in denen europäische Vorgaben zwar durchaus substantielle Anpassungsleistungen verlangen. Sie stellen jedoch institutionell fest verankerte Kernaspekte nationaler Regulierungsmuster nicht in Frage, sondern sind mit letzteren kompatibel. Wir gehen davon aus, daß in solchen Fällen eher mit einer effektiven Anpassung an europäische Vorgaben gerechnet werden kann[2].

3.1 Die Kompatibilität institutioneller Arrangements als Bestimmmungsfaktor für effektive Implementation

Die Anwendung einer institutionalistischen Perspektive auf die Implementation europäischer Umweltpolitik macht auf zweifache Weise verständlich, warum die Entwicklung neuer Steuerungskonzepte nicht zu effektiveren Resultaten geführt hat als traditionelle „top-down" Arrangements.

---

2 Theoretisch denkbar sind natürlich auch Konstellationen, in denen europäische Vorgaben komplett im Einklang sind mit nationalen Regulierungsmustern, also keinerlei Anpassung erfordern. Da in solchen Fällen das Anpassungsproblem trivial ist, werden wir diese Alternative nicht weiter betrachten.

Erstens folgt aus der oben skizzierten neo-institutionalistischen Sichtweise, daß effektive Implementation nicht vom Steuerungstypus *per se* beeinflußt wird. Vielmehr hängt sie davon ab, inwieweit die institutionellen Implikationen der jeweiligen Arrangements mit den auf nationaler Ebene existierenden Arrangements kompatibel sind. Entsprechend der obigen Ausführungen läßt sich effektive Implementation nur so lange erwarten, wie europäische Vorgaben die Anpassungsfähigkeit nationaler Institutionen nicht überstrapazieren, d.h. in Widerspruch stehen mit fest in nationalen Traditionen oder Strukturen verwurzelten administrativen Arrangements.

Wie wir gesehen haben, sind neue Steuerungskonzepte keineswegs besser geeignet, ein Übersteigen des Anpassungspotentials nationaler Institutionen zu vermeiden. Dies ist nicht nur darauf zurückzuführen, daß sie in der Praxis vielfach in Hybridform auftreten, also durch traditionelle Merkmale charakterisiert sind. Daneben bergen sie – ebenso wie traditionelle Steuerungskonzepte – die Gefahr institutioneller Gegensätze auf einer grundlegenderen Ebene regulativer Philosophien oder administrativer Traditionen. Die Implementationseffektivität neuer Arrangements kann vor diesem Hintergrund nicht nur unter deren Offenheit und Ambiguität leiden, welche Raum für Gegenstrategien handlungskompetenter Rechtsadressaten bietet, sondern auch – und dies ist der besondere Ertrag unserer Befunde – unter der institutionellen Trägheit der nationalen Implementationsstrukturen.

Eine institutionalistische Sichtweise zeigt zweitens, warum die hochgelobte Kontextorientierung neuer Steuerungskonzepte – also das Merkmal, in dem sich alt und neu am deutlichsten unterscheiden – in der Praxis nicht zu den gewünschten positiven Effekten im Sinne einer effektiven Implementation geführt hat. Unterschiedliche Kontextkonstellationen auf nationaler Ebene lassen nicht beliebig im Sinne europäischer Policies modifizieren. Vielmehr ist das Ausmaß solcher Kontextveränderungen durch institutionelle Faktoren begrenzt. Bestehende regulative Arrangements auf nationaler Ebene sind letztlich das Ergebnis eines strategischen Spiels zwischen verschiedenen politischen, administrativen und gesellschaftlichen Akteuren, welches einerseits von den Interessen dieser Akteure und den bestehenden institutionellen Opportunity Structures bestimmt wird (Moe 1990). Damit europäische Vorgaben das Ergebnis dieser strategischen Interaktion wirksam modifizieren und damit einen besseren Kontext für ihre Umsetzung stimulieren können, sind demzufolge gewisse Voraussetzungen zu erfüllen: Europäische Policies müssen Machtpositionen bzw. Interessenkonstellationen zwischen nationalen Akteuren dergestalt verändern, daß die Befürworter europäischer Politikziele ihre Belange gegenüber potentiellen Gegnern wirksam durchsetzen können. In den von uns betrachteten Fällen waren hierfür vage und diffuse Anreizstrukturen nur in wenigen Konstellationen ausreichend.

Insgesamt zeigt sich somit, daß effektive Implementation eben nicht von einem bestimmten „Steuerungsdogma" abhängt, sondern von den mit konkreten Arrangements verbundenen Anforderungen zur Anpassung bestehender nationaler Regulierungsmuster. Dieser Befund verweist auf die Frage, auf welche Weise sich die Implementationseffektivität europäischer Politik unter diesen Bedingungen verbessern läßt. Ihr wollen wir uns im Folgenden zuwenden.

3.2 Auswege aus dem Implementationsdilemma europäischer Umweltpolitik?

Die Beantwortung dieser Fragen im Lichte unserer bisherigen Überlegungen verweist zunächst auf ein Dilemma der Politikgestaltung im europäischen Mehrebenensystem. Effektive Steuerung verlangt einen Balanceakt bei der Dosierung der institutionellen Anforderungen europäischer Umweltpolitik. Die institutionellen Kapazitäten der Mitgliedstaaten müssen gefordert, dürfen jedoch nicht überfordert werden. Sind die institutionellen Anforderungen europäischer Politik zu gering, mag zwar deren Umsetzung effektiv sein, gleichzeitig stellt sich jedoch die Frage, welche Probleme mit derart „zurechtgestutzten" Arrangements überhaupt noch gelöst werden können. Ein umgekehrtes Problem liegt vor, wenn institutionelle Anpassungskapazitäten auf nationaler Ebene überfordert werden. Die lobenswertesten und rationalsten Steuerunsgabsichten nützen nichts, wenn europäische Politik die institutionellen Hürden ihrer praktischen Umsetzung nicht nehmen kann.

Die Lösung dieses Dilemmas von entweder zuviel oder zu wenig europäischen Vorgaben verlangt letzten Endes die Gestaltung von europäischer Politik in Abhängigkeit von bestehenden institutionellen Voraussetzungen auf nationaler Ebene. Europäische Vorgaben müssen so gestaltet sein, daß ihre Implikationen einerseits nicht in Widerspruch stehen zu grundlegenden institutionellen Arrangements auf nationaler Ebene, andererseits aber – um überhaupt einen Unterschied zu machen – dennoch eine gewisse institutionelle Dynamik implizieren (vgl. Cerych/Sabatier 1986). Effekte Governance verlangt eine optimale Ausschöpfung der Anpassungskapazität nationaler Institutionen.

In diesem Zusammenhang verweisen unsere theoretischen und empirischen Betrachtungen auf drei zentrale Aspekte institutioneller Arrangements, welche grundlegend geeignet sind, eine solche optimale Ausschöpfung von Anapssungskapazität zu ermöglichen.

– *Institutionelle „Neutralität"*
Damit ist gemeint, daß – um potentielle Inkompatibilität mit nationalen Arrangements zu vermeiden – institutionelle Arrangements in der EU Umweltpolitik so gestaltet werden müssen, daß sie ihren Steuerungserfolg möglichst unabhängig von entsprechenden regulativen Anpassungen auf nationaler Ebene erzielen können. Europäische Arrangements müssen weitgehend *kompatibel* sein mit unterschiedlichen institutionellen Gegebenheiten auf nationaler Ebene.

Der jüngst verabschiedeten Rahmenrichtlinie zur Luftqualität etwa liegt ein solcher Ansatz zugrunde. So sieht die Richtlinie vor, daß die Gemeinschaft sich künftig auf die Definition von Zielvorgaben für die Luftqualität in den Mitgliedstaaten beschränkt. Damit ist es den Mitgliedstaaten freigestellt, mit welchen konkreten regulativen Arrangements sie die Einhaltung der europäischen Qualitätsstandards gewährleisten. Europäische Steuerung erfolgt somit neutral, d.h. unabhängig von regulativen Voraussetzungen auf nationaler Ebene.

- *Eindeutige und klare Steuerungsimpulse*
Um eine entsprechende Unterstützung im Hinblick auf eine effektive Implementation auf nationaler Ebene zu mobilisieren, muß die politische Steuerung in der EU Umweltpolitik auf klaren Vorgaben basieren. Anstatt nationale Akteure mit vagen, komplexen oder mehrdeutigen Regelungsinhalten zu konfrontieren, sollten europäische Arrangements eindeutige Steuerungsimpulse für den nationalen Kontext implizieren.
Auch hier kann die Rahmenrichtlinie zur Luftqualität als beispielhaft angesehen werden. Um auf nationaler Ebene eine hinreichende politische Unterstützung für eine effektive Einhaltung europäischer Standards zu mobilisieren, schreibt die Richtlinie vor, daß bei Überschreiten dieser Werte die Öffentlichkeit zu informieren ist. Mit anderen Worten: Die Mitgliedstaaten werden verpflichtet, sich gewissermaßen selbst an den „Pranger" zu stellen, wenn entsprechende Regelungsziele nicht eingehalten werden. Damit werden auf der Basis relativ weniger und einfacher Verfahrensvorgaben eindeutige Anreizstrukturen und Steuerungsimpulse vermittelt, die sich begünstigend auf eine effektive Implementation auswirken.

- *Kompatibilität mit bestehenden Regelungen*
Wie insbesondere die Implementationsprobleme der Öko-Audit Verordnung verdeutlichen, spielt die Abstimmung neuer institutioneller Arrangements mit bestehenden regulativen Arrangements eine wichtige Rolle für den umweltpolitischen Steuerungserfolg. Die Steuerungsimpulse, die von neuen Ansätzen ausgehen, müssen komplementär sein mit bestehenden Regelungsvorgaben, um widersprüchliche Regulierung zu vermeiden. Im Fall der Öko-Audit Verordnung etwa hat diese fehlende Abstimmung im Hinblick auf das Verhältnis von freiwilliger Selbstregulierung und bestehenden Verfahrensvorgaben viele Industriebetriebe davon abgehalten, sich dem zusätzlichen Aufwand einer freiwilligen Selbstregulierung zu unterziehen.

4. Zusammenfassung

Im Lichte zunehmender Implementationsprobleme in der europäischen Umweltpolitik ist es in den letzten Jahren zu einer grundlegenden steuerungspolitischen Umorientierung gekommen. An die Stelle klassischer hierarchischer Intervention treten zunehmend neue Steuerungskonzepte, welche durch eine „bottom-up" Philosophie gekennzeichnet sind. Anpassungsflexibilität und Kontextorientierung heißen die neuen Zauberworte, um die primär auf die zu detaillierten und rigiden hierarchischen Instrumente zurückgeführten Implementationsdefizite zu beheben. Kontrastiert man die hochgesteckten Erwartungen jedoch mit der empirischen Realität, so bleibt von dem ursprünglichen Zauber nicht mehr viel übrig: Empirische Analysen belegen, daß neue Instrumente bisher keineswegs zu besseren Implementationsergebnissen führten als traditionelle Konzepte.

Dieser zunächst überraschende Befund läßt anhand mehrerer Probleme erklären. Erstens verweisen unsere Befunde darauf, daß die idealtypische Anwendung neuer Steuerungskonzepte mit praktischen Problemen konfrontiert ist, welche ihre Überlegenheit gegenüber traditionellen Konzepten in Frage stellen. Einerseits treten neue Konzepte selten in reiner Form auf, sondern sind Hybride aus alten und neuen Steuerungselementen. Folglich teilen sie viele Implementationsprobleme der traditionellen Konzepte. Auf der anderen Seite birgt die Offenheit und explizite Kontextorientierung zusätzliches Potential für potentielle Implementationsdefizite.

Wir haben gezeigt, daß die obigen Probleme letzlich eine gemeinsame Wurzel haben: die begrenzte Anpassungskapazität nationaler Institutionen an entsprechende Vorgaben europäischer Programme. So verweist eine institutionalistische Perspektive darauf, daß die Implementationseffektivität europäischer Policies weniger durch die Wahl des Steuerungsmodus *per se* beeinflußt wird, sondern durch das Ausmaß der von diesen Vorgaben implizierten Anpassungszwänge für administrative Strukturen und Prozesse auf nationaler Ebene. Effektive Steuerung in der europäischen Umweltpolitik darf damit die Anpassungskapazität nationaler Institutionen weder über- noch unterfordern.

Literatur

Bailey, Patricia: The Implementation of EU Environmental Policy in France. In: Christoph Knill (Hrsg.): The Impact of National Administrative Traditions on the Implementation of EU Environmental Policy. Florence: European University Institute, 1997.

Bohne, Eberhard:. Der informale Rechtsstaat. Berlin: Duncker & Humblot, 1981.

Bouma, Jan Jaap:. Environmental Management Systems and Audits as Alternative Environmental Policy Instruments. In: Christoph Knill und Andrea Lenschow (Hrsg.): Im-

plementing EU Environmental Policy: New Approaches to an Old Problem. Manchester: Manchester University Press, 2000.
Burmeister, Joachim H. und Gerd Winter: Akteneinsicht in der Bundesrepublik. In: Gerd Winter (Hrsg.): Öffentlichkeit von Umweltinformationen. Europäische und nordamerikanische Rechte und Erfahrungen. Baden-Baden: Nomos, 1990, S. 87-128.
Caddy, Joanne und Marieava Favoino (1997). The Implementation of EU Environmental Policy in Italy. In: Christoph Knill (Hrsg.), The Impact of National Administrative Traditions on the Implementation of EU Environmental Policy. Florence: European University Institute.
CEC (Commission of the European Communities):. Towards Sustainability. A European Community Programme of Policy and Action in Relation to the Environment and Sustainable Development. Luxembourg: Office for Official Publications of the European Communities, 1993.
CEC (Commission of the European Communities): Report from the Commission of the Implementation of Directive 85/337/EEC on the assessment of the effects of certain public and private projects on the environment. Brussels: Commission of the European Communities, 1993a.
CEC (Commission of the European Communities): Thirteenth Annual Report on Monitoring the Application of Community Law (1995). Luxembourg: Office for Official Publications of the EC, 1996.
Cerych, Ladislav und Paul Sabatier: Great Expectations and Mixed Preferences: The Implementation of European Higher Education Reforms. Stoke on Trent, UK: Trentham Books, 1986.
Collins, Ken und David Earnshaw: The Implementation and Enforcement of European Community Environment Legislation. Environmental Politics, 1 (4), 1992, S. 213-249.
Cupei, Jürgen: Vermeidung von Wettbewerbsverzerrungen innerhalb der EG durch UVP? Eine vergleichende Analyse der Umsetzung der UVP-Richtlinie in Frankreich, Großbritannien und den Niederlanden. Baden-Baden: Nomos, 1994.
Damaska, Mirian R.: The Faces of Justice and State Authority. A Comparative Approach to the Legal Process. New Haven: Yale University Press, 1986.
Dyson, Kenneth: The State Tradition in Western Europe. A Study of an Idea and Institution. Oxford: Martin Robertson, 1980.
European Parliament (EP): Committee on the Environment, Public Health and Consumer Protection. Working document on implementation of Community environmental law (Rapporteur: Ken Collins), PE 219.420, Brussels, 1996.
Haigh, Nigel: The Manual of Environmental Policy: the EC and Britain. London: Catermill Publishing, 1996.
Hall, Peter A. und Rosemary C. R. Taylor: Political Science and the Three New Institutionalisms. MPIFG Discussion Paper 96/6. Köln: Max-Planck-Institutut für Gesellschaftsforschung, 1996.
Héritier, Adrienne, Christoph Knill und Susanne Mingers: Ringing the Changes in Europe. Regulatory Competition and the Transformation of the State. Berlin: de Gruyter, 1996.
Ingram, Helen und Anne Schneider: Improving Implementation Through Framing Smarter Statutes. Journal of Public Policy 10 (1), 1990, S. 67-88.
Kimber, Clíona: Implementing European Environmental Policy and the Directive on Access to Environmental Information. In: Christoph Knill und Andrea Lenschow (Hrsg.): Implementing EU Environmental Policy: New Approaches to an Old Problem. Manchester: Manchester University Press, 2000.
Kloepfer, Michael und Wolfgang Durner: Der Umweltgesetzbuch-Entwurf der Sachverständigenkommission. Deutsches Verwaltungsblatt 112 (18), 1997, S. 1081-1107.

Knill, Christoph: European Policies: The Impact of National Administrative Traditions. Journal of Public Policy 18 (1), 1998, S. 1-28.

Knill, Christoph und Andrea Lenschow: Coping with Europe: The Implementation of EU Environmental Policy and Administrative Traditions in Britain and Germany. Journal of European Public Policy 5(4), 1998, S. 597-616.

Knill, Christoph und Andrea Lenschow: Do New Brooms Really Sweep Cleaner? Implementation of New Instruments in EU Environmental Policy. In: Christoph Knill und Andrea Lenschow (Hrsg.): Implementing EU Environmental Policy. New Directions and National Traditions. Manchester: Manchester University Press, 2000.

König, Klaus: Unternehmerisches oder exekutives Management – die Perspektive der klassischen öffentlichen Verwaltung. Verwaltungs-Archiv 87 (1), 1996, S. 19-37.

Krasner, Stephen D.: Sovereignty: An Institutional Perspective. Comparative Political Studies 21 (1), 1988, S. 66-94.

Lipsky M.: Street-Level Bureaucracy. New York: Russell Sage, 1980.

Mayntz, Renate et al.: Vollzugsprobleme der Umweltpolitik: Empirische Untersuchung der Implementation von Gesetzen im Bereich der Luftreinhaltung und des Gewässerschutzes. Stuttgart: Kohlhammer, 1978.

Moe, Terry M.: Political Institutions: The Neglected Side of the Story. Journal of Law. Economics and Organization 6 (Special Issue), 1990, S. 213-53.

Peters, B. Guy: Alternative Modelle des Policy-Prozesses: Die Sicht "von unten" und die Sicht "von oben". In: Adrienne Héritier, (Hrsg.): Policy-Analyse. Kritik und Neurorientierung, PVS Sonderheft 24, 1993, S. 289-306.

Pressman, J. und A. Wildavsky: Implementation. Berkeley: University of California Press, 1973.

Richardson, Jeremy (Hrsg.): Policy Styles in Western Europe. London: Allen and Unwin, 1982.

Sabatier, Paul A.: Top-Down and Bottom-Up Approaches to Implementation Research. Journal of Public Policy 6, 1986, S. 21-48.

Scharpf, Fritz W.: Die politischen Kosten des Rechtsstaats. Eine vergleichende Studie der deutschen und amerikanischen Verwaltungskontrolle. Tübingen: Mohr, 1970.

Scharpf, Fritz W.: Interorganizational Policy Studies: Issues, Concepts, and Perspectives. In: Kenneth Hanf und Fritz W. Scharpf, (Hrsg.): Interorganizational Policy-Making: Limits to Coordination and Central Control. London: Sage, 1978, S. 345-70.

Scherzberg, Arno: Freedom of Information – deutsch gewendet: Das neue Umweltinformationsgesetz. Deutsches Verwaltungsblatt 109, 1994, S. 733-745.

Waarden, Frans van: National Regulatory Styles. A Conceptual Scheme and the Institutional Foundations of Styles. In: Brigitte Unger und Frans van Waarden (Hrsg.): Convergence or Diversity? Internationalization and Economic Policy Response. Aldershot: Avebury, 1995, S. 333-372.

Winter, Gerd: Freedom of Environmental Information. In: Gerd Winter, (Hrsg.), European Environmental Law. A Comparative Perspective. Aldershot: Dartmouth, 1996, S. 81-94.

Wright, Robert: Implementing Voluntary Policy Instruments: the experience of the EU Ecolabel Award Scheme. In: Christoph Knill und Andrea Lenschow (Hrsg.): Implementing EU Environmental Policy: New Approaches to an Old Problem. Manchester: Manchester University Press, 2000.

Zito, Anthony R. und Michelle Egan: Environmental Management Standards, Corporate Strategies and Policy Networks. Manuscript. Florence: European University Institute, 1997.

Zukunftsfähigkeit und Komplexität: Institutionelle Innovationen in der EU

Christian Hey

Entgegen weitverbreiteter Vorstellungen (vgl. Lenschow/Knill in diesem Band, Golub 1998, Lowe/Ward 1998) läßt sich in der EU in den 90er Jahren keine generelle Abkehr von einem einzelfallbezogenen und präskriptiven Umweltpolitikansatz beobachten. Standards, Grenzwerte und technische Normen für Produkte und Anlagen spielen in der Umweltpolitik immer noch eine große Rolle, auch wenn diese nicht mehr immer eine rechtlich bindende Wirkung haben.

Grundlegend haben sich aber in den 90er Jahren die Entstehungsbedingungen zahlreicher Umweltnormen geändert. Nach dem Vorbild des „neuen Harmonisierungsansatzes" (vgl. kritisch: Majone 1998) werden diese aus den Arenen der rechtsetzenden Institutionen in technische Gremien von unterschiedlicher Zusammensetzung öffentlicher und privater Akteure delegiert. Dies wurde als angemessene Methode betrachtet, die rechtsetzenden europäischen Institutionen von einer komplexen und technisch anspruchsvollen Arbeitsaufgabe zu entlasten (Majone 1998). Die EU ist in den 90er Jahren zu einem regelrechten Experimentierfeld für die Ausgestaltung institutioneller Kontextbedingungen für verschiedene Modelle der Devolution politischer Aufgaben an technische Ausschüsse geworden. Die institutionellen Modelle der Devolution haben verschiedene Elemente gemeinsam:

– Sie kombinieren Elemente der Selbststeuerung privater Akteure mit Elementen (umwelt-)politischer Steuerung.
– Sie schaffen mehr oder minder ausgeprägte Partizipationsangebote für umweltorientierte Akteure, wie Umweltverbände, Experten und Vertreter von Umweltbehörden.
– Sie haben hierfür ein Mehrebenensystem der Normsetzung und Entscheidungsfindung entwickelt, das zumeist aus einer Rechtsnorm mit grundlegenden Anforderungen, einem politischen Steuerungsgremium und einer oder mehrerer technischer Arbeitsebenen besteht.
– Sie verkoppeln dabei politische-hoheitliche und technische Funktionen: Argumentieren, Verhandeln und Anweisen.

Die Verkoppelung von Prozessen privater Selbststeuerung mit sektoraler Steuerung ist dabei spannungsgeladen. Zuviel öffentliche Steuerung gefährdet die Kooperationswilligkeit der an Selbstregulation interessierten Akteure, zu wendig wird die öffentlichen Ziele kompromittieren (vgl. Majone 1998). Die Balance zwischen den beiden Steuerungsmodi wird damit zur Erfolgs- und Stabilitätsbedingung. Im folgenden interessiert allerdings insbesondere die umweltpolitische Leistungsfähigkeit der verschiedenen Modelle von Devolution, das Effektivitätskriterium (zu anderen institutionellen Bewertungskriterien vgl. von Prittwitz 1994).

Devolution kann ebenso gut zu institutionalisierten Handlungsblockaden und zur Abwehr umweltpolitischer Ansprüche genutzt werden (d.h. zu Deregulierung als Unterlassung im Sinne von OFFE 1990)) wie zu einer konsensfähigen ökologischen Modernisierungspolitik. Devolution ist damit äußerst ambivalent. Wird das institutionelle Regime der Devolution selbst nicht Gegenstand einer ökologischen Kontextsteuerung (vgl. Weidner 1996), so werden die sich selbst überlassenen privaten Akteure dazu neigen, Kosten zu externalisieren oder nur inkrementale Anpassungen zu vollziehen.[1] Private Regierungen werden jedenfalls alleine keine zukunftsfähigen ökologischen Lösungen erzielen können.

Wichtige Elemente des institutionellen Regimes die für die umweltpolitische Qualität der Arbeit technischer Gremien ausschlaggebend sind, sind:

– der Präzisionsgrad und das Anspruchsniveau des im Mandat für die technischen Ausschüsse formulierten ökologischen Schutzzieles,
– der Grad der Repräsentation von Akteuren mit Umweltinteressen,
– die Ausgestaltung der formellen und informellen Verhandlungsregeln,
– und die Art der prozeduralen Verkoppelung der politischen und der technischen Ebenen.

Dies soll im folgenden erläutert werden.

Institutionell vorgegebene Prinzipien und Ziele haben eine wichtige Orientierungsfunktion für die Akteure (vgl. Mayntz/Scharpf 1995; Oberthür 1995). Hinsichtlich der Ziele ist bedeutsam, inwieweit der institutionelle Rahmen eindeutig ein bestimmtes Anspruchsniveau vorschreibt oder den Schwerpunkt auf qualifizierende Einschränkungen legt. Die Allokation von Beweislasten und Umweltrechten entscheidet darüber, ob Umweltschutzziele oder Industrieschutzziele überwiegen.

Hohe Umweltschutzziele können substantiell durch quantitative oder qualitative Langfristziele (z.B. keine Überschreitung kritischer Belastungsgrenzen, Beachtung der Empfehlungen der Weltgesundheitsorganisation) oder durch Verfahrensprinzipien (Beweislastumkehr, worst case Annahmen im Falle wissenschaftlicher Unsicherheit) im Mandat für die technischen Gremien verankert werden. Indikatoren für die Dominanz von Industrie-

---

1 vgl. Scharpf/Reissert 1976 im Falle der Sektoralisierungsprozesse im öffentlichen Sektor, Messner 1994 und Scharpf/Mohr 1994 zu Netzwerken; die theoretische Diskussion zusammenfassend: Voelzkow 1996.

schutzzielen sind das Gewicht qualifizierender Bedingungen (Kosten-Nutzenanalyse, Auswirkungen auf die Wettbewerbsfähigkeit) und hohe Anforderungen an den wissenschaftlichen Beweis schädlicher Wirkungen bestimmter Stoffe bei Mensch und Natur, bevor gehandelt werden darf.

Hinsichtlich der Akteursrepräsentation sind insbesondere das relative Gewicht und die Resourcen umweltorientierter Akteurskoalitionen (Sabatier 1993) bedeutsam. Zu diesen können Vertreter von Umweltverbänden oder von diesen delegierten Experten, von Umweltbehörden oder Umweltministerien umweltpolitisch innovativer Länder gehören. Zumeist handelt es sich bei den Diskussionen in technischen Gremien aus einer Mischung von wissenschaftlichem Diskurs (Argumentieren) und Aushandlungsprozessen (Bargaining), so daß sowohl technische als auch politische Qualifikationen erforderlich sind. Umweltverbände haben oft keine ausreichende technische Expertise – diese kann aber für solche Gremien bei ökologischen Forschungs- und Beratungsinstitutionen mobilisiert werden. Sind diese Umweltkoalitionen in den Gremien relativ schwach vertreten, so werden auch ihre Einflußpotentiale gering sein. Personelle Unterrepräsentation kann aber evtl. durch einen günstigen normativen Rahmen und günstige Entscheidungsregeln kompensiert werden. Bedeutsam kann auch die angemessene Repräsentation von industriellen Helferinteressen sein (vgl. von Prittwitz 1990), die situationsbezogen Umweltkoalitionen verstärken können.

Hinsichtlich der Entscheidungsregeln kann man zwischen minderheitenfreundlichen Konsensregeln und Formen der Mehrheitsregeln unterscheiden (vgl. zu den Entscheidungsregeln: Scharpf 1993). Minderheitenfreundliche Konsensregeln ermöglichen auch personell unterrepräsentierten Umweltkoalitionen eine Blockade, wenn ihre Anliegen nicht angemessen berücksichtigt werden. In der Theorie wird dem Einstimmigkeitsprinzip ein Anreiz zu effizienzorientierten Lösungen nachgesagt, da nur in den damit verbundenen Plussummensituationen keine Verlierer entstehen (vgl. Majone 1993; Lehner 1991; Becker 1983; Scharpf/Mohr 1994). In der Praxis vieler technischer Gremien findet man hingegen ein „Konsensprinzip" vor, das faktisch einer informell gehandhabten Mehrheitsregel gleichkommt (Röscher 1999). Konsens ist, was der Mainstream will. Das oppositionelle Aufbäumen dagegen ist nur in extremen Ausnahmesituationen möglich, will man sich nicht zum mißachteten Außenseiter der Gruppe machen. Auch das Fehlen einer formalen Entscheidungsregel kann als informelles Majorisierungsprinzip interpretiert werden. Es gilt dann das „Expertenurteil", ein jenseits der offiziellen Gremien ausgehandelter Kompromiß (vgl. IVU-Richtlinie). In technischen Gremien, in denen Umweltkoalitionen nicht gleichgewichtig repräsentiert sind, können solche Regeln zur Problemexternalisierung führen.

Wichtig ist daher ein mögliches Korrektiv von außen – der „Schatten der Hierarchie". Fehlt ein solches Korrektiv, besteht die Gefahr der Dominanz privater Selbstregulation. Besteht ein solches Korrektiv, z.B. durch eine Letztzuständigkeit der politischen Ebene, Zurückweisungsmöglichkeiten oder den möglichen Rückgriff auf Gesetzgebung, dann entstehen Anreize für die privaten Akteure, die als extern betrachteten umweltpolitischen Herausforderer als Verhandlungspartner ernst zunehmen. Der Schatten der Hierarchie schafft damit Anreize zu kooperationswilligen Verhalten gegenüber Umweltkoalitionen in technischen Gremien. Er ist damit eines der beiden wesentlichsten institutionellen Elemente einer erfolgreichen Verkoppelung zwischen der politischen und der technischen Ebene. Das andere wichtige Element ist die Qualität und Präzision des politischen Mandates an die technische Ebene.

Die Analyse der institutionellen Kontextbedingungen von Devolution kann damit vereinfacht im Rahmen einer 4 Feldermatrix mit zahlreichen Kombinationsmöglichkeiten erfolgen.

	Günstige Einflußchancen für Umweltkoalitionen	ungünstige Einflußchancen für Umweltkoalitionen
Umweltschutziele dominant	Zukunftsfähigkeit	ungenutzte Handlungschancen
Industrieschutzziele dominant	Gefahr der Partizipationsfalle	Problemexternalisierung

Die Dominanz von Umweltschutzzielen und real günstige Einflußchancen (Repräsentation + minderheitenfreundliche Entscheidungsregeln + ökologisches Korrektiv) tragen am ehesten zu präventiven Handlungsstrategien bei. Fehlen die realen Einflußmöglichkeiten, so fehlen auch Akteure, die die Umsetzung des günstigen Zielsystems in die Praxis einfordern. Potentiale der Zukunftsfähigkeit werden damit ungenutzt bleiben. Ist zwar eine Einflußmöglichkeit gegeben, das Zielsystem jedoch ungünstig, so würden sich die Umweltakteure in den Gremien erfolglos aufreiben, ohne Substantielles bewirken zu können. Sie riskieren also, in eine Partizipationsfalle hereinzugeraten. Im Falle insgesamt ungünstiger Kontextbedingungen besteht die Gefahr, daß der Prozeß von Akteuren kontrolliert wird, die an einem Abbau oder einer Verhinderung ökologischer Standards interessiert sind.

Am Beispiel der Chemikalienkontrolle, des Informationsaustausches zu Best Verfügbarer Technologie und des Prozesses der Festlegung von europäischen Luftqualitätswerten sollen die institutionell gesetzten Chancenstrukturen verschiedener Modelle der Devolution miteinander verglichen werden. Es erfolgt dabei eine kurze Skizze des rechtlichen Kontextes, eine Analyse des normativen Referenzrahmens, der formalen, sowie informellen Beteiligungsregeln für Umweltkoalitionen, sowie eine kurze Bewertung.

1. Die Kontrolle bestehender Chemikalien

Die EU verfügt über zahlreiche Richtlinien zur Kontrolle gefährlicher Chemikalien (vgl. EU-Kommission 1998; Jacob 1999). Hier interessiert die Richtlinie 93/793 zur Risikobewertung und zu Risikoverminderungsstrategien für existierende Chemikalien. Die Richtlinie 793/93 sieht ein mehrstufiges Verfahren zur Bewertung und Kontrolle bestehender Chemikalien vor. Ihr umweltpolitisches Ziel ist bescheiden: ein besseres Management der Risiken für Arbeitnehmer, Konsumenten und die Umwelt. Dieses Ziel soll durch folgende grundlegenden Verfahrensschritte erreicht werden: Datensammlung, Festlegung von prioritären Substanzen, Risikoanalyse und wo als erforderlich angesehen die Entwicklung einer Risikomanagementstrategie. Am Ende dieses mehrjährigen Prozesses stehen Empfehlungen, die Grundlage für einen Richtlinienvorschlag der Kommission zu Verboten, Verwendungsbeschränkungen oder der Festlegung von Grenzwerten führen.

Der normative Rahmen für dieses Arbeitsprogramm ist primär auf Industrieschutzziele ausgerichtet. Das aufwendige und in zahlreiche Unterschritte unterteilte Verfahren dient dem Zweck, den Beweis dafür zu erbringen, daß eine bestimmte Chemikalie in einem bestimmten Medium eine Konzentration aufweist, die nachweisbare Schäden verursacht. Die Kontrollstrategie soll zudem situationsgerecht und verhältnismäßig sein. Das Verfahren dient also dazu zu vermeiden, daß ohne einen standardisierten wissenschaftlichen Beweis schädlicher Wirkungen gehandelt wird. Es soll weiterhin dafür sorgen, daß Handlungsstrategien so zielgenau wie möglich und zu geringstmöglichen privatwirtschaftlichen Kosten entwickelt werden. Im Vordergrund der Richtlinie steht damit der Schutz der Produzenten vor unverhältnismäßigen Maßnahmen. Zu diesem Zweck wurde ein ausgefeiltes System der Risikobewertung und der Entwicklung von Risikomanagementstrategien entwickelt, das hier im Detail nicht beschrieben werden kann (vgl. Ahrens 1999, EU-Kommission 1998). Zur Durchführung einer Risikobewertung eines einzelnen Stoffes werden ca. 3-4 Jahre angesetzt, darauf folgt eine weniger aufwendige Erarbeitung des Risikomanagements und schließlich die Einleitung eines Gesetzgebungsprozesses. Der gesamte Bewertungs-und Entscheidungszyklus für einen einzelnen Stoff kann damit mit ca. 10 Jahren angesetzt werden. Bei ca. 3000 identifizierten gefährlichen Chemikalien kommt dies einer institutionalisierten Handlungsblockade gleich.

Ebenso komplex, wie das Bewertungsverfahren selber ist auch seine Organisation. Hierzu wurde ein Mehrebenensystem eingerichtet. Auf der politischen Ebene ist ein Verwaltungsausschuß eingerichtet, der fallweise nach unterschiedlichen Komitologieverfahren entscheidet. In einer Art Staffelregel (vgl. von Prittwitz in diesem Band) wird zunächst eine positive Entscheidung zu einem Kommissionsvorschlag in diesem Ausschuß von Regierungsvertretern gesucht. Findet die Kommission dort keine qualifizierte Mehrheit, so wird das Dossier auf die politische Ebene, den Ministerrat weiterverwiesen. Bei politisch heiklen Fragen (Risikomanagement) kann der Rat mit einfacher Mehrheit den Kommissionsvorschlag verwerfen. Er hat damit ein hohes Maß an Sanktionsmöglichkeit gegenüber der Kommission (sog. IIIB-Verfahren: zur Komitologie: vgl. Demmke 1998; Demmke u.a. 1999; Pedler/Schäfer 1996). Der Rat trifft letztendlich die Entscheidungen über die Prioritätenlisten und Empfehlungen aus der Risikobewertung. Eine politische Rückkoppelung ist damit institutionell gewährleistet. Dieser Ausschuß tagt öffentlich und ist für Beobachter aus der Industrie, Umweltverbänden und der OECD offen.

Auf einer technisch-politischen Zwischenebene verabschieden die „Zuständigen Behörden" (CA – Competent Authorities) ein Zusammenschluß der nationalen Behörden, die zur Chemikalienkontrolle eingerichtet wurden, die Empfehlungen der technischen Treffen (Technical Meeting – TM). Die technische Ebene (TM) diskutiert die einzelnen Risikoanalysen und Risikomanagementstrategien. Auch auf dieser Ebene besteht ein Beteiligungsangebot an alle Verbände. Die Infrastruktur für die Arbeit wird durch das European Chemicals Bureau, das zu dem Joint Research Centre der EU gehört, bereitgestellt.

Die Analysen selber werden durch ein oder mehrere nationale Behörden vorgenommen, die sich bereit erklärt haben, Berichterstatter zu sein. Die Hauptlast der Risikoanalysen liegt derzeit bei Deutschland und den Niederlanden. In Deutschland ist eine hohe Zahl von Bundesbehörden und Ministerien an dem Prozess beteiligt. Die aufwendigen internen Abstimmungsprozesse haben dabei zu erheblichen Verzögerungen der Berichte aus Deutschland geführt.

Eine Schlüsselrolle in diesem Prozess hat die chemische Industrie, die nach der Richtlinie grundlegende Daten zu Verfügung zu stellen hat. Da die Richtlinie weder Fristen noch Sanktionen vorsieht, ist der Anreiz zur Datenbereitstellung gering. In dieser Hinsicht unterscheidet sich die Richtlinie für Altstoffe erheblich für die für neue Stoffe. Da dort die Bereitstellung von Daten Vorraussetzung für die Genehmigung von Stoffen ist, ist der Anreiz für die Chemische Industrie entsprechend groß schnell zu handeln. Die Schlüsselrolle der Chemischen Industrie ergibt sich zudem aus dem Ressourcenmangel unter dem der Gesamtprozess leidet. Die Hauptlast der Risikoanalyse ist auf wenige Länder verteilt. Insgesamt sind die öffentlichen Behörden auf die Zusammenarbeit mit der Industrie angewiesen, um angesichts des Ressourcenmangels Informationsbeschaffungskosten zu sparen. Diese Abhängigkeit wurde deutlich, als 1998 die Europäische Chemische Industrie in einer Selbstverpflichtung angeboten hat, für 1000 in großer Menge produzierter Substanzen grundlegende Daten und erste Risikoanalysen bereitzustellen. Mangels eigener Ressourcen hatten die nationalen Behörden kaum eine Alternative, als dieses Angebot anzunehmen. Ein öffentlicher Verifizierungs- und Kontrollmechanismus für die Qualität der Informationen wird derzeit noch verhandelt. Der Prozess der Altststoffbewertung steht Umweltverbänden formal auf allen Ebenen offen. Vereinzelt sind sie in der Lage den Prozess auf der Ebene der Technical Meetings wahrzunehmen. Der WWF-Deutschland hat einen Experten für diese Arbeiten beauftragt. WWF, EEB und Friends-of the Earth verfolgen auch die Arbeiten auf der Ebene der Competent Authorities. Eine Förderung dieser Arbeit findet nicht statt. Strategisch haben sich daher die Umweltverbände entschieden, nicht in die Risikoanalyse einzusteigen, sondern das Beteiligungsangebot zu nutzen, um an dem seit 1998 von einigen Mitgliedsstaaten initierten Revisionsprozess der Altstoffpolitik teilzunehmen. Die Einflußchancen auf der Ebene der Risikoanalyse selbst werden als zu gering erachtet – die Gefahr der Partizipationsfalle wurde von den Verbänden erkannt.

Das System der Altstoffbewertung ist damit ein System institutionalisierter Handlungsblockaden mit einem umweltpolitischen Verhinderungsanspruch. Dieser wird im normativen Referenzrahmen institutionalisiert. Hinzu kommt eine Politik eines rein formalen Pluralismus, der das reale Resourcenungleichgewicht zwischen Industrievertretern und den Vertretern öffentlicher Belange nicht berücksichtigt. Der Versuch einer Einflußnahme durch Umweltverbände auf das System von Risikoanalyse und Risikomanagement ist damit aussichtslos. Die Chemikalienkontrolle ist damit ein Verhandlungssystem zwischen Chemieindustrie und Behörden, das den Behörden die Beweislast für umweltpolitisches Handeln aufbürdet und Umweltverbände durch eine ungünstige institutionelle Chancenstruktur faktisch ausgrenzt. Unter solchen Rahmenbedingungen kann die politische Rückkoppelung am Ende des mehrstufigen Verfahrens wenig bewirken, um die vorgelagerten Konstruktionsfehler der Chemikalienkontrolle auszugleichen.

2. Best Verfügbare Technologie und die IVU-Richtlinie

Die 1996 verabschiedete Richtlichnie 96/61 zur „Integrierten Vermeidung und Verminderung der Umweltverschmutzung „ (IVU-Richtlinie) formuliert die Genehmigungsanforderungen für industrielle Alt- und Neuanlagen. Sie formuliert dabei ein hohes Anspruchsniveau. Die Genehmigung soll zur Vermeidung gegen Umweltverschmutzung, zur integrierten Verminderung von Emissionen in Luft- und Wasser, zur Minimierung von Abfallströmen, zur effizienten Energienutzung und zur Störfallvorsorge beitragen (Art. 3). Die Richtlinie ist jedoch im Kern eine Verfahrensrichtlinie, die es unterläßt ihre allgemeinen Ziele in harmonisierte Grenzwerte umzusetzen oder andere umweltpolitische Instrumente zu definieren. Die Umsetzung der Richtlinie erfolgt dezentral. Mitgliedsstaaten haben Standards für Genehmigungen zu erlassen, die sich an den „Best Verfügbaren Techniken (BVT)" orientieren, aber auch die technischen Gegebenheiten des Betriebes, seine geographische

Lage und die lokalen Umweltgegebenheiten berücksichtigen (Art. 9.4). Dieser integrierte, dezentralisierte, flexible und am lokalen Zustand der Umweltausgerichteten Umweltpolitikansatz entspricht weitgehend dem britischen Genehmigungsrecht (vgl. Héritier u.a. 1994; Lowe/Ward 1998).

Was BVT ist, wird zum einen in einer umfangreichen Definition zu klären versucht zum anderen soll es im Rahmen eines Informationsaustauschprozesses zwischen den Regierungen und der Wirtschaft für alle wichtigen Industriesektoren konkret identifiziert werden. Ziel dieses Informationsaustauschprozesses ist die Dokumentation von geeigneten Techniken mit ihrer jeweiligen Umweltleistung für 30 industrielle Sektoren. Das Ergebnis des Informationsaustauschprozesses wird in sog. „BREFS" (Best Available Technique Reference Document) festgehalten und soll den nationalen Genehmigungsbehörden als Informationsbasis für die Festlegung von Standards in ihren jeweiligen Genehmigungen dienen. Dieser Informationsaustausch ist das Restelement der ursprünglich von Deutschland befürworteten harmonisierten Emissionskontrolle. Die Richtlinie stellt damit einen immissionschutzlastigen Kompromiß zwischen dem deutschen und dem britischen Ansatz des Umweltschutzes dar. Teil dieses Kompromisses ist aber, daß der Konflikt der beiden Ansätze auf die technische Ebene verlagert wird.

Dies zeigt sich bereits bei der genauen Analyse des normativen Referenzrahmens für den Informationsaustauschprozess, der Definition von BVT. Die umfangreiche, mit zahlreichen qualifizierenden Bemerkungen versehene Definition wirft mehr Fragen auf, als sie tatsächlich zu einer Klärung beiträgt (vgl. Emmott 1998 und 1997; Hey/Taschner 1998). So schränkt insbesondere die Definition von „verfügbar" das umweltpolitische Anspruchsniveau erheblich ein. Durch die Bedingungen der wirtschaftlichen Vertretbarkeit und des Kosten/Nutzenverhältnisses hat sich auch die an lokalen Umweltbedingungen orientierte britische Philosophie wieder eingeschlichen. Damit wird das umweltpolitische Anspruchsniveau selber zum Gegenstand einer politischen Auseinandersetzung in für die Klärung technischer Fragen konzipierter Gremien. Einige Mitgliedsstaaten und die beteiligten Industrien erwarten von dem Informationsaustauschprozess ein diffuses Ergebnis mit einer großen Spannbreite von empfohlenen Techniken und Emissionsgrenzwerten. Die umweltorientierten Akteure erwarten hingegen einen ehrgeizigen europäischen Maßstab für innovative Technik.

Der Informationsaustauschprozess war damit mehrere Jahre lang von dem Konflikt über die Auslegung der IVU-Richtlinie überlagert. Erst im Februar 1999 gelang eine Kompromißformulierung, die deutlich macht, daß das Ergebnis des Informationsaustauschprozesses weder in einer großen Bandbreite von Techniken liegt, noch in einem besonders ehrgeizigen Maßstab. Mit dieser 1999 erfolgten „Klärung" des umweltpolitischen Anspruchsniveaus in die Richtung auf eine überdurchschnittliche, aber nicht best mögliche Umweltleistung von BVT wurde ein normativer Rahmen für die weitere Arbeit des Informationsaustauschprozesses geschaffen.

Institutionell erfolgt der Informationsaustauschprozess auf mehreren Ebenen (vgl. Röscher 1998). Zur Klärung der politischen und strategischen Fragen wurde ein „Information Exchange Forum" (IEF) eingerichtet, das aus Vertretern der Mitgliedsstaaten, der Industriedachverbände, der europäischen Kommission und des Europäischen Umweltbüraus besteht. Der eigentliche Informationsaustausch findet auf der Ebene technischer Arbeitsgruppen statt. Die Zusammensetzung dieser technischen Arbeitsgruppen ist formal pluralistisch und informell selektiv. Formal sind Experten von Umweltverbänden gleichermaßen eingeladen, wie Experten der jeweiligen Industriesektoren. Real gelingt dem Europäischen Umweltbüro (EEB) aber nur zum Teil die Besetzung der technischen Arbeitsgruppen mit Experten, da die Mitarbeit auf ehrenamtlicher Basis erfolgt und dem EEB und seinen Mitgliedern die Resourcen fehlten, die marktüblichen Honorare für Experten aufzubringen. Seit 1999 besteht allerdings eine Teilfinanzierung durch die Europäische Kommission. Vertreter des Industrieanlagenbaus sind an dem Prozess ebensowenig formal beteiligt, wie Vertreter der Wissenschaft. Dies wird damit begründet, daß unter dem Druck seiner Anwender und Kunden der Anlagenbau kaum in der Lage ist, offen über technische Optionen und Kosten zu reden. Informell wird der Anlagenbau jedoch konsultiert. Die Infrastruktur für den Informationsaustausch wird von dem European IPPC Bureau (EIPPCB) in Sevilla bereit gestellt. Dieses unterhält ein Sekretariat mit jeweils einem Experten pro Sektor, der aus den bereitgestellten und auch selbst recherchierten Informationen Berichtsentwürfe erstellt. Da der Informationsaustauschprozess generell unterfinanziert ist, ist das EIPPCB auf die Unterstützung der Mitgliedsstaaten angewiesen. Es zeigt sich, daß einige Mitgliedsstaaten die strategische Rolle der Fachleute im EIPPCB erkannt haben und solche nach Sevilla entsenden. Mit der Entsendung von Experten haben umweltpolitisch ehrgeizige Länder die Möglichkeit, die Qualität der BREFS zu beeinflussen. Vertreter der Mitgliedsstaaten, zum Teil der Umwelt- zum Teil der Wirtschaftsministerien, sind ebenfalls am Informationsaustausch beteiligt. Eine wichtige Rolle als Moderator spielt zumeist auch der Vertreter der europäischen Kommission. Auf der Industrieseite wird zum Teil von Dutzenden von Teilnehmern aus dem betroffenen Sektor berichtet. Die betroffenen Industriebranchen investieren zum Teil erhebliche Mittel in die Beeinflussung des Prozesses. Sie demonstriert damit Kooperationswillen, scheut sich aber auch nicht davor zurück, massiv mit der Einstellung der Mitarbeit zu drohen. Der Informationsaustausch ist damit formal pluralistisch, findet aber faktisch zwischen ungleich ausgestatteten Partnern statt. Die jeweilige Balance der vertretenen Interessen ist eher zufällig und hängt von der jeweiligen Mobilisierungsfähigkeit der beteiligten Akteure in dem betroffenen Industriesektor ab.

Von einem Institutionalisierungsdefizit kann man auch hinsichtlich der prozeduralen Elemente sprechen. Der Informationsaustauschprozess sieht keine formalen Konfliktlösungs- und Entscheidungmechanismen vor. Dieses Defizit ist auf die unrealistische Konzeption des Informationsaustauschprozess als rein technischen Datensammlungsprozess zurückzuführen. In der Regel wird nach dem informellen Konsensprinzip, also einer faktischen Mehrheitsregel, vorgegangen (vgl. oben). Ist unter diesen Rahmenbedingungen dennoch keine Einigung möglich, so werden Kompromißregeln angewandt: Die auf BVT aufbauenden Referenzwerte für Emmissionen sind z.B. Ergebnis des Durchschnittswertes dessen, was die verschiedenen Experten für möglich halten („Basar"). Schließlich gibt es noch die Option die abweichende Meinung in einer Fußnote festzuhalten. Manchmal verschlechtert das EIPPC-Büro auch im Einvernehmen mit den betroffenen Industrien still nach. Dies löst aber nicht selten politische Konflikte aus.

Politische Konflikte auf der Arbeitsgruppenebene können auch auf die Ebene des IEF gehoben werden, das aber ebenfalls nicht über ein formelles Entscheidungsverfahren verfügt. Es wird auch auf dieser Ebene eher nach dem Prinzip des informellen Einigungsdruckes gehandelt, der Regel der „no sustained opposition" (siehe oben).

Da die Kommission die Ergebnisse des Informationsausstausches im Amtsblatt der EU veröffentlicht, hat sie formal eine politische Rückholmöglichkeit, die sie aber real nicht zu gebrauchen wagt – will sie nicht den Gesamtprozess gefährden.

Der Prozess erfolgt damit unter den Rahmenbedingungen hohen Zeitdrucks, erheblichen Ressourcenmangels der Vertreter öffentlicher Belange, eines informellen Einigungsdrucks und in einem institutionellen Vakuum, das keine adäquaten Regeln für eine ausbalanzierte Repräsentation von Interessen und die Entscheidung von Verteilungskonflikten vorsieht. Das formal günstige Partizipationsangebot an Umweltverbände schlägt damit in einen informell eher ungünstigen institutionellen Rahmen um. Die Ergebnisse des Informationsaustauschprozesses hängen von einer Reihe eher zufälliger Konstellationsbedingungen ab.

3. Tochterrichtlinien zur Luftreinhaltung

Die Rahmenrichtlinie zur Luftreinhaltung von 1996 (Rl 96/62) initiiert einen Prozess der Festlegung von Luftqualitätsstandards für zunächst 13 Schadstoffe. Diese Qualitätswerte sollen innerhalb einer bestimmten Frist erreicht und möglichst nicht überschritten werden. Für einzelne Schadstoffe, wie Ozon, sollen auch Zielwerte festgelegt werden. Die Richtlinie schreibt weiterhin Mindestbedingungen für die Messmethoden und die Information des Publikums vor.

Die Luftreinhaltepolitik enthält eine doppelte umweltpolitische Zielvorgabe: die Verhütung oder zumindest Verminderung schädlicher Auswirkungen auf die menschliche Gesundheit und auf die Umwelt als Ganzes. Außerdem wird ein Bestandserhaltungsziel für diejenigen Regionen formuliert, die bereits eine hohe Luftqualität aufweisen (Art. 1).

Dieses generelle Ziel ist im Laufe der Arbeit für die Tochterrichtlinien in der Weise interpretiert worden, daß die Empfehlungen der Weltgesundheitsorganisation berücksichtigt werden sollen. Dies geht auf die Initiative des zuständigen Beamten in der Kommission zurück, der frühzeitig die Wechselbeziehungen zwischen den Arbeiten zur Revision der WHO-Richtlinien und der Arbeit an den Tochterrichtlinien erkannt hat. Die WHO-Richtlinien wurden zunächst auf Arbeitsgruppenebene, später auf der Ebene der Air Quality Steering Group als umweltpolitisches Anspruchsniveau anerkannt. Weniger eindeutig sind die normativen Vorgaben für den Ökosystemschutz. Hier konnte sich das Konzept kritischer Belastungsgrenzen als allgemeine normative Vorgabe nicht durchsetzen, wurde aber gelegentlich als Grundlage der Arbeit anerkannt.

Die Richtwerte der Weltgesundheitsorganisation sind allerdings nicht überall eindeutig festgelegt. In vielen Fällen, insbesondere bei krebserregenden Stoffen, werden lediglich Dosis-Wirkungsverhältnisse angegeben. In diesen Fällen ist es Gegenstand der Diskussion in den beratenden Ausschüssen, welches Niveau des Gesundheitsschutzes angesichts bestimmter Handlungsoptionen und ihrer jeweiligen Kosten vertretbar ist. In der Vorbereitung der Tochterrichtlinien, werden damit neuere epidemiologische Studien und die Ergebnisse der WHO, Kosten-Nutzenanalysen für Maßnahmen, mögliche Ausnahmeregelungen (Zahl der zulässigen Überschreitungen des Grenzwertes), die Praxis und Erfahrung in den Mitgliedsstaaten, Umsetzungsfristen, mögliche Problemregionen in denen Überschreitungen wahrscheinlich sind und Standards für Meßmethoden und Meßindikatoren festgelegt. Verhandlungsgegenstand sind auch die Grenzwerte zum Schutze von Ökosystemen.

Der beratende Prozess zur Vorbereitung der Tochterrichtlinien ist auf mehreren Ebenen organisiert.

Ergebnisse, Schlußfolgerungen und Empfehlungen aus den Arbeitsgruppen werden in der „Air Quality Steering Group„ diskutiert. Diese ist ein gemischter beratender Ausschuß, mit Vertretern von Industrie und Umweltverbänden und dem Art. 12 Ausschuß aus Vertretern der Mitgliedsstaaten. Im Falle der Vorbereitung der Tochterrichtlinien hat dieser Regelungsausschuß nur eine beratende Funktion.

Die eigentliche Arbeit erfolgt in relativ kleinen Arbeitsgruppen. Diese bestehen aus einer Gruppe von 4-6 Mitgliedsstaaten, der Kommission, jeweils einem Vertreter der Umweltverbände, der Industrie, des gemeinsamen Forschungszentrums, der europäischen Umweltagentur, der Weltgesundheitsorganisation und der UN-ECE. Die Kommission oder ein Mitgliedsstaat übernehmen dabei die Funktion eines Berichterstatters und die strategisch wichtige Leitung des Arbeitsprozesses. Ziel dieser Arbeitsgruppe ist das Verfassen eines gemeinsamen Berichtes, der möglichst den Konsens der Teilnehmer wiederspiegelt. Dieser Bericht wird veröffentlicht und kann als normative Referenz für den späteren Rechtsetzungsprozess gelten.

Das europäische Umweltbüro und der europäische Umwelt- und Verkehrsverband T&E haben für die Beteiligung sowohl an der Air Quality

Steering Group als auch für die Finanzierung und Koordination von Experten in den einzelnen Arbeitsgruppen zunächst eine gesonderte finanzielle Zuwendung erhalten, die später im Rahmen der allgemeinen Programmförderung der Kommission, wenn auch mit Abstrichen fortgesetzt wurde.

Die institutionelle Ausgestaltung der Vorbereitung der Tochterrichtlinien ist damit ein Beispiel gezielter ökologischer Kontextsteuerung. Das umweltpolitische Anspruchsniveau ist hoch. Die Zusammensetzung der Arbeitsgruppen stellt einen „künstlichen Pluralismus„ zwischen Industrie und Umweltvertretern her, mit der Beteiligung von Umwelt- und Gesundheitsbehörden sogar ein Übergewicht für Vertreter von Umweltinteressen. Es besteht ein starker Konsensdruck bei der Erarbeitung des Berichtes, der sich hier günstig für Umweltkoalitionen auswirkt. Stark ist auch die Rolle der Mitgliedsstaaten in dem Prozess. Die Einflußchancen für Umweltverbände sind in diesem Partizipationsmodell und unter dem vereinbarten normativen Referenzrahmen groß.

Das Ergebnis des Prozesses ist Grundlage für einen Kommissionsvorschlag. Die Kommission nimmt sich im Einzelfall durchaus das Recht zur Veränderung, ist aber begründungspflichtig. Man kann also von einem potentiellen ökologischen Korrektiv sprechen, wobei die Spielräume der Kommission zur Modifikation des Berichtes gering sind. Die Kommission hat ein großes Interesse die Ergebnisse als Legitimationsgrundlage für ihren Vorschlag zu verwenden.

Die bisherigen Vorschläge für Tochterrichtlinien zu SO2, Nox, Blei, Partikel, Benzol, Kohlenmonoxid und Ozon sind daher von den Umweltverbänden auch begrüßt worden und finden ihre aktive Unterstützung im weiteren Rechtsetzungsprozess – auch wenn sie an vielen Stellen Nachbesserungen einfordern. Sie stoßen interessanterweise auch auf eine gewisse Akzeptanz auf der Seite der Industrieverbände.

4. Zusammenfassung

Die oben beschriebenen institutionellen Modelle der Devolution unterscheiden sich hinsichtlich der Qualität des normativen Referenzrahmens für die technische Arbeit, des relativen Gewichts von Staat, Umweltverbänden und Industievertretern, der Verhandlungsregeln, sowie des Ausprägungsgrads einer möglichen hierarchischen Korrektur der Prozesse der technischen Selbstorganisation.

Versucht man diese verschiedenen institutionellen Modelle in die in der Einleitung entwickelten Typologie einzuordnen, so kommt man zu der folgenden Annäherung.

Wirklich günstig hinsichtlich des normativen Referenzrahmens und einer balanzierten Akteursbeteiligung ist lediglich die Luftreinhaltepolitik. Sie ist ein geglücktes Modell ökologischer Kontextsteuerung mit künstlicher Ausbalanzierung von Interessen und einem anspruchsvollen normativen Referenzrahmen. Interessant und weiter untersuchenswert ist, daß das institutionelle Arrangement auch auf eine gewisse Akzeptanz seitens der betroffenen Industrien stößt.

Die IVU-Richtlinie enthält zwar ehrgeizige Umweltziele, dem Informationsaustauschprozess zu BVT liegt dagegen nur ein mäßig hohes Umweltschutzniveau zugrunde. Eine Politik der Ausbalanzierung des Ressourcengefälles zwischen nichtstaatlichen und privaten Akteuren befindet sich erst in den Anfängen. Die Konfliktlösungsmechanismen sind mangelhaft formalisiert und intransparent. Unter diesen Bedingungen bestehen für Umweltakteure Einflußchancen, die aber verbesserungsfähig sind. Der unklare normative Referenzrahmen liefert wiederholt Anstöße für politische Konflikte über das angestrebte umweltpolitische Anspruchsniveau.

	Günstige Einflußchancen für Umweltkoalitionen	Ungünstige Einflußchancen
Umweltschutzziele dominant	Tochterrichtlinien Luftqualität	Informationsaustausch zu BVT
Industrieschutzziele dominant		Chemikalienkontrolle

Ungünstige Chancenstrukturen bestehen bei der Chemiepolitik: Der normative Referenzrahmen ist explizit auf Industrieschutzziele ausgerichtet. Es besteht nur ein im Gesamtprozess ineffektives hoheitliches Korrektiv für das Übergewicht privater, industrieller Interessen. Private Akteure dominieren den Prozess, während staatliche Akteure beträchtliche Ressourcenschwächen aufweisen. Für Umweltverbände werden trotz eines formalen Partizipationsangebots prohibitive Einflußhürden aufgebaut.

Es zeigt sich damit, daß eine gezielte ökologische Kontextsteuerung delegierter öffentlicher Aufgaben in der EU erst in den Anfängen steht. Hinsichtlich der Verbindung eines ökologischen Referenzrahmens mit einem starken Gewicht von Umweltkoalitionen und einem Konsensdruck auf anspruchsvollem Niveau kann das institutionelle Regime der Luftreinhaltepolitik als Modellfall angesehen werden. Es ist aber nicht beliebig und nur zu sehr hohen Kosten auf wesentlich komplexeren Bereiche wie die Normung, die Ermittlung Best Verfügbarer Techniken oder die Chemikalienkontrolle übertragbar.

Angesichts einer begrenzten Zahlungswilligkeit und -fähigkeit der Umweltpolitik für die Finanzierung von Umweltexpertise in technischen Gremien, stellt sich die strategische Frage, ob es gleichwertige Substitute für eine flächendeckende und ausgeglichene Akteursrepräsentation in technischen Gremien gibt.

MAJONE's Vorschlag der Delegation an Regulationsbehörden (Majone 1998) löst das Problem der Unterrepresentation öffentlicher Belange nicht, zumal ihre Vertreter wegen der öffentlichen Finanzknappheit auf industrielle Kofinanzierung angewiesen sind und damit der Gefahr der Kolonisierung (vgl. Mayntz/Scharpf 1995: 25) ausgesetzt sind.

Denkbar wären eventuell Modelle einer potentiellen und strategischen Korrekturfähigkeit durch Umweltakteure. Es würde ein glaubwürdiger Drohmechanismus etabliert, der im Ernstfall Umweltverbänden und staatlichen Umweltakteuren eine Korrektur der Arbeitsergebnisse technischer Gremien erlaubt. Dieser Drohmechanismus müßte hinreichend stark sein, um die Autonomie privater oder sektoraler Selbststeuerung in Frage stellen und beträchtliche Sanktionen erlassen zu können. Umweltverbände müßten die Mittel für eine Mindestpräsenz haben, um die Geheimcodes der Sprache in technischen Gremien verstehen zu können und strategisch relevante Probleme frühzeitig erkennen zu können. Durch eine solche auf strategische Fälle begrenzte Kontrolle könnte ein Anreiz in den Gremien geschaffen werden, einem Eingriff von Umweltakteuren vorzubeugen. Aufgegeben würde damit der Konsens-, Effizienz- und Demokratieanspruch der pluralistischen Politiknetzwerken zugrundeliegt – aber die potentielle Interventionsfähigkeit könnte zur Internalisierung der Umweltdimension beitragen und das Schlimmste verhüten. Selbststeuerung fände dann nicht nur im Schatten der Hierarchie, sondern auch in dem ökologischer Außenseiter statt.

Es stellt sich allerdings auch die Frage, ob der neue Harmonisierungsansatz der diesen Modellen der Devolution zugrundeliegt, ist, tatsächlich zukunftsfähig ist. Horizontale Instrumente der Internalisierung ökologischer Folgekosten, wie Ökosteuern, Umwelthaftung, Produzentenverantwortung und Klagerechte und eine Rahmenpolitik über Umweltziele könnten mehr bewirken, als die mühsame und zeitaufwendige politische Einzelfallklärung technischer Details. Das den Modellen der Devolution implizit zugrundeliegende Ideal der dosierten Wirkungsschärfe würde dann zugunsten einer auf Wirkungsbreite- und tiefe ausgerichteten Umweltpolitik zurückgestellt (vgl. von Prittwitz 1990).

Literatur

Ahrens, Andreas: What is Wrong with EU's Policy with Regard to Chemicals?. Brüssel: EEB, 1999
Becker, Gary S.: A Theory of Competition among Pressure Groups for Political Influence. In: Quarterly Journal of Economics, No.3 (1983), S. 371-400.
Demmke, Christoph: The Secret Life of Comitology or the Role of Public Officials in EC Environmental Policy; EIPASCOPE (1998) 3
Demmke, Christoph/Schröder, Birgit: European Environmental Policy- a Handbook for Civil Servants. Maastricht, EIPA, 1999

Emmott, Neil: The IPPC Directive – Prospects for a Level Playing Field in Europe. In: Clean Air, 27 (1997) 6, S.160-165
Emmott, Neil: An Overview of the IPPC Drective and its Development, in: Bakkes,Chris/Betlem, Gerrit: Integrated Pollution Prevention and Control. The EC Directive from a Comparative Legal and Economic Perspective. Den Haag: Kluwer Law International (1999): 23-42
EU-Kommission: Report on the Operation of Dir. 67/548, 88/379, 793/93, 76/769; Working Document of the Commission, 18.11.1998
Golub, Jonathan(Hrsg.): New Instruments for Environmental Policy in the EU. London: Routledge, 1998
Héritier u.a.:Die Veränderung von Staatlichkeit in Europa. Ein regulativer Wettbewerb: Deutschland, Großbritannien, Frankreich. Opladen: Leske und Budrich, 1994
Hey, Christian/Taschner, Karola: EEB Industry Handbook. A critical evaluation of available European Legislation on Industry and the Environment, Brussel: EEB, 1998
Jacob, Klaus: Innovationsorientierte Chemikalienpolitik. Politische, soziale und ökonomische Faktoren des verminderten Gebrauchs gefährlicher Stoffe. München: Herbert Utz Verlag, 1999.
Mayntz, Renate/Scharpf, Fritz: Gesellschaftliche Regelung und politische Steuerung. Frankfurt: Campus, 1995
Lehner, Franz : The Institutional Control of Organized Interest Intermediation: A Political Perspective. In: Czada, Roland/Windhoff-Héritier, Adrienne (eds): Political Choice, Institutions, Rules and the Limits of Rationality. Frankfurt/New York: Campus, 1991, S. 233- 256
Lowe, Philip/Ward, Stephen: British Environmental Policy and Europe – Politics and Policy in Transition, Routlege: London, 1998
Majone, Giandomenico: Regulating Europe: Problems and Prospects. In: Ellwein, Thomas (Hrsg.): Jahrbuch für Verwaltungs- und Staatswissenschaften, 1993, S. 159-177.
Majone, Giandomenico: The Internal Market and its Institutional Embedding, in: Leone, Fabio/Hemmelskamp, Jan: The Impact of EU-Regulation on Innovation of European Industry.Sevilla: IPTS, 1998, S. 73-84
Messner, Dirk: Fallstricke ud Grenzen der Netzwerksteuerung; in : Prokla, 97 (1994), S. 563-596
Oberthür, Sebastian: Der Beitrag internationaler Regime zum Umweltschutz. Verhandlungen,Wirkungen, Rückwirkungen. Berlin, 1995
Offe, Claus: Sozialwissenschaftliche Aspekte der Diskussion. In: Hesse, Jens Joachim/Zöpel, Christoph/(Hrsg.): Der Staat der Zukunft., Baden-Baden: Nomos, 1990, S. 107-126.
Pedler, Robin H./Schäfer, Guenther F.: Shaping European Law and Policy. The Role of Committees and Comitology ind the Political Process; Maastricht:EIPA, 1996.
Röscher, Heike: Institutionen und Umweltverbände. Der Einfluß von Institutionen auf der Rolle der Umweltverbände. Unveröffentlichte Diplomarbeit. Konstanz, 1998
Röscher, Heike: The environmental Consequences of the New Approach: The Impact of Institutions on the Role of Enviornmental Organisations, unveröffentlichtes Manuskript, Brüssel, 1999.
Sabatier, Paul: Advocacy-Koalitionen, Policy-Wandel und Policy-Lernen: Eine Alternative zur Phasenheuristik, in: Héritier,Adrienne: Policy-Analyse, Kritik und Neuorientierung, PVS-Sonderheft 24. Opladen: Westdeutscher Verlag, 1993, S. 116-148
Scharpf, Fritz W./Reissert, Bernd/Schnabel, Fritz: Politikverflechtung: Theorie und Empirie des kooerativen Föderalismus in der Bundesrepublik. Kronberg, 1976
Scharpf, Fritz W./Mohr, Matthias: Efficient Self-Coordination in Policy Networks. A Simulation Study, Köln: MPFIG-Discussion Paper (1994)1

Voelzkow, Helmut: Private Regierungen in der Techniksteuerung. Eine sozialwissenschaftliche Analyse der technischen Normung. Campus: Frankfurt/NewYork,1996
von Prittwitz, Volker: Das Katastrophenparadox. Elemente einer Theorie der Umweltpolitik. Opladen: Leske + Budrich, 1990
von Prittwitz, Volker: Politikanalyse. Opladen: Leske+Budrich, 1994
Weidner:Basiselemente erfolgreicher Umweltpolitik.Eine Analyse und Evaluation der Instrumente der japanischen Umweltpolitik. Berlin: Edition Sigma, 1996

Globale Herausforderungen – globale Arrangements?

Zukunftsfähigkeit durch neue institutionelle Arrangements auf der globalen Ebene?
Zum Reformbedarf der internationalen Umweltpolitik

Frank Biermann

1. Einleitung

Institutionelle Steuerungssysteme mit unterschiedlicher Leistungsfähigkeit finden sich nicht nur in den nationalen politischen Systemen. Sie finden sich auch im zwischenstaatlichen Bereich. Der wesentliche Unterschied zwischen innerstaatlicher und zwischenstaatlicher Politik wird gemein mit den Schlagworten ‚Hierarchie' versus ‚Anarchie' gekennzeichnet, auch wenn die Beziehungen zwischen Staaten immer stärker verregelt und institutionalisiert werden, von transnationalen Beziehungsnetzwerken durchzogen sind und kaum mehr der klassischen Anarchie des Politischen Realismus etwa Kenneth Waltz' (1979) gleichen. Geblieben ist freilich, dass dem internationalen Institutionensystem die Zwangsgewalt eines legitimierten Akteurs fehlt und man somit zwar von Regieren (*governance*), nicht jedoch von Regierung (*government*) sprechen kann.

Sind die institutionellen Arrangements in der internationalen Politik zukunftsfähig? Ich möchte in diesem Beitrag diese Frage mit Blick auf die internationale Umweltpolitik erörtern. Zwei Ebenen institutioneller Arrangements lassen sich hier unterscheiden, die Mikro- und Makroebene.

- Auf der *Mikroebene* wird seit Mitte der achtziger Jahre die Entstehung, Entwicklung oder Wirkung sogenannter internationaler Umweltregime untersucht, mit oftmals interessanten Ergebnissen hinsichtlich der optimalen Gestaltung des Regimedesigns (vgl. etwa Gehring/Oberthür 1997; Haas et al. 1993; Jakobeit 1998; Oberthür 1997; Simonis 1996; Victor et al. 1998; Young 1997; Zürn 1997).

- Auf der *Makroebene* hingegen, dem Arrangement der einzelnen umweltpolitischen Institutionen und deren Wechselwirkung, gibt es erst seit einigen Jahren eine Debatte über deren Zukunftsfähigkeit und über ein grundsätzlich neues Arrangement der Institutionen. Hierbei wird insbesondere diskutiert, inwieweit eine neue UN-Sonderorganisation für Umweltfragen eine Möglichkeit wäre, die Defizite der bestehenden institutionellen Arrangements auf der Makroebene zu beseitigen.

1998 habe ich gemeinsam mit Udo E. Simonis in einem Policy Paper der Stiftung Entwicklung und Frieden einige Überlegungen skizziert, wie eine solche neue UN-Sonderorganisation aussehen könnte (Biermann/Simonis 1998). In diesem Beitrag möchte ich in zwei Thesen darlegen, dass das bestehende institutionelle Makroarrangement in der Tat nicht ausreicht, die Steuerungsherausforderungen für eine global zukunftsfähige Entwicklung zu erfüllen.

2. Erste These: Koordinationsdefizite durch bestehende institutionelle Arrangements

Meine erste These lautet, dass die derzeitigen institutionellen Arrangements nicht genügen, den *Koordinationsbedarf* in der Weltumweltpolitik zu erfüllen. Für die bestehenden Aufgaben gibt es zu viele Akteure, welche aufgrund eigener Partikularinteressen suboptimale Steuerungsergebnisse im Gesamtsystem erbringen.

Das UN-Umweltprogramm (UNEP), gegründet 1972 auf der Stockholmer Konferenz über die menschliche Umwelt, war noch ein vergleichsweise eigenständiger Akteur mit klar abgegrenztem Aufgabengebiet (vgl. etwa Kilian 1991). Schon in der Vorbereitungsphase der Stockholmer Konferenz waren verschiedene Modelle eines institutionellen Makroarrangements für die internationale Umweltpolitik diskutiert worden, die von einer exklusiven Umweltagentur der Industriestaaten bis zu dem Vorschlag gingen, alle Umweltpolitik in den vorhandenen Sonderorganisationen und Organen der Vereinten Nationen zu belassen. Die konkrete Ausgestaltung des UN-Umweltprogramms stellte einen Kompromiss zwischen den verschiedenen Vorstellungen dar: Das UNEP ist keine Sonderorganisation mit eigener Mitgliedschaft und Rechtspersönlichkeit, sondern lediglich ein Nebenorgan der UN-Vollversammlung. Da das UNEP keine eigene Mitgliedschaft kennt, gehören alle Mitglieder der Vereinten Nationen auch dem Umweltprogramm an. Das UNEP sollte ursprünglich keine eigenen Projekte durchführen, sondern im Gesamtsystem der Vereinten Nationen gleichsam als „Umweltgewissen" dienen, vor allem sollte es als umweltpolitischer Katalysator mit seinen relativ bescheidenen Finanzmitteln Umweltschutzprojekte der anderen Organe und Sonderorganisationen anregen und die umweltpolitischen Tätigkeiten der Vereinten Nationen im Sinne des Aktionsplans von Stockholm koordinieren.

Die Zunahme internationaler Umweltverträge führte jedoch zur erheblichen Zergliederung des Systems, da neugeschaffene Konventionssekretariate, teils aus politischen Gründen, dem UNEP oft nicht eingegliedert wurden. Eigenständige Sekretariate wurden beispielsweise geschaffen für die Klimarahmenkonvention (Bonn) und die Biodiversitätskonvention (Montreal), welche sich gleichsam zu kleineren, eigenständigen internationalen Organisationen entwickeln konnten, was die Schaffung eines weltweit koordinierten Ansatzes in diesen Politikbereichen verhinderte. Zusätzlich sind viele UN-Sonderorganisationen im Umweltschutz aktiv geworden, ohne dass das relativ kleine UNEP eine normsetzende und programmbildende Kraft hätte aufbauen können. Zwischen fast allen Institutionen gibt es Überschneidungen im Aufgabenbereich. Abgestimmt wird, wenn überhaupt, nur ad hoc, indem einzelne Vertragsstaatenkonferenzen mit UN-Organisationen oder untereinander Absprachen zur Koordination und Kooperation treffen.

Das Vernetzen einzelner Organisationen, Programme und Büros zur Optimierung der Steuerungsleistung des institutionellen Makroarrangements wird seit Jahren versucht, bislang jedoch ohne rechten Erfolg. Schon nach der Stockholmer Konferenz über die menschliche Umwelt von 1972 wurde zur Koordination der umweltpolitischen Arbeit innerhalb der Vereinten Nationen ein eigenständiges Büro im Rahmen des UN-Umweltprogramms geschaffen (Environment Coordination Board), das 1977 wieder aufgelöst wurde. Seitdem wird die internationale Umweltpolitik, soweit die UN-Abteilungen beteiligt sind, koordiniert vom allgemeinen Verwaltungsausschuss für Koordinierung (Administrative Committee on Co-ordination, ACC) und zum Teil von UNEP, was jedoch das Koordinationsproblem nicht löste.

Diese Defizite des institutionellen Makroarrangements der globalen Umweltpolitik waren deshalb auch Thema der Rio-Konferenz über Umwelt und Entwicklung von 1992. Diese Konferenz gebar aus der damaligen Debatte um institutionelle Innovation jedoch nur eine weitere Unterkommission des UN-Wirtschafts- und Sozialausschusses, die Kommission für nachhaltige Entwicklung (CSD) mit 53 Mitgliedern, die auf regionaler Grundlage gewählt werden. Ihre Arbeitsgrundlage ist die *Agenda 21*, das umfangreiche, völkerrechtlich unverbindliche „Aktionsprogramm für eine nachhaltige Entwicklung", das 1992 in Rio de Janeiro beschlossen worden war. Von den Verwaltungskosten abgesehen verfügt die CSD über keine eigenen Finanzmittel. Die CSD konnte sich neben UNEP, den Konventionssekretariaten und den UN-Sonderorganisationen vielleicht als Forum für Diskurs, aber kaum für Dezision entwickeln. Sie wurde der Querschnittsfunktion nicht gerecht, die ihr von vielen zugedacht war, denn vertreten sind nur die Umwelt- und Entwicklungsminister, nicht deren Kollegen für Finanzen, Wirtschaft oder Äußeres.

Mit Blick auf das Konzept der institutionellen Arrangements ist dabei festzustellen, dass sich das bestehende Makroarrangement evolutiv herausgebildet hat und kaum politisch geplant worden ist. Die Gründung des UNEP 1972 war noch ein Versuch, die Umweltpolitik im UN-System zentral zu verankern: politische Konflikte, eine gewisse Unzufriedenheit mit UNEP in den Industrieländern sowie die Partikularinteressen der übrigen, älteren UN-Sonderorganisationen führten jedoch zum heutigen institutionellen Arrangement, das insgesamt suboptimale Ergebnisse erbringt.

Kurzum, seit 1972 ist das Makroarrangement der internationalen Institutionen von einer erheblichen organisatorischen Zergliederung gekennzeichnet. Ein Schwerpunkt im Steuerungssystem – wie etwa die Weltgesundheitsorganisation (WHO) oder die Welthandelsorganisation (WTO) – besteht nicht.

Ein institutionelles Steuerungszentrum für eine internationale Nachhaltigkeitsstrategie erscheint deshalb notwendig. Klaus Töpfer, der neue UNEP-Exekutivdirektor, bemüht sich seit einiger Zeit um die Einrichtung einer „Environmental Management Group" unter UNEP-Leitung, um die Arbeit der Sekretariate, Abteilungen und Organisationen besser abzustimmen. Dieser Versuch einer Bündelung der diversen Aktionszentren im Sinne eines Neu-Arrangements der globalen Umweltinstitutionen ist sicherlich ein Schritt in die richtige Richtung, jedoch geht Töpfer nicht weit genug:

Besser als ein neues Koordinationsgremium, das letztlich nicht in der Lage wäre, die Partikularinteressen der Sekretariate und Sonderorganisationen zu überwinden und somit die bisherigen gescheiterten Koordinationsversuche nur duplizierte, wäre die Gründung einer neuen Sonderorganisation der Vereinten Nationen, die das UNEP mit der CSD und den Konventionssekretariaten vereinte und ein institutionelles Makroarrangement schüfe, dass eine konsistentere Gesamtsteuerungsleistung der Weltumweltpolitik gewährleisten würde. Diese Organisation sollte eine eigenständige UN-Sonderorganisation sein, mit eigener Rechtspersönlichkeit, eigenem Budget und eigenen Finanzierungsquellen, was mit dem Auflösen von UNEP, CSD und der Globalen Umweltfazilität (GEF), der Integration der größeren Konventionssekretariate und einer neuen Abgrenzung der Aufgaben der bestehenden Organisationen einher gehen müsste.

Manche streben hier eine weit größere Integration an – das Verschmelzen des UNEP mit dem UN-Entwicklungsprogramm (UNDP):[1] angesichts des UNDP-Budgets von insgesamt knapp einer Milliarde US-Dollar ein erheblicher Zusammenschluss in der internationalen Institutionenfamilie. Inwieweit dieses sinnvoll wäre, hängt von den Einigungsbedingungen ab. Industrieländer haben sich seit langem einer internationalen Organisation für Entwicklungsfragen widersetzt, so dass das Aufwerten von UNDP und UNEP zu einer „Weltorganisation für nachhaltige Entwicklung" vom Süden befürwortet, von den meisten Industrieländern abgelehnt werden könnte. Andererseits finden manche Industrieländer vielleicht Gefallen an der UNDP-UNEP-Synthese, wenn sich hierdurch das entwicklungspolitische UN-Budget insgesamt reduzieren ließe, es also zu vereinigungsbedingten Einsparungen käme. Der damalige UNDP-Verwalter Gustave Speth hat sich grundsätzlich für eine Weltumweltorganisation, aber gegen deren Verschmelzen mit seiner eigenen Institution ausgesprochen (Speth 1998) – und ein ähnlicher Widerstand ist von seinem Nachfolger zu erwarten und angesichts des Gewichts des UNDP nicht zu unterschätzen.

Allerdings darf eine Weltumweltorganisation Umweltschutz in keinem Fall isoliert angehen. Bei politischen Vereinbarungen und Programmen, etwa zum

---

1 So die umweltpolitische Sprecherin der SPD-Bundestagsfraktion am 25. Januar 1999 (in: epd-Entwicklungspolitik 5/99).

Schutz von Tropenwäldern oder zur Regulation des Verbrauchs fossiler Brennstoffe, sind unweigerlich wirtschafts- und entwicklungspolitische Kernbereiche betroffen, die eine Weltumweltorganisation berücksichtigen muss. Sie muss Entwicklung nicht als solche fördern, wie es etwa das UN-Entwicklungsprogramm (UNDP) versucht, darf diesem aber nicht entgegenstehen und muss in ihrer Politik gewährleisten, dass Armutsbekämpfung und wirtschaftliche Entwicklung im Süden nicht gefährdet werden und die globale Umweltpolitik dem Kriterium einer global gerechten Lastenverteilung genügt. Deshalb ist es unerlässlich, dass dies sich im Namen der Organisation spiegelt, auch wenn bestehende Entwicklungsorganisationen keineswegs aufzulösen sind.

3. Zweite These: Umsetzungsdefizite durch bestehende institutionelle Arrangements

Meine zweite These lautet, dass ein neues institutionelles Makroarrangement der internationalen Umweltpolitik durch die Gründung einer UN-Sonderorganisation für Umweltfragen die *Umsetzung* der Normen bestehender Institutionen fördern würde. Dabei ist zu betonen, dass die neue Organisation keinen souveränitätseinschränkenden Charakter haben muss.

Letzteres wurde vielfach von Vertretern der Umweltverbände und manchen Wissenschaftlern gefordert, nach denen es den institutionellen Arrangements der internationalen Umweltpolitik an Durchsetzungskraft mangele. Deshalb müsse eine Hierarchisierung des umweltpolitischen Arrangements auf der Makroebene erreicht werden, etwa durch eine Weltumweltorganisation mit Sanktionsgewalt, einen Umweltsicherheitsrat oder einen Internationalen Umweltgerichtshof mit bindender Rechtsprechung (hierzu etwa Palmer 1992: 278ff.; Zaelke/Cameron 1990: 285; Fues 1997: 5).

Die Erfahrungen der Weltumweltpolitik zeigen jedoch, dass ein solches souveränitätseinschränkendes institutionelles Arrangement auf der Makro-Ebene der internationalen Umweltpolitik auf unüberwindlichen Widerstand stoßen würde, in Nord und Süd. Vor zehn Jahren hatten zwar 24 Staaten, noch ganz zu Beginn der Klimadebatte, sich für eine neue Organisation (*authority*) zum Schutze der Atmosphäre ausgesprochen, „[that] shall involve such decision-making procedures as may be effective even if, on occasion, unanimous agreement has not been achieved", welche also Sanktionsgewalt gegen einzelne Staaten oder eine Minderheit von Staaten haben sollte (Hague Declaration 1989; hierzu Sands 1989). Aber selbst wenn manche größere Staaten beteiligt waren – unter anderem die Bundesrepublik Deutschland –, so war von den ständigen Mitgliedern des UN-Sicherheitsrats nur Frankreich zur Unterschrift bereit. Heute erscheint es ausgeschlossen, dass wichtige Entwicklungsländer wie China, oder Industrieländer wie die USA, zu irgendeiner Aufweichung ihrer Souveränität im Umweltschutz bereit sein werden.

Insgesamt wäre es also irrig, eine umfassende Hierarchisierung des globalen institutionellen Arrangements zu empfehlen. Realistisch erscheint vielmehr die Gründung einer neuen Organisation, welche sich an nicht-hierarchischen Organisationen wie der WHO oder der Internationalen Arbeitsorganisation (ILO) orientieren sollte. Statt „scharfer Zähne" sollte die Weltumweltorganisation beispielsweise das Recht haben, Informationen über den Stand der Umwelt in einzelnen Ländern zu sammeln, auszuwerten und in geeigneter Form zu veröffentlichen, auch im Vergleich zu den internationalen Verpflichtungen, die die jeweiligen Staaten eingegangen sind (hierzu etwa Levy 1993).

Die Weltorganisation für Umwelt und Entwicklung sollte zudem, wie die meisten Sonderorganisationen der Vereinten Nationen, das Problembewusstsein fördern und den weltweiten Informationsstand als Entscheidungsgrundlage verbessern, die Information über das Erdsystem und die gegenwärtigen Umwelt- und Entwicklungsprobleme ebenso wie die Information über den Stand der Umsetzung der internationalen und nationalen Politik zur Steuerung des globalen Wandels. Zwar verpflichten sämtliche Umweltverträge schon heute ihre Parteien zur regelmäßigen Berichterstattung über ihre Politik. Doch es fehlt das umfassende Koordinieren und entscheidungsorientierte Aufbereiten und Weiterleiten dieses Wissens.

Was gegenwärtig von den verschiedenen internationalen Akteuren erarbeitet wird, benötigt deshalb einen zentralen Fixpunkt im internationalen institutionellen Makroarrangement. UNEP könnte dieser Fixpunkt sein, doch reichen die Ressourcen und derzeitigen Kompetenzen dieses rein ökologisch definierten, der UN-Vollversammlung beigeordneten Programms nicht. Viel eher wäre das die Aufgabe einer vertraglich abgesicherten, finanziell mit zusätzlichen Mitteln ausreichend gestützten und institutionell eigenständigen Weltorganisation für Umwelt und Entwicklung.

Ein zweiter Punkt: Eine eigenständige UN-Sonderorganisation in der internationalen Umweltpolitik könnte besser als bestehende institutionelle Arrangements den Aufbau von Handlungskapazität in Entwicklungsländern fördern, vor allem durch den gesteigerten Transfer von Geld und Technologie in den Süden. Kapazitätsaufbau wurde vor einigen Jahren zum Zauberwort der Entwicklungszusammenarbeit, und empirisch scheint der Aufbau umweltpolitischer Kapazität, insbesondere in Entwicklungsländern (Paulus 1997), eine der wesentlichen Funktionen auch der globalen Umweltregime zu sein (Keohane/Haas/Levy 1993).

Aber auch hier leidet das internationale Institutionensystem an einem Ad-hoc-Ansatz, der den Erfordernissen der Transparenz, Effektivität und Beteiligung der Betroffenen jetzt schon nicht gerecht wird – und der Bedarf an Finanz- und Technologietransfer von Nord und Süd in der globalen Umweltpolitik wird weiter wachsen. Die Industrieländer haben sich vor allem verpflichtet, die künftigen Mehrkosten der Entwicklungsländer in der Klimapolitik zu erstatten, wenn sie sich in den nächsten Jahren zu quantitativen Emissionsminderungszielen verpflichten. Vergleichbares gilt für die künftige Biodiversitäts- und Ozonschutzpolitik (Biermann 1998: Kap. 5-7). Hinzu kommen Transferpflichten zur Bekämpfung der Wüstenbildung (Pilardeaux 1998) und bald wohl zur Begrenzung der Freisetzung persistenter organischer Schadstoffe. Überdies erfordert der Emissionszertifikatehandel (hierzu Simonis 1996b), der 1997 in Kioto grundsätzlich beschlossen wurde, einen wohl erheblichen institutionellen Unterbau.

Diese neuen und erweiterten funktionalen Erfordernisse des institutionellen Arrangements auf der Makroebene sind mit den bisherigen Einrichtungen nicht zu leisten. Ein Weg wäre die Proliferation weiterer Sonderfonds wie des Multilateralen Ozonfonds, der 1990 zum Finanzieren nur dieses einen Umweltproblems eingerichtet wurde. Solch weiteres Zersplittern des Institutionensystems scheint aber wenig hilfreich. Ein zweiter Weg wäre, diese Aufgaben alle der Weltbank zu übertragen. Dem könnten sich die Entwicklungsländer allerdings widersetzen, da ihnen die Weltbank mit ihrem beitragsabhängigen Entscheidungsverfahren als nord-dominiert gilt.

Ein dritter Weg wäre auch hier, die Ausweitung der Kapazitätsbildungs-, Finanzierungs- und Kompensationsfunktion des internationalen Institutionensystems einer eigenständigen Organisation zu übertragen, die die besondere Form der Nord-Süd-Beziehungen in der Umweltpolitik besser berücksichtigt als die Weltbank und zugleich die Zersplitterung in eine Vielzahl ineffizienter Einzelfonds überwindet. Eine Weltorganisation für Umwelt und Entwicklung könnte verschiedene Finanzierungsmechanismen koordinieren und die Mittel der sektoralen Fonds treuhänderisch verwalten, wobei die Funktionen der GEF eingegliedert (und diese damit aufgelöst) würde.

4. Fazit: Reform des internationalen institutionellen Arrangements auf der Makroebene

Um die Wirksamkeit des bestehenden institutionellen Arrangements auf der Makroebene zu verbessern, sollte eine Weltorganisation für Umwelt und Entwicklung als weitere Sonderorganisation der Vereinten Nationen eingerichtet werden, die bestehende Programme und Institutionen integriert (siehe auch Biermann/Simonis 1998). Diese könnte dazu beitragen, einzelne sektorale und regionale institutionelle Arrangements (internationale Regime) besser zu koordinieren und die Umsetzung der Normen und Regeln der einzelnen institutionellen Arrangements auf der Mikroebene besser zu fördern, insbesondere über Kapazitätsbildung und Finanzierung von nationaler Umweltpolitik in Entwicklungsländern.

Sicher macht der Aufbau einer solchen Organisation, mit UNEP als Kernpfeiler, nur Sinn, wenn ihre finanziellen Ressourcen die bestehenden des UNEP übersteigen – selbst wenn erhebliche Kosten durch die Integration der bestehenden Programme und Konventionssekretariate eingespart würden. Zusätzliche finanzielle Mittel könnten entweder durch entsprechende Beitragszahlungen der Industrieländer bereitgestellt werden, aber auch durch institutionelle Innovationen im Nord-Süd-Transfer. So ließen sich Schuldentitel der Entwicklungsländer für die Zwecke der Organisation umwidmen. Denkbar wäre auch die Einführung einer internationalen Luftverkehrssteuer und anderer solcher automatischer Finanzierungsmechanismen oder die Bereitstellung der Erlöse aus dem geplanten Emissionszertifikatehandel der Klimapolitik für die Zwecke dieser neuen Organisation.

Wie könnte, wie sollte ein solche Organisation konkret ausgestaltet sein? Grundsätzlich sollte die neue Organisation sich im Aufbau an bestehenden Sonderorganisationen der UN orientieren, also beispielsweise der Weltgesundheitsorganisation (WHO) oder der Internationalen Arbeitsorganisation (ILO) folgen.

Von der ILO könnte insbesondere deren besondere Form der Integration privater Akteure übernommen werden. In der öffentlichen wie der sozialwissenschaftlichen Diskussion tritt die Rolle nichtstaatlicher Akteure immer stärker in den Vordergrund, vor allem der transnationalen Umweltschutz- und Wirtschaftsverbände. Dabei üben diese Verbände nicht nur oft erheblichen Druck auf die Politik aus, sondern bieten, in einer komplexer werdenden Welt, auch eine Reihe von „Dienstleistungen" im internationalen System: sie liefern kostengünstige Forschung und Politikberatung durch qualifizierte und privat finanzierte Mitarbeiter, kontrollieren die gegenseitigen Verpflichtungen der Staaten, wie es staatliche Stellen aufgrund des völkerrechtlichen Interventionsverbots nicht könnten, und informieren Regierungen und Öffentlichkeit umfassend über die internationalen Verhandlungen, sowohl über die Handlungen der ‚eigenen' Diplomaten als auch die der anderen Verhandlungspartner (Raustiala 1997).

Deshalb ist es weitgehend akzeptiert, dass Nichtregierungsorganisationen an internationalen Verhandlungen stärker zu beteiligen sind. Allerdings gibt es zwei Schieflagen in der internationalen Gemeinde privater Akteure. Zum einen sind die auf UN-Konferenzen und Vertragsstaatenkonferenzen tätigen privaten Umweltlobbyisten von den Gesellschaften des Nordens dominiert, von denen sie ihr Geld und meist ihr Personal beziehen (kritisch hierzu South Centre 1996: 212ff.). Dies beeinflusst die Agenda dieser Gruppen. Ein zweites Problem ist das Übergewicht der Finanzkraft der Wirtschaftsverbände, welches Umweltinteressen schnell ins Hintertreffen kommen lässt.

Ein Ausweg wäre, die Mitwirkung privater Akteure in einer Weise zu institutionalisieren, die einen gleichgewichtigen Einfluss von Nord und Süd sowie von Wirtschaft und Umwelt garantiert. Das Verfahren der ILO könnte hier eine Lösung bieten: In der ILO ist jeder Mitgliedstaat mit vier Stimmen vertreten, von denen zwei auf die Regierung und je eine auf die Arbeitgeberverbände und die Gewerkschaften entfallen. Sicher träten beim Übertragen eines solchen Verfahrens in die institutionellen Arrangements der Weltumweltpolitik verschiedene Probleme auf. Auf der umwelt- und entwicklungspolitischen Seite gibt es nur wenige Zusammenschlüsse, die ihre gesamte nationale Klientel überzeugend repräsentieren. Doch können sich solche Koalitionen in naher Zukunft herausbilden, wie es auch in der Arbeits- und Sozialpolitik der Fall war. Insgesamt sollte die hier befürwortete Weltorganisation für Umwelt und Entwicklung dem ILO-Verfahren in der Integration privater Akteure folgen.

In ihren Entscheidungsverfahren könnte die neue Organisation auch dazu beitragen, den besonderen Machtverhältnissen der internationalen Umweltpolitik (hierzu Biermann 1998) durch die Etablierung eines besonderen Entscheidungsprozesses Rechnung zu tragen, welcher unabhängig von einzelnen Regimen eine globale Nachhaltigkeitsstrategie zwischen Nord und Süd initiiert, koordiniert und begleitet. Sinnvoll wären insbesondere Entscheidungsverfahren, die Nord und Süd eine gleichberechtigte Stellung einräumen. Dies könnte gewährleisten, dass die Entscheidungen der neuen Weltorganisation zu Strategie und Programm den Interessen weder der Entwicklungsländer noch der Industrieländer widersprechen. Im Ozonregime (und für den Multilateralen Ozonfonds) wurde bereits 1990 festgelegt, dass jeglicher Entscheidung zwei Drittel der Vertragsparteien zustimmen müssen, einschließlich der einfachen Mehrheit der Entwicklungsländer und der einfachen Mehrheit der Industrieländer (Benedick 1998). Ein im Ergebnis ähnliches Verfahren wurde 1994 für die GEF vereinbart (Biermann 1997, 1998). Hier erfordern die Entscheidungen des Verwaltungsrates seit 1994 ebenfalls eine Zweidrittelmehrheit, die hier sechzig Prozent der an der Fazilität beteiligten Staaten und zugleich sechzig Prozent der finanziellen Beiträge zur Fazilität repräsentieren muss. Auch dies ist im Ergebnis ein nord-süd-paritätisches Verfahren, das den Entwicklungsländern und den Industrieländern jeweils ein effektives Vetorecht einräumt.

5. Realisierungschancen

Wie sind die derzeitigen Realisierungschancen einer solchen Organisation zu beurteilen? In der wissenschaftlichen Literatur und der Expertendiskussion mehren sich die Stimmen, die einer solchen Organisation positiv gegenüberstehen. Im angelsächsischen Schrifttum bekannt wurde insbesondere die Initiative des Völkerrechtlers Daniel Esty, der 1994 in *Greening the GATT* eine Globale Umweltorganisation vorschlug, mit Blick auf das Gesamtthema seines Buches vor allem als Gegenpol zur WTO (Esty 1994, 1996). Estys Organisation würde vor allem sogenannte globale Umweltgüter wie die Meere und die Atmosphäre betreffen, und er scheint ihr durchgreifende Kompetenzen zubilligen zu wollen. Der Nord-Süd-Kompromiss der Rio-Konferenz von 1992 – dass Umwelt und Entwicklung zusammengehören – würde bei Esty eher einer Trennung der „Umwelt" (in der von ihm vorgeschlagenen Globalen Umweltorganisation) von der „Entwicklung" weichen. Initiiert von Esty ist inzwischen ein „Global Environmental Governance Dialogue" (1999) von Experten eingerichtet worden, der 1999 mit einer internationalen „Einladung zum Dialog" an die Öffentlichkeit trat.

Auch manche Politiker sehen mittlerweile in einer neuen Körperschaft eine Lösung. So erregte 1999 der WTO-Exekutivdirektor Aufmerksamkeit, als er sich für die Gründung einer Weltumweltorganisation als Gegengewicht zur WTO aussprach – eine für Spitzenbürokraten ungewöhnliche Initiative angesichts der sonstigen Tendenz, eher eigene Kompetenzen auszuweiten. Sicher spielte hier die Debatte über die Notwendigkeit von Umweltstandards im WTO-Regime (Helm 1995, Biermann 1999, 2000) eine Rolle. Der französische Präsident Jacques Chirac (1998) gesellte sich schon 1998 zu den Befürwortern einer Weltumweltorganisation und forderte auf dem Kongress der World Conservation Union (IUCN) eine „World Authority" als „impartial and indisputable global center for the evaluation of our environment" (Chirac 1998).

Gleichwohl ist es Deutschland, das international als Hauptbefürworter einer neuen UN-Sonderorganisation gilt, nachdem sich der damalige Bundeskanzler Kohl Mitte der neunziger Jahre recht unvermittelt für einen „Umweltsicherheitsrat" ausgesprochen hatte, was modifiziert wurde durch die offizielle deutsche Initiative vor der UN-Sondergeneralversammlung 1997 – dem ‚Rio-plus-fünf-Gipfel' – zur Gründung einer Weltumweltorganisation. Kohl erklärte dort:

> „[...] global environmental protection and sustainable development need a clearly-audible voice at the United Nations. Therefore, in the short term, I think it is important that cooperation among the various environmental organisations be significantly improved. In the medium term this should lead to the creation of a global umbrella organization for environmental issues, with the United Nations Environment Programme as a major pillar" (Deutschland 1997).

Im Ergebnis war dies deckungsgleich mit der Gemeinsamen Erklärung von Brasilien, Deutschland, Singapur und Südafrika vom 23. Juni 1997, ebenfalls auf der Sondergeneralversammlung der Vereinten Nationen. Auch der Wissenschaftliche Beirat der Bundesregierung Globale Umweltveränderungen empfahl 1997 eine „Organisation für nachhaltige Entwicklung", ohne zu dieser Zeit konkreter zu werden (WBGU 1998).

Die neue rot-grüne Regierung will sich offensichtlich anschließen. So heißt in einer Erklärung der umweltpolitischen Sprecherin der SPD-Bundestagsfraktion vom 25. Januar 1999 unter anderem:

> „Wir brauchen [...] eine Bündelung der unübersichtlichen und zersplitterten internationalen Institutionen und Programme. UNEP, CSD und UNDP sollten in einer Organisation für nachhaltige Entwicklung zusammengeführt werden. Eine enge Verbindung zu Weltbank, Weltwährungsfonds, Welthandelsorganisation

und UNCTAD sind anzustreben, um Umweltdumping zu verhindern und insgesamt eine der Agenda 21 entsprechende nachhaltige umweltverträgliche Entwicklung zu erreichen" (zitiert nach: epd-Entwicklungspolitik 5/99).

Die Stellungnahmen deutscher und französischer Politiker wie auch des WTO-Generalsekretärs zeigen, dass es durchaus in naher Zukunft Verhandlungen oder zumindest Sondierungsgespräche zur Gründung einer Weltumweltorganisation geben könnte. Die letzten Dekaden zeigten mit der Errichtung der UN-Organisation für industrielle Entwicklung (UNIDO), der Weltorganisation für geistiges Eigentum (WIPO), der WTO oder des internationalen Strafgerichtshofs, dass das Staatensystem trotz seiner anarchischen Elemente zu deutlichem Fortschritt in seiner Institutionalisierung in der Lage ist. Die Gründung einer weiteren UN-Sonderorganisation, welche bestehende Programme und Organisationen integriert, ist keineswegs mehr unrealistisch.

Literatur

Benedick, Richard E.: Ozone Diplomacy. New Directions in Safeguarding the Planet. 2. erweiterte Auflage. Cambridge, Mass.: Harvard University Press, 1998

Biermann, Frank: Financing Environmental Policies in the South. Experiences from the Multilateral Ozone Fund. In: International Environmental Affairs 9(1997)3, S. 179-218

Biermann, Frank: Weltumweltpolitik zwischen Nord und Süd. Die neue Verhandlungsmacht der Entwicklungsländer. Baden-Baden: Nomos, 1998

Biermann, Frank: Internationale Umweltverträge im Welthandelsrecht. Zur ökologischen Reform der Welthandelsorganisation anläßlich der geplanten „Millenniumsrunde" (= Discussion Paper FS II 99-403 des Wissenschaftszentrums Berlin für Sozialforschung), Berlin: WZB 1999

Biermann, Frank: Mehrseitige Umweltübereinkommen im GATT/WTO-Recht. Untersuchung zum rechtspolitischen Reformbedarf. In: Archiv des Völkerrechts 38(2000), im Erscheinen

Biermann, Frank/Simonis, Udo E.: Eine Weltorganisation für Umwelt und Entwicklung. Funktionen, Chancen, Probleme. Policy Paper Nr. 9 der Stiftung Entwicklung und Frieden. Bonn: Stiftung Entwicklung und Frieden, 1998

Chirac, Jacques: Speech by Mr. Jacques Chirac, President of France, at the Congress of the World Conservation Union. 3. November 1998, o.O. (Fontainebleau, Frankreich)

Deutschland: Speech by Dr. Helmut Kohl, Chancellor of the Federal Republic of Germany, at the Special Session of the General Assembly of the United Nations. Press Release, New York, 23. Juni 1997

Esty, Daniel C.: Greening the GATT. Trade, Environment and the Future. Washington, D.C.: Institute for International Economics, 1994

Esty, Daniel C.: Stepping Up To the Global Environmental Challenge. In: Fordham Environmental Law Journal 7(1996)1, S. 103-113

Fues, Thomas: Rio plus 10. Der deutsche Beitrag zu einer globalen Strategie für nachhaltige Entwicklung (= Policy Paper Nr. 6 der Stiftung Entwicklung und Frieden). Bonn: Stiftung Entwicklung und Frieden, 1997

Gehring, Thomas/Oberthür, Sebastian (Hrsg.): Internationale Umweltregime. Umweltschutz durch Verhandlungen und Verträge. Opladen: Leske + Budrich, 1997

Global Environmental Governance Dialogue. Global Environmental Governance Dialogue – An Invitation. O.O. 1999 (Archiv F. Biermann)
Haas, Peter M./Keohane, Robert O./Levy, Marc A. (Hrsg.): Institutions for the Earth. Sources of Effective International Environmental Protection. Cambridge, Mass.: MIT Press, 1993
Hague Declaration: Declaration of The Hague, 11. März 1989, abgedruckt in: International Legal Materials 28(1989), S. 1308
Helm, Carsten: Sind Freihandel und Umweltschutz vereinbar? Ökologischer Reformbedarf des GATT/WTO-Regimes. Berlin, edition sigma, 1995
Independent Working Group on the Future of the United Nations: The United Nations in its Second Half-century. A Report of the Independent Working Group on the Future of the United Nations. New York, NY: United Nations, 1995
Jakobeit, Cord: Internationale Institutionen in den ökonomischen und ökologischen Nord-Süd-Beziehungen. Politikwissenschaftliche Habilitationsschrift, Universität Hamburg, 1997
Jakobeit, Cord: ‚Eine Welt' oder (wie-)viele Welten? Theoretische Vorstellungen über eine globale Differenzierung nach dem Ende der 'Dritten Welt'. Vortrag anläßlich des XX. Kongresses der Deutschen Vereinigung für Politische Wissenschaft, 13.-17. Oktober 1997 in Bamberg
Jakobeit, Cord: Wirksamkeit in der internationalen Umweltpolitik. In: Zeitschrift für Internationale Beziehungen 5(1998)2, S. 345-366
Keohane, Robert O./Haas, Peter M./Levy, Marc A.: The Effectiveness of International Environmental Institutions. In: Haas, Peter M./Keohane, Robert O./Levy, Marc A. (Hrsg.): Institutions for the Earth. Sources of Effective International Environmental Protection. Cambridge, Mass.: MIT Press, 1993, S. 3-24
Keohane, Robert O./Levy, Marc A. (Hrsg.): Institutions for Environmental Aid. Pitfalls and Promise. Cambridge, Mass.: MIT Press, 1996
Kilian, Michael: Das Umweltschutzprogramm der Vereinten Nationen. In: Wolfrum, Rüdiger (Hrsg.): Handbuch Vereinte Nationen. München: C. H. Beck, 1991, S. 913
Levy, Marc A.: European Acid Rain. The Power of Tote-Board Diplomacy. In: Haas, Peter M./Keohane, Robert O./Levy, Marc A. (Hrsg.): Institutions for the Earth. Sources of Effective International Environmental Protection. Cambridge, Mass.: MIT Press, 1993, S. 75-132
Oberthür, Sebastian: Umweltschutz durch internationale Regime. Opladen: Leske + Budrich, 1997
Palmer, Geoffrey: New Ways to Make International Environmental Law. In: American Journal of International Law 86(1992), S. 259-283
Paulus, Stephan: Zwischen Weltumweltpolitik und Projektitis. Kann Entwicklungszusammenarbeit die umweltpolitische Handlungskompetenz in Entwicklungsländern stärken? In: Biermann, Frank/Büttner, Sebastian/Helm, Carsten (Hrsg.): Zukunftsfähige Entwicklung. Herausforderungen an Wissenschaft und Politik. Festschrift für Udo E. Simonis zum 60. Geburtstag (hrsg. vom Wissenschaftszentrum Berlin für Sozialforschung). Berlin: edition sigma, 1997, S. 221-231
Pilardeaux, Benno: Bodenschutz international auf dem Vormarsch? In: Jahrbuch Ökologie 1999, herausgegeben von Günter Altner, Barbara Mettler-von Meibom, Udo E. Simonis und Ernst U. von Weizsäcker. München: C. H. Beck, 1998, S. 143-150
Raustiala, Kal: States, NGOs, and International Environmental Institutions. In: International Studies Quarterly 41(1997)4, S. 719-740
Sands, Philippe J.: The Environment, Community and International Law. In: Harvard International Law Journal 30(1999)2, S. 393-420
Simonis, Udo E. (Hrsg.): Weltumweltpolitik. Grundriß und Bausteine eines neuen Politikfeldes. Berlin: edition sigma, 1996a

Simonis, Udo E.: International Tradeable Emission Certificates. Linking Environmental Protection and Development. In: Economics 53(1996b), S. 96-110

South Centre: For a Strong and Democratic United Nations. A South Perspective on UN Reform. Genf: South Centre, 1996

Speth, James Gustave: Interview mit Jens Martens, Bad Honnef, Juli 1998. URL http://bicc.uni-bonn.de/sef/publications/news/no4/speth.html

UNSG (United Nations Secretary-General): An Agenda for Peace. Preventive Diplomacy, Peace-making and Peace-keeping. Report of the Secretary-General pursuant to the Statement Adopted by the Summit Meeting of the Security Council on 31 January 1992. UN-Dok. A/47/277 – S/24111 vom 17. Juni 1992

UNSG: Environment and Human Settlements. Report of the Secretary-General. Report to the 53. Session of the United Nations General Assembly. UN-Dok. A/53/463 vom 6. Oktober 1998

Victor, David G./Raustiala, Kal/Skolnikoff, Eugene B. (Hrsg.): The Implementation and Effectiveness of International Environmental Commitments. Theory and Practice. Cambridge, Mass.: MIT Press, 1998

Waltz, Kenneth: Theory of International Politics. Reading, Mass.: Addison-Wesley, 1979

WBGU (Wissenschaftlicher Beirat der Bundesregierung Globale Umweltveränderungen): Welt im Wandel. Wege zu einem nachhaltigen Umgang mit Süßwasser. Jahresgutachten 1997. Berlin: Springer, 1998

Young, Oran R. (Hrsg.): Global Governance. Drawing Insights from the Environmental Experience. Cambridge, Mass.: MIT Press, 1997

Zaelke, Durwood/Cameron, James: Global Warming and Climate Change. An Overview of the International Legal Process. In: American University Journal of International Law and Policy 5(1990), S. 249-290

Zürn, Michael: „Positives Regieren" jenseits des Nationalstaats. Zur Implementation internationaler Umweltregime. In: Zeitschrift für Internationale Beziehungen 4(1997)1, S. 41-68

Institutionelle Innovationsperspektiven in der internationalen Umweltpolitik

Sebastian Oberthür

Internationale und globale Umweltpolitik vollzieht sich unter den besonderen Bedingungen des internationalen Systems. Dessen grundlegende Einheiten, die Staaten, zeichnen sich durch ihre grundsätzliche Souveränität aus (vgl. dazu z.B. Milner 1991). Auf dieser Grundlage hat sich eine besondere institutionelle Struktur der internationalen und globalen Umweltpolitik herausgebildet. Internationale Regime und internationale Organisationen bilden die Hauptelemente dieser Struktur. In ihnen bilden und entwickeln sich Verfahren und Regeln, die dazu dienen, gemeinsam Entscheidungen zu treffen und umzusetzen. In diesem Rahmen stellen sich der internationalen Umweltpolitik verschiedene Probleme, für die sie Lösungsansätze entwickelt. In der Diskussion über mögliche Lösungsansätze spielen Innovationspotenziale, die in der Reform und Weiterentwicklung der gegenwärtigen institutionellen Arrangements internationaler Umweltpolitik liegen, eine besondere Rolle.

Das Ziel dieses Beitrags ist es, die in der aktuellen Diskussion über die institutionellen Innovationsperspektiven internationaler Umweltpolitik befindlichen Vorschläge zu klassifizieren und zu bewerten. Im Zuge einer knappen Würdigung der bisherigen Leistungen internationaler Umweltpolitik werden zunächst die verbleibenden Probleme und der sich aus diesen ergebende Reformbedarf verdeutlicht. Daran anschließend werden einige zentrale Ansätze zur Reform bzw. Neuordnung der internationalen Umweltpolitik diskutiert und danach klassifiziert, inwieweit sie eine grundsätzliche Umstrukturierung der internationalen Umweltpolitik vorsehen. Diese Reformvorschläge werden schließlich hinsichtlich der drei Kriterien Wirksamkeit, Effizienz und politische Realisierungschancen bewertet.

1. Leistungen und Grenzen der internationalen Umweltpolitik

Die internationale Umweltpolitik spielt sich überwiegend in internationalen Institutionen ab, d.h. im Rahmen verschiedener internationaler Organisationen (vgl. Kilian 1987) und sogenannter internationaler Umweltregime, die auf problemfeldspezifischen Vereinbarungen beruhen (vgl. Gehring/Oberthür 1997). Diese internationalen Institutionen werden „geschaffen" und damit in ihren Einzelbestandteilen wie substanziellen Regeln und Verfahren gestaltet und arrangiert. Vor allem im Rahmen internationaler Umweltregime sind in den letzten Jahrzehnten sowohl (1) bei der Vereinbarung von Maßnahmen als auch (2) bei deren Umsetzung erhebliche Fortschritte erzielt worden. In beiden Bereichen bestehen aber ebenso schwerwiegende Probleme wie (3) bei der Koordination zwischen verschiedenen Umweltinstitutionen. Diese Probleme begründen nicht zuletzt den Bedarf an institutioneller Innovation in der internationalen Umweltpolitik.

1.1 Entscheidungsfindung

Internationale Umweltpolitik vollzieht sich in Verhandlungen, in denen Vereinbarungen ausgearbeitet und später weiterentwickelt werden. Internationale Organisationen wie das Umweltprogramm der Vereinten Nationen (United Nations Environment Programme, UNEP) oder die Wirtschaftskommission der Vereinten Nationen für Europa (United Nations Economic Commission for Europe, UNECE) initiieren häufig solche Verhandlungen. Internationale Organisationen spielen allerdings in der internationalen Umweltpolitik bisher eine deutlich beschränktere Rolle als in anderen Politikfeldern (z.B. in der Gesundheitspolitik die World Health Organisation, WHO, und in der Arbeitspolitik die International Labour Organization, ILO).

Im Rahmen der angesprochenen Verhandlungen bestehen vielfältige Möglichkeiten, den vielzitierten „kleinsten gemeinsamen Nenner" der teilnehmenden Staaten zu überwinden (vgl. ausführlich Oberthür 1997; Gehring/Oberthür 1997). Hierzu haben etwa die Bereitstellung neuer wissenschaftlicher Informationen und die Herausbildung eines wissenschaftlichen Konsenses, teilweise befördert durch Wissenschaftlergemeinschaften und Expertennetzwerke („epistemic communities"; vgl. Haas 1990; 1992), beigetragen. Des weiteren können häufig durch wechselseitige *Zugeständnisse* und *Koppelgeschäfte* („Paketlösungen") weitreichende Umweltschutzvereinbarungen getroffen werden. Eine *Differenzierung von Verpflichtungen* gemäß den unterschiedlichen Verantwortlichkeiten und Fähigkeiten der beteiligten Staaten hat es im Rahmen solcher Kompromisse zunehmend erlaubt, über die Vorstellungen blockierender Staaten hinauszugehen, z.B. bei der Reduzierung der Schwefelemissionen in Europa sowie beim Klimaschutz (vgl. Gehring 1997; Oberthür/Ott 1999).

Weiterhin haben *finanzielle Kompensationen* vermehrt die Teilnahme der Entwicklungsländer an den internationalen Bemühungen sichergestellt, so beim Schutz von Ozonschicht, Klima und Artenvielfalt (vgl. Biermann 1998). Solche Ausgleichszahlungen können aber auch im Nord-Nord-Verhältnis zur Verankerung hoher Schutzstandards beitragen (vgl. insgesamt

Keohane/Levy 1996). Im großen und ganzen hat zudem die Öffnung der Verhandlungsprozesse für Umwelt- und Industrieverbänden wirksame Vereinbarungen befördert. Diese Verbände leisten Lobbyarbeit, stellen Wissen und Expertise zur Verfügung und schaffen häufig im Zusammenspiel mit befreundeten Expertennetzwerken und den Medien eine „Weltöffentlichkeit" (die sich in der Realität vielfach auf die westlichen Industrieländer konzentriert) (für Beispiele vgl. die Beiträge in Gehring/Oberthür 1997; Raustiala 1997).[1]

Trotz dieser Fortschritte können widersprechende Minderheiten in internationalen Verhandlungen anders als in Nationalstaaten weiterhin kaum auf die Einhaltung von Mehrheitsbeschlüssen verpflichtet werden. Als Folge des strukturbestimmenden Souveränitätsprinzips beruht die Entscheidungsfindung in internationalen Umweltverhandlungen in der Regel auf dem Konsensprinzip. Mehrheitsentscheidungen konnten bisher zwar in einigen Zusammenhängen eingeführt werden, so im Rahmen des Montrealer Protokolls von 1987 über Substanzen, die die Ozonschicht schädigen, sowie im Kontext der globalen Umweltfazilität (Global Environment Facility, GEF) (s. WBGU 1996: 72). Diese Durchbrüche sind aber bisher Ausnahmen geblieben, die nur unter speziellen Bedingungen verwirklicht wurden. In vielen anderen Bereichen der globalen Umweltpolitik hat das Konsensprinzip in den 1990er Jahren geradezu eine Renaissance erlebt und führt beispielsweise in der internationalen Klimapolitik weiterhin zu Entscheidungsblockaden (vgl. Oberthür/ Ott 1999). Im Ergebnis ist die Entscheidungsfindung in der internationalen Umweltpolitik somit häufig extrem langwierig. Umweltpolitischen Bremser können nur durch große Zugeständnisse zum Mitmachen bewegt werden oder verhindern wirksame Maßnahmen vollends (vgl. Sand 1990).

1.2 Umsetzung

Grundsätzlich wirkt das völkerrechtliche Prinzip der *Reziprozität* darauf hin, dass internationale Umweltverträge befolgt werden (vgl. Keohane 1989: Kap. 6): Die Erfüllung der eigenen Pflichten ist davon abhängig, dass auch die Partner die ihrigen erfüllen. Durch Vertragsbrüche riskieren Staaten also, dass auch andere Regierungen ihre Pflichten nicht mehr ernst nehmen. Diese Reziprozität kann durch die Einrichtung von Berichtssystemen gefördert werden, durch welche die erforderliche Transparenz hergestellt wird. Sie

---

1 Teilweise haben nicht-staatliche Akteure sogar unmittelbar an der relevanten Normbildung teilgenommen (vgl. z.B. Kellerhoff 1997) bzw. eigene Regelsysteme ohne staatliche Teilnahme geschaffen („transnationale Regime"; vgl. Haufler 1993; s. auch Mayer-Ries in diesem Band). Es handelt sich hierbei im Umweltbereich bisher um ein relativ begrenztes Phänomen, das kaum strukturbildend ist und nur sehr beschränkte (Umweltschutz-)Wirkungen gezeigt hat. Eine mögliche „Entstaatlichung" des Gefüges internationaler Umweltinstitutionen wird daher im folgenden nicht weiterverfolgt.

kann des weiteren durch die gemeinschaftliche Überprüfung solcher Berichte weiter gestärkt werden (vgl. auch Victor et al. 1998).

Darüber hinaus hat eine Beteiligung gesellschaftlicher Gruppen dazu beigetragen, dass international eingegangene Umweltschutzpflichten im Regelfall erfüllt werden. Für die Umsetzung wichtige Interessen finden so bereits bei der Entscheidungsfindung Berücksichtigung. Weiterhin werden partiell Anreize, Hilfen und Sanktionen eingesetzt, um eine wirksame Umsetzung internationaler Umweltvereinbarungen zu gewährleisten (vgl. auch Chayes/Chayes 1993). So stellen beispielsweise der Multilaterale Fonds des Montrealer Protokolls und die zu Beginn der 90er Jahre geschaffene globale Umweltfazilität (GEF) Hilfe für Entwicklungsländer, die Staaten Mittel- und Osteuropas sowie die Nachfolgestaaten der Sowjetunion zur Verfügung.

Die Spielräume zur Verhängung von Sanktionen, um Maßnahmen zum Umweltschutz durchzusetzen, bleiben auf internationaler Ebene allerdings sehr beschränkt und vom jeweiligen spezifischen Kontext abhängig. Im Rahmen des Washingtoner Artenschutzübereinkommens etwa haben die Vertragsstaaten in verschiedenen Fällen Einfuhrverbote für geschützte Arten aus Staaten verhängt, die sich nicht vertragskonform verhielten (Sand 1997). Ähnliche Beispiele existieren in anderen Problemfeldern. Teilweise sind solche staatlichen Sanktionen dadurch wirksam ergänzt worden, dass nichtstaatliche Akteure Vertragsverletzungen offengelegt und ihrerseits, z.B. durch zielgerichteten Verbraucherboykott, Sanktionsmacht entwickelt haben.

Im Ergebnis hat sich in den letzten Jahrzehnten die Umweltsituation in mehreren Bereichen internationaler Umweltpolitik verbessert. Obwohl auch andere Faktoren wie etwa die Verschiebung innenpolitischer Prioritäten in verschiedenen Staaten zu den erzielten Fortschritten beigetragen haben, hat die internationale Umweltpolitik hieran einen wichtigen und häufig entscheidenden Anteil gehabt (vgl. Haas et al. 1993; Oberthür 1997; Victor et al. 1998; Young 1999). Allerdings sind die zugrunde liegenden Umweltprobleme in der Regel noch nicht nachhaltig gelöst.

Die Umsetzung und Durchsetzung internationaler Umweltpolitik bleibt aber trotz der erreichten Fortschritte in weiten Bereichen unzureichend. Zum einen vergehen über Ratifikation und Inkrafttreten der jeweiligen Verträge sowie ihre Umsetzung in nationales Recht meist mehrere Jahre (vgl. Sand 1990). Zum anderen stehen anschließend zur Durchsetzung, wie dargestellt, „Zuckerbrot und Peitsche" nur in sehr begrenztem Umfang zur Verfügung. Obwohl auch auf nationaler Ebene die Einhaltung von Regeln keinesfalls auf der Ausübung ständigen Zwangs beruht, bieten sich hier unbestreitbar bessere Möglichkeiten, durch Zwangsmaßnahmen und z.B. finanzielle Unterstützung für eine Regelbeachtung zu sorgen. Die Tatsache, dass internationale Umweltschutzstandards bisher dennoch weitgehend eingehalten worden sind, mag auch darauf zurückzuführen sein, dass die vereinbarten Standards häufig vergleichsweise wenig anspruchsvoll waren (vgl. Downs et al. 1996). Um

Institutionelle Innovationsperspektiven in der Umweltpolitik 121

etwa weitreichende Maßnahmen zum Klimaschutz international durchzusetzen, scheinen aber Sanktionen und tatkräftige Unterstützung in höherem Maße erforderlich (vgl. Oberthür/Ott 1999).

1.3 Problemfeldübergreifende Wirkungen und Koordination

Die Wirkungen internationaler Umweltpolitik können weit über den Umweltbereich hinausreichen. Umweltregime stellen in den internationalen zwischenstaatlichen Beziehungen „Inseln der Kooperation" dar, die weitergehenden Bemühungen als Ausgangspunkt dienen können. Regimen kann somit grundsätzlich eine kooperationsstabilisierende und zivilisierende Wirkung zugeschrieben werden (vgl. Zürn 1997). Beispielsweise ist die internationale Zusammenarbeit zur Bekämpfung der grenzüberschreitenden Luftverschmutzung in Europa ein Produkt des KSZE-Prozesses der 70er Jahre, der auf eine Stärkung der Ost-West-Kooperation insgesamt zielte (vgl. Gehring 1997). Das Barcelona-Übereinkommen zum Schutz des Mittelmeeres ist nicht nur aus Umweltschutzgesichtspunkten beachtlich. Es hat auch einen wichtigen Beitrag zur Errichtung kooperativer Strukturen in einer Region erbracht, die durch mehrere schwerwiegende zwischenstaatliche Konflikte gekennzeichnet ist (vgl. arabisch-israelische, griechisch-türkische, algerisch-marokkanische und algerisch-französische Spannungen) (vgl. Haas 1990). Weitere Kooperationsbemühungen und schrittweise vertrauensbildende Maßnahmen konnten auf diesen Strukturen aufbauen.

Neben solchen Synergieeffekten kommt es allerdings in vielen Fällen auch zu negativen Nebenwirkungen im Geflecht internationaler Umweltinstitutionen, die das dritte grundsätzliche Problem der *Koordination* internationaler Umweltpolitik begründen. So ist mit der starken Zunahme der Anzahl internationaler Umweltvereinbarungen in den letzten 20-30 Jahren der Koordinationsbedarf gewachsen. Es besteht die Gefahr der Doppelarbeit, der Kompetenzüberschneidung und des Zielkonflikts. Von besonderer Bedeutung sind dabei die Schwierigkeiten, die entstehen, wenn sich Regelungsbereiche überschneiden, ohne dass dies politisch beabsichtigt wäre. Das Problem liegt letztlich auch darin begründet, dass das *Gefüge* internationaler Institutionen im Umweltbereich und darüber hinaus bisher kaum bewusst gestaltet worden ist, sondern sich im wesentlichen dezentral und ohne Abstimmung entwickelt hat.

Schwierigkeiten bestehen dabei sowohl zwischen einzelnen Umweltabkommen als auch zwischen Institutionen innerhalb und außerhalb des Umweltbereichs. So werden für den Schutz der Wälder relevante Regelungen unter anderem im Rahmen des International Tropical Timber Agreement, der Landwirtschaftsorganisation der Vereinten Nationen (FAO), der Klimarahmenkonvention und der Biodiversitätskonvention von 1992 sowie im ‚Zwischenstaatlichen Forum für Wälder' beraten. Vielbeachtet ist zudem das

Spannungsverhältnis zwischen verschiedenen internationalen Umweltvereinbarungen und der Welthandelsorganisation (WTO), obwohl es noch in keinem Fall zu einem offenen Konflikt zwischen GATT/WTO und internationalen Umweltinstitutionen gekommen ist (vgl. z.B. Sampson 1998). Es gibt kaum einen Bereich der internationalen Umweltpolitik, in dem derartige Probleme nicht zunehmend zu Tage treten (vgl. zur Problematik insgesamt Young 1996; Young et al. 1999; Chambers 1998).

2. Ansätze zur Reform der internationalen Umweltpolitik

Die Vorschläge zur Bearbeitung und Bewältigung der drei grundsätzlichen Probleme internationaler Umweltpolitik lassen sich idealtypisch zunächst zwei Kategorien zuordnen: der grundsätzlichen Um- und Neustrukturierung des Institutionengefüges der internationalen Umweltpolitik einerseits sowie dem schrittweisen, inkrementellen Wandel der bestehenden Institutionen andererseits. Darüber hinaus existiert eine Reihe von Vorschlägen zur selektiven Ergänzung des bestehenden Institutionensystems (hier als dritte Kategorie vorgestellt). In der Realität ist eine Vielzahl von Zwischenformen der Hauptkategorien denkbar (vgl. WBGU 1996: 73-78).

2.1 Grundsätzliche Umstrukturierung

Das Ziel einer grundsätzlichen *Um- und Neustrukturierung* des Institutionengefüges der internationalen Umweltpolitik verfolgen Vorschläge, eine neue UN-Institution mit Zuständigkeit für den Umweltschutz und mit größerem Gewicht und mehr Kompetenzen als das bestehende UNEP einzurichten. Diese Vorschläge reichen von der deutschen Initiative zur Einrichtung einer „Weltumweltorganisation" bei der Sondervollversammlung der Vereinten Nationen im Juni 1997 über Anregungen zur Schaffung eines Weltumweltrates auf der Ebene des Wirtschafts- und Sozialausschusses oder gar des Sicherheitsrates der Vereinten Nationen bis zum Propagieren einer unabhängigen *Global Environment Organization* (GEO) mit ähnlichen Kompetenzen wie die bestehende Welthandelsorganisation (WTO) für den Umweltbereich (vgl. z.B. Esty 1994; Bächler et al. 1993; Biermann/Simonis 1998; s. aber auch unten Abschnitt 2.3).

Gemeinsam ist den genannten Vorschlägen die Zielrichtung, die internationale Umweltpolitik stärker zu zentralisieren, hierarchisieren und bündeln. Entscheidungsprozesse sollen nicht zuletzt dadurch beschleunigt werden, dass das Konsensprinzip überwunden und/oder repräsentativ besetzte, kleinere Entscheidungsgremien (Umweltsicherheitsrat) eingeführt werden und Minderheiten so ihre Blockademacht verlieren. Weiterhin soll eine derartige Zentralisierung helfen, die öffentliche und politische Aufmerksamkeit in stärkerem Maße auf umweltpolitische Belange zu lenken, als dies aufgrund der Vielfältigkeit der Prozesse derzeit der Fall ist. Die Einhaltung internationaler Umweltstandards wäre in der Folge einer derartigen Hierarchisierung mit Hilfe von Zwangsmaßnahmen und erheblich erhöhter finanzieller und technischer Hilfestellung zu gewährleisten. Die Vielzahl sich unabhängig voneinander dezentral entwickelnder Institutionen, deren wechselseitiges Verhältnis bisher kaum bewusst gestaltet wurde (s.o.), könnte so gebündelt werden, um Koordinationsprobleme leichter lösen zu können. Außerdem zielt die Einrichtung einer zentralen und hochrangigen internationalen Institution im Umweltbereich darauf, die Durchsetzungsfähigkeit von Umweltgesichtspunkten bei Konflikten mit anderen Politikfeldern (z.B. Handel) zu erhöhen (vgl. ebd.).

2.2 Schrittweise Weiterentwicklung

Solchen weitreichenden Vorschlägen zur Neuausrichtung der internationalen Umweltpolitik stehen Vorschläge zu einem schrittweisen, *inkrementellen Wandel* des bestehenden Institutionensystems gegenüber. Dazu zählen insbesondere Anregungen, neue Verfahrenselemente in die Entscheidungsprozesse im Rahmen internationaler Umweltinstitutionen einzuführen, etwa den Freiraum für inhaltliche Diskussionsprozesse und den Anwendungsbereich von Mehrheitsabstimmungen auszuweiten. Heute schon wird im Rahmen des oben erwähnten Montrealer Protokolls mit „doppelt-gewichteter" Mehrheit entschieden: Dabei ist die Zustimmung sowohl der Mehrheit aller Staaten als auch von Mehrheiten jeweils der Industrie- und der Entwicklungsländer erforderlich (vgl. WBGU 1996: 72). Weiterhin können beispielsweise Beteiligungsrechte gesellschaftlicher Gruppen (Umweltverbände und betroffene Industrien) ausgeweitet werden.

Im Bereich der Implementation könnte die Anwendung von bestehenden wirksamen Instrumenten ausgebaut werden. So bestände die Möglichkeit, im Rahmen des vorhandenen Institutionengefüges bestehende Streitschlichtungsmechanismen auszubauen bzw. konsequenter einzusetzen, die Implementationskontrolle zu verbessern sowie Sanktionen und Unterstützungsmaßnahmen stärker zu nutzen, um eine wirksame Umsetzung der internationalen Regeln zu gewährleisten. Hier könnte die Staatengemeinschaft auf eine Reihe von positiven Erfahrungen in einzelnen Feldern der internationalen Umweltpolitik aufbauen und diese schrittweise auf weitere Bereiche übertragen und ausweiten. Als Beispiel sei hier nur die Einrichtung eines spezifischen Verfahrens zur Überprüfung der Vertragstreue im Rahmen des Montrealer Protokolls genannt, das bereits Nachahmung gefunden hat (vgl. auch Victor et al. 1998).

Die mangelhafte Koordination zwischen verschiedenen umweltpolitischen Problembereichen schließlich mag zu bewältigen sein, indem Vertragssysteme und Organisationen stärker dezentral vernetzt werden (etwa durch intensivere wechselseitige Beobachtung und Berichterstattung) sowie bestehende Institutionen die Koordinationsaufgabe in stärkerem Maße als bisher wahrnehmen. In diesem Sinne hat die UN Task Force on Environment and Human Settlements unter dem Vorsitz von UNEP-Exekutivdirektor Töpfer im Juni 1998 die Einrichtung einer Environmental Management Group sowie eine vor allem durch UNEP getragene enge Abstimmung zwischen verschiedenen Vertragssystemen samt regelmäßigen Treffen empfohlen (UN Task Force 1998).[2]

2.3 Einführung ergänzender neuer Elemente

Über diese gegensätzlichen Alternativen hinaus steht seit geraumer Zeit die Einführung einzelner ergänzender neuer Elemente in die internationale Umweltpolitik in der Diskussion. Eine ganze Anzahl von relevanten Vorschlägen existiert, aus der hier vor allem drei besonders prominente diskutiert werden sollen: die stärkere Nutzung marktwirtschaftlicher Instrumente wie Umweltsteuern und der Handel mit Emissionszertifikaten, die Einführung von internationalen Mindeststandards in allen drei Problembereichen internationaler Umweltpolitik und die Einführung einer Weltorganisation mit begrenztem Mandat. Weitere Ansätze zur Einführung neuer Elemente, etwa die Einrichtung eines Umweltgerichtshofs, die Umwidmung des UN-Treuhandrats oder die mögliche Stärkung „transnationaler" Strukturen, werden im folgenden nicht detailliert behandelt (vgl. auch WBGU 1996; Biermann/Simonis 1998).

Die seit Jahren kontrovers geführte Diskussion über Marktinstrumente lässt den Schluss zu, dass durch ihre Nutzung grundsätzlich die Effizienz und auch die Wirksamkeit der internationalen Umweltpolitik vor allem im Bereich der Umsetzung erhöht werden könnten (vgl. z.B. Simonis 1995). Bezüglich der Einführung solcher Instrumente ging vom Kyoto-Protokoll zur Klimarahmenkonvention von 1997 ein besonderer Impuls aus. Das Protokoll sieht sowohl einen Emissionshandel zwischen Industrieländern als auch die Einführung des Instruments der Gemeinsamen Umsetzung (*Joint Implementation*) vor. Mit der Gemeinsamen Umsetzung können Industrieländer bzw. Unternehmen Klimaschutzprojekte in Mittel- und Osteuropa oder den Entwicklungsländern durchführen und dafür Emissionsgutschriften erhalten, die sie sich auf ihre eigenen Reduktionspflichten anrechnen können. Die Gemeinsame Umsetzung mit Entwicklungsländern soll sich dabei im Rahmen des sogenannten *Clean Development Mechanism* vollziehen, der einen multilateralen Ansatz zur Gemeinsamen Umsetzung im Nord-Süd-Zusammenhang darstellt.

---

2 Zu den zentralen Aufgaben von UNEP zählt bereits die Koordination der UN-Aktivitäten im Umweltbereich, die aufgrund der schwachen institutionellen Stellung von UNEP als Umwelt*programm* bisher allerdings kaum zufriedenstellend war (zu Aufgaben und Struktur von UNEP vgl. Kilian 1987).

Letztlich bietet die Einbettung derartiger Marktinstrumente in Regelsysteme der internationalen Umweltpolitik die Möglichkeit, Innovationspotenziale des Marktes zielgerichtet auf einen verbesserten Umweltschutz zu nutzen. Die Diskussion über diese marktnahen Mechanismen zeigt, dass die Erschließung solcher Innovationspotenziale in hohem Maße von der angemessenen Ausgestaltung und Einbindung in die weiteren Regelzusammenhänge abhängig ist. Deutlich ist zudem, dass über die Einführung der genannten Instrumente nicht-staatliche, vor allem privatwirtschaftliche Akteure eine hervorgehobene Stellung in der Umsetzung erhalten (vgl. Oberthür/Ott 1999).

Weiterhin könnten international für die Entscheidungsfindung, Umsetzung und Koordination von Umweltabkommen Mindeststandards vereinbart werden. Entsprechend dem Wiener Übereinkommen über das Recht der Verträge von 1969 könnten in einer Übereinkunft über das Recht von Umweltvereinbarungen grundlegende Rechte und Pflichten von Staaten im umweltpolitischen Bereich festgelegt werden. Eine solche Übereinkunft müsste nicht unbedingt völkerrechtlich verbindlich erfolgen. Auf diesem Wege könnten die Vertragsstaaten von Umweltübereinkommen angehalten werden, grundsätzlich, sofern die Verträge nichts anderes bestimmen, Beschlüsse mit (doppelt gewichteter) Mehrheit zu treffen. Ebenso wäre es möglich, Mindeststandards für die Implementationskontrolle (z.B. Festschreibung der Prüfung durch unabhängige Expertengremien) und für die Koordination zwischen Umweltinstitutionen (etwa regelmäßiger Austausch von Beobachtern) vorab festzulegen. In diesem Sinne hat das IUCN bereits 1995 einen völkerrechtlich unverbindlichen *International Covenant on Environment and Development* vorgelegt (IUCN 1995).

Eine „Weltorganisation für Umwelt und Entwicklung" (Biermann/Simonis 1998; Biermann in diesem Band) könnte ebenfalls ein ergänzendes Element darstellen. Dies wäre der Fall, wenn mit der Einrichtung einer solchen Weltorganisation keine grundlegende Umstrukturierung verbunden wäre, sondern diese Organisation als ergänzendes, aber nicht bestimmendes Element in das bestehenden Gefüge internationaler Umweltinstitutionen integriert würde (z.B. durch eine Aufwertung und Ausweitung des UNEP). Z.B. könnte das Mandat einer ergänzenden Weltorganisation darauf beschränkt bleiben, für eine verbesserte Koordination zwischen bestehenden anderen Umweltinstitutionen zu sorgen und/oder die vorhandenen umweltrelevanten Aktivitäten der Vereinten Nationen zu bündeln.

3. Bewertung der Reformperspektiven

Im folgenden werden die dargestellten Innovationsperspektiven anhand von drei Kriterien bewertet. Zunächst steht eine Einschätzung der zu erwartenden *Wirksamkeit* hinsichtlich der Beseitigung der oben aufgezeigten Grenzen internationaler Umweltpolitik im Vordergrund. Daran anschließend wird die *Effizienz* der jeweiligen Lösungsvorschläge untersucht, d.h. es wird der Frage nachgegangen, zu welchen Kosten eventuelle Wirksamkeitsgewinne erzielt werden (vgl. Prittwitz 1994: 63-66). Und schließlich werden die *politischen Realisierungschancen* der verschiedenen Innovationsperspektiven untersucht.

Gerade bei einem so „politischen" Thema wie der Reform des Institutionengefüges internationaler Umweltpolitik kommt dem Kriterium politischer Realisierungschancen entscheidende Bedeutung zu. Eindeutig nicht realisierbare Vorschläge stellen im politischen Raum eine Verschwendung knapper Einflussressourcen dar. Dennoch erscheint es hilfreich, auch die anderen beiden Kriterien zu überprüfen. Zumindest im Hinblick auf eine längerfristige Perspektive ist es von Bedeutung, die Effektivitäts- und Effizienzpotenziale der unterschiedlichen Reformvorschläge abzuschätzen. Eine nicht-realisierbare, aber nach Wirksamkeits- und Effizienzgesichtspunkten überlegene Lösungsmöglichkeit könnte z.B. möglicherweise in kleineren, realisierbaren Schritten angestrebt werden.

3.1 Wirksamkeit (Umweltschutz)

Die inhaltlichen Zielsetzungen der oben unterschiedenen Reformperspektiven weisen erhebliche Überschneidungen auf. Letztlich stellen alle drei Perspektiven auf drei inhaltliche Ziele ab:

1. eine beschleunigte und erleichterte, flexible Entscheidungsfindung vor allem durch Überwindung des Konsensprinzips (und anderes mehr),
2. eine erhöhte Bindungskraft getroffener Entscheidungen durch verstärkte Nutzung von „Zuckerbrot und Peitsche" (Hilfestellung, Anreize und Sanktionen) und
3. eine verbesserte Koordination zwischen den einzelnen Institutionen im Umweltbereich und darüber hinaus sowie damit die Einführung eines Elements der bewussten Gestaltung des Bezugs zwischen diesen Institutionen.

Es ist weitgehend unstrittig, dass die Realisierung der genannten grundsätzlichen Zielsetzungen die besten Voraussetzungen für eine Wirkungserhöhung internationaler Umweltpolitik und der zugeordneten Institutionen schaffen würde. Es stellt sich mithin hier die Frage, was die unterschiedlichen Ansätze besonderes zur Realisierung der Zielsetzungen beizutragen haben. Eine der flexiblen Entscheidungsfindung voraussichtlich zuträgliche Verfahrensinnovation (Mehrheitsentscheidungen, Stärkung von Arguing-Elementen etc.) ist im Grundsatz sowohl in einer zentralisierten Struktur („Weltorganisation") als auch als Element des inkrementellen Wandels realisierbar. Gleiches gilt für eine stärkere Nutzung von Anreizen und Sanktionen in der Umsetzung.

Eine Zentralisierung, bei der mehrere Problemfelder zusammengefasst würden, böte allerdings besondere Möglichkeiten von Koppelgeschäften über die Grenzen der vorher getrennten Bereiche hinweg. Die Verhandlungstheorie hat aber auch deutlich herausgearbeitet, dass eine solche Ausweitung des Verhandlungsbereichs die Gefahr vermehrter Verhandlungsblockaden in sich trägt, da möglicherweise zu zahlreicher Sachaspekte verquickt werden (vgl. Sebenius 1983). Zudem besteht bei einer Zentralisierung die Gefahr, dass institutionelle Innovationen, die sich in Nischen bilden und anschließend Schule machen, erschwert werden. In einer zentralisierten Struktur haben selbst Neuerungen in Randbereichen tendenziell immer sehr viel weitere Implikationen, da der unmittelbar geregelte Bereich institutionell mit vielen anderen verbunden ist. So ist z.B. leicht vorstellbar, dass die Möglichkeit für Mehrheitsentscheidungen, die im Montrealer Protokoll niedergelegt sind, in einer zentralisierten Struktur nicht durchsetzbar gewesen wäre, weil viele Akteure den Präzedenzfall gefürchtet hätten.

Ob eine Zentralisierung zu einer teils erhofften stärkeren Konzentration öffentlicher und politischer Aufmerksamkeit auf die Belange internationaler Umweltpolitik führen würde, kann im Vorhinein kaum beurteilt werden. Hinzuweisen ist aber darauf, dass etwa die internationale Klimapolitik am Übergang zum 21. Jahrhundert keineswegs an mangelnder Aufmerksamkeit leidet (vgl. Oberthür/Ott 1999). Die erhebliche politische und öffentliche Aufmerksamkeit hat aber wiederum die Bedeutung klimapolitischer Entscheidungen für andere Politikbereiche besonders hervortreten lassen und dadurch existierende Widerstände teilweise noch verstärkt.

Einzig zur Lösung des angesprochenen Problems der Koordination zwischen verschiedenen (Umwelt-)Institutionen bietet eine institutionelle Zentralisierung offensichtliche Potenziale. Vor allem könnten Koordinationsprobleme zwischen verschiedenen Umweltinstitutionen wirksam angegangen werden, wenn ein gemeinsames Dach und eine zentrale Anlaufstelle für diese Institutionen bestünde. Ob allerdings etwa mit der Schaffung einer unabhängigen Weltorganisation per se das Gewicht der Umweltpolitik auf der internationalen Ebene zunehmen und die Durchsetzungschancen gegenüber anderen Politikfeldern steigen würde, erscheint fraglich. Das Ungleichgewicht zwischen internationaler Umweltpolitik und der Welthandelspolitik bestand bereits vor Gründung der WTO zu Zeiten des GATT. Das GATT wiederum ist in seiner institutionellen Form als Vertragssystem den heute bestehenden internationalen Umweltregimen vergleichbar. Das Ungleichgewicht zwischen internationaler Umweltpolitik und der Welthandelspolitik ist also kaum auf die Form der zuständigen Institutionen zurückzuführen oder von dieser abhängig. Ihm liegen vielmehr zu größten Teilen substanzielle politische Zielkonflikte sowie das im Vergleich zur Wirtschaftspolitik untergeordnete Gewicht der Umweltpolitik zugrunde. Auch wenn eine gewisse symbolische Aufwertung der Umweltpolitik nicht auszuschließen ist, würde deshalb eine institutionelle Zentralisierung der internationalen Umweltpolitik an sich das genannte Ungleichgewicht nicht nennenswert berühren.

Einzig in der Frage der Koordination zwischen verschiedenen Umweltinstitutionen ergeben sich somit möglicherweise Wirksamkeitsvorteile für die Perspektive einer Zentralisierung internationaler Umweltpolitik. Allerdings ist keineswegs ausgeschlossen, dass ähnliche Koordinationsleistungen auch im Rahmen eines inkrementellen Wandels und durch die Einführung ergänzender neuer Elemente erreicht werden könnten. Insbesondere ist eine effektive Koordination zwischen verschiedenen Umweltinstitutionen auch im Rahmen eines aufgewerteten UN-Umweltprogramms vorstellbar, d.h. durch die Stärkung und Neuausrichtung eines bestehenden Elements des internationalen Institutionengefüges ohne die Einführung der großen organisatorischen Lösung.

3.2 Effizienz

Das Kriterium der Effizienz kann hier nur summarisch behandelt werden. Die Effizienz institutioneller Lösungen ist in erheblichem Maße von deren Ausgestaltung im einzelnen abhängig. Diese Ausgestaltung ist aber bei den unterschiedenen Reformperspektiven nicht im Detail absehbar. Deshalb verbleiben die folgenden Ausführungen im allgemeinen und haben vorläufigen Charakter.

Sowohl bei der Entscheidungsfindung als auch im Bereich der Umsetzung könnte eine große organisatorische Lösung gegenüber dezentralen Strukturen grundsätzlich Effizienzgewinne erbringen. Dies liegt in den erheblichen Transaktionskosten begründet, die die derzeitige dezentrale Struktur mit sich bringt: Jedes Entscheidungsgremium in den einzelnen internationalen Umweltinstitutionen legt gesondert für sich selbst in schwierigen Verhandlungen Geschäftsordnungen und andere Regeln fest, sucht nach den besten Umsetzungsinstrumenten und nach Verfahren, um die Einhaltung von Verpflichtungen zu gewährleisten, und entwickelt diese Elemente weiter. Eine zentrale Institution könnte die einzelnen Sachbereiche von dieser Bürde entlasten, indem verallgemeinerbare Regeln zentral festgelegt werden.

Allerdings schwindet damit möglicherweise zugleich die Flexibilität, die Verfahren den in den einzelnen Bereichen herrschenden Bedingungen sachgerecht anzupassen.[3] Eine Möglichkeit, sowohl die Transaktionskosten der dezentralen Struktur zu verringern als auch eine ausreichende Flexibilität und Anpassungsfähigkeit zu erhalten, bestünde in der Festlegung generell gültiger Mindeststandards für die Entscheidungsfindung und die Umsetzung. Derartige Mindeststandards, von denen nach oben flexibel abgewichen werden kann, erfordern allerdings keineswegs eine zentralisierte Struktur. Sie könnten beispielsweise auch im Rahmen einer multilateralen Vereinbarung verankert werden, die das bestehende dezentrale System um ein neues Element erweitern, aber nicht in Frage stellen würde.

---

3 Außerdem steigt die Gefahr, dass Innovation in Nischen verhindert wird; s. oben Abschnitt 3.1.

Bei der Koordination zwischen verschiedenen Problem- und Politikbereichen ergeben sich dagegen möglicherweise Effizienzvorteile für eine zentrale Struktur. Der Aufwand für die Koordination dürfte reduziert werden, wenn deren zentrale Anlaufstelle bekannt ist und diese die vielfältigen Querbezüge überblickt und verwaltet. Insbesondere dürften die Transaktionskosten im Vergleich mit einer dezentralen Struktur geringer ausfallen, da die Kommunikation zwischen den verschiedenen Problem- und Politikbereichen erleichtert wird. Weitere Effizienzgewinne könnten sich durch ein Bündeln vorhandener Ressourcen ergeben.

Übergreifend ist allerdings im Hinblick auf eine grundsätzliche Umstrukturierung des Gefüges internationaler Umweltinstitutionen zu berücksichtigen, dass internationale Organisationen in den seltensten Fällen als Beispiele für hohe Effizienz gelten. In Organisationen kommt es leicht zu institutionellen Verfestigungen (Aufrechterhaltung obsolet gewordener Arbeitsbereiche etc.), die eine mangelnde Anpassungsfähigkeit und im Anschluss daran Ineffizienzen nach sich ziehen. So gelten die verschiedenen Mitglieder der Familie der Organisationen der Vereinten Nationen, in die sich möglicherweise auch eine Weltorganisation mit Zuständigkeit für den Umweltbereich einreihen würde, gewöhnlich nicht als Beispiele von Effizienz.[4] Durch die Einrichtung einer Organisation in einigen Bereichen ermöglichte Effizienzgewinne werden deshalb möglicherweise durch Effizienzverluste in anderen Bereichen aufgewogen oder gar übertroffen.

3.3 Politische Realisierbarkeit

Wie oben hervorgehoben, kommt den politischen Realisierungschancen entscheidende Bedeutung für die Bewertung der vorgestellten Vorschläge zu. Nur wenn sich in absehbarer Zeit die Möglichkeit bietet, in Richtung auf die entworfenen Perspektiven voranzukommen, lohnt eine detailliertere Ausarbeitung der jeweiligen Reformvorschläge. Ohne derartige Realisierungschancen bleibt die Reformdebatte ein akademisches Gedankenspiel (mit all seinen Reizen). Die folgende Bewertung muss sich dabei auf grundsätzliche Gesichtspunkte beschränken. Eine eingehende Analyse müsste die jeweiligen Interessenkonstellationen im Detail untersuchen. Dies ist im hier gesteckten Rahmen nicht möglich.

Zunächst ist das äußerlich formale Ziel, eine Organisation zu schaffen, von den inhaltlichen Zielen, fortschrittliche Entscheidungsverfahren, Umsetzungs- und Koordinationsmechanismen zu verankern, zu unterscheiden. Gegen die Schaffung einer neuen Organisation gibt es per se große Widerstände.

---

4 Dies spricht allerdings nicht unbedingt für eine Aufrechterhaltung des Status quo. Schon heute sind etwa die Sekretariate internationaler Regime in der Regel an internationale Organisationen angegliedert und haben dementsprechend mit Bürokratisierungstendenzen zu kämpfen.

Ausdruck dessen ist das Stichwort der „institutionellen Sparsamkeit", das seit mehreren Jahren in der internationalen Diskussion als Leitbild dient. Dieses Argument dürfte bei der Umwandlung bestehender Institutionen (wie etwa des UNEP und/oder UNDP) weniger schwer wiegen. Allerdings bedürfte es einer großen politischen Kraftanstrengung, um die vielen Widerstände gegen eine solche Lösung, die sich nicht zuletzt auf die Partikularinteressen der bestehenden Institutionen und ihrer Klientel an der Aufrechterhaltung des Status quo gründen, zu überwinden und die erheblichen Interessenunterschiede der Staatengemeinschaft in Hinblick auf die Ausgestaltung der neu entstehenden Institution (Ressourcen, Entscheidungsverfahren etc.) auszugleichen. Diese Schwierigkeiten würden voraussichtlich auch die Wirksamkeit einer zu schaffenden Organisation beeinträchtigen, da zu erwarten ist, dass als Ergebnis des politischen Prozesses auch Kompromisse hinsichtlich der eigentlich wünschenswerten Ausgestaltung erforderlich wären.

Zu berücksichtigen wären weiterhin vielfältige rechtliche Probleme, so die Fragen, auf welcher rechtlichen Grundlage eine neue Organisation geschaffen werden könnte (z.B. UN-Charta oder unabhängiges Gründungsstatut), welche Voraussetzungen dafür zu schaffen wären und wie die entstehende Organisation in das bestehende internationale Institutionengefüge eingepasst werden könnte: Wie könnten gegebenenfalls Vertragsparteien bestehender Übereinkommen auf die neue Organisation verpflichtet werden? Wie könnte eine sinnvolle Zusammenarbeit/Koordination mit bestehenden Institutionen gewährleistet werden? Alle genannten Schwierigkeiten ergeben sich allerdings generell bei der Schaffung einer neuen Organisation, unabhängig davon, ob dies im Rahmen einer grundsätzlichen Umstrukturierung oder als ergänzendes Element des Institutionengefüges internationaler Umweltpolitik geschieht.

Kaum ermutigender fällt die Diagnose für die politischen Realisierungschancen der inhaltlichen Ziele, die Entscheidungsfindung zu erleichtern und die Umsetzung wirksamer auszugestalten, aus. Eine Abgabe entsprechender Souveränitätsrechte und die Übernahme entsprechender Pflichten trifft bisher auf den fast einhelligen und entschiedenen Widerstand von Regierungen aus Nord und Süd. Dies gilt zunächst sowohl für die Reformperspektive einer grundsätzlichen Umstrukturierung als auch für die des inkrementellen Wandels. Entsprechende Vorbehalte dürften in geringerem Maße in bezug auf die Aufgabe der Koordination verschiedener internationaler Problembereiche gelten, weil hier kaum originäre staatliche Souveränitätsrechte betroffen sind.

Dieses im ganzen eher düstere Bild hellt sich aus der Perspektive des *inkrementellen Wandels* etwas auf. Hier ergeben sich immer wieder Möglichkeiten, in Einzelbereichen zu Verbesserungen zu gelangen. In kleinerem Rahmen sind die Auswirkungen von Neuerungen für die beteiligten Regierungen besser absehbar als in einer zentralisierten Struktur, denn sie bleiben zunächst auf einen Sachbereich beschränkt. So können Präzedenzfälle geschaffen und letztlich ein schleichender Wandel in die Wege geleitet werden.

Die oben dargestellten Fortschritte in der internationalen Umweltpolitik – z.B. die Einführung vereinfachter Entscheidungsverfahren im Rahmen des Montrealer Protokolls und der, wenn auch geringen, Sanktionsmöglichkeiten im Rahmen verschiedener internationaler Umweltregime – sind nicht zuletzt das Ergebnis dieser Vorzüge der derzeitigen dezentralen Struktur des internationalen Institutionengefüges. Weitere inkrementelle Innovationen werden schon heute dadurch erschwert, dass viele Staaten stärker für einen möglichen schleichenden Wandel sensibilisiert sind. Im Rahmen einer zentralisierten Struktur hätten derartige partielle Innovationen kaum eine Chance, den Wächtern staatlicher Souveränität zu entgehen.

Bezüglich der Chancen zur Einführung ergänzender Elemente ergibt sich ein differenziertes Bild. Die Einführung einer Organisation mit begrenztem Mandat wurde bereits oben behandelt. Das Beispiel der internationalen Klimapolitik zeigt darüber hinaus, dass die Einführung von Instrumenten wie der Gemeinsamen Umsetzung und dem Emissionshandel schwierig durchzusetzen, aber möglich ist. Erneut scheint die dezentrale Struktur internationaler Umweltpolitik solchen Vorhaben eher zu- als abträglich zu sein. Zu den schwerwiegendsten Bedenken gegen derartige Innovationen zählen prinzipielle Einwände derart, dass die zugrunde liegenden Konzepte Gesichtspunkte der Gerechtigkeit zwischen Nord und Süd nicht angemessen berücksichtigen (vgl. Oberthür/Ott 1999). Im Rahmen einzelner Problemfelder sollten so begründete Widerstände leichter zu überwinden sein, da die Bedeutung der eingeführten neuen Elemente zunächst eng begrenzt bleibt und den genannten Bedenken hier, losgelöst von Debatten über Prinzipien, häufig pragmatisch Rechnung getragen werden kann.

Bei weiteren vorgeschlagenen ergänzenden Elementen muss jeweils eine Einzelfallprüfung der politischen Realisierungschancen erfolgen. Die Chancen, bestimmte internationale Mindeststandards für die Entscheidungsfindung in und Umsetzung von Umweltvereinbarungen zu etablieren, wären dabei von der konkreten Ausgestaltung abhängig. Diesbezüglich wäre eine Reihe von rechtlichen Fragen zu klären (z.B. mögliche Geltung für bestehende Übereinkommen sowie für Staaten, die solchen Mindeststandards nicht zustimmen etc.). Dies wie auch die Abschätzung der Realisierungschancen weiterer möglicher ergänzender Elemente (z.B. eines Umweltgerichtshofs) würde den Rahmen dieser Untersuchung sprengen und unterbleibt deshalb.

4. Schlussfolgerungen

Das Institutionengefüge internationaler Umweltpolitik ist bisher durch seine dezentrale Struktur gekennzeichnet: In zumeist problemfeldspezifischen Institutionen wurden verschiedene institutionelle Elemente (substanzielle Regeln, Entscheidungsverfahren, Verfahren zur Durchsetzung etc.) miteinander je spezifisch kombiniert. Es ergibt sich damit das Bild weitgehend unabhängiger, flexibel anpassbarer institutioneller Arrangements, die sich zu einem Gefüge internationaler Umweltinstitutionen verbinden, dessen Zusammenhang bisher allerdings kaum bewusst gestaltet wurde.

In diesem institutionellen Rahmen hat die internationale Umweltpolitik bemerkenswerte Wirkungen erzielt. Ihre Wirksamkeit wird allerdings insbesondere durch das weiterhin die internationalen Beziehungen bestimmende traditionelle Verständnis nationalstaatlicher Souveränität eingeschränkt. Als Folge des weiterhin gültigen Souveränitätsprinzips gibt es in der internationalen Umweltpolitik keinen „Schatten der Hierarchie" (Scharpf 1991). Dadurch wird bisher (1) auf der Grundlage des vorherrschenden Konsensprinzips die Annahme verbindlicher Entscheidungen zum Schutz der Umwelt und (2) eine wirksame Durchsetzung getroffener Beschlüsse erschwert. Zudem hat das System internationaler Institutionen im Umweltbereich (und darüber hinaus) (3) vermehrt mit Koordinationsdefiziten zu kämpfen.

Eine Reihe von Vorschlägen zu partikularen oder grundsätzlichen Reformen internationaler Umweltinstitutionen zielt darauf, die genannten Probleme zu lösen. Diese Vorschläge reichen von der Einrichtung einer Weltorganisation mit Zuständigkeit für den Umweltbereich bis zur Einführung neuer Verfahrenselemente im Rahmen bestimmter Umweltvereinbarungen („inkrementeller Wandel"). Die Einrichtung einer Weltorganisation wird dabei häufig als Hauptelement einer Strategie vorgestellt, die auf eine grundlegende inhaltliche und strukturelle Reform internationaler Umweltpolitik zielt. Eine neue institutionellen Hülle in Form einer Organisation gewährleistet allerdings mitnichten die angestrebten substanziellen Veränderungen: Die wirksamere Ausgestaltung von Entscheidungsmechanismen und Verfahren zur Durchsetzung wird in erster Linie durch den fehlenden Willen der Staatengemeinschaft, traditionelle Souveränitätsrechte abzugeben, verhindert. Daran würde zunächst eine zentrale Welt*organisation* für Umwelt und Entwicklung, in der wiederum die Staaten gemeinsam zu entscheiden hätten, per se nichts ändern.

Fortschritte in Richtung auf eine wirksamere Ausgestaltung internationaler Umweltinstitutionen, und die Verwirklichung institutioneller Innovationen zu diesem Zweck, würden also durch die Schaffung einer Weltorganisation weder gewährleistet noch sind sie davon abhängig. Entscheidend ist letztlich vielmehr, ob die Staatengemeinschaft den politischen Willen aufbringt, wirksame Mechanismen zur Entscheidungsfindung, Durchsetzung und problemfeldübergreifenden Integration zu schaffen. Eine so verstandene inhaltliche Stärkung internationaler Umweltinstitutionen bei gleichzeitiger Gewährleistung demokratischer Legitimation zu erreichen stellt die zentrale Aufgabe der internationalen Umweltpolitik dar.

Eine hierarchische Umstrukturierung internationaler Umweltpolitik scheidet als Weg zur Verwirklichung der inhaltlichen Ziele derzeit aus, weil sie angesichts des in den internationalen Beziehungen strukturbildenden Souveränitätsprinzip nicht realisierbar ist. Diese Option ist unter Effektivitäts-

und Effizienzgesichtspunkten einem schrittweisen Wandel auch keineswegs überlegen. Im Gegenteil ist nach diesen Leistungskriterien ein inkrementeller Wandel im Verein mit einer selektiven Ergänzung des bestehenden Institutionengefüges durch ausgewählte neue Elemente einer grundsätzlichen Umstrukturierung in weiten Teilen sogar überlegen.

Vor allem aber gibt es zu einer solchen Perspektive keine sichtbare politisch realisierbare Alternative, auch wenn die bisher in diesem Rahmen erzielten Fortschritte bei der Ausgestaltung internationaler Umweltpolitik unzureichend sind. Die Einrichtung einer mit einem begrenzten Mandat ausgestatteten „Weltorganisation für Umwelt und Entwicklung" könnte Teil dieser Perspektive sein. Eine solche Weltorganisation würde dann eher gleichberechtigter Bestandteil als übergeordneter Kopf des Gefüges internationaler Umweltinstitutionen. Allerdings wären eine große politische Kraftanstrengung und ein langer Atem für ihre Durchsetzung erforderlich. Die davon zu erwartenden Fortschritte in der internationalen Umweltpolitik sind demgegenüber sehr begrenzt. Umweltpolitisch vorteilhaft könnte eine Weltorganisation insbesondere für die Aufgabe der Koordination verschiedener bestehender Umweltvereinbarungen/-institutionen sein, für die so eine zentrale Anlaufstelle geschaffen würde. Das Gefüge internationaler Umweltinstitutionen, die sich bisher weitgehend unabhängig voneinander entwickeln, könnte so gezielter gestaltet werden. Allerdings bestehen auch in diesem Bereich durchaus erfolgversprechende Alternativen zur Einrichtung einer Weltorganisation (z.B. die stärkere dezentrale Vernetzung existierender Institutionen und die Schaffung institutioneller Strukturen zur Koordination unterhalb der Schwelle einer Organisation).

Angesichts des streng begrenzten Leistungspotenzials einer Weltorganisation mit Zuständigkeit für den Umweltbereich stellt sich damit die Frage, ob das zu erwartende Ergebnis den Aufwand lohnt. Erhebliche politische Ressourcen wären erforderlich, um starke existierende Widerstände gegen die Einrichtung einer solchen Organisation zu überwinden. Um diese Ressourcen zu mobilisieren, müssten voraussichtlich größere Erwartungen an die Leistungsfähigkeit einer Weltorganisation geweckt werden als anschließend gehalten werden können. Dies trüge Gefahren für die Legitimation internationaler Umweltinstitutionen insgesamt in sich. Zudem verdeckt die Auseinandersetzung über die institutionelle Form „Organisation" tendenziell die substanziellen Defizite und den darauf bezogenen Bedarf an institutioneller Innovation. Das entscheidende Hindernis auf dem Weg zu einer wirksameren Ausgestaltung der internationalen Umweltpolitik ist weder die fehlende Zentralisierung und Hierarchisierung ihrer Strukturen noch die Abwesenheit einer zuständigen Weltorganisation. Es bleibt die geringe Bereitschaft der Staaten, traditionelle Souveränitätsrechte an multilaterale Institutionen abzugeben. Diese Bereitschaft zu gestalten und zu erhöhen, darin liegt die zentrale Herausforderung bei der institutionellen Reform internationaler Umweltpolitik.

Literatur

Bächler, Günther et al.: Umweltzerstörung: Krieg oder Kooperation? Ökologische Konflikte im internationalen System und Möglichkeiten der friedlichen Bearbeitung. Münster: agenda, 1993.

Bernauer, Thomas/Moser, Peter: Internationale Bemühungen zum Schutz des Rheins. In: Gehring, T./Oberthür, S. (Hrsg.): Internationale Umweltregime. Umweltschutz durch Verhandlungen und Verträge. Opladen: Leske +Budrich, 1997, S. 147-163.

Biermann, Frank: Weltumweltpolitik zwischen Nord und Süd. Die neue Verhandlungsmacht der Entwicklungsländer. Baden-Baden: Nomos, 1998.

Biermann, Frank/Simonis, Udo Ernst: Eine Weltorganisation für Umwelt und Entwicklung. Funktionen, Chancen, Probleme. Bonn: Stiftung Entwicklung und Frieden (Policy Paper 9), 1998.

Chambers, W. Bradnee (Hrsg.): Global Climate Governance: Inter-linkages Between the Kyoto Protocol and Other Multilateral Regimes. Tokyo: United Nations University, Institute of Advanced Studies, 1998.

Chayes, Abram/Chandler Chayes, Antonia: On Compliance. In: International Organization, Jg. 47, Heft 2 (1993), S. 175-205.

Downs, George W. et al.: Is the Good News about Compliance Good News about Cooperation? In: International Organization, Jg. 50, Heft 3 (1996), S. 379-406.

Esty, D. C. 1994: Greening the GATT: Trade, Environment and the Future. Harlow Essex: Longman, 1994.

Gehring, Thomas 1997: Das internationale Regime über weiträumige grenzüberschreitende Luftverschmutzung. In: Gehring, T./Oberthür, S. (Hrsg.): Internationale Umweltregime. Umweltschutz durch Verhandlungen und Verträge. Opladen: Leske + Budrich, 1997, S. 45-62.

Gehring, Thomas/Oberthür, Sebastian (Hrsg.): Internationale Umweltregime. Umweltschutz durch Verhandlungen und Verträge. Opladen: Leske+Budrich, 1997.

Haas, Peter M.: Saving the Mediterranean. The Politics of International Environmental Cooperation, New York, 1990.

Haas, Peter M.: Introduction: Epistemic Communities and International Policy Coordination. In: International Organization, Jg. 46, Heft 1 (1992), S. 1-35.

Haas, Peter M. et al.(Hrsg.): Institutions for the Earth. Sources of Effective International Environmental Protection. Cambridge: MIT Press, 1993.

Haufler, Virginia: Crossing the Boundary between Public and Private: International Regimes and Non- State Actors. In: Rittberger, V. (Hrsg.): Regime Theory and International Relations. Oxford: University Press, 1993, S. 94-111.

IUCN: International Covenant on Environment and Development. Commission on Environmental Law of IUCN – The World Conservation Union in cooperation with International Council of Environmental Law, 1995.

Kellerhoff, Jens: Das internationale Regime zur zivilrechtlichen Haftung für Ölverschmutzungsschäden. In: Gehring, T./Oberthür, S. (Hrsg.): Internationale Umweltregime. Umweltschutz durch Verhandlungen und Verträge. Opladen: Leske+Budrich, 1997, S. 99-115.

Keohane, Robert O.: International Institutions and State Power. Essays in International Relations Theory. Boulder, Col.: Westview Press, 1989.

Keohane, Robert O./Levy, Marc A. (Hrsg.): Institutions for Environmental Aid. Pitfalls and Promise. Global Environmental Accords: Strategies for Sustainability. Cambridge, Mass./London: MIT Press, 1996.

Kilian, Michael: Umweltschutz durch internationale Organisationen. Die Antwort des Völkerrechts auf die Krise der Umwelt? Berlin: Duncker & Humblot, 1987.

Milner, Helen: The Assumption of Anarchy in International Relations. In: Review of International Studies, Jg. 17, Heft 1(1991), S. 67-85.
Oberthür, Sebastian: Umweltschutz durch internationale Regime. Interessen, Verhandlungsprozesse, Wirkungen. Opladen: Leske + Budrich, 1997.
Oberthür, Sebastian/Ott, Hermann E.: The Kyoto Protocol. International Climate Policy for the 21st Century, Berlin: Springer, 1999.
Ott, Hermann E.: Das internationale Regime zum Schutz des Klimas. In: Gehring, T./Oberthür, S. (Hrsg.): Internationale Umweltregime. Umweltschutz durch Verhandlungen und Verträge. Opladen: Leske+Budrich, 1997, S. 201-218.
Prittwitz, Volker von: Politikanalyse. Opladen: Leske+Budrich, 1994.
Raustiala, Kal: States, NGO, and International Environmental Institutions. In: International Studies Quarterly, Jg. 41, Heft 4 (1997), S. 719-740.
Sampson, Gary: WTO Rules and Climate Change: The Need for Policy Coherence. In: Chambers, Bradnee W. (Hrsg.): Global Climate Governance: Inter-linkages between the Kyoto Protocol and other Multilateral Regimes. Tokyo: United Nations University, Institute of Advanced Studies, 1998, S. 29–38.
Sand, Peter. H.: Lessons Learned in Global Environmental Governance. Washington, D.C.: World Resources Institute, 1990.
Sand, Peter H.: Commodity or Taboo? International Regulation of Trade in Endangered Species. In: Green Globe Yearbook 1997, S. 19-36.
Scharpf, Fritz W.: Die Handlungsfähigkeit des Staates am Ende des zwanzigsten Jahrhunderts. In: Politische Vierteljahresschrift, Jg. 32, Heft 4 (1991), S. 621-634.
Sebenius, James K.: Adding and Subtracting Issues and Parties. In: International Organization, Jg. 37, Heft 1 (1983), S. 281-316.
Simonis, Udo Ernst: International handelbare Emissions-Zertifikate. Zur Verknüpfung von Umweltschutz und Entwicklung. WZB Discussion Paper No. FS II 95-405. Berlin: Wissenschaftszentrum Berlin für Sozialforschung, 1995.
UN Task Force on Environment and Human Settlements: Report to the Secretary-General, 15 June 1998.
Victor, David G. et al. (Hrsg.): The Implementation and Effectiveness of International Environmental Commitments: Theory and Practice. Cambridge/Mass./London: MIT Press, 1998.
Wissenschaftlicher Beirat der Bundesregierung Globale Umweltveränderungen (WBGU): Welt im Wandel: Wege zur Lösung globaler Umweltprobleme. Jahresgutachten 1995. Berlin: Springer, 1996.
Young, Oran R.: Institutional Linkages in International Society: Polar Perspectives. In: Global Governance, Jg. 2, Heft 1 (1996), S. 1-24.
Young, Oran et al.: Institutional Dimensions of Global Environmental Change (IDGEC), Science Plan, International Human Dimensions Programme on Global Environmental Change (IHDP), Report No. 9, Bonn, 1999.
Young, Oran R. (Hrsg.): The Effectiveness of International Environmental Regimes: Causal Connections and Behavioural Mechanisms. Cambridge, Mass.: MIT Press 1999.
Zürn, Michael: Vom Nutzen internationaler Regime für eine Friedensordnung. In: Senghaas, D. (Hrsg.): Frieden machen. Frankfurt/Main: Suhrkamp, 1997, S. 465-481.

Globales Arrangement für eine lokale Politik nachhaltiger Entwicklung – das „Klima-Bündnis"[1]

Jörg F. Mayer-Ries

1. Einleitung

Im Sommer 1990 gründeten Repräsentanten einiger größerer europäischer Kommunen und Vertreter amazonensischer indigener Völker ein Bündnis, das sich zu verschiedenen Klima- und Regenwaldschutzmaßnahmen verpflichtete:

> „Reduzierung der CO_2-Emissionen der Kommunen mit dem Ziel einer Halbierung bis zum Jahre 2010; weitgehende Reduzierung aller treibhausrelevanten Gase im kommunalen Bereich; Vermeidung von Tropenholz im kommunalen Bereich; Informationsaustausch zwischen den Kommunen ...; Unterstützung der indigenen Völker durch Förderung von Projekten; Unterstützung der Interessen der amazonensischen Indianervölker ... durch die Titulierung und nachhaltige Nutzung ihrer Territorien" (§2 Satzung des europäischen Vereins Klima-Bündnis, abgedruckt in: Klima-Bündnis 1993: 347ff.).

Die Mitgliederzahl des „Klima-Bündnis europäischer Städte mit indigenen Völkern der Regenwälder zum Schutz der Erdatmosphäre" liegt derzeit bei ca. 850 Kommunen in neun europäischen Ländern mit etwa 47 Millionen Einwohnern, darunter über 400 deutsche Städte. Die Partnerschaft beschränkt sich auf lateinamerikanische indigene Regenwaldvölker, genauer auf die Mitglieder der *Coordinadora de las Organizaciones Indígenas de la Cuenca Amazónica (COICA)*.[2]

Die globalen Klimaveränderungen sind im Übergang von den 80er zu den 90er Jahren noch kaum auf der internationalen und nationalen politischen Agenda, da bildet sich eine klimapolitische Initiative auf lokaler Basis und findet eine verblüffend große und anhaltende Resonanz. Vor welchem Interessenhintergrund ist dieser Vorgang zu erklären? Worin liegt der neuartige und resonanzfähige Charakter des Klima-Bündnisses als Governance-Ansatz

---

1   Der Beitrag resümiert Teile meiner Dissertation an der FU Berlin (Mayer-Ries 1999).
2   Die COICA nimmt die Aufgabe der internationalen Koordination der neun nationalen Verbände wahr, die die Indigenen des Amazonastieflands vertreten, d.h. etwa eine Million Menschen in 400 Ethnien. Die folgenden Aussagen sind immer vor dem Hintergrund zu sehen, dass das Bündnis faktisch auf Amazonastieflandindianer begrenzt ist. Auf die Probleme der Definition und Identifikation „indigener Völker" kann hier nicht eingegangen werden, vgl. hierzu Mayer-Ries 1999.

und sein Spezifikum als institutionelles Arrangement? Und schließlich: Wie wirkungsvoll ist diese Governance-Struktur im Blick auf die Ansprüche des Bündnisses, umwelt- und nord-süd-politische Fragestellungen sowie lokale und globale Verantwortung in partnerschaftlicher Kooperation von europäischen Kommunen und indigenen Völkern zu verbinden?

Diesen Fragen gehe ich im folgenden nach, wobei ich im Rahmen dieses Beitrags nur einige Aspekte des Klima-Bündnis-Arrangements beleuchten kann. Seine einzelnen Handlungsfelder wie CO_2-Reduktion, FCKW-Stopp, Tropenholzverzicht, Menschenrechtspolitik, Biodiversitätspolitik, Projektzusammenarbeit, Erfahrungsaustausch, Bildungsarbeit etc. sowie die institutionelle Entwicklung nebst Fallanalysen sind andernorts ausführlich dargestellt (Mayer-Ries 1999).

2. Der Trend zu transnationalen Governancestrukturen

Governance- und Netzwerkstrukturen allgemein sowie die Herausbildung des Klima-Bündnisses speziell verweisen auf grundlegende Strukturumbrüche in der Entwicklung des kapitalistischen Wirtschaftssystems seit den 70er Jahren, die heute allgemein mit dem Schlagwort von der Globalisierung belegt werden. Vor diesem Hintergrund lässt sich als theoretischer Zugang zur Analyse des Klima-Bündnisses der Ansatz der Regulationsschule nutzen, da mit ihm Zusammenhänge wirtschaftlicher, politischer und sozialer Dynamiken wie auch globaler, nationaler und lokaler Handlungsebenen einbezogen und damit Globalisierungsprozesse differenziert dargestellt werden können.[3]

Die Regulationstheorie konstatiert einen weltweiten Umbruch des *Akkumulationsregime* und der entsprechenden gesellschaftlichen *Regulationsweisen* seit den 70er Jahren. Während der sogenannten *fordistischen Phase* prägten der Einsatz billiger fossiler Energien, Fließbandtechnologie und Massenkonsumgüterherstellung, Tarifpartnerschaft und soziale Sicherungssysteme sowie eine gezielte staatliche nachfrageorientierte Wirtschaftspolitik die gesellschaftliche Akkumulation und Regulation. Seit den 70er Jahren setzen sich zunehmend sogenannte *postfordistische* Regime durch. Wichtige Elemente sind hier die Basistechnologien der Mikroelektronik und Informationsverarbeitung, die flexible Spezialisierung der Produktion und deren globale Organisation, die Segmentierung der Arbeitsmärkte, die verstärkte soziale Differenzierung und die wirtschaftspolitischen Strategien der De- und Reregulierung (Hein 1997). Der Interpretation des Regulationsansatzes fol-

---

3 Obwohl die Regulationsschule mit ihrem Blick auf gesellschaftliche Akkumulationsregime bislang weitgehend auf wirtschaftliche und soziale Fragen fixiert ist, sind ihre Aussagen auch für die Analyse von Institutionen in weniger zentralen Politikfeldern wie Umwelt und Entwicklung höchst aufschlußreich.

gend gehen mit der Flexibilisierung der wirtschaftlichen Produktionsformen räumliche Umstrukturierungsprozesse wie etwa die arbeitsteilige Streuung produktiver und die Zentralisierung dispositiver Produktionsfunktionen einher, wirtschaftliche und soziale Polarisierungseffekte zwischen städtischen Quartieren einerseits sowie zwischen Stadt, Umland und Region andererseits und deren verschärfte globale Konkurrenz als Standorte (Heinelt/Mayer 1992).

Aufgrund dieser „Wechselbeziehung zwischen der Veränderung territorialer Dimensionen sozioökonomischer Strukturen mit anderen Parametern der gesellschaftlichen Organisation von Produktion und Arbeitsteilung" erkennt Hein den Begriff der „Globalisierung" als unpräzise und missverständlich und spezifiziert daher entsprechende Prozesse als „postfordistische Globalisierung" (Hein 1998: 458). Damit sind neben den beschleunigten und intensivierten weltwirtschaftlichen Verflechtungen die neue Rolle nationalstaatlicher Steuerung und transnationaler Politik, die Transformation der Arbeitswelt, die Entwicklung neuer Technologien und Ressourcen sowie die den Globalisierungsprozessen inhärenten Fragmentierungs- und Regionalisierungsprozesse mit einbezogen. In dieser Situation werden Institutionen postfordistischer Regulation notwendig, die eine den ökonomischen Strukturen adäquate Flexibilität besitzen müssen. D.h. sie müssen gleichermaßen in den Bereichen lokaler, nationaler und globaler Politik wirksam werden, das Problem der Überwindung von Armut und Marginalisierung mit dem Problem ökologischer Nachhaltigkeit koppeln und eine Verbindung zwischen unterprivilegierten Bevölkerungsgruppen und neuen Gegeneliten schaffen können (Hein 1997: 344).[4] Hierin liegt die Basis für die Debatte um Nachhaltigkeit und Zukunftsfähigkeit. Die Lösung etwa von ökologischen Problemen muss als Vorteil für die Wettbewerbsfähigkeit der Standorte und auch für soziale Belange gesehen werden bzw. durch entsprechenden politischen Druck legitimiert sein. Dies ist immer häufiger der Fall bei lokalen Umweltproblemen mit überschaubaren Verursachungsketten, jedoch (noch) nicht bei sogenannten *globalen Umweltproblemen* (ebd.: 346f.).

Die Orientierung auf globale Wettbewerbsfähigkeit und der Bedeutungszuwachs lokaler Standortstrategien gehen laut Regulationsansatz Hand in Hand. Insofern wächst die Bedeutung zivilgesellschaftlicher, netzwerkförmiger, transnationaler Organisationen, die jenseits tradierter politischer Entscheidungsstrukturen angesiedelt sind. Neben den üblichen drei Säulen der Nachhaltigkeitsdiskussion (ökonomische, ökologische und soziale Aspekte)

---

4 Den Zusammenhang von globaler Wettbewerbsorientierung und lokalen Standortstrategien hat Robertson 1992 in Form des Begriffs der „Glokalisierung" in die sozialwissenschaftliche Debatte eingeführt, um die Verschränkung von Lokalität und Globalisierung deutlich zu machen (Robertson 1998). M.E. entspricht *Glokalisierung* damit ebenso wie *postfordistische Globalisierung* einer differenzierten Auffassung von Globalisierung i.S. global-lokaler Wechselwirkungen. Man könnte das Klima-Bündnis daher auch als Glokalisierungsresultat bzw. -strategie bezeichnen.

ist diese institutionelle Dimension ganz entscheidend für die politische Leitprogrammatik der Nachhaltigkeit etwa in der Agenda 21.

Internationale Organisationen und formelle Verträge bilden zusammen mit heterogen strukturierten transnationalen Verhandlungssystemen, Netzwerken und Nichtregierungsorganisationen (NROs) einen komplexen Steuerungszusammenhang. Dabei gab überall die neuartige Qualität von Umweltgefährdungen und -politik wichtige Anstöße, insbesondere das Problem des globalen Klimawandels. Er stellt die Souveränität des Nationalstaats ganz offensichtlich in Frage. Dies berührt aber im Zuge postfordistischer Globalisierung nicht nur die externe, zwischenstaatliche Dimension, sondern zunehmend auch die „interne Souveränität" i.s. des Vorrangs staatlicher Hoheitsrechte vor allen anderen internen Gewalten (Hein 1998; Rayner 1994). Während die Nationalstaaten vor die Aufgabe gestellt sind, sowohl die Unabhängigkeit nach außen wie die Abhängigkeit subnationaler Ebenen neu abzusichern und umzugestalten, nutzen subnationale Akteure aus ihrem Autonomieinteresse gegenüber dem Nationalstaat heraus dessen Schwäche gegenüber neuen internationalen Akkumulations- und Regulationsmustern für transnationale Strukturbildungen.

Im übrigen besteht Differenzierungsbedarf nicht nur bei der Rede von der Globalisierung im wirtschaftlichen und politischen Sinne. Auch der Begriff des *globalen Klimawandels* i.S. einer *globalen Erwärmung der Atmosphäre* führt leicht in die Irre. Das Klimaproblem erweist sich zunächst einmal weniger als *Umweltproblem*, sondern qualitativ und quantitativ als *Krise von Gesellschafts-Natur-Verhältnissen*. Die Stabilisierung der Treibhausgaskonzentrationen in der Atmosphäre, wie sie in der Klimaforschung als notwendig erachtet und in der Klimarahmenkonvention vereinbart ist, erfordert nach neueren Klimamodellen sofortige Emissionsreduktionen in der Größenordnung von 50-70% (IPCC 1996), d.h. einen völligen Umbau unserer wirtschaftlichen Strukturen und Lebensweisen. Eine zukunftsfähige Klimapolitik würde also den Möglichkeitsraum gesellschaftlicher und wirtschaftlicher Entwicklung gravierend verändern und müsste sich nicht nur als ökologische Modernisierung, sondern als soziale und ökonomische Aufgabe intra- und intergenerativer Verteilungsgerechtigkeit im lokalen und globalen Maßstab verstehen.

Der Ende der 80er Jahre entstandene öffentliche Diskurs zu globalen Klimaveränderungen erweist sich in seiner dominierenden Variante als ökologisch wie sozialökologisch stark verkürzte und von Industrieländerinteressen geprägte Problemsicht, die von vornherein auf bestimmte technische, ökonomische und politische Lösungen hin ausgerichtet ist (Wynne 1994; Engels/Weingart 1997). Damit wird auch eine bestimmte klimaökologische Funktion der Regenwälder und eine bestimmte klimapolitische Rolle der amazonensischen Gesellschaften fixiert, reduziert auf die Frage der Senkenkapazität Amazoniens im Kohlendioxidkreislauf.[5] Die komplexe ökologische,

---

5 Die umweltpolitisch paradoxen und kontraproduktiven Folgen dieser Sichtweise werden nun auch allgemeiner gesehen. Vgl. etwa WBGU 1998.

ökonomische und soziale Struktur Amazoniens und ihre Verflechtung mit dem europäischen Raum und auch europäischer Geschichte bleiben hierbei außerhalb des Blickfeldes. Zu neuartigen institutionellen Arrangements als Antwort auf die transnationale Problemstruktur besteht also aller Anlass – was aber ist das Motiv für europäische Akteure, speziell im Klimabereich eine Governance-Struktur mit Akteuren Amazoniens aufzubauen? Zum einen gilt es hier die globale Ebene, in diesem Fall die Beziehung zwischen Europa und Amazonien zu betrachten, zum anderen die regionalen Interessenkonstellationen in Amazonien bzw. in Europa.

3. Die neuartige klimapolitische Interessenkonstellation

Die globale Interessenkonstellation zwischen Europa und Amazonien

Ein theoretisches Modell der klimapolitischen Interessenlage für den Nord-Süd-Zusammenhang haben Bromley/Cochrane 1995 entwickelt. Sie modellieren das Problem globaler Klimapolitik auf der Basis des institutionenökonomischen *principal-agent-Ansatzes*, in dem es darum geht, die Anreizstrategien in hierarchischen Vertragsbeziehungen abzubilden, etwa zwischen einem Auftraggeber (*dem Vertretenen/Prinzipal*) und einem Auftragnehmer (*dem Vertreter/Agent*). Das Klimaproblem wird in dem Modell eingeschränkt auf den Bereich des CO_2-bedingten Treibhauseffekts, ausdrücklich einbezogen werden aber die unterschiedlichen Interessen zwischen Industrieländern und Entwicklungsländern mit Tropenwaldbeständen und deren unterschiedliche internationale und intranationale politische Rahmenbedingungen.

Den Regierungen der Industrieländer kann danach das wirtschaftliche und politische Interesse an einem CO_2-Emissions-Management unterstellt werden, das zum einen angesichts begrenzter globaler Emissionsaufnahmekapazitäten den Erhalt von CO_2-Emissionssenken (Tropenwälder) sichert und andererseits kostenminimale heimische Emissionsreduzierungen garantiert, um das bestehende Wirtschafts- und Wohlstandsmodell aufrechterhalten zu können. Die Regierungen der Industrieländer treten somit als Prinzipal gegenüber der eigenen Bevölkerung, aber auch gegenüber den Regierungen von Tropenwaldländern auf, die beide zu Klimaschutzmaßnahmen bewogen werden sollen. Für die Regierungen von Tropenwaldländern andererseits steht der Erhaltung der Tropenwälder als Emissionssenken das wirtschaftliche und politische Interesse an deren Nutzung, Abholzung und Besiedlung entgegen. Ihre Rolle als Agent für die Industrieländerinteressen bedarf der Umsetzung staatlicher Interessen nach innen (Staat als Prinzipal etwa gegenüber der Bevölkerung im Tropenwald), gleichzeitig muss der südamerikanische Staat auch seiner Rolle als Agent der nationalen Wahlbevölkerung gerecht werden.

Trotz seines inhaltlich stark vereinfachten und statischen Charakters macht das Modell die grundlegende Bedeutung der Nord-Süd-Dichotomie und der ökonomischen Interessen der europäischen Seite am Tropenwaldschutz deutlich und kann insofern zeigen, dass auch Ansätze zu einer transnationalen „Politik von unten" wie das Klima-Bündnis nicht losgelöst von globalen Macht- und Regimestrukturen gesehen werden dürfen. Umgekehrt erscheinen so aber auch die simplen politischen Modelle obsolet, die nur Nationalstaaten als einheitliche Akteure kennen. Und ebenso das ökonomische Modell globaler Umweltpolitik, dessen Effizienzkriterium der gleichen Grenzkosten der Emissionsvermeidung auf beiden Seiten hier keine hinreichende Bedingung mehr für die kooperative Lösung zwischen den Industrie- und Entwicklungsländern ist. Vielmehr erfordern die externen und internen Souveränitäts- und Abhängigkeitsmotive der Staaten die Notwendigkeit mehrstufiger Verhandlungs- und Entscheidungsverfahren (Bromley/Cochrane 1995: 302ff.).

Die regionale Interessenkonstellation in Amazonien

Es war nicht zuletzt die amazonensisch-indigene Seite, die die Idee des Klima-Bündnisses 1989 aufgebracht hat, genauer gesagt die Funktionäre der 1984 gegründeten COICA. Im Übergang von den 80er zu den 90er Jahren hatte sich die Gefährdung des Lebensraums amazonensischer Regenwaldvölker nochmals gravierend verschärft, der ökonomische Druck auf die Inwertsetzung Amazoniens nahm von allen Seiten und auf allen Ebenen zu, Rückzugsgebiete bestanden nicht mehr.[6] Gleichzeitig rückte Amazonien in den 80er Jahren international ins Rampenlicht der öffentlichen Aufmerksamkeit, wobei die Umweltdebatte deren Perspektive prägte. Die Klimaproblematik, Ende der 80er Jahre auf die politische Agenda gerückt, drückte der Tropenwaldzerstörung endgültig den Stempel eines globalen Umweltproblems und der Amazonasregion bzw. dem Tropenwald den einer *common heritage of mankind* auf. Für die indigenen Völker waren und sind jedoch nicht die Folgen der Veränderung des globalen Klimas und der damit verbundenen regionalen Klimasysteme das Problem, sondern die veränderte Landnutzung in Amazonien als Ursache des Klimaproblems.

Die oben skizzierte Interessenkonstellation zwischen Industrie- und Tropenwaldländern scheint den indigenen Völkern Amazoniens eine besondere Rolle als Vertreter von ökologisch-ökonomischen Interessen Europas zuzuschreiben und damit auch neue (Ver-)Handlungsspielräume für diese zu eröffnen. Die indigene Politik richtet sich dabei aus mehreren Gründen auf Europa. Zum einen ist dies der traditionelle wirtschaftliche, kulturelle und politische Bezugspunkt Südamerikas. Gleichzeitig entwickeln sich letztere in den

---

6 Zum Stand der Degradation amazonensischer Wälder vgl. u.a. Abramowitz 1998.

80er Jahren zu relativ fortschrittlichen Kräften in der Frage des Menschenrechts- und Umweltschutzes. Vor allem Deutschland tut sich Ende der 80er Jahre und danach klima- und regenwaldpolitisch hervor (Hagemann 1994). Auch die Organisationsformen indigener Politik sind im übrigen durch europäische Einflüsse geprägt (Smith 1996).

Doch ebenso wie andere potentielle internationale Kräfte für die Unterstützung indigener Interessen erscheinen auch die europäischen Aktivitäten in bezug auf Amazonien den dortigen Völkern ambivalent. Die von indigener Seite erhoffte europäische Unterstützung bei der Institutionalisierung zwischenstaatlicher Regime findet ihre Grenzen bei der Souveränität der Nationalstaaten und der herrschenden innerstaatlichen wirtschaftlichen und sozialen Machtverteilung. Indigene Völker erlebten daher trotz aller Aufmerksamkeit Europas über Jahre die Umsetzungsdefizite nationaler wie internationaler Vorhaben sowie den Rückgriff auf rein symbolische Politikstrategien ohne substantielles Gewicht. Zudem bergen die massiven wirtschaftlichen Interessen hinter den Schutzstrategien für das Klima und nun die Biodiversität die Tendenz auch zu Koalitionen zwischen internationalen, nationalen und lokalen Interessengruppen, die indigenen Interessen entgegenstehen.

Die Bildung neuer Allianzen von indigener Seite mit anderen Ebenen und Akteuren macht daher in verschiedener Hinsicht Sinn. Die Internationalisierung der Amazonienproblematik und der indigenen Bewegung (Smith 1996), die partiellen Fortschritte bei der Erarbeitung internationaler Regime zum Schutz indigener Rechte (Wilmer 1993, CEC 1998) und die Demokratisierungs- und Dezentralisierungsprozesse in Lateinamerika (Rosenfeld 1995) stärkten die indigenen Interessen und ihre Autonomievorstellungen gegenüber dem Nationalstaat. Da ihre Autonomieinteressen andererseits international bislang zu wenig wahrgenommen wurden, unternahmen sie auch in dieser Richtung neue Vorstöße. Das Klima-Bündnis eröffnete der indigenen Bewegung mit dem Zugang zu europäischen Kommunen den Zugang zu lokalen Partnern. Klima- und Tropenwaldschutz sind hier nur die anschlussfähigen Themen, um eine erweiterte und aufgeklärte Basis in Europa für das umfassende Autonomiestreben indigener Völker und damit eine Quelle außenpolitischen Drucks auf den lateinamerikanischen Nationalstaat zu erschließen. Dabei scheinen die Kommunen als Partner trotz ihres möglichen Einflusses von außen nicht die Abhängigkeitsstrukturen zu fördern, die sich für die indigenen Organisationen bei den traditionellen staatlichen und nichtstaatlichen Akteuren auf internationaler Ebene ergeben hatten (COICA 1989a).[7] In diesem Punkt unterscheiden sich die neuen transnationalen Partner im Klima-Bündnis auch von möglichen Allianzpartnern der Indigenen vor Ort, wo sie

---

7 Im Gegensatz zu klassischen Organisationen der Entwicklungszusammenarbeit oder des Naturschutzes sind Kommunen als Partner Amazoniens institutionell nicht an bestimmte Inhalte oder an bestimmte Verfahren gebunden und ihre Kapazitäten der Einflussnahme auf die indigenen Partner erscheinen sehr gering.

meist Minderheiten darstellen und angesichts des ökonomischen, sozialen und ökologischen Drucks die Konkurrenzen und Konflikte um territoriale Rechte und politischen Einfluss eher zunehmen werden.

Schließlich sind es institutionelle Interessen der indigenen Verbände und der COICA insbesondere, die von amazonensischer Seite hinter der Gründung und Entwicklung des Klima-Bündnisses stehen. Die COICA trat als junges, widersprüchliches und instabiles Gebilde in das Klima-Bündnis ein (Smith 1996). Für die Aufrechterhaltung und den Ausbau der Koordination bedurfte es neuer Quellen für materielle Ressourcen, für die Legitimation gegenüber den Mitgliedern konkrete Erfolge im Bereich politischer Einflussnahme und öffentlicher Aufmerksamkeit im internationalen Bereich. Gleichzeitig war den internen Vorbehalten gegenüber den Inhalten und Formen der nationalen und internationalen Verbandspolitik zu begegnen und dem dadurch bedingten Identitätsverlust indigener Politik als lokaler Politik (ebd.). Für die indigenen Verbände ist die Bildung transnationaler strategischer Allianzen also geboten, um sich in den Nutzungskonflikten um ökonomische Ressourcen der Regenwälder die zunehmend globalen Mechanismen von Politik, Medien und Wissenschaft zu erschließen, dort entstehenden politischen und finanziellen Abhängigkeiten neue Allianzen entgegenzusetzen und interne institutionelle Spannungen auszugleichen.

Die regionale Interessenkonstellation in Europa

Wie im Falle der indigenen Seite ist auch die Vielfalt der Kommunen auf europäischer Seite kaum auf wenige Struktur-, Handlungs- und Interessenmuster zu reduzieren. Und wie für indigene Völker auch sind diese Vielfalt, die bewusste Abgrenzung gegenüber anderen und das existentielle Interesse an Selbstverwaltung explizit Ziel und Leitlinie der Politik. Im übrigen unterscheiden sich die kommunalen und lokalen Akteure in Europa fundamental von ihren Partnern im Klima-Bündnis.

Das Klimaproblem, wie es Ende der 80er Jahre auf nationaler und internationaler Ebene definiert wird, findet sofort und in seiner herrschenden Fassung als Energie-CO_2-Treibhaus-Problem auf der lokalen politischen Ebene Eingang in die Diskussion. Wie im wissenschaftlichen und internationalen bzw. nationalen Rahmen auch, stellt sich das Klimaproblem für die lokale Ebene als Summe von gesellschaftlichen Aktivitäten und deren belastenden Folgen für die verschiedensten Umweltbereiche dar. Während die Folgen der Veränderung des Klimas heute und gerade in Europa schwer wahrzunehmen und daher kaum politikfähig sind, nimmt der direkte Problemdruck und der konkrete politische Druck durch wachsende Energie-, Verkehrs und Abfallaufkommen sowie weitere klimarelevante Aktivitäten zu, die sich in die klassischen umweltpolitischen Raster von Lärm-, Gesundheits-, Luft-, Wasser- und Bodenbelastungen einfügen lassen. Unterhalb der diskursiven Oberfläche des „globalen Treibhauseffekts" herrscht also eine durch lokale und eher kurzfristige Interessenprioritäten bestimmte Auffassung des Klimaproblems vor. Lokale Klimapolitik wird so zum Dach und zum Verstärker älterer umweltpolitischer Anliegen, wobei das Thema Luftreinhaltung eine ganz wesentliche Basis für die Anschlussfähigkeit des Klimathemas Ende der 80er Jahre an das vorhandene Umweltbewusstsein und die politischen Bearbeitungsstrukturen auf lokaler Ebene darstellt.

Analog der indigenen Perspektive ist die Klimaproblemwahrnehmung also ursachen- und nicht folgenorientiert und knüpft an lokal z.t. bereits lange vorfindlichen Problemlagen an. Inhaltlich allerdings sind die jeweils lokal geprägten Definitionen des Klimaproblems zunächst nicht kompatibel. Und während auf indigener Seite die lokale Interpretation des Klimaproblems wiederum in ein umfassendes politisches Konzept gesellschaftlicher Entwicklung Eingang findet, bleibt das Klimaproblem in europäischen Kommunen ein Ensemble umweltpolitischer Themen, die in der Regel weder untereinander noch mit weiterreichenden wirtschaftlichen, rechtlichen, politischen und gesamtgesellschaftlichen Fragen verbunden sind. Das Interesse europäischer Kommunen an einer eigenständigen lokalen Klimapolitik liegt zunächst einmal also in der Möglichkeit, ein politisch und öffentlich hoch bewertetes und neues Thema besetzen und als Titel für diverse Produkte politischen Handelns benutzen zu können (Michaelowa 1998). Doch nicht nur die symbolische Aufwertung, sondern auch die faktische Stärkung der verschiedenen umweltpolitischen Aktivitäten sind vielerorts durchaus das Ziel lokalstaatlicher Kräfte und das Resultat lokaler Klimapolitik. Hierfür ist vor allem die zunehmende Bedeutung des Standortfaktors Umwelt- und Lebensqualität im Zuge der Durchsetzung des skizzierten postfordistischen Akkumulationsregimes verantwortlich. Gleichzeitig verengen sich allerdings durch eben diesen Wandel die finanziellen Handlungsspielräume und die neoliberalen Trends verschaffen wirtschaftlichen gegenüber ökologischen Interessen einen weiteren Vorsprung. Konsequenterweise erkennen die Kommunen heute nach einigen Jahren Erfahrung mit lokaler Klimapolitik in ihr mehr und mehr das Potenzial, lokale ökonomische Interessen zu verfolgen.[8]

Vor diesem Hintergrund und auf der Basis des ökonomischen und politischen Gestaltwandels Europas und der Nationalstaaten erhält das kommunal charakteristische Streben nach Autonomie neue Impulse, muss aber auch neue Gefährdungen und Einschränkungen gewärtigen (Fürst 1995). In diesem Kontext gewinnt lokale, aber auf globale Klimaveränderungen gerichtete Politik eine spezifische Attraktivität. Sie stützt die vom Klimaproblem völlig unabhängig forcierten Strategien der horizontalen und vertikalen Kooperation von Kommunen, die auch über Ländergrenzen hinausgehen, aber jenseits klassischer hierarchischer Regulationsstrukturen ablaufen (Ward/Williams

---

8 So gewinnt Klimaschutz vor allem als Ausgabensenkungsstrategie für öffentliche wie private Haushalte und Unternehmen an Überzeugungskraft (Frahm/Gruber 1998).

1997). Sie dienen sowohl dazu, Transaktionskosten umweltpolitischen Handelns zu senken, andererseits aber auch, gegenüber staatlich übergeordneten Ebenen Machtressourcen für selbstgestaltete Handlungsspielräume zu sichern oder neu zu gewinnen. Die kommunale Konkurrenz entlang weicher Standortfaktoren und die mittelfristig zu erwartende top-down-Regulation von der europäischen und nationalstaatlichen Ebene her legt die Vernetzung auch im Bereich Klimapolitik nahe. Strategische Allianzen dieser Art stellen dabei einen generellen Trend lokaler Politik seit den 80er Jahren dar, ebenso wie verstärkte Koalitionen innerhalb des örtlichen Handlungsraums und die Kombination von marktwirtschaftlichen, administrativ-planerischen und assoziativen Governance-Mustern (Heinelt/Mayer 1992).

Auf der institutionellen Ebene des lokalen Staates schließlich erscheint das Klimaproblem mit seinem übergreifenden Charakter insbesondere für die unter ökonomischem und politischem Druck stehenden Umweltabteilungen geeignet, ihre Legitimation gegenüber anderen Ressorts, gegenüber der Verwaltungsspitze, gegenüber Umweltinteressen in der Bevölkerung und gegenüber wirtschaftlichen Belangen und den Medien aufzuwerten. Vor allem umweltpolitisch engagierte Kommunen bzw. Dezernate versprechen sich durch die Konkurrenz und Kooperation mit anderen Kommunen einen Legitimationsgewinn für ihr Handeln, ebenso durch die Verbindung zu neuen Akteuren innerhalb und außerhalb der Kommune. Um hier zwischen gemäßigten und weitergehenden Ansprüchen zu vermitteln, in traditioneller Form Umweltpolitik weiterführen und dennoch Forderungen nach einer „anderen Entwicklung" nachkommen zu können, eignete sich im Rahmen der lokalen Klimadiskussion offensichtlich die Einbeziehung des Tropenwaldthemas. Hierdurch werden die Belange der Nord-Süd-Lobby und der globale Klimakontext einerseits angesprochen, zum anderen lässt sich an die lokal oft weit entwickelte Debatte um Luftreinhaltung und Waldsterben anschließen.

4. Das neuartige Arrangement von Akteuren, Inhalten und Verfahren

Die postfordistischen Tendenzen gesellschaftlicher Entwicklung und Regulation, die höchst unterschiedlichen Rahmenbedingungen in Amazonien und Europa und die heterogenen „klimapolitischen" Interessen der indigenen und der kommunalen Seite bereiten nun die Grundlage für ein institutionelles Arrangement ganz neu- und eigenartigen Charakters. Durchaus bewusst in Inhalt und Tonfall an internationale Abkommen angelehnt, basiert das Klima-Bündnis auf einer schriftlich fixierten, politisch legitimierten und öffentlich als verbindlich erklärten Selbstverpflichtung der Mitglieder, deren Verhaltensregeln 1991/92 zu einer Vereinssatzung mit Verfahrens- und Verteilungsregeln weiterentwickelt wurde. Dieser regulative Kern kann daher auch zunächst einmal mit dem klassischen regimeanalytischen Instrumentarium analysiert werden.[9] So werden dort gemeinsame Prinzipien (z.B. die spezifische Verantwortung lokaler Politik für Umweltschutz und interkulturellen Dialog), Normen (etwa Verpflichtungen zum Schutz der tropischen Wälder und des Klimas), Regeln (z.b. der Emissionsreduzierung) und Verfahren (z.b. Monitoring- und Informationsroutinen) vereinbart. Das Regimekriterium der Dauerhaftigkeit scheint 9 Jahre nach der offiziellen Gründung erfüllt und auch Regimewirkungen des Bündnisses lassen sich erkennen – etwa in der Mitgliederentwicklung und in einzelnen Handlungsbereichen. Auch entspricht das Klima-Bündnis dem typischen Zwittercharakter internationaler Regime – es ist Organisation und Vertrag, Regelwerk und politische Praxis.

Andererseits schließen aber an diesen Kern eine Fülle qualitativ andersartiger Regulationsmuster an, die in enger Verbindung mit dem prozessualen Charakter und der heterogenen Akteurs- und Zielstruktur dieses Arrangements zu sehen sind. Dies entspricht ebenso wenig der klassischen Regimevorstellung relativ statischer Strukturen wie die Eigenart des Klima-Bündnisses, sich nicht gemäß klassischer Regimevorstellungen auf eine *issue area* zu beschränken. Solche mehrdimensionalen und dynamischen Strukturen und Verfahrensarrangements werden erst in der jüngeren Regimedebatte explizit aufgegriffen. Der traditionelle Regimebegriff wird dabei Stück um Stück aufgegeben (u.a. Young 1994), neue politikwissenschaftliche Konzepte wie *global governance* entfaltet (u.a. Messner 1996, Zürn 1998) und Querverbindungen zu wirtschafts- und sozialwissenschaftlichen Kategorien (u.a. Keohane/Ostrom 1995, Müller 1994) gesucht. Im folgenden wird daher auf verschiedene theoretische Ansätze zurückgegriffen, um einige wesentliche Facetten des Verfahrensarrangements herauszuarbeiten, die Struktur, Handeln und Wirkung des Klima-Bündnisses prägen.

Im Klima-Bündnis arrangieren sich heterogene Akteure und Ebenen

Trotz der bewussten Ausrichtung auf globale Problemlagen (Klima, Regenwald, indigene Rechte), des expliziten Rekurses auf internationale Regulationsmuster (Treibhausgas-, Ozon-, Menschen- und Minderheitenrechtsregime) und trotz der europa- und weltweiten Akteurskonstellation handelt es sich beim Klima-Bündnis-Regime nicht um eine zwischenstaatliche Vereinbarung. Umgekehrt ist es allerdings auch kein transnationaler Zusammenschluss von NROs, sozialen Bewegungen oder Unternehmen. Vielmehr ist das Klima-Bündnis als Arrangement auf gleichzeitig regionaler, nationaler und transnationaler Ebene zu begreifen, das sich aus subnationalen staatlichen und nichtstaatlichen Akteuren zusammensetzt.

---

9 Vgl. zur klassischen Regimedefinition Krasner 1983: 1ff. und in Erweiterung Mayer/Rittberger/Zürn 1993.

Hinzu kommt, dass in dieser Gemengelage weder die Akteure selbst noch die wissenschaftliche Analyse in der Lage sind, die jeweils Beteiligten eindeutig traditionellen Akteurskategorien zuzuordnen. Die COICA etwa sieht sich als genuine Süd-NRO und damit legitimiert zur Akquisition entsprechend ausgewiesener internationaler Fördermittel, viele der von ihr vertretenen Indigenen und viele Beobachter sehen sie als Produkt europäischer Politik- und Organisationskultur. Einerseits internationales Sprachrohr sozialer Bewegungen und damit in sozialwissenschaftlicher Perspektive ein nichtstaatlicher Akteur, erheben die zugehörigen Ethnien jedoch quasistaatliche Ansprüche und arbeiten an der Anerkennung ihres Selbstverständnisses als „Völker" durch die UN. Auf der anderen Seite stehen europäische Kommunen, die verfassungsrechtlich keine staatlichen Subjekte darstellen und sich selbst von staatlichen Ebenen (Land, Bund, EU) gerne distanzieren – auch oft gemeinsam mit NROs. Gleichzeitig aber streben sie rechtliche und politische Autonomie an. Aus der Sicht ihrer amazonensischen Partner gelten sie im übrigen als einflussreicher Teil des europäischen Staates. De facto sind lokale Politik, Verwaltung, NROs, soziale Bewegungen, kirchliche Einrichtungen, Bildungseinrichtungen, Verbände, Einzelpersonen u.a.m. in unterschiedlichsten Ensembles beim Beitritt und der lokal spezifischen Interpretation und Umsetzung des Klima-Bündnis-Regimes beteiligt, es gibt mittlerweile Koordinationsinstanzen auf lokaler, regionaler, nationaler und europäischer Ebene und entlang bestimmter Programmschwerpunkte und gesellschaftlicher Handlungsbereiche. Bundesländer sind ebenso Mitglieder im Bündnis wie einzelne Regionalverbände, Landkreise, lokale und bundesweite NROs.

Aufgrund dieser Akteursstruktur kreuzen sich verschiedenste Regelmuster im Klima-Bündnis. Hierzu gehören etwa klassische staatlich-hierarchische Instrumente wie rechtsgültige Verordnungen im Wohnungsbaubereich zur Umsetzung kommunaler Energiepolitik in Deutschland und verwaltungsinterne Beschaffungsleitlinien zur Realisierung des Tropenholzverzichts in nahezu allen Mitgliedskommunen. Administrativ-formalrechtliche Verfahren wie Erlasse und Richtlinien dienen sowohl der Umsetzung von Verhaltensregeln des transnationalen Regimes gegenüber den hierarchisch strukturierten Adressaten, auf die das Klima-Bündnis zielt (z.B. Verwaltungen), als auch von Verfahrenregeln der Entscheidungsfindung, der Koordination und dem Monitoring innerhalb der Träger und Mitglieder des Klima-Bündnisses. Die Vereinssatzung ist hier das prägnanteste Regimeinstrument.

Entscheidend für die Resonanz und die Effizienz des Klima-Bündnisses sind aber auch die Muster marktförmiger Konkurrenz vor allem zwischen den Kommunen, die ihre Standortvorteile im Bereich Umwelt- und Lebensqualität kostengünstig ausbauen und präsentieren wollen. Das Kalkül, durch Wettbewerb und strategische Allianzen zwischen den Kommunen einer Region, einer Nation oder europaweit die Transaktionskosten für Knowhow für so neue Bereiche wie Klimaschutztechniken, Stadtmarketing, verwaltungsinternem Umweltmanagement oder gerichtsfeste Beschaffungsrichtlinien für zertifiziertes Tropenholz zu senken, spielt implizit eine gewichtige Rolle für die anhaltende Attraktivität des Klima-Bündnisses in Zeiten des umweltpolitischen Rollbacks.

Auch die gemeinschaftlichen Regelkonzepte indigener und europäischer sozialer Bewegungen verschaffen sich im Klima-Bündnis Geltung, etwa auf den Jahrestagungen des Klima-Bündnisses, die regelmäßig Solidaritätsbekundungen, Deklarationen und Manifeste verabschieden. Außerdem tragen die starken Einflüsse von NROs und sozialen Bewegungen zur hohen und bewußt eingesetzten Bedeutung persönlicher und informeller Beziehungen bei sowie zur strategischen Nutzung des Charismas und der Exotik indigener Leitfiguren. In Kombination mit den Bestrebungen der Kommunen, auch international Standortpolitik und daher kommunale Außenpolitik zu betreiben, arbeitet das Klima-Bündnis mit Besuchs- und Austauschprogrammen der Bündnispartner, wobei die Strategien symbolischer Politik wie u.a. Embleme, Gruß- und Solidaritätsadressen sich gezielt an diplomatischen Gepflogenheiten orientieren.

So fließen je akteursspezifische Kompetenzen und Präferenzen, wie Dinge zu regeln sind, in das Arrangement ein, und vor allem auch jene Regelkonzepte, die sich als anschlussfähig erweisen für die verschiedenen Zieldimensionen, Ebenen, Lebenswelten und Organisationstypen, die im Klima-Bündnis aufeinandertreffen. Ergebnis sind hybride Regulationsmuster wie etwa der jährliche Wettbewerb österreichischer Kommunen um den symbolischen Status der kreativsten Klimaschutzgemeinde, angeregt und durchgeführt unter dem politischen Druck lokaler und regionaler Umweltverbände, koordiniert von einem landesweiten Zusammenschluss von NROs und Kommunalverbänden, der die Form einer privatwirtschaftlichen Gesellschaft hat und formal den europäischen Verein in Österreich vertritt.

Das Klima-Bündnis ist daher auch geprägt von ebenenübergreifenden Regime- und Verfahrens-Linkages, d.h. auch in diesem „räumlichen" Sinne mehrdimensionalen Regelmustern. Solche Arrangements stellen für die Regimeanalyse analytisches Neuland dar. Also etwa die Frage, ob und welche Linkages zu anderen Regimen oder vergleichbaren Institutionen bestehen, die sich angesichts der rasanten Entwicklung inter- und transnationaler Beziehungsgeflechte und den Überlegungen etwa der Regulationstheorie aufdrängt.[10] Das Klima-Bündnis-Regime bezieht sich z.B. explizit auf globale Klimaregime sowie die UN-Menschen- und Minderheitenrechtskonventionen. Ebenfalls eine vertikale Regelverflechtung liegt in den Bezügen zu je-

---

10 Diese Frage hat explizit erstmals Young 1996 aufgeworfen und hierzu einen ersten Ansatz für eine Typologie entworfen, um diesen Aspekt differenzierter angehen zu können als durch die allgemeine Einsicht, daß Regime prinzipiell immer in andere eingebettet sind. Doch die Beziehungen etwa zwischen den internationalen umweltpolitischen Regulierungsinstrumenten sind bislang weitgehend ungeklärt (vgl. hierzu WBGU 1996 und 1998).

weils nationalen Umwelt-, Menschenrechts- und nord-süd-politischen Richtlinien vor. Das Klima-Bündnis-Arrangement kann von vornherein nur innerhalb der Grenzen dieser Regime wirken, ist also per se ausgesprochen schwach hinsichtlich seiner Durchsetzungs- und Sanktionierungsgewalt. Durch die gezielte Instrumentalisierung dieser Linkages können aber die eigenen Verhaltensanforderungen gestärkt werden bzw. als gezielte Ergänzungen und Optimierungen zu übergeordneten Regelmustern ausgegeben werden und damit die akteursbedingte Schwäche der Geltungskraft des Klima-Bündnis-Regimes eventuell mildern. Das Klima-Bündnis nutzt so auch von Beginn an die Verfahrenskombination aus ordnungspolitischen Rahmensetzungen und Selbstverpflichtungen, die in der umweltpolitischen Debatte heute unter den Stichworten „strategische Umweltplanung" oder „management by objectives" als zukunftsweisend eingeschätzt wird (Carius/Sandhövel 1998). Auch strategische Allianzen zwischen lokaler und UN-Ebene etwa mit dem Ziel der Stärkung von Minderheitenrechten auf der dazwischen liegenden nationalen Ebene lassen sich innerhalb des Klima-Bündnisses beobachten, wenn Kommunen ihre Landesregierung mit gemeinsamen Erklärungen konfrontieren, die für die Ratifizierung der ILO-Konvention Nr.169 zum Schutz indigener Völker plädieren.

Im Klima-Bündnis werden heterogene Ziele und Inhalte arrangiert

Einen besonders ausgeprägten Charakter als Arrangement von Regelmustern hat das Klima-Bündnis nicht nur aufgrund der hybriden Akteurs- und Ebenenstruktur. Auch die Ziele und Inhalte, die vor allem in den Elementen der *principles, norms* und *issue areas* der klassischen Regimedefinition als sachlich klar definierte Konvergenzpunkte von Akteurserwartungen (vgl. Krasner 1983: 2) und daher als relativ homogener Zusammenhang vorgestellt werden, erweisen sich hier von vornherein als ausgesprochen heterogen. Dies sei im engen Rahmen dieses Beitrags exemplarisch anhand der regulativen Leitvorstellungen, d.h. der Prinzipien dieses Regimes dargestellt, und hier vor allem mit Blick auf die gemeinsame Problemdefinition, d.h. die *facts* und *causations* (ebd.). Im Unterschied zur Vorstellung der klassischen Regimetheorie kann gerade im Bereich globaler Umweltherausforderungen nicht davon ausgegangen werden, dass die Problemwahrnehmung zwischen den Akteuren bekannt und ohne weiteres kommunizierbar ist, mit der Folge, dass gegenseitig Unsicherheit über die jeweilige Interessenlage herrscht. Governance-Strukturen dienen daher, so die Erkenntnis der jüngeren Regimeanalyse, zunächst der Entwicklung eines gemeinsamen Problemverständnisses und des *fact finding* in einem Prozess des Austauschs über die jeweils eigenen Problemdefinitionen in einem bestimmten „Weltausschnitt" (Müller 1994: 28). Danach ist die Konvergenz der Akteurserwartungen auf gemeinsame Prinzipien hin kein vorgegebenes Faktum, sondern ein Kommunikationsprozess und Teilaufgabe des Regimes (Kohler-Koch 1993; Jachtenfuchs 1996). Die klassische Regimevorstellung setzt voraus, daß die kommunizierenden Parteien die gleiche Lebenswelt und ein überwölbendes Rechtssystem teilen. „Beide Voraussetzungen fehlen in internationalen Beziehungen. Um Verständigungsleistungen zustande zu bringen, müssen wir also erwarten, daß die Akteure besondere Anstrengungen machen, um die Authentizität ihrer Partner zu prüfen, andererseits besondere Bemühungen aufwenden müssen, um ihre eigene Wahrhaftigkeit unter Beweis zu stellen" (Müller 1994: 31).

Auch die gegenseitige Anerkennung als Verhandlungspartner, im klassischen Regimeverständnis eine weitere implizite Prämisse, muß also zum Prinzip der Regimebildung erhoben und als Lernprozeß im Zuge des Regimehandelns realisiert werden.

Je weniger aber Fakten, Ursachen und Verantwortlichkeiten eindeutig kommunizierbar und bestimmbar werden, um so stärker muss eine Problemdefinition ersatzweise an ethisch-normative Prinzipien und die Autorität bestimmter *epistemic communities* appellieren.[11] Darüber hinaus betont die jüngere Politikanalyse die Bedeutung nicht-wissenschaftlicher kognitiver Faktoren wie z.b. den Einfluß von Weltbildern (Young 1994), regulativen Ideen (Jachtenfuchs 1996) und auch Mythen (Rayner 1994). Diskurse allgemein sind in ihrer strukturierenden Wirkung für Kognition und Kommunikation zu politisch relevanten Strukturierungsmustern, also Regeln zu zählen (vgl. Eder 1992). Insgesamt gewinnen kognitive Deutungsmuster Relevanz bei Unsicherheit, Zeitdruck und knapper Information, sie stellen Filter zur Reduktion von Komplexität dar, die Regime konstruieren und aufrechterhalten helfen. Aus diesen Komponenten entwickelt sich häufig eine eigene „Regimesprache", die die fehlende gemeinsame Sprachbasis ersetzen hilft und den Vertrauensaufbau durch Kommunikation stützt. Eine kulturübergreifende Regimestruktur wirft aber auch hier das Problem der Gültigkeit von Standards oder der Eindeutigkeit von Inhalten auf. In jedem Falle werden Katalysatoren, Mittler und Verstärker wie Medien oder Teilöffentlichkeiten für die heutigen Regime unerläßlich, charismatische Persönlichkeiten und Experten mit Fachwissen werden u.U. zu relevanten Einzelakteuren (Young 1994). Hierauf gründen die zunehmende Bedeutung und die faktische Wirkung von Strategien symbolischer Politik, Bewußtseinsbildung und Öffentlichkeitsarbeit als notwendige Bestandteile zur Generierung und Aufrechterhaltung gerade auch transnationaler Regime.

---

11 Epistemischen Gemeinschaften wird allgemein eine zunehmende, im Umweltbereich eine besonders große Bedeutung zugemessen (Müller 1994; Haas 1992). Und nirgends sonst hat die (Natur-) Wissenschaft mehr politischen Einfluß auf Problem- und Politikformulierung genommen als in der Frage globalen Klimawandels (vgl. Engels/Weingart 1997). Bislang wird die Debatte um *epistemic communities* allerdings in krasser Selbstbezüglichkeit der Beteiligten verengt auf wissenschaftliche und westliche Erkenntnisgemeinschaften geführt.

Verschaffen sich diese Arten von Governance-Elementen in der herrschenden Regimedebatte langsam Gehör, so erscheinen sie für die Analyse transnationaler und transkultureller Arrangements unabdingbar für das Verständnis deren Genese und Funktionsweise. Das komplexe Zusammenspiel dieser „weichen" kognitiven Regelmuster mit den „härteren" politisch-rechtlichen und vor allem den ökonomischen Governance-Mustern wird im Klima-Bündnis gut an den grundlegenden Prinzipien sichtbar. Die Definition dieser gemeinsamen Interessen im Klima-Bündnis-Regime lässt sich aus den Texten folgendermaßen pointiert zusammenfassen:

- Es droht ein globaler Klimawandel. Das ist das gemeinsame Problem. Das Klimaproblem hat aber regional verschiedene Ursachen, Formen und Wirkungen.
- Das Problem ist lösbar, lokale Akteure haben hierbei eine spezifische Kompetenz. Ihr Handeln ist daher unverzichtbar, ihre Handlungsspielräume sind zu erweitern.

Ein genauere Analyse der programmatischen Texte und der inhaltlichen und organisatorischen Umsetzung dieser Prinzipien spiegelt dabei die fragile Struktur der transnationalen Verbindung wider, die angesichts der oben skizzierten mehrschichtigen und widersprüchlichen Interessenkonstellationen zu erwarten ist.

Einerseits entspricht die Problemwahrnehmung bzw. -formulierung weitgehend dem herrschenden Klimadiskurs und in Übernahme dieses Diskursrahmens wird das Problem räumlich global, aber physisch reduziert auf CO_2-Emissionen gefasst. Andererseits werden die Klimaprobleme aber auch aus Sicht beider lokaler Akteursgruppen und damit räumlich eng (lokal und regional), aber physisch relativ komplex skizziert: Energieverbrauch, motorisierter Verkehr und chemische Produktion, Tropenwaldvernichtung, Siedlungsbewegungen und Exportstrukturen. Damit sind lebensweltlich konkretere Erwartungshorizonte skizziert, d.h. verschiedene, sehr stark von den lokalen Interessen geprägte Problemdefinitionen: Klimaschutz als Luftreinhaltung hier, als territoriale Souveränität dort. Diese Erwartungshorizonte aber sind den Parteien nicht gemeinsam i.S. einer geteilten Situation, die der klassischen Regimeanalyse bei ihrer Regimedefinition vorschwebt. Was unter globalen Klimaveränderungen und ihren Folgen im einzelnen zu verstehen ist, wird in gemeinsamen Klima-Bündnis-Erklärungen letztlich nicht näher beschrieben. Die Problemdefinition bleibt, positiv formuliert, pluralistisch, eher negativ formuliert: in einem brüchigen Schwebezustand.

Das Klima-Bündnis hat aber verschiedene Varianten entwickelt, zwischen den zunächst unvermittelten Polen der Problemdefinition Linkages und Kompromisse herzustellen. Hierbei erweisen sich verschiedene Formen der oben erwähnten kommunikativen und kognitiven Regelmuster als von zentraler Bedeutung.

Ein wichtiger Linkageansatz zeichnet sich in dem zunehmenden Bezug des Klima-Bündnisses zum Politik- und Diskursrahmen der Biodiversitätsproblematik ab. Schon sehr früh tauchte im Zentrum des Klima-Bündnisses die Vorstellung von der *Gefährdung der Biosphäre* auf und wurde zunehmend zum gemeinsamen Problembezug, ohne daß der Begriff der Biosphäre auch nur annähernd geklärt wurde[12]. Die relativ breite und heterogene Interpretation des Klimaproblembegriffs im Klima-Bündnis erhält durch das Konzept der Biosphäre – als Oberbegriff zu Atmosphäre, Luft und Klima wie zu Ökosystem, Tropenwald und Lebensraum – jedoch ein tragfähigeres Fundament. Der Bezug auf aktuelle wissenschaftliche Debatten und Begriffe (Biosphäre, Biodiversität) ist ein Regimeverfahren, um ein gemeinsames Problemverständnis vorzugeben. Dabei bleibt die Regimesprache zunächst bei den abstrakten Schlagwörtern der wissenschaftlichen Diskussion, ohne sie zu konkretisieren und stellt den Begriff der Biosphäre als Folie für unterschiedlichste Interpretationen zunehmend in den Mittelpunkt. Die Partner haben damit formal eine gemeinsame Problemformulierung, d.h. ein Prinzip. In der Entwicklung des Klima-Bündnisses bildet es z.Zt. die Basis für einen allmählichen substantiellen Paradigmenwechsel, im Zuge dessen das Thema „Treibhauseffekt" durch das Thema „Gefährdung der Biodiversität" ergänzt und partiell auch ersetzt wird und damit neue und z.T. tragfähigere Problemzusammenhänge zwischen Amazonien und Europa „entdeckt" werden können. Verstanden als Gefährdung der Vielfalt der Lebensräume (Habitat), Arten (Spezies) und genetischen Varianten (Genom) wird die Biodiversitätsproblematik zwar vor allem auf das Ökosystem Amazoniens bezogen. Zunehmend wird aber erkannt, dass sie auch in Bezug auf die europäischen Lebensräume bedeutsam ist, etwa in Folge der industrialisierten Formen der Landwirtschaft und Forstwirtschaft, und in Bezug auf die Nord-Süd-Beziehungen, etwa was den Handel mit Pflanzen, pflanzengenetischem Material und geistigen Eigentumsrechten betrifft. Gegenüber der Definition des Klimaproblems als Überlastung von atmosphärischen Absorptionskapazitäten bietet der Rekurs auf das Klimaproblem als Zerstörung von Lebensräumen (Biosphäre, Biodiversität) eine bessere Möglichkeit, die soziale, ökonomische und kulturelle Dimension zum gemeinsamen Problem zu machen. Die indigenen Akteure bringen dabei mit ihrem Beharren auf Amazonien als Lebens-, Wirtschafts- und Kulturraum ein wichtiges Potenzial für die Verbindung atmosphärischer und biosphärischer Klimasicht, von Umwelt- und Entwicklungszielen bzw. von lokaler und globaler Handlungsebene ein.

Ein Linkage, der unter der Oberfläche der klima-, umwelt- und nord-südpolitischen Programmatik die europäischen Kommunen und die indigenen Völker miteinander verbindet, ist allerdings m.E. mindestens ebenso ent-

---

12 „Die Erhaltung des Klimas, der Schutz der Biosphäre unseres Planeten, sind die wichtigsten Aufgaben der Umweltpolitik im kommenden Jahrzehnt" (Stadt Frankfurt 1991: 8)

scheidend für die Kohäsionskräfte im Klima-Bündnis. Dabei geht es um das regulative Leitmotiv beider Partner, sich angesichts der ökonomischen und ökologischen Globalisierungstendenzen und der sich abzeichnenden neuen politischen Governance-Strukturen als kompetente eigenständige Akteure zu verstehen und zu behaupten. Die Vertreter der Mitgliedskommunen verweisen etwa auf das „traditionelle Autonomiebewusstsein" der europäischen Städte (Klima-Bündnis 1993: 40). Die indigenen Völker betonen die Notwendigkeit und Vorteilhaftigkeit einer authentischen, kulturell und ethnisch angepassten Selbstverwaltung für den Schutz der Regenwälder (Nugkuag 1990: 52). Im Klima-Bündnis streben beide Seiten eine Unterstützung genau dieser Eigenständigkeit an, durch die direkte Zusammenarbeit und dem hierüber erhofften Einfluss auf andere Ebenen und Institutionen. Gemeinsame Überzeugung der Akteure ist, dass ihren jeweiligen lokalen Interessen nationale und internationale Widerstände entgegenstehen oder von diesen keine bzw. wenig Unterstützung zu erwarten ist. Mit dem antizentralistischen Impuls ist dabei oft die Kritik an staatlichen Akteuren und Strukturen verbunden.

Die Eigenständigkeit wird allerdings bei den europäischen Kommunen ausschließlich gegenüber dem Staat gefordert, bei indigenen Völkern dagegen bezieht sie sich ausserdem auch auf wirtschaftliche Interessen im In- und Ausland und auf NROs. Dies ist ganz entscheidend für die Kooperationsmöglichkeiten und Politikmuster im Klima-Bündnis. Während für den lokalen Staat in Europa im Klima-Bündnis etwa NROs relativ unproblematische Partner sind und Netzwerkbildung mit anderen Interessengruppen zunehmend gang und gäbe ist, haben indigene Völker hier auch im Klima-Bündnis wesentlich mehr Berührungsprobleme.

Für beide Linkages bzw. inhaltliche Brücken des Klima-Bündnisses gilt, daß sie einerseits ihr Fundament in den zentralen ökonomischen und politischen Interessen der Partner haben, aber andererseits bislang nicht oder nur ansatzweise explizites Programm des Bündnisses sind. Die Heterogenität der Akteure und die scheinbare Eindeutigkeit des Klima-Problems erschwert den Prozeß, die wirklich gemeinsamen Interessen und Problemlagen zu identifizieren. Regelmuster, wie sie die klassische Regimetheorie definiert – Prinzipien, Normen, Regeln, Verfahren – , sind daher hier nicht der Ausgangspunkt und die Regel, sondern allenfalls Ergebnis und Teil eines langwierigen „dynamischen" und „reflexiven" Regimeentstehungs- und –gestaltungsprozesses (vgl. Gehring 1994, Kohler-Koch 1993). Kommunikative und kognitive Verfahren bilden in diesem Prozess in all den Facetten, wie sie oben angesprochen wurden, ganz entscheidende Regelmuster, die das Klima-Bündnis als vorläufiges Ergebnis von Verständigungsprozessen erscheinen lassen. Allerdings ist dieser Verständigungsprozess, wie die skizzierten, eher implizit bleibenden Linkage-Bildungen deutlich machen, keineswegs immer zielgerichtet gestaltet und produziert neben echten auch Scheinkompromisse. Entsprechend hat man es hier auch zwar durchaus mit einem Lernprozeß zu tun, dessen Ergebnis nur in Rückbindung auf vorangegangene Regimebildungsschritte erklärbar ist. Es handelt sich aber auch um einen Gestaltungsprozess, in dem etwa Interessenlagen, Interessenunterschiede und kulturelle Differenzen nicht genügend reflektiert werden. Kognitive Regelmuster – wie etwa wissenschaftliche generierte Leitbilder und interkulturelle Zuschreibungen – stützen wie erschweren die Vermittlung der beiden Bündnisseiten.

Regelmuster wie der teilweise Wettbewerb der Kommunen im Klima-Bündnis untereinander sind hier hilfreich, da sie den substantiellen Kern gemeinsamer Interessen und strategischer Allianzen freilegen helfen. Ebenso ist die Entwicklung hin zu regionalen, relativ autonomen „Fraktalen" des Klima-Bündnisses (etwa das Bündnis österreichischer Kommunen mit einem einzelnen indigenen Regionalverband in Brasilien) eine interessante Perspektive, um Regelungsmuster wie hierarchische Entscheidungsverfahren, den gezielten Einsatz von Medien und Öffentlichkeit als Motivations- und Marketingstrategie oder interkulturelle Exposureprogramme und Kommunikationsprozesse effektiver zu gestalten.

5. Zur Wirkung des Klima-Bündnisses

Angesichts der neuen Problemlagen und institutionellen Entwicklungen zu ihrer Lösung muss die Theorie zu einer veränderten Sichtweise kommen, was die Beurteilung der Stärke und der Effektivität von Governance-Strukturen angeht. Die Einbeziehung transnationaler Elemente, der Verbindungen zwischen verschiedenen Regimeebenen und der dynamischen Wechselwirkungen zwischen Macht-, Interessen- und kognitiven Aspekten wirken sich auf die Bewertung der Umsetzungs- und die Sanktionschancen von Regelmustern und deren Arrangement etwa im Klima-Bündnis aus. Die organisatorische Stabilität und formale Regulierungsstärke eines solchen transnationalen Regimes können daher ebensowenig wie seine Erfolge an klassischen zwischenstaatlichen Strukturen gemessen werden.

Als Erfolgskriterien kommen daher neben der Durchsetzung von Normen, der Umsetzung konkreter Maßnahmen und realen Verbesserungen der problematischen Ausgangslage auch Wirkungen wie etwa verstärkte Kooperationsbeziehungen, das Einbringen bestimmter Themen auf der politischen Agenda und deren konkrete Formulierung, die Erleichterung regimeinterner und -externer Lernprozesse sowie veränderte Einstellungen der Akteure in Betracht (Levy/ Young/Zürn 1995: 304ff.). Ebenso ist im Regimebildungsprozess die Stabilisierung des eigenen institutionellen Systems wie das des öffentlichen Resonanzraums oder auch die Vergrößerung von Handlungsspielräumen und Unterstützung der Wirksamkeit anderer Regime von Bedeutung.

Als Wirkung ist in jedem Falle die große Resonanz des Klima-Bündnisses i.S. der positiven Mitgliederentwicklung zu werten. Diese Resonanz ist ohne inhaltliche Anlehnung an die Treibhausdebatte nicht zu erklären.

Gleichzeitig umfasst das Klima-Bündnis, festzumachen vor allem an der indigenen Seite, eine vom herrschenden Diskurs getrennte Perspektive auf das Klimaproblem, deren Verbreitung und Umsetzung in politische Strategien – wenn auch bislang ohne materielle Effekte auf die Umwelt – ebenfalls als Erfolg zu werten sind. Hierin liegt ein spezifisches Potenzial des Klima-Bündnisses für gesellschaftliche Erkenntnis- und Lernprozesse, insofern das Klimaproblem in einzelnen Handlungsbereichen und Maßnahmen lokaler Mitglieder gegenüber dem traditionellen Verständnis ökologisch und sozialökologisch komplexer aufgefasst wird. Klimapolitik ist eine bis heute noch nicht definierte Politikarena (Brauch 1996), die *issue area* kann hier also keine Voraussetzung mehr von Regimen sein, sondern das Klima-Bündnis etwa trägt im lokalen Diskurs zu räumlichen, zeitlichen und sachlichen Abgrenzung des Klimaproblems bei – was nicht nur in einem interkulturellen Setting als Translations-, d.h. Übersetzungsleistung zu sehen ist.[13]

Trotz solcher Vermittlungsansätze bleiben die Problem- und Interessenlagen im Klima-Bündnis bislang weitgehend unvermittelt nebeneinander bestehen und die diesbezüglichen Widersprüche im Gesamtkonzept unaufgelöst, pointiert ausgedrückt als lokale Umweltinteressen hier und lokale Entwicklungsinteressen dort. Das Steuerungselement der Selbstverpflichtung zur Halbierung der CO_2-Emissionen wird zunehmend überlagert durch andere Normen und Zielgrößen, die auf andere nationale, regionale und lokale Regulationsmechanismen zurückgehen und nicht transnational verankert sind. Die durchaus beachtlichen und vom Prinzip her auch global relevanten Minderungserfolge in einzelnen Mitgliedskommunen müssen aber großteils diesen zusätzlichen ökonomischen und politischen Regimen zugeschrieben werden. Solange die Klima-Bündnis-Selbstverpflichtung nicht in ein integratives lokales Entwicklungskonzept eingebettet ist, sagt auch ihre weitgehende Realisierung allein noch nichts über Fortschritte i.S. einer translokal verantwortlichen nachhaltigen Entwicklung aus, die auch indigenen Völkern zugute kommt. Andererseits ist das Klima-Bündnis mit seiner Strategie der horizontalen Verflechtung auf der Ebene des lokalen Staates, mit einer Politik der Förderung weicher Standortfaktoren und mit gezielten Strategien von meßbaren Selbstverpflichtungen und symbolischer Politik ausgesprochen anschlussfähig an das ökonomische Regime des kommunalen Standortwettbewerbs.

Bislang steht eine breitere und intensivere Auseinandersetzung aus, die die unterschiedlichen klimapolitischen Interessen thematisiert, den Gründen der bleibenden organisatorischen und programmatischen Ungleichgewichte nachgeht und gemeinsame Interessen jenseits der Klimafrage auslotet. Hierzu wiederum müsste auch innerhalb der europäischen Mitglieder das klimapolitische Tun stärker in einen breiteren sozioökonomischen Zusammenhang gestellt und mit den verschiedenen Interessen und Interessenkonflikten offener umgegangen werden. Nicht zuletzt das Resultat dieser Defizite ist das Auseinanderdrif-

---

13 Vgl. hierzu das Konzept der „translational linkages" von Princen/Finger 1994.

ten der europäischen und amazonensischen Bündniselemente zu einem sich stabilisierenden europäischen Städtenetzwerk einerseits und einem sich ebenfalls stabilisierenden Verband indigener Organisationen andererseits. Diese Drift, so positiv die organisatorischen und inhaltlichen Entwicklungen in jedem der Teilbündnisse auch sein mögen, hat jedoch für die europäische Seite den Effekt, neben den indigenen Akteuren auch inhaltliche Bezüge nach Amazonien aus dem Auge zu verlieren, womit für eine nachhaltige Klimapolitik europäischer Kommunen innovative Anstöße aufgegeben werden. Die Entwicklung hin zu einem solchen institutionellen Arrangement allein europäischer Gemeinden gefährdet das spezifische Potenzial, lokale und globale sowie umwelt- und entwicklungsbezogene klimapolitische Aspekte aufeinander zu beziehen. Wie ich zu zeigen versucht habe, läge hierin aber eine neue, nachhaltige Qualität lokaler Klimapolitik in europäischen Kommunen, auch unabhängig von einem Ressourcentransfer nach Amazonien via Projektunterstützung. Und trotz aller klimapolitischen Wirkungen, die ein solches rein europäisches „Klima-Bündnis" erreichen könnte, scheint es plausibel, dass gerade diese Qualität es mittelfristig sein wird, die letztlich die Unterscheidbarkeit und damit Einfluss und Relevanz des Klima-Bündnisses sichern kann.

Literatur

Andrew, Caroline/Goldsmith, Michael: From Local Government to Local Governance – and Beyond?. In: International Political Science Review, Bd. 19, 2 (1998), S. 101-117

Brauch, Hans Günter, Konzeptionelle Schlußfolgerungen. In: ders. (Hrsg.): Klimapolitik: naturwissenschaftliche Grundlagen, internationale Regimebildung und Konflikte, ökonomische Analysen sowie nationale Problemerkennung und Politikumsetzung, Berlin: Springer, 1996, S.315-332

Bromley, Daniel W./Cochrane, Jeffrey A.: A Bargaining Framework for the Global Commons. In: Bromley, Daniel. (Hrsg.): The Handbook of Environmental Economics. Oxford: Blackwell, 1995, S. 295-317

Carius, Alexander/Sandhövel, Armin: Umweltpolitikplanung auf nationaler und internationaler Ebene. In: Aus Politik und Zeitgeschichte, B 50/98, 1998, S. 11-20

COICA: An die Internationale Gemeinschaft: Die C.O.I.C.A. für die Zukunft Amazoniens. Reihe LADOK Entwicklungsperspektiven, Nr. 38. Kassel: GhK, 1989

COICA (1989a): Unser Leitfaden für die bilateralen und multilateralen Förderer der amazonensischen Entwicklung. In: Stadt Frankfurt (1991), S. 133-137

CEC-Commission of the European Communities (Hrsg.): Commission Working Document on Support for Indigenous Peoples in the Development Co-operation of the Community and the Member States, SEC(1998) 773 final. Brüssel: CEC, 1998

Eder, Klaus: Framing and Communicating Environmental Issues. A Discourse Analysis of Environmentalism. Unveröff. Ms., Florenz: Europäisches Hochschulinstitut, 1998

Engels, Anita/Weingart, Peter: Die Politisierung des Klimas. Zur Entstehung von anthropogenem Klimawandel als politischem Handlungsfeld. In: Hiller, Petra/Krücken, Georg (Hrsg.): Soziologische Beiträge zu Technikkontrolle und präventiver Umweltpolitik. Frankfurt am Main: Suhrkamp, 1997, S. 90-115

Frahm, Thomas/Gruber, Edelgard: Breitenerhebung zu Aktivitäten im kommunalen Klimaschutz, durchgeführt vom Fraunhofer-Institut f. Systemtechnik und Innovationsforschung. Auswertung für Klima-Bündnis. Karlsruhe, 1998

Fürst, Dietrich: Nachhaltige Entwicklung und kommunalpolitische Gestaltungsräume. In: Zeitschrift für Angewandte Umweltforschung, Sonderheft 6 (1995), S. 59-72

Gehring, Thomas: Dynamic International Regimes. Institutions for International Environmental Governance. Frankfurt am Main: Peter Lang, 1994

Haas, Peter M.: Introduction: Epistemic Communities and International Policy Coordination. In: ders. (Hrsg.), Knowledge, Power and International Policy Organization. International Organization, Special Issue. Bd. 46, 1 (1992), S. 1-36

Hagemann, Helmut: Not Out of the Woods Yet. The Scope of the G-7 Initiative for a Pilot Program for the Conservation of the Brazilian Rainforests. Saarbrücken: Verlag für Entwicklungspolitik, 1994

Hein, Wolfgang: Weltgesellschaftlicher Wandel und nachhaltige Entwicklung – die Zukunft als Fortsetzung der Geschichte. In: Nord-Süd aktuell, Nr.2 (1997), S. 327-349

Hein, Wolfgang: Transnationale Politik und soziale Stabilisierung im Zeitalter postfordistischer Globalisierung. In: Nord-Süd aktuell, Nr.3 (1998), S. 458-481

Heinelt, Hubert/Mayer, Margit: Europäische Städte im Umbruch – zur Bedeutung lokaler Politik. In: diess. (Hrsg): Politik in europäischen Städten: Fallstudien zur Bedeutung lokaler Politik. Basel u.a.: Birkhäuser, 1992, S. 7-28

IPCC – Intergovernmental Panel on Climate Change (1996): IPCC Second Assessment – Synthesis of Scientific-Technical Information Relevant to Interpreting Article 2 of the UN Framework Convention on Climate Change. www.ipcc.ch/cc95/cont-95.htm

Jachtenfuchs, Markus: Regieren durch Überzeugen: Die Europäische Union und der Treibhauseffekt. In: ders./Kohler-Koch, Beate (Hrsg.): Europäische Integration. Opladen: Leske+Budrich, 1996, S. 429-454

Keohane, Robert O./Ostrom, Elinor: Introduction. In: diess. (Hrsg.), Local Commons and Global Interdependence. London: Sage, 1995, S. 1-27

Klima-Bündnis: Bündnis der Europäischen Städte mit den Indianervölkern Amazoniens für den Schutz des Regenwaldes, des Klimas und des Lebens der Menschheit. Arbeitspapier zum Treffen am 4.8.1990. In: Stadt Frankfurt (1991), S. 90-102

Klima-Bündnis (Hrsg.): Klima – lokal geschützt. Aktivitäten europäischer Kommunen. München: Raben, 1993

Klima-Bündnis: Kommunale Beiträge zum Klimaschutz. Statusbericht des Klima-Bündnis der europäischen Städte. Frankfurt am Main: Klima-Bündnis, 1997

Kohler-Koch, Beate: Die Welt regieren ohne Weltregierung. In: Böhret, Carl; Wever, Göttrik (Hrsg.): Regieren im 21. Jahrhundert – zwischen Globalisierung und Regionalisierung. Opladen: Leske+Budrich, 1993, S. 109-141

Krasner, Stephen: Structural Causes and Regime Consequences: Regimes as Intervening Variables. In: ders. (Hrsg.): International Regimes. London: Ithaca, 1983, S. 1-21

Levy, Marc/Young, Oran/Zürn, Michael: The Study of International Regimes. In: European Journal of International Relations, Bd.1, Nr.3 (1995), S. 267-330

Mayer, Peter/Rittberger, Volker/Zürn, Michael: Regime Theory. State of the Art and Perspectives. In: Rittberger, Volker (Hrsg.): Regime Theory and International Relations. Oxford: Clarendon, 1993, S. 391-430

Mayer-Ries, Jörg (Hrsg.): Kooperation in der Region – Ein Ansatz für nachhaltige Entwicklung? Locumer Protokolle 71/97. Rehburg-Loccum: Evangelische Akademie, 1998

Mayer-Ries, Jörg: Globalisierung lokaler Politik – Das „Klima-Bündnis" europäischer Städte mit den indigenen Völkern Amazoniens. Wiesbaden 1999

Messner, Dirk: Neue Herausforderungen in der Weltgesellschaft: Konturen eines Konzepts von ‚Global Governance'. In: epd-Entwicklungspolitik, Nr. 10/11 (1996), S. d10-d15

Michaelowa, Axel: Übertragung des Demokratiemodells der Neuen Politischen Ökonomie auf die Klimapolitik. In: Zeitschrift f. Umweltpolitik und Umweltrecht, Nr.4 (1998), S. 463-491

Müller, Harald: Internationale Beziehungen als kommunikatives Handeln. In: Zeitschrift für Internationale Beziehungen, 1, Nr.1 (1994), S. 15-44

Nugkuag Ikanan, Evaristo: Frankfurter Rede 4.8. 1990. In: Stadt Frankfurt (1991), S. 47-54

Princen, Thomas/Finger, Matthias: Environmental NGOs in World Politics. Linking the Local and the Global. London: Routledge, 1994

Rayner, Steve: Governance and the Global Commons (Teil I). In: Transnational Associations, Nr. 4 (1994), S. 202-209

Robertson, Roland: Glokalisierung: Homogenität und Heterogenität in Raum und Zeit. In: Beck, Ulrich (Hrsg.): Perspektiven der Weltgesellschaft. Frankfurt am Main: Suhrkamp, 1998, S. 192-220

Rosenfeld, Axel: Descentralización y gobiernos locales en América Latina. In: Haas, Jörg-Werner/Rosenfeld, Axel (Hrsg.): Descentralización en América Latina? GTZ/PGU Programa de Gestión Urbana. Vol. 3. Quito, 1995, S. 9-57

Smith, Richard Chase: Las politicas de la diversidad. Coica y las federaciones étnicas de la Amazonía. In: Varese, Stefano (Hrsg.): Pueblos indios, soberania y globalismo. Quito: AbyaYala, 1996, S. 81-125

Stadt Frankfurt am Main – Dezernat für Umwelt (Hrsg.): Klima-Bündnis zum Erhalt der Erdatmosphäre. Bündnis europäischer Städte mit den Indianervölkern Amazoniens. Dokumentation des 1. Arbeitstreffens. Frankfurt am Main, 1991

Ward, Stephen/Williams, Richard: From Hierarchy to Networks? Sub-central Government and EU Urban Environment Policy. In: Journal of Common Market Studies, Bd. 35, Nr.3 (1997), S. 439-464

Wilmer, Franke: The Indigenous Voice in World Politics: Since Time Immemorial. Newbury Park u.a.: Sage, 1993

WBGU – Wissenschaftlicher Beirat der Bundesregierung Globale Umweltveränderungen: Welt im Wandel: Herausforderungen für die deutsche Wissenschaft. Jahresgutachten 1996. Berlin: Springer, 1996

WBGU – Wissenschaftlicher Beirat der Bundesregierung Globale Umweltveränderungen: Die Anrechnung biologischer Quellen und Senken im Kyoto-Protokoll: Fortschritt oder Rückschlag für den globalen Umweltschutz? Sondergutachten 1998. www.wbgu.de/WBGU/wbgu_sg1998.html.

Wynne, Brian: „Scientific Knowledge and the Global Environment". In: Redclift, Michael; Benton, Ted (Hrsg.): Social Theory and the Global Environment, London: Routledge 1994, S. 169-189

Young, Oran: International Governance: Protecting the Environment in a Stateless Society. Ithaca: Cornell Univ. Press, 1994

Young, Oran: Institutional Linkages in International Society: Polar Perspectives. In: Global Governance, Vol.2, 1996, S. 1-24

Zürn, Michael: Regieren jenseits des Nationalstaats. Frankfurt am Main: Suhrkamp, 1998

Institutionelle Arrangements im internationalen Vergleich

Die Ökologische Steuerreform – Eine umweltpolitische Innovation im internationalen Vergleich

Lutz Mez

1. Einleitung

Unter dem Begriff Ökologische Steuerreform (ÖSR) werden seit Ende der 70er Jahre verschiedene, in den Inhalten erheblich differierende Konzepte diskutiert: Die Spanne reicht von der Einführung einzelner Umweltabgaben oder -steuern bis hin zur aufkommensneutralen Steuerreform, bei der das Umweltsteueraufkommen zur Senkung anderer Steuern verwandt wird.

Am 1. April 1999 trat in Deutschland die 1. Stufe einer ÖSR in Kraft. Damit endete zugleich eine zwei Jahrzehnte währende Theoriedebatte um Ökosteuern und die Praxisphase begann. Da inzwischen die weiteren Stufen der ÖSR Form angenommen haben, kann auch für Deutschland von einer Steuerreform gesprochen werden.

Nachdem sich Anfang der 90er Jahre die Mitgliedsländer der EU nicht auf den Vorschlag der Kommission zur Einführung einer europaweiten CO_2-/Energiesteuer einigen konnten, haben Dänemark und die Niederlande, wie zuvor schon Schweden, eine ÖSR im nationalen Alleingang beschlossen und umgesetzt. Insofern ist der deutsche Einstieg in die ÖSR kein Novum. Vielmehr kann der Umsetzungsprozess in Deutschland im internationalen Vergleich analysiert und bewertet werden.

Von politikwissenschaftlichem Interesse sind in diesem Zusammenhang verschiedene Aspekte: Beispielsweise die Frage, ob eine ÖSR eine Alternative zur Finanzierung der Staatsausgaben darstellt und mit einer Entlastung bei der Beschäftigungsproblematik von Industriegesellschaften gekoppelt werden kann. Eine weitere Frage ist, ob durch eine ÖSR die Zukunftsfähigkeit moderner Industriegesellschaften gesteigert werden kann, wenn eine deutliche Entlastung beim Umweltverbrauch und der Nutzung knapper Ressourcen eintritt. Ferner kann im internationalen Vergleich verdeutlicht werden, welche Elemente für eine ÖSR konstitutiv sind, in welchem Umfang institutionelle und instrumentelle Innovationen stattgefunden haben bzw. inwieweit die Regelungskomplexe und der Implementationsprozess an sich als institutionelle Arrangements begriffen werden können.

Der vorliegende Beitrag skizziert den Verlauf der zunächst vor allem von Umweltökonomen vorangetriebenen Diskussion um die Internalisierung externer Kosten durch Umweltsteuern und -abgaben sowie die Entstehung der ersten Konzepte einer ÖSR. Es folgt eine Deskription von verschiedenen Varianten der ÖSR, dargestellt am Konzept und Ablaufmuster der jeweiligen ÖSR in Schweden, Dänemark und den Niederlanden. In Deutschland dauerte der Einstieg in die ÖSR fast 20 Jahre. Dieser Prozess und seine Phasen werden anschliessend akteursbezogen analysiert und perspektivisch bewertet. Im Fazit werden die institutionellen und instrumentellen Innovationen sowie die konstitutiven Elemente einer ÖSR benannt.

2. Umweltzerstörung und Internalisierung externer Kosten

Ansatzpunkt für die verschiedenen Konzepte der ÖSR ist der zunehmende Verbrauch knapper Ressourcen sowie die Belastung und Zerstörung der Umwelt vor allem in Industriestaaten. Umweltgüter können bisher weitgehend gratis genutzt werden, der Verursacher wird – trotz Verursacherprinzip – mit den Kosten der Umweltzerstörung in der Regel nicht belastet. Seit Arthur Pigou (1920) in „The Economics of Welfare" dieses Problem thematisiert hat, haben verschiedene Ökonomen immer wieder die Idee der Internalisierung externer Kosten verfolgt. Durch entsprechende Steuern oder Abgaben soll der Umweltverbrauch in die Preise einbezogen werden, damit diese die ökologische Wahrheit sprechen.

Die Schweizer Ökonomen Binswanger, Geissberger und Ginsburg (1979) haben in den 70er Jahren als erste das Konzept einer ÖSR entwickelt, einerseits den Umweltverbrauch über Abgaben und Steuern teurer zu machen und andererseits das zusätzliche Aufkommen zur Entlastung des Faktors Arbeit zu nutzen.

In allen Industrieländern der Welt hat sich seit den 60er Jahren eine Schere aufgetan: Die Arbeitskosten einschliesslich der mit Beschäftigung verbundenen Abgaben sind stetig angestiegen, während die Kosten für Materialeinsatz und Ressourcen sanken. Dadurch hat sich in den Unternehmen die Praxis eingestellt, vorrangig beim Faktor Arbeit zu rationalisieren und Einsparungen beim Material- und Ressourceneinsatz eher über den technischen Fortschritt zu realisieren. Der Paradigmenwechsel, dass über Energie- und Umweltsteuern die Umwelt geschont und der Weg in Richtung auf eine nachhaltige Entwicklung eingeschlagen – und finanziert – werden kann, bekam Mitte der 80er Jahre international Auftrieb, obwohl die seit 1985 verfallenden Ölpreise sowie die dem Energiesektor eigenen monopolartigen Strukturen kaum Anreize zum Energiesparen vermittelten.

Das Konzept der ÖSR greift das Dilemma an der Wurzel an. Stufenweise werden Abgaben auf Ressourcen- und Energieverbrauch und andere die Umwelt belastenden Produktions- und Konsumptionsweisen erhoben. Das zusätzliche Aufkommen dient zunächst zur Senkung von Sozialabgaben oder der Lohn- und Einkommensteuer. Diese Verknüpfung von Umweltentlastung

Die Ökologische Steuerreform

und Beschäftigungsförderung wird als doppelte Dividende bezeichnet. Doppelte Dividende heisst, dass gleichzeitig die Umwelt entlastet und die Beschäftigung gefördert werden kann. Das ist in den Vorreiterländern der ÖSR auch realiter umgesetzt worden.

3. Die ÖSR in Schweden, Dänemark und den Niederlanden

Schweden, Dänemark und die Niederlande haben als erste eine eigentliche ÖSR implementiert. Dabei wurde die Struktur des Steueraufkommens verändert, der Anteil der Umweltsteuern und –abgaben stieg und der der Lohn- und Einkommensteuer sank. Gleichzeitig ist die Arbeitslosigkeit teils so drastisch zurückgegangen, dass auch die Beschäftigungspolitik dieser Länder als Erfolgskonzept für „Jobwunder" gilt. Im folgenden werden deswegen die wichtigsten Rahmenbedingungen und Erfahrungen mit der Einführung und Umsetzung der ÖSR in den drei Ländern skizziert.

3.1 Die ÖSR in Schweden

Das erste Land, das mit einer ÖSR im Sinne von Umschichtung der Steuern auf Arbeit in Richtung Energie- und Umweltverbrauch begann, war Schweden. In der allgemeinen Steuerreform von 1991 wurden neue Energiesteuern eingeführt und zugleich die Einkommensteuer um 30 bis 50 vH gesenkt. Seitdem wird auf alle Energieträger der reguläre Mehrwertsteuersatz, eine CO_2-/Energiesteuer, eine SO_2-Steuer und seit 1992 auch von Grossemittenten eine NOx-Abgabe erhoben. Diese 1. Stufe der Steuerreform bewirkte eine Umschichtung von Arbeit- auf Umweltsteuern in Höhe von 4 vH des Bruttoinlandprodukts.

Die CO_2-/Energiesteuer betraf zunächst Haushalte und Industrie gleichermassen. Im ersten Jahr betrug der Steuersatz 250 SEK (55 DM) pro Tonne CO_2. Von der Besteuerung ausgenommen waren allerdings Brennstoffe zur Stromerzeugung und Biobrennstoffe. Kraft-Wärme-Kopplung wurde steuerlich begünstigt und jede Kilowattstunde Strom entsprechend der allgemeinen Energiesteuer besteuert. Für insgesamt 112 energieintensive Unternehmen gab es Ausnahmeregelungen.

Im Jahr 1993 wurden die Energiesteuern für die gesamte Industrie erheblich gesenkt. Anlass waren die wirtschaftliche Rezession in Schweden und das Ausbleiben der EU-weiten CO_2-/Energiesteuer. Die Sätze für die Haushalte wurden jedoch auf 320 SEK (70 DM) pro Tonne CO_2 angehoben. Der Steuersatz der CO_2-Steuer wurde 1995 an die Inflationsrate gekoppelt. Das Aufkommen stieg von 8,1 Mrd. SEK (1991) auf 11 Mrd. SEK (2,4 Mrd. DM – 1995) an. Regierung und Green Tax Commission wollen den industriellen Steuersatz jedoch wieder deutlich anheben, was ein zusätzliches Steueraufkommen von 500 Mio. SEK (110 Mio. DM) jährlich erbringen würde. 1998 wurde ferner beschlossen, dass die CO_2-/Energiesteuer künftig schneller als die Inflationsrate ansteigen soll.

Das Umweltsteueraufkommen betrug 1996 insgesamt 52,8 Mrd. SEK (11,6 Mrd. DM), davon sind 46 Mrd. SEK (10,1 Mrd. DM) – das sind über 87 vH – Energiesteuern.

Die SO_2-Steuer wird von insgesamt 260 Unternehmen der Mineralölwirtschaft bezahlt und hat ein jährliches Aufkommen von 200 Mio. SEK (44 Mio. DM). Innerhalb von nur 2 Jahren sank der Schwefelgehalt in Brennstoffen um rund 40 vH und die Emissionen gingen von 1989 bis 1995 um fast 30 vH zurück.

Die Stickoxidabgabe wird von den Betreibern fossiler Kraftwerke erhoben. Das Aufkommen fliesst an diese entsprechend ihres Anteils an der gesamten Stromerzeugung zurück, wodurch die spezifischen NOx-Emissionen in den ersten zwei Jahren von 159 auf 103 Milligramm pro Megajoule gesenkt werden konnten. Bis 1997 sanken die NOx-Emissionen um 50 vH.

Auch mit Hinblick auf andere Umweltabgaben kann Schweden als der Vorreiter in der ÖSR gelten. Dazu gehören eine Verschrottungsabgabe für Altautos, eine umweltgerechte Kfz-Steuer, Umweltabgaben für Inlandsflüge, eine Wasserverschmutzungsabgabe, eine Kiessteuer, differenzierte Abfallabgaben sowie Pfand und Abgaben auf Getränkeverpackungen, andere Verpackungen und Reifen. Grössere Widerstände kamen bei der Implementation der ÖSR nicht zum Tragen, da die neue CO_2-/Energiesteuer in eine umfassende Steuerreform eingebunden war. Diese „Paketlösung" verhinderte, dass sich die Gegner der Reform auf einzelne Aspekte der CO_2-/Energiesteuer einschiessen konnten. SO_2-Steuer und Stickoxidabgabe haben eine beachtliche Lenkungswirkung gezeigt. Mit dem 1998 vom Kabinett beschlossenen und zum 1. Januar 1999 in Kraft getretenen neuen integrierten Umweltgesetz wurde der regulative Rahmen für den Umweltschutz in Schweden in über 20 neuen Verordnungen bedeutend erweitert. Beispielsweise wurden per Verordnung – ergänzend zu den fiskalischen Instrumenten – für NOx und SO_2 Luftgütestandards festgelegt.

Als instrumentelle Innovation kann die schwedische Paketlösung der ÖSR gelten. Bemerkenswert ist ferner die deutliche Reduktion bei den traditionellen Emissionen wie SO_2 und NOx über Steuern und Abgaben sowie die anschliessende ordnungsrechtliche Festschreibung des Erfolgs.

3.2 Die ÖSR in Dänemark

In Dänemark war bereits 1978 vor allem aus haushaltspolitischen Gründen eine Energiesteuer auf Strom sowie auf leichtes und schweres Heizöl eingeführt worden. Weitere Energieträger folgten: 1979 wurde eine Steuer auf Fla-

Die Ökologische Steuerreform 167

schengas und Stadtgas, 1982 auf Kohle und erst 1996 auf Erdgas eingeführt. Im Jahr 1985 wurde die Energiesteuer drastisch erhöht, um die energiepolitischen Rahmenbedingungen für Investoren zu stabilisieren. Der Verfall der Ölpreise auf dem Weltmarkt hätte ansonsten die bereits umgesetzten und geplanten Energieeinsparinvestitionen zu „stranded investment" werden lassen. Durch diese Massnahme der bürgerlichen Regierung – die allerdings von einer „grünen" Mehrheit im Parlament in diese Richtung gedrängt wurde – konnte auch der volkswirtschaftlich sinnvolle Ausbau der Kraft-Wärme-Kopplung forciert werden. Inzwischen wird in Dänemark 50 vH des Stroms in Heizkraftwerken erzeugt.

Nachdem die bürgerliche Minderheitsregierung 1992 noch eine CO_2-Abgabe eingeführt hatte, um den dänischen Energieplan und die CO_2-Reduktionsverpflichtung gezielter zu realisieren, begann eine neue Phase. Mit Einführung der CO_2-Abgabe wurden die Energiesteuern modifiziert. Diese Abgabe wurde zunächst nur von Haushalten erhoben, ab 1993 aber auch von der Industrie. Der Steuersatz betrug – in Anlehnung an den Vorschlag der EU-Kommission – 100 DKK (26 DM) pro Tonne CO_2. Die Industrie bekam die Steuer weitgehend zurückerstattet.

Mit dem Regierungswechsel von der bürgerlichen Minderheitsregierung zur sozialdemokratisch geführten Mehrheitsregierung wurde 1993 auch eine regelrechte ÖSR beschlossen. Innerhalb von fünf Jahren sollte der Anteil der Umweltsteuern und -abgaben von 10 vH auf 15 vH des Steueraufkommens erhöht und die Einkommensteuer entsprechend gesenkt werden. Im Jahr 1998 betrug das Umweltsteueraufkommen 23,5 Mrd. DKK (6,11 Mrd. DM). Die Besteuerung von Energie wurde schrittweise verfeinert; im Zeitraum 1998-2002 wird die Energiesteuer um weitere 25 vH angehoben. Für Erdgas ist die Anhebung der Abgabe per Gesetz sogar bis zum Jahr 2009 festgelegt worden. Zu diesem Zeitpunkt soll Erdgas mit dem selben Satz wie Heizöl besteuert werden.

Die CO_2-Abgabe wurde zum 1.1.1996 für die Industrie modifiziert. Der industrielle Energieverbrauch wurde in drei Bereiche unterteilt:

1. Niedrigwärmeprozesse wie Raumwärme und Warmwasser,
2. wenig energieintensive Prozesse,
3. energieintensive Prozesse.

Bis zum Jahr 2000 stiegen die Steuersätze in allen drei Bereichen an. Im Niedrigwärmebereich gibt es keine Vergünstigungen. Seit 1998 kostet die Emission von einer Tonne CO_2 wie bei den privaten Haushalten 600 DKK (156 DM). Für die Bereiche der Prozessenergie werden Steuervergünstigungen gewährt, wenn die Unternehmen mit der Dänischen Energiebehörde eine Reduktionsvereinbarung treffen. Beispielsweise kann der Steuersatz bei energieintensiven Prozessen auf 3 DKK (78 Pfennige) pro Tonne CO_2 – also einen eher symbolischen Satz – gesenkt werden. Mit dem Aufkommen aus dem Niedrigwärmebereich werden die Lohnnebenkosten der Industrie gesenkt. Das Aufkommen aus dem

Bereich der Prozessenergie fliesst über Investitionskostenzuschüsse an die Unternehmen zurück. Im Jahr 2000 laufen die Zuschussprogramme aus, danach wird das CO_2-Steueraufkommen vollständig zur Senkung der Lohnnebenkosten genutzt. Das CO_2-Steueraufkommen wuchs bisher von 1,4 Mrd. DKK (1992) auf 4,5 Mrd. DKK (1,17 Mrd. DM) an.

Daneben sind weitere Zuschussregelungen für Fernwärme, dezentrale Heizkraftwerke, Biobrennstoffe und Energieeinsparung in Kraft. Einspar- und Informationskampagnen ergänzen die Besteuerung von Energie. Beispielsweise wurde im Zeitraum vom 1994-1997 der Marktanteil energiesparender Kühlschränke durch Verbrauchskennzeichnung, Weiterbildung des Verkaufspersonals, regionale Energieeinsparkampagnen und eine Verschrottungsprämie für Altgeräte von 42 auf etwa 90 vH gesteigert (Jänicke et al. 1998).

Für die erfolgreiche Umsetzung der ÖSR in Dänemark ist nicht nur das proaktive Vorgehen des politisch-administrativen Systems ursächlich, sondern auch die geschickte Umsteuerung industrieller Interessen in Richtung auf Energiemanagement und -einsparung.

Die Umweltentlastungseffekte zeigten sich durch einen Rückgang beim Endenergieverbrauch und sogar beim Stromverbrauch der privaten Haushalte, beim Ausbau der Kraft-Wärme-Kopplung und der Substitution von Kohle durch Erdgas. Ferner stieg der Anteil erneuerbarer Energiequellen beim Primärenergieverbrauch und der Stromerzeugung. In den Unternehmen des produzierenden Gewerbes hat die CO_2-Steuer einen wesentlichen Einfluss auf Entscheidungsprozesse und Energiesparinvestitionen gehabt (Clasen 1998). Die relativ hohen Steuern auf Energie für den Raumwärmebedarf haben zahlreiche Investitionen zur Senkung des Energieverbrauchs in diesem Bereich ausgelöst. Deutlich verringerte Amortisationszeiten bei energieintensiven Prozessen spielten eine wichtige Rolle bei Vereinbarungen, die zu einer Senkung des Steuersatzes und finanzieller Förderung für Einsparinvestitionen führten. Als wesentliche Voraussetzung dafür erwies sich jedoch das kooperative Verhältnis von Behörden und Unternehmen. Dazu wurden die staatlichen Kapazitäten erheblich erweitert, indem entsprechende Referate im Energieministerium und bei der Dänischen Energiebehörde eingerichtet wurden.

Dänemark ist deswegen ein Beispiel dafür, dass ausser den instrumentellen Innovationen wie in Schweden auch institutionelle Neuerungen im Implementationsprozess der ÖSR eine wesentliche Rolle spielen und dass durch Verhandlungen mit der Industrie auch dort Innovationen angestossen werden können.

3.3 Die ÖSR in den Niederlanden

In den Niederlanden wurde zwischen 1994 und 1998 insgesamt 27 steuer- und fiskalpolitische Massnahmen im Umweltbereich neu eingeführt oder modifiziert. Dadurch hat sich das Umweltsteueraufkommen von 16 Mrd.

Die Ökologische Steuerreform

NLG (14,1 Mrd. DM) auf 24 Mrd. NLG (21,2 Mrd. DM) bzw. 14 vH der Gesamtsteuereinnahmen erhöht. Energie und CO_2 werden durch

1. die Umweltabgabe auf Brennstoffe und
2. die regulatorische Energiesteuer auf Strom, Gas und Heizöl besteuert.

Die niederländische Umweltabgabe wurde bereits 1988 eingeführt und ersetzte verschiedene Brennstoffabgaben auf Emissionen, Schmierfette und chemische Abfälle. Die neue Umweltabgabe wurde zu gleichen Teilen auf den CO_2- und den Energiehalt von Brennstoffen erhoben und stieg kontinuierlich an. 1992 wurde die Umweltabgabe reformiert, die Sätze wurden kräftig erhöht und die Steuer auf Abfall, Grundwasser und Uran ausgeweitet. Das Aufkommen stieg von 200 Mio. NLG (1988) auf 2,1 Mrd. NLG (1,85 Mrd. DM – 1994) an.

Als Reaktion auf das Ausbleiben der EU-weiten CO_2-/Energiesteuer wurde 1996 die regulatorische Energiesteuer eingeführt. Die Steuer wurde für Gas, Strom und Heizöl schrittweise erhöht, wobei private Kleinverbraucher und industrielle Grossverbraucher befreit sind. Versteuert wird ein jährlicher Strombedarf zwischen 800 und 50.000 kWh sowie ein Erdgasverbrauch von jährlich 800 bis 170.000 m³. Pro Tonne CO_2 sind derzeit 66 NLG (rd. 60 DM) zu entrichten. Eigentümer von regenerativen Stromerzeugungsanlagen erhalten die Steuer zurückerstattet, Fernwärme und Gas zur Stromerzeugung sind ebenfalls von der Energiesteuer befreit. Wegen dieser Ausnahmeregelungen werden lediglich 40 vH des stationären Energieverbrauchs besteuert. Im Industriesektor werden zusätzlich freiwillige Vereinbarungen zur Energieeinsparung abgeschlossen.

Ziel der Energiesteuer ist ausdrücklich eine Verhaltensänderung der Verbraucher. Das Energiesteueraufkommen wird an die Haushalte über eine Senkung der Einkommensteuer und an die Unternehmen über niedrigere Sozialversicherungsbeiträge zurückerstattet.

Neben den Energiesteuern gibt es in den Niederlanden auch eine Uransteuer, eine Steuer auf Grundwasserentnahme und eine Besteuerung von Abfällen. Seit 1991 können Umweltinvestitionen verkürzt abgeschrieben werden. Beispielsweise wurden 1997 über 1 Mrd. NLG sofort abgeschrieben. Weitere Umweltsteuern und –abgaben wurden 1998 von der niederländischen Green Tax Commission vorgeschlagen, darunter eine Bodennutzungsabgabe (Dutch Green Tax Commission 1998: 15f.).

Weitere Schritte zur Ökologisierung des Steuersystems skizziert der aktuelle niederländische Umweltplan „3rd National Environmental Policy Plan (NEPP3)", der die Empfehlungen der Green Tax Commission aufgenommen hat:

- Seit dem 1.1.1999 werden alle Umweltsteuern an die Inflationsrate gekoppelt
- Die regulatorische Energiesteuer soll um 3,4 Mrd. NLG (3 Mrd. DM) erhöht werden. Für Anreizprogramme für erneuerbare Energien und Ener-

gieeinsparprogramme sollen 500 Mio. NLG (441 Mio. DM) und der Rest zur Senkung anderer Steuern verwendet werden.

Die niederländische ÖRS-Variante fällt auf durch Planvorgaben an die Hauptakteure der Klimapolitik, wobei die staatliche Regulierung auf Konsensmechanismen rekurriert, aber auch durch weitgehende Ausnahmeregelungen, die einerseits sozialpolitisch und andererseits industriepolitisch motiviert sind. Dennoch sind erhebliche Umweltentlastungseffekte zu verzeichnen. Neben den Nationalen Umweltplänen gibt es beispielsweise einen CO_2-Reduktionsplan (im April 1997 vom Wirtschaftsminister und dem Parlament vorgestellt) sowie im Bereich des produzierenden Gewerbes sogenannte Umwelt-Aktionspläne. Die umweltpolitischen Ziele der Industrie werden zudem in Vereinbarungen (Convenanten) von Wirtschaftsverbänden festgehalten, die zwar der staatlichen Zustimmung bedürfen, aber zum Beispiel im Energiesektor zu erheblichen Innovationen geführt haben.

Durch die wettbewerbsneutrale Ausgestaltung der Steuer, die Aufkommensneutralität und die Verknüpfung der ÖSR mit anderen sozialpolitischen Vorhaben konnte die öffentliche Akzeptanz in den Niederlanden vergrössert und der Widerstand der Industrie vermindert werden. Professionelle Prozesshilfe und eine lange Tradition bei Branchenvereinbarungen erleichtern die Umsetzung im produzierenden Gewerbe. Gemessen an der Grösse des Landes ist die Höhe der Förderung erneuerbarer Energieträger und von Energieeinsparprogrammen beachtlich.

4. Die ÖSR in Deutschland

Der Einstieg in die ÖSR vollzog sich in Deutschland über einen sehr langen Zeitraum. Im folgenden werden die verschiedenen Phasen – in Anlehnung an die Diplomarbeit von Jungjohann (1999) – kurz beschrieben und die Haltung der Akteure skizziert.

In der ersten Phase (1979-1987) beschränkte sich die Diskussion auf Vorschläge zur Erhebung einzelner Umweltabgaben. Das Aufkommen sollte zur Finanzierung von Umweltschutzmassnahmen und Investitionen für den ökologischen Umbau verwendet werden. Neben Umweltökonomen und Wirtschaftswissenschaftlern beteiligten sich SPD und Grüne an der Debatte während sich Gewerkschaften, Industrie- und Umweltverbände weitgehend zurückhielten. Die Umweltverbände setzten in dieser Phase vor allem auf „command and control" und ordnungspolitische Instrumente in der Umweltpolitik, dagegen standen die Industrieverbände marktwirtschaftlichen Instrumenten und Kooperationslösungen positiv gegenüber.

Die zweite Phase (1988-1993) kann als konzeptionelle Phase bezeichnet werden. Im April 1988 publizierte das Umwelt- und Prognoseinstitut Heidelberg eine Studie mit 35 einzelnen Ökosteuern und einem geschätzten Aufkommen von 210 Mrd. DM (UPI 1988). Diese Studie war das erste umfassende und durchgerechnete Konzept einer ÖSR. Weitere Vorschläge dieser Art folgten, etwa von Ernst Ulrich von Weizsäcker (1988) oder den Finanzwissenschaftlern Bergmann und Ewringmann (1989). DGB und Einzelgewerkschaften forderten zehn Sonderabgaben, zur ÖSR war die Haltung jedoch vorsichtig bzw. ablehnend. Die SPD sprach sich 1988 auf Bundesebene für eine ökologische und industriepolitische Erneuerung des Finanz- und Steuersystems aus. Bis 1989 legten mit Ausnahme der CSU alle Parteien Modelle bzw. Positionspapiere für eine ÖSR vor. Ex-Bundeskanzler Kohl hatte in der Regierungserklärung im Januar 1991 die Einführung einer CO_2-Abgabe angekündigt, so dass das Umweltministerium im Frühjahr eine Gesetzesvorlage erarbeitete. Der deutsche Einigungsprozess setzte der Diskussion über Steuern und Abgaben als Instrumente des Umweltschutzes jedoch ein vorläufiges Ende.

Die dritte Phase (1994-1996) wurde vom DIW mit dem Gutachten „Ökosteuer – Sackgasse oder Königsweg?" (Greenpeace/DIW 1994) eingeleitet. Der Vorschlag sah eine aufkommensneutrale Primärenergiesteuer auf fossile Energieträger und Elektrizität vor. Der Steuersatz sollte jährlich real um 7 vH ansteigen, wodurch sich das Aufkommen in zehn Jahren verdoppelt hätte. Das Aufkommen sollte über Senkung der Lohnnebenkosten an die Industrie und an die privaten Haushalte über einen „Öko-Bonus" zurückgeführt werden. Der Beschäftigungseffekt wurde mit bis zu 500.000 zusätzlichen Arbeitsplätzen errechnet. Im November 1994 stellte der Förderverein Ökologische Steuerreform (FÖS) sein Konzept vor, das sich mit dem DIW-Modell deckte, aber für die energieintensive Industrie Sonderregelungen vorschlug. Die beiden grossen Umweltverbände BUND und NABU veröffentlichten 1995 Positionspapiere zur ÖSR und die Fraktion von Bündnis 90/Die Grünen stellte im Mai 1995 einen Gesetzesentwurf einer Energiesteuer vor.

Die Gegenreaktion der Industrie liess nicht lange auf sich warten. Das DIW-Modell hatte die makroökonomischen Auswirkungen einer ÖSR durchgerechnet und so die Gewinner- und Verliererbranchen ermittelt. Verschiedene Industrieverbände, allen voran der BDI, aber auch der VCI, die Wirtschaftsvereinigung Stahl und der Verband der Stromwirtschaft VDEW veröffentlichten Positionspapiere gegen Ökosteuern. Bei einem deutschen Alleingang würde die Wettbewerbsfähigkeit der deutschen Unternehmen Schaden nehmen, so die einstweilige Behauptung.

Nachdem sich die Mehrzahl der Industrieverbände im April 1995 im Rahmen der freiwilligen Selbstverpflichtung der deutschen Industrie auf spezifische CO_2-Reduktionen festgelegt hatte – die Vereinbarung wurde 1996 von 12 Verbänden auf absolute CO_2-Emissionsminderungen nachgebessert – wurde dies von der Industrie als umweltpolitischer Königsweg propagiert. Von der Bundesregierung wurde im Gegenzug erwartet, dass die geplante – von den Unternehmen in ihren Konsequenzen auf den Energieverbrauch der Betriebe gefürchtete – Wärmenutzungsverordnung nicht erlassen und auch keine ökologische Steuerreform durchgeführt wird. Aus Sicht der Industrieverbände reduziert sich das Primat der Politik darauf, dass in Zukunft auf Steuern oder Ordnungsrecht zugunsten freiwilliger Vereinbarungen verzichtet werden sollte.

Schliesslich gelang es den Industrievertretern Henkel und Strube 1995, Ex-Bundeskanzler Kohl davon zu überzeugen, dass die Bundesregierung auf die Einführung einer nationalen CO_2-/Energiesteuer vorerst verzichtet.

Eine im April 1996 vom RWI (Rheinisch-Westfälisches Institut für Wirtschaftsforschung) veröffentlichte Studie über die Wirkungen von Energiesteuern auf Nordrhein-Westfalen kam zu dem Ergebnis, dass der Beschäftigungseffekt im Saldo „nicht zwangsläufig positiv" ausfällt (RWI 1996: 23). Die RWI-Studie wird seitdem als Gegengutachten zum DIW-Modell gehandelt, weil die Medien und Gegner der ÖSR lediglich aufgriffen, dass in energieintensiven Branchen bis zu 400.000 Arbeitsplätze wegfallen könnten.

Im Vorfeld der Bundestagswahl 1998 versuchten vor allem die Umweltverbände, die ÖSR in die öffentliche Diskussion zu bringen und zum Wahlkampfthema zu machen. In diese Phase fiel auch der Beschluss des Magdeburger Parteitages der Grünen, den Benzinpreis durch schrittweise Erhöhung der Mineralölsteuer auf 5 DM pro Liter ansteigen zu lassen. Die konservativ-liberale Regierungskoalition konterte mit dem Vorschlag, eine CO_2-/Energiesteuer oder einen erhöhten Mehrwertsteuersatz auf Energie einzuführen. CDU/CSU-Fraktion einigte sich jedoch auf das Ziel einer international abgestimmten, harmonisierten, wettbewerbs- und aufkommensneutralen Energiebesteuerung. Für die Grünen war neben dem Ausstieg aus der Atomenergie der Einstieg in eine ökologisch-soziale Steuerreform das Hauptthema im Wahlkampf. Die SPD bekannte sich in ihrem Wahlprogramm zwar zu den Zielen einer ÖSR, äusserte sich zum Thema jedoch eher sehr zurückhaltend.

In der Koalitionsvereinbarung vom 20.10.1998 einigten sich SPD und Grüne auf eine ökologische Steuer- und Abgabenreform, die in drei Schritten umgesetzt werden soll. Die Mineralölsteuer auf Heizöl und Erdgas wird schrittweise erhöht und eine Steuer auf Elektrizität eingeführt. Das Aufkommen sollte vollständig zur Reduzierung der Lohnnebenkosten verwendet werden. Regenerative Energieträger sollten von der Stromsteuer ausgenommen und energieintensive Wirtschaftszweige bis zu einer europaweiten Harmonisierung nicht belastet werden.

Nach der Bundestagswahl änderten die Gegner ihre Strategie. Nachdem abzusehen war, dass die Einführung der ÖSR nicht mehr zu verhindern war, ging es um die Verzögerung und um die Ausgestaltung der Umsetzung nach eigenen Vorschlägen. Die 1. Stufe wurde nach zwei Anhörungen des Finanzausschusses des Deutschen Bundestages von Parlament und Bundesrat beschlossen und trat zum 1. April 1999 in Kraft. Sie bestand aus der Anhebung der Mineralölsteuer auf Kraftstoffe um 6 Pfennig pro Liter, auf leichtes Heizöl um 4 Pfennig je Liter und auf Gas um 0,32 Pfennig je Kilowattstunde sowie der Einführung einer Stromsteuer von 2 Pfennig je Kilowattstunde. Das im Jahr 1999 zu erwartende Aufkommen von 8,3 Mrd. DM soll fast völlig zur Finanzierung der Absenkung der Rentenbeitragssätze (um 0,8 Prozentpunkte) verwandt werden. Die 1. Stufe wurde wegen diverser Ausnahmeregelungen von allen Seiten kritisiert. Im Entwurfsstadium waren sogar noch weiterreichendere Ausnahmen vorgesehen. Die Entlastung der Umwelt soll über ein Marktanreizprogramm zur Förderung erneuerbarer Energien erfolgen. Mit 200 Mio. DM pro Jahr startete am 1. September 1999 das neue Programm. Insgesamt sind bis 2003 Fördergelder in Höhe von 1 Mrd. DM vorgesehen, um Solarkollektoren, Biomasse- und Biogasanlagen, kleine Wasserkraftwerke, Wärmepumpen, Energieeinsparung in Altbauten und andere Projekte mit Zuschüssen oder Darlehen zu fördern.

Im Sommer 1999 wurden die Details für die nächsten Stufen der ÖSR bekannt. Jeweils am 1. Januar 2000 bis 2003 werden die Steuern auf Benzin jährlich um 6 Pfennige pro Liter und die Stromsteuer um 0,5 Pfennig je Kilowattstunde angehoben. Eine (im nachhinein befristete) Befreiung von Gas- und Dampfkraftwerken (GuD) von der Mineralölsteuer sowie von Kraft-Wärme-Kopplungs-Anlagen zählt ebenso zu den Detailregelungen wie eine Ermäßigung der Mineralölsteuer auf Diesel für den öffentlichen Nahverkehr. Eine Ökosteuer-Befreiung für Strom aus erneuerbarer Energie soll mit Inkrafttreten der 3. Stufe erfolgen. Ausserdem werden schwefelarme Kraftstoffe, die von der EU ab 2005 verlangt werden, gefördert. Ab November 2001 werden „schwefelarme" und ab Januar 2003 „schwefelfreie" Kraftstoffe geringer als herkömmliche Kraftstoffe besteuert. Bis zu 3 Pfennig pro Liter kann gespart werden. Durch die frühzeitige Ankündigung der Steuerspreizung sollen die neuen Kraftstoffqualitäten flächendeckend zur Verfügung stehen. Die EU-Anforderung wird damit bereits 2001 umgesetzt und ab 2003 deutlich unterschritten.

5. Bewertung und Perspektiven

Nicht der ökologische Problemdruck war der ausschlaggebende Faktor für den Einstieg in die ÖSR in Deutschland, sondern vielmehr die Stärke der umweltpolitischen Akteure und deren Konstellation in der Umweltpolitikarena, sowie der Politikstil der Bundesregierung. Zweimal wurde die ÖSR kurz vor der Umsetzung zurückgestellt. Durch den Regierungswechsel änderten sich die situativen Handlungsbedingungen und mit der rot-grünen Koalitionsvereinbarung wurde das Opportunitätsfenster genutzt und zugleich ein entscheidender Schritt in Richtung auf eine präventive und integrierte Umweltpolitik getan.

Obwohl Deutschland erst Jahre nach den Vorreitern Schweden, Dänemark, den Niederlanden, aber auch später als Finnland und Norwegen den nationalen Einstieg in die ÖSR wagte, kann die Bundesrepublik im EU-

Rahmen durchaus zum Motor und Impulsgeber werden. Die anderen grossen Mitgliedsländer Italien, Frankreich und Grossbritannien haben für 1999 Initiativen für Steuerreformen angekündigt, die auch eine ökologische Komponente haben sollen. Und die Vorreiter nutzen die deutsche ÖSR zur Ausweitung der Reformen in ihren Ländern.

Noch bedeutender ist jedoch der deutsche Einstieg im Hinblick auf die führenden Industrienationen Japan und USA, die beide ein besonderes Verhältnis zu Energiepreisen und Energiesteuern haben. Während im rohstoffarmen Japan schon seit Jahrzehnten von Industrie und Haushalten wesentlich höhere Strom- und Energiepreise als in anderen Industrieländern gezahlt werden, musste die Clinton-Administration bei der Umsetzung von Energiesteuern immer wieder zurückstecken. Die Resonanz und Verbreitung derartiger Reformen hängt jedoch entscheidend davon ab, ob eine der drei weltweit führenden Wirtschaftsnationen daran beteiligt ist. Damit kommt dem Einstieg in die ÖSR in Deutschland – ungeachtet jeder Kritik an der konkreten Umsetzung – eine nicht zu unterschätzende Rolle in der internationalen bzw. globalen Umweltpolitik zu.

6. Konstitutive Elemente einer ÖSR und Fazit

Betrachtet man die bisher umgesetzten Varianten der ÖSR, so lassen sich folgende Elemente erkennen:

- Das Ziel der ÖSR ist die Verbesserung der Umweltsituation und die Besteuerung knapper Ressourcen.
- Die Reform des Steueraufkommens ist aufkommensneutral und keine Quelle für zusätzliche Staatseinnahmen.
- Das Umweltsteueraufkommen dient vor allem der Entlastung des Faktors Arbeit.
- Eine ÖSR ist mehr als die Erhebung einer einzelnen Steuer, z.B. ist eine CO_2-/Energiesteuer Teil eines gesamten Pakets (policy package), das zusätzlich Abgaben auf andere Emissionen, die Besteuerung von Ressourcen oder Abfällen sowie eine Reihe von weiteren Massnahmen vorsieht.
- Die Reform wird umfassend und in Stufen durchgeführt, wobei die Festlegung für die Erhöhung der jeweiligen Steuersätze über eine Legislaturperiode hinaus erfolgt.
- Die Verursacher sollen die sozialen Kosten der Umweltbelastung und -zerstörung tragen. Unterschiedliche Zielgruppen werden auch unterschiedlich behandelt.
- Verbraucher und Unternehmen sollen die Auswirkungen ihrer Tätigkeit und ihres Verhaltens auf die Umwelt finanziell spüren. Die privaten Haushalte werden nicht einfach als „cash cow" zur Kasse gebeten, sondern über höhere Kosten soll das Verhalten verändert werden. Die privaten Haus-

Die Ökologische Steuerreform 175

halte erhalten eine Funktion als Multiplikator für ökologisches Konsumverhalten und werden somit ein wirksamer Akteur für die Nachfrage nach umweltverträglichen Produkten.
- Das produzierende Gewerbe wird differenziert und schrittweise über einen breiten Policy Mix einbezogen. Besonders problematische Branchen werden zunächst befreit oder haben nur eine symbolische Steuer zu entrichten.
- Institutionelle und instrumentelle Innovationen entstehen und dienen der Initiierung, Feinsteuerung bzw. der gezielten Beschleunigung des Prozesses.

Im politikwissenschaftlichen Kontext lassen sich die Implementationsprozesse der ÖSR durchaus anhand der Kriterien für institutionelle Arrangements analysieren. Die Gestaltung der jeweiligen nationalen ÖSR ergibt sich aus den politischen Rahmenbedingungen und hat die Problemfelder Umwelt und Beschäftigung zum Gegenstand. Insbesondere in Skandinavien, aber auch in den Niederlanden, ist die Rolle des Staates bei der Einleitung und Implementation der ÖSR herausragend. Während die privaten Haushalte als Zielgruppe nur in den Niederlanden differenziert behandelt werden, ist die ÖSR im Industriebereich durch umfassende Ausnahmeregelungen und wechselseitige Arrangements mit den Unternehmen bzw. ihren Verbänden gekennzeichnet. Die folgende Tabelle zeigt die Charakteristika der verschiedenen ÖSR-Modelle im Vergleich:

	Schweden	Dänemark	Niederlande	Deutschland
Beschluss bzw. Beginn der Implementation	1991	ÖSR-Beschluss 1993, Beginn 1.1.1994	Umweltabgabe 1988; Reform 1992; regulative Energiesteuer 1996	1.4.1999
Anzahl der Stufen	mehrere	mehrere	mehrere	3 bzw. 5
Isolierte Einführung oder als „policy package"	Paketlösung in umfassender Steuerreform	Paketlösung	schrittweiser Einstieg	Isoliert
Basis der Besteuerung	t CO_2 als Energiesteuerbasis; ferner SO_2; seit 1992 Nox in Kraftwerken	ab 1978 Strom & Heizöl; ab 1979 Flaschen- und Stadtgas; ab 1982 Kohle; ab 1992 CO_2 als Teil der Energiesteuer; ab 1996 Erdgas; SO_2	Umweltabgabe auf Brennstoffe und Energiesteuer auf Strom, Gas & Heizöl zu gleichen Teilen; Uran	Mineralöl; leichtes Heizöl; Gas; Strom
Steuersätze	CO_2-Steuer in der ersten Stufe: 250 SEK (55 DM) pro t CO_2; ab 1993 320 SEK (70 DM)	sehr gestaffelt; seit 1998 für Heizwärme 600 DKK (156 DM) pro t CO_2	1999: 66 NLG (60 DM) pro t CO_2	6 Pf pro l Kraftstoff; 4 Pf pro l leichtes Heizöl; 0,32 Pf pro kWh Gas; 2 Pf pro kWh Strom

	Schweden	Dänemark	Niederlande	Deutschland
(Geplante) Entwicklung der Steuersätze	Seit 1995 Koppelung an Inflationsrate; seit 1998 steigen Steuersätze schneller als Inflationsrate	Drastische Erhöhung 1985 zur Investitionssicherheit; 1998 – 2002 Erhöhung der Energiesteuer um 25%	seit 1999 Koppelung aller Umweltsteuern an Inflationsrate; Steigerung der Energiesteuersätze geplant	jährliche Erhöhung der Steuern auf Benzin um 6Pf pro l; auf Strom um 0,5 Pf pro kWh; befristete Befreiung von GuD-Anlagen von Mineralölsteuer & KWK-Anlagen; Ermäßigung der Diesel-Mineralölsteuer für ÖPNV; ab 2001 Befreiung von Strom aus erneuerbarer Energie
Anteil am Gesamtsteueraufkommen bzw. am BIP	4% des BIP in der ersten Stufe	1998: 10% bzw. 4,89% des BIP	1998: 14%	1993: 8,3 Mrd. DM
Privilegierung von Brennstoffen	keine Steuern auf Brennstoffe zur Stromerzeugung sondern auf kWh; keine Steuern auf Biobrennstoffe; Begünstigung von KWK	Begünstigung von KWK, Erdgas und regenerativer Energie	Befreiung von Fernwärme und Gas zur Stromerzeugung; Rückerstattung an Erzeuger regenerativer Energie	Kohle wird nicht besteuert; KWK-Anlagen mit einem Jahreswirkungsgrad ab 70% werden von der Ökosteuer und der Mineralölsteuer ausgenommen; Erdgasfahrzeuge haben bis 2009 einen ermäßigten Steuersatz
Situation der privaten Haushalte im Gegensatz zur Industrie	Gleichbehandlung bis 1993, dann Erhöhung der Haushaltssätze; gleichzeitig Senkung der Industriesteuersätze, Erhöhung ist aber wieder geplant	Grundsätzlich Gleichbehandlung	Gleichbehandlung, allerdings Befreiung für private Kleinverbraucher unter 800 kWh Strom und 800 m³ Erdgas	keine Gleichbehandlung
Ausnahmetatbestände von Wirtschaftssektoren	Ausnahmeregelung für energieintensive Unternehmen	gestuft für Prozessenergie und energieintensive Prozesse: bei Reduktionsvereinbarung mit Dän. Energiebehörde deutlicher Nachlass	Befreiung für industrielle Grossverbraucher über 50.000 kWh Strom und 170.000 m³ Erdgas	Industrie, Land- und Forstwirtschaft haben einen ermäßigten Steuersatz von 20% sofern der Jahresverbrauch 50.000 kWh überschreitet

Die Ökologische Steuerreform 177

	Schweden	Dänemark	Niederlande	Deutschland
Flankierende Maßnahmen	weitere Umweltabgaben, 1999 integriertes Umweltgesetz mit über 20 neuen Verordnungen	Einspar- und Infokampagnen; Zuschussregelungen	Verkürzung der Abschreibungszeit für Umweltinvestitionen; Anreizprogramm für REG und REN	Marktanreizprogramm für erneuerbare Energien
Verwendung des zusätzlichen Aufkommens	Senkung der Einkommensteuer um 30-50%	Senkung der Lohnnebenkosten der Industrie; Investitionszuschüsse; ab 2000 nur für Lohnnebenkostensenkung	Senkung der Lohnnebenkosten für Haushalte und Unternehmen; Senkung anderer Steuern	Senkung der Rentenbeitragssätze um 0,8%, in den folgenden Stufen Senkung um 0,6-1,0%
Erwartete Arbeitsplatzeffekte	positiv	positiv	positiv	positiv
Institutionelle Innovationen	Paketlösung, Einrichtung einer Green Tax Commission	deutliche staatliche Kapazitätserweiterungen; Kooperation von Behörden und Unternehmen	1995 Einrichtung einer Green Tax Commission	
Umwelteffekte	1989-1995: –30% SO$_2$-Emissionen; NOx-Emissionen wurden bis 1997 halbiert	Rückgang von Endenergie- & priv. Stromverbrauch; KWK-Ausbau auf 50% des Stromaufkommens; Substitution von Kohle durch Erdgas und erneuerbare Energien	werden mittel- bis langfristig erwartet	

Besonders auffällig ist bei den Vorreiterländern der ÖSR die vielfältige, bewusste Kombination von Massnahmen im Policy-Mix und in sogenannten „policy packages". Der Implementationsprozess wird durch Informations- und Bildungskampagnen begleitet. Je nach der vorherrschenden Tradition des Politikstils besteht der Policy Mix aus (freiwilligen) Vereinbarungen, Abkommen, wissenschaftlicher Prozesshilfe, finanziellen Anreizprogrammen und Investitionszuschüssen. Die Lenkungswirkung selbst weitgehend symbolischer Steuern und Abgaben ist in den analysierten Beispielen beeindruckend. In diesem Zusammenhang fällt auch auf, dass umweltpolitische Erfolge, die in relativ kurzer Zeit durch fiskalpolitische Instrumente erzielt werden konnten, im Rahmen umfassender Revisionen der Umweltpolitik häufig zu Standards werden.

Auf jeden Fall kann den verschiedenen Varianten der ÖSR bescheinigt werden, dass sie durch innovative Verfahrenskombination dazu beigetragen haben, dass das Umweltbewusstsein bei privaten Haushalten und in Industrie und Gewerbe gesteigert werden konnte. Zugleich bewirkte die ÖSR einen effizienteren Einsatz knapper Ressourcen und teils erhebliche Verbesserungen der Umweltqualität. In den Betrieben ist eine Erweiterung der analytischen und logistischen Kapazitäten durch Umwelt- und Energiemanagement-Teams zu verzeichnen, die für die Umsetzung und das Monitoring der vereinbarten Einsparziele verantwortlich sind. Aber auch die Staatsseite hat eine Erweiterung der Handlungskapazität infolge der ÖSR erfahren, da innovative Arrangements, neue Zuständigkeiten sowie Referate und Institutionen zur Professionalisierung des Umsetzungsprozesses entstanden.

Literatur

Bach, Stefan et al.: Ökologische Steuerreform. Wie die Steuerpolitik Umwelt und Marktwirtschaft versöhnen kann, Berlin: Erich Schmidt Verlag, 1999

Bergmann, Eckhard/Ewringmann, Dieter: Öko-Steuern: Entwicklung, Ansatzpunkte und Bewertung, in: Nutzinger, Hans/Zahrnt, Angelika (Hrsg.): Öko-Steuern: Umweltsteuern und –abgaben in der Diskussion, Karlsruhe 1989

Binswanger, Hans Ch./Geissberger, Werner/Ginsburg, Theo: Wege aus der Wohlstandsfalle – der NAWU-Report: Strategien gegen Arbeitslosigkeit und Umweltzerstörung, Frankfurt/M. 1979

Bundestagsfraktion Bündnis 90/Die Grünen: Eckpunkte für den Einstieg in eine ökologisch-soziale Steuerreform, Bonn, 18.5.1995

Bundestagsfraktion Bündnis 90/Die Grünen (Hrsg.): Eine EnergieSteuerReform für Europa. Dokumentation der Konferenz am 26. Mai 1997 in Bonn, Bonn 1997

Clasen, Gesa: A Framework for Innovation: Corporative Responses to Applied Energy/CO_2 Taxes in Denmark, Erasmus University Rotterdam, February 1998

Dutch Green Tax Commission, The: A summary of its three reports 1995-1997, March 1998

Economic Commission on Environmental Policy (Ed.): Role of Economic Instrument. Integrating Environmental Policy with Sectoral Politics, New York and Geneva 1998

Greenpeace/DIW: Ökosteuer – Sackgasse oder Königsweg, Hamburg 1994

Jänicke, Martin/Mez, Lutz/Bechsgaard, Pernille/Klemmensen, Børge: Innovationswirkungen branchenbezogener Regulierungsmuster am Beispiel energiesparender Kühlschränke in Dänemark, FFU rep 3-98, Berlin 1998

Jungjohann, Arne: Die Debatte um die Einführung einer ökologischen Steuerreform in der Bundesrepublik Deutschland vor dem Hintergrund internationaler Erfahrungen, Diplomarbeit am Fachbereich Politik- und Sozialwissenschaften der FU Berlin. Ms. (unveröff.) Februar 1999

Larsen, Hans: Energy Taxes – The Danish Model, Ministry of Taxation, Denmark 1998

Mez, Lutz: Erfahrungen mit der ökologischen Steuerreform in Dänemark. In: Hohmeyer, Olav (Hrsg.): Ökologische Steuerreform, ZEW-Wirtschaftsanalysen, Bd. 1, Baden-Baden: Nomos, 1995, S. 109-128

O'Riordan, Timothy (Ed.): Ecotaxation, London, 1997

RWI: Regionalwirtschaftliche Wirkungen von Steuern und Abgaben auf den Verbrauch von Energie. Kurzfassung. Das Beispiel Nordrhein-Westfalen. Untersuchung des RWI im Auftrag des Ministeriums für Wirtschaft, Mittelstand, Technologie und Verkehr des Landes Nordrhein-Westfalen, Essen 1996

Pigou, Arthur: The Economics of Welfare, London: MacMillan, 1920
Reiche, Danyel/Krebs, Carsten: Der Einstieg in die Ökologische Steuerreform. Aufstieg, Restriktionen und Durchsetzung eines umweltpolitischen Themas, Frankfurt/M. etc.: Peter Lang, 1999
Schlegelmilch, Kai (Ed.): Green Budget Reform: Countries at the Forefront, Berlin etc.: Springer, 1999
Skou Andersen, Mikael: Gouvernance by Green Taxes. Making Pollution Prevention Pay, Manchester: Manchester University Press, 1994
Togeby, Mikael/Bjørner, Thomas Bue/Johannsen, Katja: Evaluation of the Danish CO_2 Taxes and Agreements, Paper presented at the European Conference on Industrial Energy Efficiency in Vienna, July 1998
Umweltbundesamt (Hrsg.): Anforderungen an und Anknüpfungspunkte für eine Reform des Steuersystems unter ökologischen Aspekten. (DIW und Finanzwissenschaftliches Forschungsinstitut an der Universität zu Köln). Forschungsbericht des Umweltbundesamtes 296 14 175. Berichte des Umweltbundesamtes 99.3, Berlin: Erich Schmidt Verlag, 1999
UPI: Ökosteuern als marktwirtschaftliches Instrument – Vorschläge für eine ökologische Steuerreform, UPI-Bericht Nr. 9, Heidelberg 1988
Weizsäcker, Ernst Ulrich von: Ökologische Steuerreform. Steuern für die Umwelt, in: Der Spiegel vom 22.8.1988, S. 86f.

Umweltplanung als institutionelles Arrangement – ein vergleichender Überblick

Ralf Nordbeck

1. Einführung

In den letzten Jahren ist die Entwicklung von nationalen Umweltpolitikplänen respektive nationalen Nachhaltigkeitsstrategien im Sinne der Agenda 21 in den meisten Industriestaaten zur politischen Realität geworden. Die Zahl nationaler Umweltpläne ist im Anschluss an die UN-Konferenz über Umwelt und Entwicklung im Juni 1992 in Rio de Janeiro weltweit geradezu explosionsartig angestiegen. Das World Resource Institute listet in seiner Dokumentation inzwischen mehr als 100 solcher nationalen Strategien in Industrie- und Entwicklungsländern auf (WRI 1996). Auf der UN-Sondervollversammlung 1997 in New York (Rio +5) wurde die Bedeutung nationaler Nachhaltigkeitsstrategien für die Umsetzung der Agenda 21 bekräftigt. Die Teilnehmerstaaten wurden aufgefordert, spätestens bis zum Jahr 2002 eine nationale Nachhaltigkeitsstrategie zu entwickeln. Im Rahmen der OECD haben gegenwärtig 20 von 26 Mitgliedsstaaten einen Planungsprozess zur Erstellung einer nationalen Nachhaltigkeitsstrategie oder eines nationalen Umweltplans auf den Weg gebracht.

Vieles spricht dafür, dass sich die rasante Diffusion umweltpolitischer Nachhaltigkeitsstrategien in einer Kombination aus konzeptioneller Anziehungskraft eines modernen integrativen Ansatzes und der (opportunistischen) Erfüllung einer neu aufkommenden, von internationalen Organisationen (OECD, Weltbank, UNECE) unterstützten und durch sie legitimierten, internationalen Norm begründet. Die Industrieländer koordinierten sich vornehmlich im Rahmen der OECD und gemeinsam mit den mittel- und osteuropäischen Ländern seit 1991 zusätzlich über die Wirtschaftskommission für Europa der Vereinten Nationen (UNECE). Den internationalen Organisationen kommt hierbei eine wesentliche Bedeutung zu. Durch die Analyse und Auswertung der nationalstaatlichen Experimente sowie der Distribution der Informationen über nationale *best practices* im Netzwerk der Mitgliedsstaaten, kam es über die Normsetzung hinaus zu einer prozessualen Standardisierung des Planungsverfahrens nationaler Umweltpläne und Nachhaltigkeitsstrategien.

Moderne Planung muss drohende Blockaden frühzeitig antizipieren, um später bei der Implementation einer Strategie überhaupt zu einem kohärenten Handeln gelangen zu können. Konkret bedeutet dies für nationale Umweltpläne und Nachhaltigkeitsstrategien, den Planungsprozess auf eine möglichst breite Basis zu stellen und neben den Akteuren des politisch-administrativen Systems auch gesellschaftliche Interessengruppen sowie die Verursacherbereiche als Adressaten der Politik in den Zielbildungsprozess miteinzubeziehen. Neben das Problem der Zielbildung und deren Umsetzung im weiteren Zeitverlauf, treten in der modernen Planungsvariante somit gleichberechtigt die Fragen nach der Integration des politisch-administrativen Systems und der Beteiligung gesellschaftlicher Anspruchsgruppen.

Im Kern dieses Beitrags werden daher keine nationalen „Planungsdokumente" miteinander verglichen, sondern der Augenmerk darauf gerichtet, wie verschiedene Staaten auf die Anforderungen von nationalen Umweltplänen und Nachhaltigkeitsstrategien, als Ausdruck eines modernen umweltpolitischen Schnittstellenmanagements, reagiert haben.

Ausgehend von der prozessualen Standardisierung des Planungsverfahrens lassen sich die nationalen Umweltpläne und Nachhaltigkeitsstrategien als politische Institutionen im Sinne „eines anerkannten Regelsystems zur politischen Willensbildung und Willensumsetzung" (Prittwitz 1994: 82) betrachten. Das Regelsystem für die Entwicklung nationaler Umweltpläne beinhaltet dabei die Durchführung und Anwendung bestimmter Verfahrensschritte und -regeln, die einen wesentlichen Beitrag zur Ausgestaltung der zentralen Bereiche nationaler Umweltplanung leisten sollen. Nach einem kurzen Überblick zu nationaler Umweltplanung in Kapitel 2, wird deshalb im dritten Kapitel zunächst das Modell eines zyklischen Planungsprozesses für nationale Umweltpläne skizziert. Für das weitere Vorgehen werden aus dem Modell die Prozessebene (Kapitel 4) und die Zielebene (Kapitel 5) als Untersuchungsdimensionen nationaler Umweltplanung abgeleitet. Die analytische Trennung der Ebenen erleichtert den systematischen Vergleich der nationalen Umweltpläne und lässt die zentralen Verfahren zur Handlungskoordination auf beiden Ebenen deutlicher hervor treten. Von zentralem Interesse ist dabei die Frage, welche Verfahrenskombinationen zwischen Prozess- und Zielebene ein leistungsfähiges institutionelles Arrangement nationaler Umweltplanung begründen. Das abschließende Kapitel präsentiert die Ergebnisse und diskutiert vor diesem Hintergrund die Zukunftsfähigkeit nationaler Umweltplanung.

2. Nationale Umweltpläne in OECD-Ländern

Im Brennpunkt der umweltpolitischen Diskussion seit der Veröffentlichung des Brundtland-Reportes steht die Frage nach den Möglichkeiten der Integration ökologischer Prinzipien in die Vielzahl sektoraler Politikfelder. Im Vorfeld der United Nations Conference on Environment and Development (UNCED) 1992 in Rio de Janeiro waren es insbesondere politische Innovationen in Kanada, den Niederlanden, Norwegen und Neuseeland, die versuchten dem Gedanken praktische Formen zu verleihen. Die ergriffenen Initiativen in diesen Ländern hätten unterschiedlicher kaum ausfallen können. Die Entwicklung von langfristig orientierten nationalen Umweltplänen mit integrativem Charakter in Kanada und den Niederlanden, die Verabschiedung des „Resource Management Acts" in Neuseeland als praktische Umsetzung ressourcenökonomischer Vorstellungen mit dem Ziel eines nachhaltigen Ressourcenmanagements und schließlich der norwegische Ansatz „grüner" Budgetierung. Trotz dieser Varianz in den nationalen Ansätzen waren es Robert Slater (Kanada), Paul de Jongh (Niederlande) und Paul Hofseth (Norwegen), die 1992 auf der Rio-Konferenz effektiv daran arbeiteten, den Gedanken einer integrativen nationalen Umweltstrategie in die Agenda 21 einfließen zu lassen. Das Kapitel 8 der Agenda 21 über die Integration von Umwelt- und Entwicklungszielen in die Entscheidungsfindung fordert die Regierungen auf, eine nationale Strategie zur Erzielung einer nachhaltigen Entwicklung zu verabschieden. „Diese Strategie soll sich auf die verschiedenen sektoralen wirtschafts-, sozial- und umweltpolitischen Leitlinien und Planungen stützen und sie in Einklang bringen. Die im Rahmen gegenwärtiger Planungsaufgaben – wie etwa die der Konferenz vorzulegenden nationalen Berichte, nationalen Naturschutzstrategien und Umweltaktionspläne – gewonnenen Erfahrungen sollen umfassend genutzt und in eine von der Länderebene aus gesteuerte Nachhaltigkeitsstrategie eingebunden werden" (BMU 1992, S. 60). Der Eingang dieses Gedankens in die Agenda 21 hat wesentlich dazu beigetragen, dass dieser Ansatz nach der Rio-Konferenz eine rasche Ausbreitung erfuhr. Die Tabelle 1 gibt einen Überblick zu nationalen Umweltplänen in Industrieländern.

Die bekanntesten Beispiele sind ohne Zweifel die niederländischen Umweltpolitikpläne und der kanadische Green Plan. Der erste niederländische Umweltplan mit dem Titel „*National Environmental Policy Plan: To Choose Or To Loose*" wurde 1989 ins Parlament eingebracht. Dieser nationale Umweltplan war der erste seiner Art und beabsichtigte nicht weniger, als eine nachhaltige Entwicklung innerhalb einer Generation (25-30 Jahre) herbeizuführen. Der NEPP gilt bis heute aufgrund der detaillierten Beschreibung der niederländischen Umweltsituation, den klaren Zielsetzungen und Zeitvorgaben sowie der Einbeziehung der verursachenden Sektoren durch ein Zielgruppenmanagement als innovativster und weitestgehender Ansatz. In den Planungsprozess des NEPP wurden das Umwelt-, Wirtschafts-, Verkehrs- und das Landwirtschaftsministerium integriert. Der NEPP definiert mehr als 220 quantifizierbare Einzelziele, die zeitlich terminiert und finanziell genau kalkuliert sind. Nach den Parlamentswahlen 1989 veröffentlichte die neue Regierungskoalition aus sozialdemokratischer und christlich-demokratischer Partei eine Ergänzung des NEPP unter dem Titel „*National Environmental Policy Plan Plus*". Der zweite niederländische Umweltplan „*National Environmental Policy Plan 2. The Environment: Today's Touchstone*" wurde

1993 veröffentlicht und evaluierte die Erfolge des ersten Umweltplans. Die Zielsetzungen wurden im zweiten Umweltplan teilweise revidiert, da die Entwicklungen in einigen Bereichen hinter den Erwartungen zurück geblieben waren. Der Planungsprozess wurde 1998 mit dem NEPP 3 fortgeführt.

Tabelle 1: Nationale Umweltpläne in OECD Ländern

Land	Umweltplan	Jahr
Australien	National Strategy for Ecologically Sustainable Development	1992
Dänemark	Nature and Environment Policy	1995
Finnland	Sustainable Development and and Finland	1990
	Finnish Action for Sustainable Development	1995
	Finnish Government Programme for Sustainable Development	1998
Frankreich	National Plan for the Environment	1990
Großbritannien	This Common Inheritance: Britain's Environmental Strategy	1990
	Sustainable Development: The UK Strategy	1994
	A Better Quality of Life: Strategy for Sustainable Development for the UK	1999
Irland	Sustainable Development – A Strategy for Ireland	1997
Japan	The Basic Environment Plan	1995
Kanada	Canada's Green Plan for a Healthy Environment	1990
Neuseeland	Environment 2010 Strategy	1995
Niederlande	National Environmental Policy Plan (NEPP); NEPP plus;	1989/90
	NEPP 2	1993
	NEPP 3	1998
Österreich	Nationaler Umweltplan (NUP)	1995
Polen	National Environmental Policy	1991
	National Environmental Action Programme	1995
Portugal	The National Environmental Plan	1995
Schweden	Towards Sustainable Development in Sweden	1993/94
	An Environmental Policy for Sustainable Sweden	1997/98
Schweiz	Strategie nachhaltiger Entwicklung in der Schweiz	1997
Südkorea	Korea's Green Vision 21	1995
Tschechische	Concept of State Ecological Policy („Rainbow Programme")	1990
Republik	State Environmental Policy	1995
Ungarn	Short and Medium-Term Plan for the Environment	1992
	National Environmental Programme	1997

Quelle: Jänicke/Jörgens (1998): 36 mit Ergänzungen

Im Dezember 1990 veröffentlichte die kanadische Regierung unter dem konservativen Premierminister Brian Mulroney ihren nationalen Umweltplan mit dem Titel „Canada's Green Plan for a healthy environment". Vorausgegangen war eine knapp zweijährige Planungsphase unter Beteiligung mehrerer Ministerien und einem öffentlichen Konsultationsprozess. Der Green Plan war angetreten, „to make Canada, by the year 2000, the industrial world's most environmentally friendly country" (Government of Canada 1990). Identifiziert wurden acht verschiedene Themenbereiche in denen ein Engagement erfolgen sollte. Dem Green Plan stand ein Finanzbudget von 3 Milliarden kanadischen Dollar verteilt über fünf Jahre zur Verfügung. Der Plan selbst wies allerdings nur wenige konkrete Maßnahmen auf und wurde deshalb von der Umweltbewegung und den Medien stark kritisiert. Durch die Wahl einer neuen liberalen Regierung 1993 verlor der Plan weitgehend an Unterstützung und wurde seitdem nur noch in einzelnen Bereichen fortgeführt.

Zwei Beispiele, die sowohl den Erfolg, aber auch das Scheitern nationaler Umweltpläne dokumentieren. Gerade aus diesem Grund sind diese beiden Fälle bestens geeignet, bestimmte Charakteristika und Notwendigkeiten nationaler Pläne und Strategien erkennen zu lassen (OECD 1995: 13; Dalal-Clayton u.a. 1994: 11; RRI 1996: 1):

- die nationalen Strategien beruhen auf einem dynamischen, langfristig orientierten Planungsprozess,
- dieser beinhaltet eine interministerielle Integration und die Beteiligung relevanter gesellschaftlicher Interessengruppen,
- klare Zielformulierungen mit zeitlichen Fristen zur Umsetzung sind gute Voraussetzungen für eine erfolgreiche Strategie,
- erforderlich ist die Installation eines Monitoring- und Evaluationsprozesses in Form von Berichtspflichten und Erfolgskontrollen.

Die einzelnen Punkte stellen für sich genommen schon eine komplexe Herausforderung dar. Die funktionale Zusammenführung in einem ganzheitlichen Planungsansatz bedarf daher eines hervorragenden Prozessmanagements. In der internationalen Debatte hat sich hierfür als Standard das Modell eines zyklischen Planungsprozesses durchgesetzt, welches im nächsten Kapitel skizziert wird.

3. Elemente einer nationalen Umweltplanung

Grundvoraussetzung für einen systematischen Vergleich nationaler Umweltpläne ist die Identifizierung der tragenden Elemente einer nationalen Umweltplanung. Für das Modell nationaler Umweltplanung im Sinne der Agenda 21 spielt die zeitliche Dimension eine elementare Rolle. Das Wissen darum spiegelt sich in der gängigen Planungsliteratur als „Prozess"-Philosophie wieder. Die Betonung des Prozesses gegenüber dem Produkt und die Aufforderung einen nationalen Umweltplan nicht als statisches „Planungsdokument" aufzufassen, sondern als dynamischen Prozess:

„Planning is an important part of a strategy, but a strategy is much more than a plan. A strategy is a process, not an isolated event. The process is adaptive, it develops as it goes along and responds to change. It is cyclical; over a period of several years, the main components are repeated (IUCN/IIED 1994: 8 und 9)".

Aus den Erfahrungen, die in den letzten 15 Jahren mit nationalen Strategien gewonnen werden konnten, lässt sich als Essenz der in Abbildung 1 dargestellte idealtypische zyklische Planungsprozess herausfiltern. Das heuristische Modell erlaubt die einfache Identifizierung der wesentlichen Merkmale einer nationalen Umweltplanung in den einzelnen Verfahrensschritten. Am Anfang des Planungsprozesses steht die systematische Erfassung der gegenwärtig zentralen Umweltprobleme und eine langfristige Trendanalyse, ferner die Darlegung der wichtigsten Verursachergruppen. Mit dem zweiten Schritt beginnt die Phase der Entscheidungsfindung. Anhand der Situations- und Trendanalyse gilt es, im Sinne einer Prioritätensetzung, die Bereiche herauszuheben, denen besonderes Interesse gewidmet werden soll. Für diese prioritären Problemfelder werden Umweltqualitätsziele entwickelt und im anschließenden dritten Schritt in konkrete Maßnahmen und Standards umgesetzt. Im vierten Schritt erfolgt die Umsetzung der Maßnahmen. Abschließend werden im fünften Schritt die Umsetzung der Maßnahmen und die Zielerreichung überprüft und münden in Schritt 6 in einer gegebenenfalls notwendigen Reformulierung des Umweltplans.

Abb.1: Modell eines zyklischen Planungsprozesses

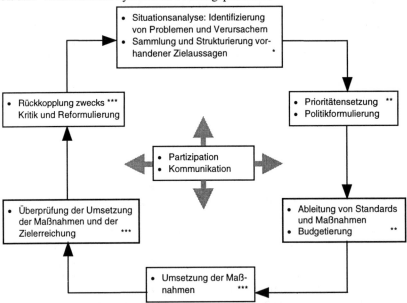

Quelle: Carew-Reid u.a. 1994: 91

* Vorbereitung

** Entscheidungsfindung

*** Umsetzung und Monitoring

Das Modell setzt die einzelnen Bausteine einer nationalen Umweltplanung systematisch miteinander in Beziehung. Die im vorangegangenen Kapitel aufgelisteten Merkmale eines nationalen Umweltplans (klare Zielbildung, Integration, Partizipation, Monitoring) lassen sich leicht innerhalb des zyklischen Planungsprozesses identifizieren. Das Modell verdeutlicht den engen Zusammenhang zwischen den Elementen und erlaubt andererseits die Ableitung zweier zu betrachtender Ebenen: der Prozess- und der Zielebene. Die Unterscheidung zwischen diesen beiden Wirkungsebenen birgt den Schlüssel für ein tieferes Verständnis und eine systematische Analyse nationaler Umweltpläne. Die *Prozessebene* artikuliert dabei die Möglichkeiten politischer und gesellschaftlicher Willensbildung durch die Erstellung eines nationalen Umweltplans im Rahmen von Integration und Partizipation. Zentral ist hier die Frage nach den Chancen politischer und gesellschaftlicher Lernprozesse.

Die *Zielebene* ist dagegen Ausdruck der anvisierten Form politischer Steuerung und eng verknüpft mit den Fragen der Umsetzung eines Umweltplans. Die Zielstruktur eines nationalen Umweltplans ist das Resultat der langfristig-antizipatorischen Handlungsorientierung innerhalb des Planungsprozesses und dient dazu, in einem transparenten Vorgang Prioritäten und Verantwortlichkeiten festzulegen.

Gruppiert man die Elemente des Planungsprozesses in die beiden begrifflichen Kategorien „Prozessebene" und „Zielebene", so entsteht für das weitere Vorgehen das folgende Schema:

Prozessebene	Zielebene
– Verankerung des Prozesses	– Situations- und Trendanalyse
– Integration	– Zielformulierung
– Partizipation	– Ableitung von Standards und Maßnahmen
– Prozessstabilität	– Maßnahmendurchführung
– Monitoring und Evaluation	

Auf die beiden Ebenen der Umweltplanung soll in den folgenden Kapiteln näher eingegangen werden. In Kapitel 4 steht die Prozessebene und die Frage nach dem Grad der Integration und Partizipation im Mittelpunkt. Das fünfte Kapitel beschäftigt sich dann mit der Ziel- und Ergebnissteuerung als Teil eines nationalen Umweltplans. Von besonderem Interesse ist hier das Zustandekommen der Zielstruktur. Ist diese in einem konsensualen Zielbildungsprozess entwickelt worden oder wird sie unilateral vorgegeben und top down durchgesetzt? Das finale Kapitel setzt die beiden Ebenen in Verbindung und schließt mit einem Ausblick auf die Leistungsfähigkeit nationaler Umweltpläne als institutionellem Arrangement.

4. Umweltplanung als Prozess

Um den Planungsprozess eines nationalen Umweltplans als solches einzuleiten, ist es notwendig eine Antriebskraft zu installieren. Zu diesem Zweck ist eine formelle Verankerung des Planungsprozesses durch einen institutionellen Planungsauftrag in Form eines Regierungsauftrags, eines Gesetzes oder eines Parlamentsbeschlusses sinnvoll. In den meisten Ländern geschah dies durch einen Regierungsauftrag, wobei in der Regel das Umweltministerium die federführende Behörde war (Dalal-Clayton 1996: 7ff.).

Hat sich zu Beginn einer nationalen Nachhaltigkeitsstrategie eine Organisationsstruktur entwickelt, so wird eine ihrer ersten Aufgaben darin bestehen, sich Gedanken über die Koordination des Planungsprozesses zu machen. Aufgrund des Querschnittcharakters der Umweltpolitik ist die Erstellung eines Umweltplans ohne Beteiligung anderer Ministerien mit hoher Verursacherkomponente schwer vorstellbar. Die Koordination im politisch-administrativen System in Form einer interministeriellen Integration ist für die Qualität eines Umweltplans und dessen spätere Umsetzung von zentraler Bedeutung. Weiter muss über die Beteiligung gesellschaftlicher Gruppen und das Ausmaß der Partizipation entschieden werden. Die breite Beteiligung gesellschaftlicher Akteure erhöht nicht nur die Legitimation des Planungsprozesses, sondern schafft die Voraussetzungen, für die formulierten Ziele öffentliche Unterstützung zu erhalten und angestrebte Maßnahmen durchsetzen zu können. Nichtsdestotrotz unterscheiden sich nationale Umweltpläne gerade bei der Berücksichtigung partizipativer Elemente innerhalb des Planungsprozesses. In Tabelle 2 werden die Planungsprozesse nationaler Umweltpläne und Nachhaltigkeitsstrategien anhand von zwei Kriterien klassifiziert: der Regelmäßigkeit der Beteiligung und ihrer Reichweite. Das erste Kriterium unterscheidet dabei zwischen vier Kategorien: Nichtbeteiligung, einmaliger Beteiligung, mehrfacher Beteiligung und ständiger Beteiligung. Den Kategorien der Regelmäßigkeit entsprechend, wurden in den Planungsprozessen jeweils bestimmte Verfahren zur Beteiligung gesellschaftlicher Akteure gewählt. Die Tabelle 2 unterscheidet daher vier Formen der Beteiligung: Interner Prozess, Information, Konsultation, Partizipation. Das zweite Kriterium der Reichweite bezieht sich auf die Unterscheidung von direkter Bürgerbeteiligung und der Beteiligung von gesellschaftlichen Interessengruppen.

Exemplarisch für die erste Kategorie ist die Entstehung des dänischen *Nature and Environment Policy* (Dalal-Clayton 1996: 41). Die Federführung des Prozesses lag zentral beim Umweltminister. Verhandlungen und Abstimmungen erfolgten ausschließlich innerhalb der Ministerialbürokratie unter Beteiligung zusätzlicher staatlicher Einrichtungen. Den Entwurf des Plans erarbeitete eine im Umweltministerium angesiedelte Arbeitsgruppe, bestehend aus Mitarbeitern des Umweltministeriums und nachgeordneter Behörden (Umweltamt, Naturschutzamt, Energieagentur).

Tabelle 2: Beteiligungsformen gesellschaftlicher Akteure bei der Erstellung nationaler Umweltpläne in OECD-Ländern

	Interner Prozess	Information	Konsultation	Partizipation
Australien (1992)				Bürgerbeteiligung
Dänemark (1995)	Administration			
Finnland (1989/90) (1995)			Interessengruppen	Interessengruppen
Frankreich (1990)			Interessengruppen	
Großbritannien (1990) (1994) (1999)			Interessengruppen Bürgerbeteiligung Bürgerbeteiligung	
Irland (1997)			Bürgerbeteiligung	
Japan (1995)			Interessengruppen	
Kanada (1990)			Bürgerbeteiligung	
Neuseeland (1995)			Bürgerbeteiligung	
Niederlande (1989/90) (1993) (1998)			nur Zielgruppen	Interessengruppen Interessengruppen
Österreich (1995)			nur eingeschränkt	Interessengruppen
Polen (1991) (1995)	Administration Administration			
Portugal (1995)			Interessengruppen	
Schweden (1993/94)			Interessengruppen	
Schweiz (1997)				Interessengruppen
Südkorea (1995)	Administration			
Tschechische Republik (1990) (1995)	Administration		Interessengruppen	
Ungarn (1992) (1997)	Administration			Interessengruppen

Planungsprozesse, die ohne Beteiligung gesellschaftlicher Gruppen ausschließlich innerhalb des politisch-administrativen Systems ablaufen, sind aber eher die Ausnahme. Neben dem dänischen Plan fallen in diese Kategorie die südkoreanische *Green Vision 21* und die ersten Umweltstrategien der drei mitteleuropäischen Transformationsländer Polen, Ungarn und der Tschechischen Republik. In den Transformationsstaaten ist dies zum einen der Umbruchsituation in diesen Ländern geschuldet, wobei die Tradition geschlossener politischer

Entscheidungsprozesse nachwirkte, und zum anderen dem geringen Organisationsgrad von Interessengruppen zum Zeitpunkt der Entwicklung der Strategien. In der Tschechischen Republik und Ungarn sind die Partizipationsmöglichkeiten in den folgenden Planungsprozessen erweitert worden. Erstaunen rufen insofern nur die Planungsprozesse in Dänemark und Südkorea hervor, zumal der dänische Plan ausdrücklich auf die dänische Tradition partizipativer politischer Willensbildungs- und Entscheidungsprozesse hinweist, und auch die südkoreanische *Green Vision 21* die Relevanz partizipativer Elemente betont.

Die Kategorie „Information", bezeichnet Planungsprozesse, die nicht ausschließlich, aber doch überwiegend innerhalb des politisch-administrativen Systems stattfinden. Im Unterschied zur ersten Kategorie wird der Entwurf des Plans vor seiner Verabschiedung entweder relevanten Akteuren (Interessengruppen, Unternehmen, Wissenschaft, Individuen etc.) mit der Bitte um schriftliche Stellungnahme zugesandt oder eine einmalige Informationsveranstaltung organisiert. Das schwedische Umweltministerium verschickte ihren Planungsentwurf des Programmgesetzes *Towards Sustainable Sweden* an mehr als 300 Organisationen. Das finnische Umweltministerium erhielt mehr als 300 Stellungnahmen als Antwort auf den Entwurf der Strategie *Sustainable Development and Finland*. Die Form eines überwiegend internen Planungsvorgangs wurde, neben den beiden genannten Fällen, auch bei der tschechischen Umweltstrategie von 1995, dem portugiesischen Umweltplan und dem französischen Umweltplan bevorzugt. Das Engagement seitens der gesellschaftlichen Akteure ist in der Regel bei dieser Form der Beteiligung sehr groß. Insgesamt betrachtet sind die Einflussmöglichkeiten der gesellschaftlichen Akteure bei diesem Vorgehen aber als gering einzustufen.

Die häufigste Form zur Einbindung gesellschaftlicher Akteure in den Planungsprozess eines nationalen Umweltplans oder einer Nachhaltigkeitsstrategie ist ein konsultativer Planungsansatz. Kennzeichnende Merkmale für diese Beteiligungsform sind öffentliche Informations- und Diskussionsveranstaltungen und die Möglichkeit der kritischen Diskussion von Inhalt und Zielen des angestrebten Umweltplans bzw. eines vorgelegten Planungsentwurfs in mündlicher und schriftlicher Form. Bei einer konsultativen Form der Beteiligung sollten die gesellschaftlicher Akteure unbedingt an mehreren Zeitpunkten im Planungsverlauf die Möglichkeit zur Beteiligung erhalten.

Der intensive dreimonatige Konsultationsprozess des kanadischen *Green Plan* beruhte auf einem zweistufigen Verfahren. Die erste Phase des Konsultationsprozesses *(Information sessions)* startete im März 1990 mit der Veröffentlichung eines informativen Grundlagenberichts mit dem Titel *A Framework for Discussion on the Environment*. In den folgenden drei Monaten von April bis Juni 1990 wurden landesweit 41 Informationsveranstaltungen abgehalten, an denen mehr als 6.000 Personen teilnahmen. Das Ziel dieser Informationsveranstaltungen bestand darin, ein Höchstmaß an öffentlichem Bewusstsein für die neue Regierungsinitiative herzustellen. In der parallel gestarteten zweiten Phase *(Consultation sessions)* von Mai bis Juni 1990, wurden Konsultationsveranstaltungen in 17 größeren Städten Kanadas organisiert. Mehr als 3.500 Teilnehmer diskutierten auf diesen Foren intensiv das vorgelegte Rahmendokument und unterbreiteten Empfehlungen und Vorschläge, für die im *Green Plan* vorgesehenen Themenschwerpunkte. Der Konsultationsprozess gipfelte Mitte August in einer zweitägigen Abschlussveranstaltung in der Hauptstadt Ottawa. Trotz der regen Beteiligung von Öffentlichkeit und Interessengruppen sowie dem großen Interesse der Medien, war der Konsultationsprozess von Anfang an begleitet von Kritik und Misstrauen. Ursächlich dafür ist die Betrachtung des Konsultationsprozesses als „angehängt"; der Konsultationsprozess wurde erst durch einen Kabinettsbeschluss eingeleitet, der eine öffentliche Diskussion zur Vorbedingung für eine Verabschiedung des *Green Plan* durch das Kabinett machte. Der angehängte Konsultationsprozess konnte die Zweifel der Umweltorganisationen und der Medien, die wesentlichen Entscheidungen seien längst getroffen worden, nicht mehr ausräumen.

Die konsultativen Planungsprozesse in den anderen Ländern in dieser Kategorie (Großbritannien, Irland, Japan, Neuseeland, Ungarn), waren nicht ganz so weitreichend wie das kanadische Vorgehen. Der Trend geht aber eindeutig in Richtung umfassenderer Konsultationsprozesse. Die Entwicklung des stabilisierten Planungsprozesses in Großbritannien belegt diese Vermutung. Im Fall der britischen Nachhaltigkeitsstrategie von 1994 wurden die Beteiligungsmöglichkeiten erheblich ausgeweitet. Im November 1992 verschickte das Umweltministerium an über 100 Organisationen und Einzelpersonen einen offenen Brief mit der Aufforderung, die jeweilige Vorstellung von nachhaltiger Entwicklung darzustellen und Vorschläge für den Rahmen der nationalen Strategie zu unterbreiten. Das Umweltministerium erhielt bis Februar 1993 ungefähr 50 Rückschreiben (Wilkinson 1996: 30). Parallel zu dem Rücklauf bereitete das Umweltministerium einen ersten Entwurf für die UK Strategy vor. Dieser Entwurf wurde ebenso mit Nichtregierungsorganisationen diskutiert, wie mit Repräsentanten anderer EU-Staaten und der Europäischen Kommission. Vom 18.-20. März 1993 fand ein dreitägiges Seminar über nachhaltige Entwicklung im Green College in Oxford statt, an dem mehr als 100 Vertreter von Umweltorganisationen, Unternehmen, Hochschulen und Forschungsinstituten, Städten und Kommunen und den Ministerien teilnehmen. Die vertretenen Interessengruppen übten erheblichen Druck auf die britische Regierung aus, eine zukunftsorientierte Strategie mit quantifizierbaren Zielen und Zeitplänen auszuarbeiten, anstatt eines Berichts über den Status quo (Wilkinson 1996: 31). Im Juni 1993 veröffentlichte das Umweltminsterium ein Konsultationspapier, das einen detaillierteren Entwurf der UK Strategy enthielt. Dieses Konsultationspapier wurde an über 6000 Organisationen und Einzelpersonen verschickt und das Umweltministerium erhielt über 500 Stellungnahmen. Einen Sonderfall in dieser dritten Kategorie stellt der Planungsprozess des ersten niederländischen Umweltplans NEPP 1 mit seinem Zielgruppenansatz dar. Der Konsultationsprozess wurde dabei explizit auf die identifizierten Zielgruppen als Politikadressaten ausgerichtet und nicht auf das intermediäre System oder eine breite Bürgerbeteiligung.

Die vierte Kategorie beinhaltet die Fälle, in denen eine ständige Beteiligung gesellschaftlicher Akteure am Analyse- und Zielbildungsprozess stattfand. Dies gilt für die zweite finnische Umweltstrategie von 1995, die niederländischen Planungsprozesse seit dem NEPP 2, die Nachhaltigkeitsstrategie der Schweiz, die australische Umweltstrategie und in eingeschränkter Form für den österreichischen Umweltplan. Diese Form der Beteiligung geht in der Regel mit der Schaffung von Arbeitsgruppen, Runden Tischen oder Nachhaltigkeitsräten einher.

Für die Erstellung des NEPP 2 nahm das niederländische Umweltministerium Abstand von seinem bisherigen hierarchischen Ansatz und dem ausschließlichen Zielgruppenmanagement. Dem NEPP 2 ging ein zweijähriger Diskussionsprozess mit den Zielgruppen, anderen Ministerien, Nichtregierungsorganisationen sowie den Provinzen und Kommunen voraus.

In Australien ging der Anstoß für den Planungsprozess von einer Initiative der Regierung aus. Im Juni 1990 startete die australische Regierung einen Diskussionprozess, wie eine ökologisch nachhaltige Entwicklung in Australien zu erreichen sei. Den Beginn markierte die Veröffentlichung eines Diskussionspapiers mit dem Titel *Ecologically Sustainable Development: A Commonwealth Discussion Paper*. Zwei Monate später gab der damalige Premierminister Bob Hawke seine Absicht bekannt, neun sektorale Arbeitsgruppen mit breiter Beteiligung einzurichten, die neben Regierungsvertretern, Industrieverbänden und Unternehmen, Umweltgruppen, Gewerkschaften, Wohlfahrtsverbände und Verbraucherschutzgruppen umfasste. Aus dieser Initiierungsphase entwickelte sich ein „öffentlichkeitswirksamer, intensiver und interaktiver Prozess, in dem eine Vielzahl von Sektoren und Gruppen mit traditionell konflikthaften Interessen zusammenarbeiteten" (Dalal-Clayton 1996: 83). Die Berichte der Arbeitsgruppen im November 1991 und zusätzliche intersektorale Berichte bildeten die Grundlage für den im Mai 1992 vorgelegten Regierungsentwurf der *National Strategy for Ecologically Sustainable Development*. Dieser Strategieentwurf wurde im Juni 1992 von Premierminister Hawke veröffentlicht, um der Öffentlichkeit, die Möglichkeit zur Stellungnahme innerhalb der folgenden zwei Monate zu geben.

Problematisch erscheint die Einordnung des österreichischen Falles, da zu Beginn des Planungsprozesses neben den Vertretern aus Politik und Administration, nur Repräsentanten der Wirtschaftverbände und der Gewerkschaften beteiligt wurden. Die Umweltgruppen durften zu diesem Zeitpunkt vorsätzlich nicht partizipieren und konnten erst später an den Arbeitskreisen teilnehmen, als wesentliche Entscheidungen bezüglich des Umweltplans schon getroffen waren (Payer 1996).

Die zweite elementare Frage in der Betrachtung von nationalen Umweltplänen als Prozess, ist das Problem der Integration und Koordination innerhalb des politisch-administrativen Systems. Dabei ist es ist schwierig, die

Motive der Ministerien für eine Beteiligung einzuschätzen und zu beantworten, ob es sich dabei eher um eine positive oder eine negative Koordination handelt. Prinzipiell lassen sich vier Formen einer umweltpolitischen Koordination unterscheiden: hierarchische Koordination, Koordination durch Macht, Koordination durch Abstimmung und Verhandlung sowie Koordination durch gemeinsame Ziele (Bührs 1991: 2). Die ersten drei Formen (Hierarchie, Macht, Abstimmung/Verhandlung) lassen sich als prozedurale Koordination verstehen, die Koordination durch gemeinsame Ziele als substantielle Koordination. Die prozeduralen Formen der Koordination verfügen über den Vorteil, dass sie keines zentralen Akteurs bedürfen, da keine gemeinsamen Ziele und Prinzipien geteilt werden. Die beiden Formen der Hierarchie und der Macht sind jedoch für den gewählten Kontext von geringer Bedeutung. Die Umweltministerien besitzen weder die hierarchische Kontrolle, noch befinden sie sich in einer Machtposition, in der sie andere Akteure zu einem umweltverträglicheren Verhalten zwingen könnten. Interessant für den Planungsprozess eines nationalen Umweltplans sind deshalb in erster Linie Abstimmungs- und Verhandlungsverfahren als prozedurale Form, und die substantielle Koordination als Steuerung über gemeinsame Ziele.

In der überwiegenden Mehrzahl der nationalen Planungsprozesse war Koordination gleichbedeutend mit der prozeduralen Variante der Abstimmungs- und Verhandlungsverfahren. Eigens für den Zweck einer verbesserten Koordination im Planungsprozess des jeweiligen nationalen Umweltplans sind vielfach neue Institutionen geschaffen worden. In Großbritannien wurden zwei Kabinettkomitees für die Erstellung der Umweltstrategie von 1990 eingerichtet, an deren Beratungen 14 Ministerien teilnahmen. Bei der Entwicklung der *UK Sustainable Development Strategy* von 1994 beteiligten sich schon 16 Ministerien. In der Schweiz wurde ein, aus 17 Bundesämtern zusammengesetzter, interdepartementaler Ausschuss Rio (IDARio) eingerichtet, der die Federführung bei der Planerstellung übernahm. In Australien wurde ein intergouvernementaler Lenkungsausschuss (ESDSC) etabliert und als Arbeitsgrundlage ein *Intergovernmental Agreement on the Environment* verabschiedet.

Die weitreichende Beteiligung relevanter Ministerien verhindert aber nicht per se das Auftreten von Interessenkonflikten innerhalb des Planungsprozesses. So ist es in Großbritannien sowohl 1990 als auch 1994 zu erheblichen Konflikten zwischen dem Umweltministerium und dem Finanz- sowie Verkehrsministerium in der Phase der Planformulierung gekommen. Ebenso konnten die Spannungen zwischen den Ministerien im Planungsprozess des kanadischen *Green Plan* nicht ausgeräumt werden.

Die Beispiele für eine Koordination durch gemeinsame Ziele beschränken sich gegenwärtig auf die niederländischen Umweltpläne und die neueste schwedische Nachhaltigkeitsstrategie. Die Gründe dafür liegen in den implizit hohen Anforderungen einer Koordination durch gemeinsame Ziele. Das Aufstellen gemeinsamer Ziele erfordert einen enormen Aufwand, in Form eines wissenschaftlichen Inputs aus Information und Analyse, um gemeinsame

Ziele überhaupt definieren und legitimieren zu können. Selbst wenn sich Ziele und Notwendigkeiten durch den wissenschaftlichen Input rational begründen lassen, führt dies nicht zwangsläufig zur Formulierung gemeinsamer umweltpolitischer Ziele (Bührs 1991: 5).

In Anbetracht der Tatsache, dass der Planungszeitraum eines nationalen Umweltplans die Dauer einer Legislaturperiode weit überschreitet, stellt sich für die Prozessbetrachtung abschließend die Frage nach den Möglichkeiten einer Prozessstabilisierung. In fünf Ländern (Japan, Südkorea, Niederlande, Portugal, Neuseeland) basiert der Planungsprozess auf einer rechtlichen Grundlage. Allerdings erzwingt nur das niederländische Umweltmanagementgesetz von 1993 eine Fortschreibung des Umweltplans in einem vierjährigen Rhythmus. Die meisten Umweltpläne sehen regelmäßige Implementationsberichte und eine Fortschreibung des Umweltplans vor. In Großbritannien sind die seit 1991 jährlich publizierten Berichte zur Umsetzung des Weißbuches *Britain's Environmental Strategy*, inzwischen zu einem eigenständigen Prozess gewachsen. Seit 1994 übernehmen diese jährlichen Berichte auch das Monitoring der *UK Sustainable Development Strategy*. Das kanadische Umweltministerium hat 1991 und 1993 zwei Implementationsberichte zum Stand der Umsetzung des *Green Plans* veröffentlicht. Jährliche Implementationsberichte der neuseeländischen *Environment 2010 Strategy* werden seit 1997 veröffentlicht. Eine Fortschreibung oder Reformulierung des Umweltplans ist bisher in den Niederlanden, Großbritannien, Schweden und Finnland durchgeführt worden.

Die bisher erfolgte vergleichende Betrachtung der Prozessebene nationaler Umweltplanung in OECD-Ländern liefert einige interessante Ergebnisse. Entgegen der naheliegenden Vermutung, die internationale Standardisierung durch das Modell des zyklischen Planungsprozesses würde eine Konvergenz der Planungsprozesse bewirken, lässt sich auf der Prozessebene kein allgemeines Muster in den nationalen Umweltplanungen feststellen. Vielmehr scheinen sich die Planungsprozesse nationaler Umweltpläne in den ausgewählten Ländern, entlang der Beteiligungsformen „Konsultation" und „Partizipation" in zwei Gruppen zu polarisieren.

In der Gruppe konsultativer Beteiligungsverfahren finden wir mit Großbritannien, Irland, Kanada und Neuseeland überwiegend Länder, die eine pluralistische Interessenstruktur aufweisen. Dementsprechend handelt es sich bei den Konsultationen mehrheitlich um Prozesse mit breiter Bürgerbeteiligung. Zu gleich sind in diesen Ländern verstärkt neue Institutionen im Rahmen des Planungsprozesses geschaffen worden. In Kanada und Großbritannien wurden für die interministerielle Koordination neue Kabinettkomitees eingerichtet. Zusätzlich entstanden in beiden Ländern neue Beratungsgremien wie der Nationale Runde Tisch für Umwelt und Ökonomie in Kanada oder der Runde Tisch für Nachhaltige Entwicklung in Großbritannien. Dies weist einerseits auf einen erhöhten Koordinationsbedarf in diesen Ländern hin, ist unter Umständen aber auch Ausdruck eines institutionellen Nachholbedarfs im Bereich umweltpolitischer Koordinations- und Beratungsgremien.

In der Kategorie partizipativer Beteiligungsverfahren sind mit Finnland, den Niederlanden, Österreich und der Schweiz fast ausschließlich Länder zu finden, die als korporatistisch gelten. Nicht sehr überraschend dreht es sich in den Planungsprozessen deshalb vornehmlich um die Beteiligung organisierter Interessen. Durch die ständige Beteiligung der Interessengruppen in den Koordinationsgremien wird bei diesem Verfahren der höchste Institutionalisierungsgrad erreicht, wobei der Zugang zu diesen Gremien gleichzeitig stark limitiert ist (Kern 1999: 11). Die Konsensorientierung der korporatistischen Akteure ermöglicht andererseits, den Planungsprozess in ruhigere Fahrgewässer zu lenken und eine anspruchsvolle Nachhaltigkeitsstrategie zu formulieren. Interessanterweise stammen auch beide Beispiele einer substantiellen Koordination im politisch-administrativen System durch die Festlegung gemeinsamer Ziele aus dieser Ländergruppe.

5. Umweltplanung als Ziel- und Ergebnissteuerung

Durch die Aktivitäten zur Umsetzung des Leitbildes einer nachhaltigen Entwicklung ist auf der nationalen und internationalen Ebene ein reger Diskurs über umweltpolitische Zielsetzungen entstanden. Die Diskussion speist sich dabei einerseits aus dem Wunsch nach einer transparenten, kohärenten und vorausschauenden Umweltpolitik zu einem Zeitpunkt, da die Umweltpolitik in zunehmendem Verteilungskonflikt mit anderen Politikfeldern steht, und andererseits aus der Erkenntnis, dass zur Verwirklichung einer nachhaltigen Entwicklung, der Einsatz emissions- und technikorientierter Strategien allein nicht hineichend ist. Die Festlegung von Umweltqualitätszielen bringt damit insbesondere das umweltpolitische Vorsorgeprinzip zum Ausdruck. Die umweltpolitischen Ziele sollen unter Einbeziehung relevanter wissenschaftlicher, staatlicher und gesellschaftlicher Akteure möglichst klar und konsistent formuliert werden (SRU 1998: 49). Die OECD betont:

> „Target setting is an essential element of environmental planning in general, and of the National Planning for Sustainable Development process in particular. To establish clear targets allows first the setting of priorities for action, and secondly, the monitoring of progress and measurement of success. Since the NPSD is a cyclical, phased process, targets can be set for short, medium and long terms, but it is important to define a timeframe to make targets operational" (OECD 1995: 52).

Die Zielstruktur nationaler Umweltpläne ist in der Regel hierarchisch aufgebaut. Aus dem zugrundeliegenden Leitbild und den handlungsrelevanten Prinzipien sollten anschließend eine strategische Zielebene (Umweltqualitätsziele) und eine operationale Zielebene (Umwelthandlungsziele) abgeleitet werden. Eine logische innere Geschlossenheit der Zielstruktur erleichtert die Prioritätensetzung und erhöht die Kohärenz der Zielstruktur. Auch wenn sich alle Umweltpläne auf das Leitbild der nachhaltigen Entwicklung beziehen, werden die implizierten Modelle zur Beschreibung der Mensch-Umwelt-Interaktionen (Umweltraumkonzept, Ecological Footprint, Material- und Stoffstromkonzepte etc.) häufig nicht explizit dargelegt. Dies führt dazu, dass die strategischen Ziele nicht direkt abgeleitet werden können und ihr Zustandekommen beim Betrachter eher einen willkürlichen Eindruck hinterlässt. Zudem verleitet eine mangelnde geschlossene Konzeptionierung der Zielstruktur die beteiligten Akteure offenbar dazu, die operationale Ebene der Umwelthandlungsziele um so stärker zu beanspruchen, was zu einer Überfrachtung des nationalen Umweltplans mit Maßnahmen in Form von Handlungsempfehlungen führt. Einschlägige Beispiele sind die britischen Umweltstrategien von 1990 und 1994 mit über 350 sogenannten Maßnahmen und der österreichische Umweltplan mit seinen 472 Maßnahmen. Gerade die neueste britische Umweltstrategie von 1999 beweist, dass dieser Weg nicht zwangsläufig permanent sein muss, und wie die Festlegung von prioritären Umweltqualitätszielen zu einer erheblichen Verbesserung der Zielstruktur auf der operationalen Ebene führen kann. Zu ähnlichen Erfahrungen mit früheren Zielsetzungen formuliert die aktuelle schwedische Nachhaltigkeitsstrategie:

> „For one thing, it points out the goals were not formulated within the framework of a logical structure, undefined terms we used, which make the monitoring and evaluation of the goals difficult, and in many cases it is not possible to monitor the achievement of the goals. It was, therefore, necessary to review the existing national environmental goals with a view to systematization, co-ordination and revision" (MoE 1998: 4).

Die Mehrheit der nationalen Umweltpläne in OECD-Ländern verzichtet auf der operationalen Ebene dennoch auf präzise quantitative Ziele, und listet statt dessen eine Vielzahl von qualitativen Zielen und unverbindlichen politischen Bekenntnissen bzw. Handlungsempfehlungen in einzelnen Problemfeldern auf. Konkrete Ziele mit zeitlichem Bezug und einer Beschreibung daraus abgeleiteter Maßnahmen finden sich eher selten. Die wenigen quantitativen Zielangaben in diesen Plänen entstammen in der Regel internationalen Konventionen und Verträgen oder bezeichnen schon früher gesteckte nationale Selbstverpflichtungen (z.B. nationales Reduktionsziel für CO_2-Emissionen).

Es finden sich jedoch auch nationale Umweltpläne, die innerhalb zeitlicher Fristen klare quantitative Ziele setzen und diese mit Maßnahmen und Instrumenten verbinden. Bekanntestes Beispiel sind hierfür die niederländischen *National Environmental Policy Plans*, die seit 1989 in regelmäßiger Folge erscheinen. Die niederländischen Umweltpläne verfügen über eine ausgezeichnete und in sich geschlossene theoretische und empirische Basis. Auf der Grundlage des Berichtes des RIVM ist für die NEPPs ein eigenständiger analytischer Arbeitsrahmen erstellt worden. Nach der Erklärung der zugrundeliegenden Ursachen für die Umweltprobleme, werden sowohl die problematischen Umweltthemen als auch die verantwortlichen Gruppen identifiziert. Danach werden für die Themenbereiche und für die Zielgruppen klare quantitative Ziele gesetzt, die innerhalb eines bestimmten Zeitraumes zu erfüllen sind. Dieser kohärente

Ansatz in der Problemwahrnehmung und -analyse unterscheidet sich in seiner Qualität ganz erheblich von allen anderen hier diskutierten Plänen. Im Rahmen des NEPP wurden neun Zielgruppen identifiziert (Landwirtschaft, Transport und Verkehr, Industrie, Chemische Industrie, Energiewirtschaft, Raffinerien, Baugewerbe, Abfallverwertungsbetriebe und Einzelhandel) und in einzelnen Kapiteln dargelegt, was von diesen Zielgruppen als Beitrag zur Umsetzung der Ziele des NEPP erwartet wird. Zwischen Umweltministerium und jeder dieser Zielgruppen ist in einem intensiven Diskussions- und Verhandlungsprozess ein eigener Umweltzielplan für diesen Sektor ausgearbeitet worden. Diese Gespräche haben zu der hohen Zahl von freiwilligen Selbstverpflichtungen in den Niederlanden geführt. Gegenstand der Verhandlungen war aber immer die Umsetzung der Ziele des NEPP, die Ziele selbst standen hierbei nicht zur Disposition.

Ähnlich stringent ist der südkoreanische Umweltplan bei seinen Zielsetzungen. Die koreanische *Green Vision 21*, im Gegensatz zum holistischen Planungsansatz in den niederländischen Umweltplänen, konzentriert ihre Anstrengungen auf die Ausweisung quantitativer Ziele in prioritären Bereichen. Der kanadische *Green Plan* von 1990 wird dem Anspruch nur in Teilen gerecht, insofern er eine Mischung aus quantitativen und qualitativen Zielen vornimmt. Die kanadische Regierung beabsichtigte, die Zielstruktur des Green Plans in Zusammenarbeit mit den Provinzen, der Industrie und den Interessengruppen weiterzuentwickeln. Insgesamt wurde die Zielstruktur des Green Plans aufgrund des überproportionalen Anteils weicher Politikinstrumente (Informationsgewinnung und Umweltbildung) kritisiert (Hoberg/Harrison 1994: 128).

Ein sehr interessanter Ansatz ziel- und ergebnisorientierter Umweltplanung zeichnet sich gegenwärtig in Schweden ab. Die schwedische Regierung hat 1998 mit der Vorlage des Programmgesetzes „Swedish Environmental Quality Goals – An Environmental Policy for Sustainable Sweden" eine neue Struktur zur Ausarbeitung und Umsetzung von Umweltzielen vorgeschlagen.

> „Within the new structure Environmental quality goals will constitute the basis of a system of management by objectives and results, which in the Government´s view is the most effective way of implementing a broad environmental strategy involving participants in all sectors. This kind of management is based on the establishment of an overall strategy defined by means of objectives, while the ways and means of achieving the objectives are not defined in detail" (Ministry of the Environment 1998: 3).

In dieser neuen Managementstruktur wird eine klare Trennung zwischen der strategischen und der operationalen Zielebene vorgenommen. Die Regierung beschränkt sich in dieser neuen Struktur zunächst auf die Formulierung von Umweltqualitätszielen. Die Ausarbeitung der konkreten Handlungsziele übernehmen anschließend die nachgeordneten Vollzugsbehörden. Die vorgelegten Umwelthandlungsziele werden abschließend von einer parlamentarischen Kommission geprüft und vom Parlament verabschiedet. Gemäß dieser Struktur hat die schwedische Regierung im Programmgesetz 15 Umweltqualitätsziele mit der Absicht definiert, diese Ziele innerhalb einer Generation (2020-2025) zu erreichen. Gegenwärtig werden von verschiedenen Regierungsbehörden im zweiten Schritt Umwelthandlungsziele ausgearbeitet. Deren Entwurf von Zwischenzielen und Maßnahmen wird von einer parlamentarischen Kommission geprüft, die gegebenenfalls weitere Handlungsziele zur Umsetzung der Umweltqualitätsziele formulieren kann. Für die Umwelthandlungsziele im Themenbereich Klimaveränderung ist eine eigenständige parlamentarische Kommission vorgesehen. Die Endberichte der parlamentarischen Kommissionen werden im Juli 2000 erwartet (Ministry of Environment 1998a: 7f.).

Die zweite Dimension nationaler Umweltpläne zeichnet sich im Vergleich der Zielstrukturen durch eine ähnliche Polarisierung aus, wie sie schon in der vorherigen Analysedimension der Prozessebene zu beobachten war. Auf einem Kontinuum zwischen klaren, möglichst quantitativen Zielformulierungen mit zeitlichen Fristen und einer offenen flexiblen Zielstruktur mit qualitativen Zielen ohne Zeitlimit, gruppieren sich die Niederlande, Schweden, Südkorea als Kern der Vertreter einer „strikteren" Zielstruktur am einen Ende der Skala und die Länder Australien, Großbritannien und Neuseeland mit „flexiblen" Zielstrukturen als ihr Pendant am anderen Ende. Parallel zu den Ergebnissen in der Prozessdimension erfolgt die Gruppenbildung anhand des Merkmals von korporatistischen und pluralistischen Strukturen. Im Gegensatz zur Prozessdimension lässt sich bei den Zielstrukturen der nationalen Umweltpläne zusätzlich eine „Mittelgruppe" ausmachen, deren operative Zielstruktur eine Mischung aus qualitativen und quantitativen Zielen darstellt und die auch nur sporadisch mit zeitlicher Terminierung arbeitet. In dieser Gruppe finden wir mit Kanada und Österreich sowohl korporatistische wie pluralistische Staaten.

6. Fazit

Die Betrachtung nationaler Umweltplanung als institutionelles Arrangement ist perspektivisch bestens geeignet, die Leistungsfähigkeit und auch die Schwierigkeiten dieses Ansatzes deutlich hervortreten zu lassen. Zunächst gilt es festzuhalten, dass moderne Umweltplanung sich in zwei Punkten deutlich von den früheren Planungsdiskussionen abgrenzen lässt. Zum einen die Erkenntnis, dass der Staat auf das Wissen und die Kooperationsbereitschaft gesellschaftlicher Akteure angewiesen ist und zum zweiten die Verbindung von antizipativer Ziel- und Ergebnissteuerung und Lernprozessen. Diesen beiden Komponenten ist im vorliegenden Text durch die Unterscheidung von Prozess- und Zielebene Rechnung getragen worden.

In der vergleichenden Perspektive wird deutlich, dass die untersuchten nationalen Umweltpläne und Nachhaltigkeitsstrategien der OECD-Länder in mehrerer Hinsicht variieren. Die Differenzen ergeben sich aus dem spezifischen Verlauf eines jeden nationalen Planungsprozesses, den unterschiedlichen

Beteiligungsformen gesellschaftlicher Akteure in den Planungsprozessen, dem politischen Willen und Geschick der beteiligten Akteure, und nicht zuletzt aus den Unterschieden in den resultierenden Zielsetzungen. Die Differenzen zwischen den untersuchten nationalen Umweltplänen sind dabei nicht so gravierend, dass man vornherein von unterschiedlichen Ansätzen sprechen muss, andererseits aber deutlich genug, um die Annahme konvergenter Entwicklungen in den Planungsprozessen und Zielstrukturen zu widerlegen. Die Ergebnisse der Untersuchungsdimensionen zeigen jedoch, dass die nationalen Pläne und Strategien der ausgewählten OECD-Länder nicht völlig independent sind, sondern sich die Menge in zwei unterschiedliche Gruppen aufteilt, deren Mitglieder wiederum gemeinsame Merkmale für die Prozess- und Zielebene aufweisen.

Das trennende Kriterium zwischen den beiden Gruppen ist die bevorzugte Form der Mitwirkung gesellschaftlicher Akteure am politischen Willensbildungs- und Entscheidungsprozess, also die Unterscheidung der Staaten nach pluralistischen und korporatistischen Beteiligungsstrukturen. Für die Untersuchungsdimension der Prozessebene ist dieses Ergebnis zunächst nicht überraschend, zeigt es doch nur, dass die Planungsprozesse nationaler Umweltpläne weniger durch die internationale Normierung beeinflusst werden, als durch nationale Pfadabhängigkeiten im strukturellen Design umweltpolitischer Planungsprozesse. Interessant ist, dass sich im Vergleich der nationaler Pläne und Strategien ein identisches Muster für die Zielebene ergibt, auch wenn dies schwächer ausgeprägt ist. Für die nationalen Umweltpläne in beiden Gruppen lässt sich damit ein Zusammenhang zwischen den Beteiligungsformen, dem Planungsproceß und der resultierenden Zielebene formulieren.

Zur Gruppe der Vorreiter in der nationalen Umweltplanung gehören vor allem Länder mit korporatistischen Strukturen. Die Beteiligung der Öffentlichkeit erfolgte in diesen Ländern entweder nur sehr marginal (Dänemark, Südkorea) oder die Partizipation folgte den eingespielten Regeln korporatistischer Interessenbeteiligung. Die hohe Konsensorientierung in diesen korporatistischen Strukturen ermöglicht andererseits die Ausarbeitung und Umsetzung konsistenter und köharenter Zielstrukturen (Niederlande, Schweden), und damit eine Steuerung und Koordination durch gemeinsame Ziele.

Die Planungsprozesse nationaler Umweltpläne in Ländern mit pluralistischer Struktur zeichnen sich demgegenüber durch breit angelegte Konsultationsprozesse aus, mit direkter Beteiligung von Bürgern und gesellschaftlichen Gruppen (Australien, Großbritannien, Kanada). Die Zielstrukturen sind in den Umweltplänen und Nachhaltigkeitsstrategien dieser Länder nicht annähernd so stringent. Offenbar erzwingt die hohe Zahl der beteiligten Akteure im Planungsprozess eine offenere und flexiblere Zielstruktur, um kompromissfähig zu sein. Zugleich finden sich in den Ländern mit pluralistischer Struktur bei der Integration des politisch-administrativen Systems die innovativsten Ansätze interministerieller und intergouvernementaler Koordination.

Für die Zukunftsfähigkeit der nationalen Umweltplanung als institutionellem Arrangement, stellen sich durch die oben formulierten Ergebnisse einige elementare Fragen. Werden die hohen Anforderungen nationaler Umweltplanung diesen innovativen Ansatz langfristig auf die Gruppe korporatistischer Staaten begrenzen? Wie kann das Dilemma der pluralistischen Länder umgangen werden, als Resultat eines aufwendigen Planungsprozesses eine Nachhaltigkeitsstrategie zu präsentieren, deren Zielsetzungen hinter den Erwartungen zurückbleiben und bei den beteiligten Akteuren nur Enttäuschung auslösen?

Auf den symbolischen Charakter nationaler Umweltpläne ist bereits mehrfach hingewiesen worden (Bührs 1996, Bührs/Bartlett 1997), und als Beleg für diese These dienten nationale Umweltpläne in pluralistischen Staaten. Die gegenteilige Position betont hingegen die möglichen Lerneffekte und die Persistenz einmal geschaffener Institutionen. Nationale Umweltpläne als sich selbst tragende und selbst verstärkende Prozesse. Eine Art *Kaizen* im gesellschaftlichen Großversuch, ein permanenter Lernprozess zwischen Zielfindung, Zielsetzung und Zielverwirklichung (Jänicke/Jörgens 1998). Anhand der weitgehend stabilisierten bzw. institutionalisierten Planungsprozesse in Großbritannien und den Niederlanden lassen sich inkrementale Lernprozesse über den Zeitraum des vergangenen Jahrzehnts ebenso beobachten wie erhebliche Innovationen zwischen einer Planungsphase und der darauf folgenden (Meadowcroft 1999: 225). Politiklernen geschieht im Bereich nationaler Umweltpläne somit nicht nur in räumlicher Hinsicht als Inspiration durch Problemlösungen in anderen Staaten, sondern gerade auch als zeitliches Lernen innerhalb einer Nation. Dies spricht für eine Eigendynamik nationaler Umweltpläne unabhängig von korporatistischen oder pluralistischen Interessenstrukturen und damit gegen die These vom überwiegend symbolischen Charakter nationaler Umweltpläne. Die aktuelle britische Nachhaltigkeitsstrategie, veröffentlicht im Mai 1999, liefert zu gleich eine Perspektive für das Problem impliziter Zielstrukturen, in dem sie sich in drei Punkten deutlich von den früheren britischen Umweltstrategien unterscheidet:

- der Schwerpunkt liegt auf der sorgfältigen Formulierung der Programmziele (strategische Zielebene), die Zahl operativer Maßnahmenziele ist signifikant reduziert worden;
- die Bewertung des Fortschritts in den einzelnen Programmzielen erfolgt an Hand von Nachhaltigkeitsindikatoren;
- umweltpolitische Devolution durch die Verknüpfung mit regionalen und lokalen Nachhaltigkeitsstrategien.

Die elegante Verbindung der drei zentralen Diskurse zur Umsetzung einer nachhaltigen Entwicklung (nationaler Umweltplan, Nachhaltigkeitsindikatoren, Lokale Agenda 21) garantiert der jüngsten britischen Umweltstrategie internationale Aufmerksamkeit. Für die Zukunftsfähigkeit nationaler Umweltplanung könnte sich diese Herangehensweise als der entscheidende Beitrag entpuppen. Auf die kommenden nationalen Umweltpläne, unter ihnen die deutsche Nachhaltigkeitsstrategie, darf man daher zu Recht gespannt sein.

Literatur

Bührs, Ton (1991): Strategies for Environmental Policy Coordination. The New Zealand Experience. In: Political Science 43 (2): 1-29.
Bührs, Ton (1996): Green Plans: A New Generation of Symbolic Environmental Policies? Paper präsentiert auf der Ecopolitics X Konferenz 26.-29. September in Canberra, Australien.
Bührs, Ton und Bartlett, Robert (1997): Strategic Thinking in the Environment: Planning the Future in New Zealand? Environmental Politics, 7: 72-100.
Carew-Reid, Jeremy, Robert Prescott-Allen, Stephen Bass und Barry Dalal-Clayton (1994): Strategies for National Sustainable Development. A Handbook for their Planning and Implementation. London: Earthscan.
Commonwealth of Australia (1992): Australia's National Strategy for Ecologically Sustainable Development. Australian Government Publishing Service: Canberra.
Czech Ministry of the Environment (1995): State Environment Policy. Prag.
Dalal-Clayton, Barry, Stephen Bass, Barry Sadler; Kay Thomson, Richard Sandbrook, Nick Robins und Ross Hughes (1994): National Sustainable Development Strategies. Experience and Dilemmas. Environmental Planning Issues No. 6. London: IIED.
Dalal-Clayton, Barry (1996a): Getting to Grips with Green Plans. National-Level Experience in Industrial Countries. London: Earthscan.
Danish Ministry of Environment and Energy (1995): Denmark's Nature and Environment Policy 1995. Summary Report. Kopenhagen.
Finnish Council of State Report to Parliament on Sustainable Development (1991): Sustainable Development and Finland. Helsinki.
Finnish National Commission on Sustainable Development (1995): Finnish Action for Sustainable Development. Forssa.
Finnish Ministry of the Environment (1998): Finnish Government Programme for the Environment. Helsinki.
French Ministry of the Environment (1990): The National Plan for the Environment (english summary). Paris.
Government of Canada (1990): Canada's Green Plan for a Healthy Environment. Ottawa.
Government of Japan (1995): The Basic Environment Plan. Tokio.
HMSO (1990): Britain's Environmental Strategy. This Common Inheritance. London: Her Majesty's Stationery Office.
HMSO (1994): Sustainable Development: The UK Strategy. London: Her Majesty's Stationery Office.
HMSO (1999): A better quality of life. A Strategy for Sustainable Development for the United Kingdom. London: The Stationery Office.
Hoberg, George und Kathryn Harrison (1994): It's Not Easy Being Green: The Politics of Canada's Green Plan. In: Canadian Public Policy, 20 (2): 119-137.
Hungarian Ministry for Environment and Regional Policy (1992): The Short and Medium Term Environment Protection Action Plan of the Government. Budapest.
Hungarian Ministry for Environment and Regional Policy (1997): National Environmental Program. Budapest.
Interdepartementaler Ausschuss Rio (IDARio) (1997): Nachhaltige Entwicklung in der Schweiz. Bern: Bundesamt für Umwelt, Wald und Landschaft.
Irish Department of the Environment (1997): Sustainable Development – A Strategy for Ireland. Dublin.
Jänicke, Martin und Jörgens, Helge (1998): National Environmental Policy Planning in OECD Countries: Preliminary Lessons from Cross-National Comparisons. In: Environmental Politics, 7 (2): 27-54

Jänicke, Martin; Kunig, Philip; Stitzel. Michael (1999): Lern- und Arbeitsbuch Umweltpolitik. Bonn: Dietz.

Kern, Kristine (1999): Gewerkschaften und Nachhaltigkeit – Eine international vergleichende Betrachtung nationaler und lokaler Nachhaltigkeitsdiskurse, Ms.

Korean Ministry of the Environment (1995): Korea's Green Vision 21. Kwacheon.

Meadowcroft, James (1999): The Politics of Sustainable Development: Emergent Arenas and Challenges for Political Science. In: International Political Science Review 20 (2): 219-237.

Ministry of Housing, Physical Planning and Environment (1989): National Environmental Policy Plan: To Choose Or To Loose. The Hague.

Ministry of Housing, Physical Planning and Environment (1990): National Environmental Policy Plan Plus. The Hague.

Ministry of Housing, Physical Planning and Environment (1993): National Environmental Policy Plan 2. The Environment: Today's Touchstone. The Hague.

Ministry of Housing, Physical Planning and Environment (1998): National Environmental Policy Plan 3. The Hague.

New Zealand Ministry for the Environment (1994): Environment 2010 Strategy. A Statement of the Government's Strategy on the Environment. Wellington.

New Zealand Ministry for the Environment (1995): Environment 2010 Strategy. A Statement of the Government's Strategy on the Environment. Wellington.

Nordbeck, Ralf (1997): Nationale Nachhaltigkeitsstrategien in ausgewählten Industrieländern. Diplomarbeit am Fachbereich Politische Wissenschaft der Freien Universität Berlin.

Österreichische Bundesregierung (1995): NUP – Nationaler Umwelt Plan. Bundesministerium für Umwelt: Wien.

Organisation of Economic Cooperation and Development (OECD) (1995): Planning for Sustainable Development. Country Experiences. Paris: OECD.

Payer, Harald: Der Nationale Umweltplan (NUP) für Österreich. In: Jänicke, Martin, Alexander Carius und Helge Jörgens (1996): Studie über die Erstellung eines nationalen Umweltplanes. Gutachten für die Enquete-Kommission „Schutz des Menschen und der Umwelt" des Deutschen Bundestages. Berlin.

Polish Ministry of Environmental Protection, Natural Resources and Forestry (1990): National Environmental Policy of Poland. Warschau.

Polish Ministry of Environmental Protection, Natural Resources and Forestry (1995): National Environmental Action Programme. Warschau.

Portuguese Ministry of the Environment and Natural Resources (1995): The National Environment Plan (Abrigdment). Instituto de Promocao Ambiental: Lissabon.

Prittwitz, Volker von (1994): Politikanalyse. Opladen: Leske+Budrich.

Swedish Ministry of the Environment (1994): Towards Sustainable Development in Sweden. Swedish Government Bill 1993/94: 111. Stockholm.

Swedish Ministry of the Environment (1998): Swedish Environmental Policy Goals – An Environmental Policy for Sustainable Sweden. Sewdish Government Bill 1997/98: 145. Stockholm.

Swedish Ministry of the Environment (1998a): Sustainable Sweden. Progress Report and New Measures for an Ecologically Sustainable Development. Government Communication 1998/99: 5. Stockholm.

World Resource Institute (1996): Directory of Country Environmental Studies.

Institutionelle Arrangements und Fußballübertragungsrechte – Die Einführung des Bezahlfernsehens in Deutschland und Italien

Carsten Kluth

1. Einleitung

Die Übertragung von Fußball spielte in den strategischen Überlegungen von Medienunternehmen zur Einführung des Bezahlfernsehens in seinen verschiedenen Formen wie Pay-TV und Pay-per-view eine herausragende Rolle. Fußball ist in seiner hundertjährigen Geschichte zu einem nicht mehr wegzudenkenden Mass kultureller Bestandteil der meisten Länder der Welt geworden.[1] Der Fußballsport ist ein integrierendes Element vieler Gesellschaften.[2] Kein Fernsehereigniss erreicht höhere Einschaltquoten als die Übertragungen der Fußballweltmeisterschaften. Fußball hat daher immer wieder als eine Art Katalysator gedient: bei der Einführung des Fernsehens in Europa in Form der WM 1954, bei der Einführung des Farbfernsehens bei der WM 1974 und bei der Entstehung des privaten Rundfunksektors während der 80er-Jahre (vgl. Großhaus 1997). Es erscheint nur folgerichtig, dass Fußball auch zur Durchsetzung des Bezahlfernsehens benützt wird.

Durch die besondere Natur der neu verfügbaren Technik stellte sich die Frage nach der richtigen Strategie zur Einführung von Pay-TV und Pay-perview. In dieser Arbeit sollen zwei Fälle untersucht werden, in welchen sich die unterschiedlichen Ansätze mit gleichem Ziel exemplarisch verfolgen lassen. Der Fall WM-Übertragungsrechte in Deutschland, bei welchem eine

---

1 Ob Fußball (und Sport im allgemeinen) Kultur ist oder zur jeweiligen Kultur einer Gesellschaft gehört, wird in der Sportsoziologie folgendermassen beantwortet: *Sport ist (...) gerade in dem Masse Kultur (...), in dem er eben ‚mehr‘ bzw. ‚anderes‘ ist, als ‚nur‘ Sport, zumindest indem er für ‚mehr‘ bzw. ‚anderes‘ steht als nur für sich selber, indem er also als ‚Ausdruck von...‘, ‚Anzeichen für...‘, ‚Hinweis auf... basalere Phänomene gilt.* (Hitzler 1998, 156).

2 Nur eines von vielen Beispielen für die gesellschaftliche Integrationskraft des Kampfes ums runde Leder: *Welche politische Wirkung der Fußball auf ein Gemeinwesen ausüben kann, zeigte der sensationelle deutsche Sieg bei der Weltmeisterschaft 1954. Seine quasi staatstragende Bedeutung, die dem Präsidenten des DFB bis heute in Deutschland nahezu Kabinettsrang beschert, verdankt der deutsche Fußball ganz gewiss dem Erlebnis des emotionalen Zusammenschweissens und der symbolischen Rehabilitation durch die deutschen Aussenseiter um Fritz Walter. Was in diesen Wochen in Deutschland geschah, illustriert vorbildlich die Kraft emotionaler Selbstorganisation, die dieses Spiel auf ein Gemeinwesen ausüben kann.* Vgl. Schümer 1998, S. 192.

Strategie des *Entzugs* angewandt wurde und der Fall der Übertragung der italienischen Ligaspiele, bei welchem der Zuschauer durch die langsame *Gewöhnung* an einen neuen, kostenträchtigen, aber komfortablen Standard herangeführt werden sollte.

In beiden Fällen wurde die jeweilige Strategie nicht in einem „Labor" bar jeder sozialen Interaktion verfolgt, sondern musste sich innerhalb eines dichten Beziehungsgeflechts bewähren – vor dem institutionellen Arrangement zur Distribution der Übertragungsrechte. Diese werden sowohl in ihren einzelnen Elementen, als auch in ihren Arrangements in der vorliegeneden Arbeit beschrieben.

Dabei wird gezeigt, dass gerade im deutschen Fall eine reine Exklusivlösung kaum Aussichten auf Erfolg hatte. Dazu liess das Institutionelle Arrangement um die Distribution der Fußballübertragungsrechte zu viele Möglichkeiten des Protests und der Vetoeinlegung zu. Ähnlich wäre es wohl auch in Italien ausgegangen, hätten die dortigen Medienunternehmen die Verschlüsselung der Weltmeisterschaftsspieles ins Auge gefasst.[3] Anhand des Vergleiches der beiden Fälle Italien und Deutschland soll vor allem das Scheitern des Kirchschen Vorstoßes und der augenscheinliche Erfolg von Berlusconi & Co. in Italien erklärt werden. Dazu werden die beiden Prozesse geschildert und die Akteure vorgestellt (2), die jeweiligen Strategien erläutert (3), der institutionelle Rahmen, die einzelnen Elemente darin sowie die beiden institutionellen Arrangements beschrieben und der Versuch einer Einordnung der beschriebenen Arrangements in heute verfügbare Kategorien unternommen werden (4).

2. Fallbeschreibungen: Akteure und Prozess

2.1 Die Übertragung der Fußballweltmeisterschaften 2002 und 2006

Die Spiele der Fußballnationalmannschaft bei den Endrunden der Weltmeisterschaften gehören traditionell zu den Fernsehereignissen mit den höchsten Einschaltquoten im deutschen Fernsehen. Diese Tatsache wollte sich der einzige deutsche Pay-TV-Veranstalter Leo Kirch, damals noch im Verbund mit dem Buch- und Medienunternehmen Bertelsmann, zu nutze machen. Die Weltmeisterschaften 2002 und 2006, deren weltweite[4] Übertragungsrechte er für 3,4 Milliarden DM vom Fußballweltverband FIFA kaufte, sollten als Katalysator

---

3 Für Italien kann dies natürlich lediglich Spekulation bleiben. In den Niederlanden gab es allerdings einen der deutschen Situation sehr ähnlich gelagerten Fall, als der holländische Erstligafußball dem Free-TV entzogen werden sollte und sich eine Debatte darüber entzündete, ob nicht Fußball Allgemeingut sei und der Öffentlichkeit unbedingt zugänglich zu machen sei. Vgl. Hendriksen 1996, S. 521-525.

4 Lediglich die USA waren nicht abgedeckt. Vgl. Kistner 1998, S. 121.

für die weitere Entwicklung des Bezahlfernsehens in Deutschland funktionieren. Bis in den Herbst 1997 schien kaum etwas diesem Plan im Weg zu stehen. Lediglich die Europäische Kommission hatte eine Initiative auf den Weg gebracht, nach welcher *national wichtige* Sportereignisse zu schützen und einer breiten Schicht der Bevölkerung zugänglich zu machen seien (Der Spiegel 13/10/97). Die deutschen Ministerpräsidenten, welchen die Umsetzung dieser Initiative in nationales Recht oblegen wäre, machten aber keine Anstalten, sich gegen die Kirchschen Pläne zu wenden.[5] Erst als durch eine intensive Presseberichterstattung das Thema in der Öffentlichkeit wahrgenommen wurde und die daraufhin entstandene Empörung wiederum durch sofort durchgeführte Befragungen[6] an die Politik und die an dem Verkauf der Rechte beteiligten Verbandsfunktionäre zurückgegeben wurde, wendete sich das Blatt. Innerhalb kürzester Zeit brachte der Medienbeauftragte der Ministerpräsidenten, der rheinland-pfälzischen Ministerpräsident Kurt Beck einen Antrag ein, welcher Kirch eine freie Ausstrahlung der Spiele der deutschen Nationalelf nahe legte, wolle er nicht eine *Liste* von geschützten Sportereignissen riskieren. Noch schneller reagierte die FIFA, indem sie die Vetragsbedingungen zwischen Kirch/Bertelsmann und des Fußballweltverbandes neu bewertete: Der freie Zugang zu den Spielen hätte nie zur Diskussion gestanden (Rodeck 1998). Kirchs Hinweis, es handle sich hier um seine Eigentumsrechte, über welche beliebig verfügt werde, hatten keinerlei Wirkung mehr. So hatte Kirch neben der rechtlichen Auseinandersetzung mit der EU-Kommission nun auch die politische verloren. Die Kommission hatte nämlich schon im Mai den Betrieb der d-box, welche als technische Plattform für das deutsche Bezahlfernsehen gedient und einen weiteren Monopolisierungsschub bedeutet hätte, untersagt (Der Spiegel 13/10/97).

---

5 Es gab nur wenige kritische Gegenstimmen. Reinhard Klimmt, der Medienbeauftragte der Saarbrücker Staatskanzlei und Lafontaine-Intimus erklärte im Juli zum ersten Mal seine Bedenken gegen eine Regelung, welche den grössten Teil der Deutschen von der WM ausschliessen würde. Erst drei Monate später meldete sich Heide Simonis mit ähnlichen Bedenken zu Wort. Diese beiden Vorstösse, welche nur wenig später als Hauptmeinung gelten sollten, fanden sowenig Gehör, das der Vorsitzende der Rundfunkkommission der Länder, der rheinland-pfälzische Ministerpräsident Kurt Beck am 13. Oktober 1997 den Staatskanzleichefs der Länder eine Initiative die *freiwillige Selbstverzichtung* betreffend, vorstellen zu können glaubte. Danach soll das Free-TV behalten, was es sowieso schon besass, der Rest, vor allem die WM-Austragungen 2002 und 2006 sollten ohne weitere Bedingungen Bertelsmann und Kirch überlassen werden. Vgl. Der Spiegel 13/10/97.
6 Z.B. Forsa-Umfrage vom 23/10/97, in welcher die Bundesbürger (in einer zwei Drittel Mehrheit) von ihren Politikern eine Garantie für freizugängliche Spiele fordern. Vgl. Ulrich 1997

2.2 Der Prozess der Verschlüsselung der Ligaspiele in Italien

In Italien stand eine Übertragung der Nationalmannschafsspiele im Pay-TV nie zur Debatte (Schönau 28/10/99 (E-Mail)). Die Einführung von Pay-TV gelang und gelingt in Italien dagegen über das zusätzliche Angebot von live im Bezahlfernsehen übertragenen Ligaspielen. Im Februar 1996 wurden die Rechte zur kodierten Übertragung an das private Unternehmen Tele+ vergeben. Noch überraschender war allerdings die Entscheidung, auch die Rechte für die frei empfangbaren Zusammenfassungen an einen privaten Unternehmer zu geben. Erst nach monatelangen hin und her konnte die staatliche Fernsehanstalt RAI die Rechte an der Liga wieder zurückerobern. Damit war in der Saison 1996/97 zum ersten Mal die traditionelle Vormachtstellung des staatlichen Fernsehens gebrochen worden. Der damit einhergehende Bedeutungsverlust der staatlichen Fernsehgesellschaft RAI war ein weiterer Schritt der Umgestaltung des öffentlichen Lebens Italiens (Porro 1997).

Der Siegeszug der privaten Fernsehanstalten und besonders der Pay-TV-Anbieter erklärt sich auch durch die außergewöhnlich dichte Verflechtung von Sport, Medien und Politik in Italien. Wie Schönau schreibt, stimmen der AC Mailand, Juventus Turin und der AC Florenz bei Gesetzesvorschlägen zur Neuordnung der Medienlandschaft oder der Reform der Sportverbände praktischerweise gleich mit ab. Milan-Präsident Silvio Berlusconi ist Oppositionsführer des rechtsgerichteten *Pols der Freiheiten*, besitzt den grössten privaten Fernsehsender im Land, und Anteile am bisherigen Pay-TV-Monopolisten Tele+. FIAT-Ehrenpräsident Gianni Agnelli zählt den Rekordmeister Juventus Turin zum Familienschatz und drei grosse Zeitungen zum Firmenvermögen. Er hat den Ehrentitel Senator auf Lebenszeit. Das steht für den Dritten im Bund, den Medienunternehmer Vittorio Cecchi Gori, noch aus. Er ist Senator der regierenden Volkspartei, außerdem Präsident des AC Florenz und Berlusconis neuer Konkurrent beim Digitalfernsehen. Insgesamt haben die drei Herren einen Grossteil des Fußball- und Medienmarktes unter sich aufgeteilt. So ist ein Grossteil der veröffentlichten Meinung in Italien unter der Kontrolle jener, die ein Interesse an der weiteren Verbreitung des profitträchtigen Pay-TV besitzen (Schönau 08/09/99 (E-Mail).

Mittlerweile ist das Bezahlfernsehen in Italien fest etabliert. Die Pay-per-view Sender D+ und Stream verzeichnen anwachsende Kundenzahlen für ihre Ligaliveübertragungen. Fast 1,5 Millionen Zuschauer sind bereit, bis zu 35 DM für ein einziges Spiel zu zahlen (Schönau 1999a).

3. Strategien

Die beiden geschilderten Fälle unterscheiden sich sowohl hinsichtlich des bisherigen Erfolges bei der Durchsetzung von Pay-TV und Pay-per-view, als auch mit Blick auf die gewählte Strategie. Während Kirch in Deutschland auf Exklusivität setzte und darauf spekulierte, dass die Deutschen für die Weltmeisterschaftsspiele für Opfer bereit seien, wurde und wird in Italien eine Strategie des vermehrten Angebots und der langsamen Gewöhnung an die neuen technischen Möglichkeiten verfolgt. Zwar werden die Spiele der Liga (und zusätzlich auch die europäischen Begegnungen) nach wie vor im Free-TV angeboten. Gleichzeitig hat der Fernsehkonsument aber die Möglichkeit, Liveübertragungen ohne Werbeunterbrechungen in Echtzeit zu geniessen und darüber hinaus von den technischen Möglichkeiten des digitalen Fernsehens zu profitieren. Während Kirch eine Niederlage auf ganzer Linie hinnehmen musste, bauten die Pay-TV- und Pay-per-view-Anbieter in Italien langsam den Markt aus. Ein Indiz für eine Verbreitung der neuen Formate ist die flächendeckende Verbreitung des Bezahlfernsehens in Restaurants, Kneipen usw. (Schönau 1999a).

Ein möglicher Grund für die vorsichtigere Strategie der italienischen Fernsehanbieter liegt wohl in der Auseinandersetzung zwischen dem staatlichen Fernsehen und den privaten Anbietern, allen voran dem Mailänder Medienunternehmer Silvio Berlusconi, welche seit den grossen Umwälzungen in der politischen Landschaft Italiens verstärkt stattfinden. Im Gegensatz zu Deutschland wurde in Italien z.B. der Vorstoß der EU-Kommission zum Schutz von national wichtigen Sportereignissen sofort aufgenommen und in nationales Recht umgesetzt. Die deutschen Ministerpräsidenten stellten diesbezüglich für die Kirchschen Pläne keine Gefahr da.

Wie schon angedeutet, spielten die institutionellen Rahmenbedingungen bei der Einführung des Bezahlfernsehens, zumindest bei den Strategieüberlegungen, eine Rolle. Während es keine Hinweise gibt, dass in Italien von irgendjemand eine Verschlüsselung der Spiele der Nationalmannschaft ernsthaft erwogen wurde (weil dieser Versuch sofort vom Parlament gestoppt worden wäre), gingen in Deutschland sowohl die Kirchgruppe, als auch Politik und Verbandseite davon aus, dass in Deutschland die Weltmeisterschaftsspiele verschlüsselt ausgestrahlt werden würden.

Die italienischen Anbieter konzentrierten sich folglich darauf, durch die hohe technische Qualität *zusätzlicher* Angebote, Kunden zu akquirieren. Durch die gleichzeitige Ausstrahlung von Zusammenfassungen im Free-TV werden die Zuschauer in die Senderfamilie der Privatanbieter hineingeholt.

4. Institutionelle Arrangements

Um die jeweiligen Besonderheiten der institutionellen Rahmenbedingungen der beiden untersuchten Fälle deutlicher zu machen, sollen vier Aspekte näher betrachtet werden:

- Die vorgefundenen Regelungsmechanismen sind Bestandteile mehrerer Ebenen, z.B. der nationalen, der europäischen oder der internationalen Ebene.

- Bestimmte Koordinationsformen und Regeltypen wie Wettbewerb, hierarchische Steuerung, Solidarität, Diskurs, Verhandeln oder verbandliche Koordination lassen sich in den beiden Arrangements in unterschiedlicher Ausprägung nachweisen.
- Die einzelnen Regeltypen stehen in einem bestimmten Verhältnis zueinander. Sie sind kombiniert zu institutionellen Arrangements.
- Nachdem das Verhältnis der genannten Koordinationsformen bestimmt wurden, werden nun Kategorien wie Typus, Zugang oder Leistung für die beiden institutionellen Arrangements untersucht.

4.1 Mehrebenensysteme in den beiden Fällen

Bei der Durchsetzung von Pay-TV in Deutschland war mit der Beteiligung des Weltfußballverbandes FIFA ein Akteur der internationalen Ebene mit an Bord. Der Weltverband, dessen Mitglieder die nationalen Verbände oder Ligaauschüsse sind,[7] vergibt die Welt- oder Regionalrechte zur Übertragung der Weltmeisterschaften. Im dargestellten Fall konnten Kirch und Bertelsmann die Rechte erwerben. Als Marktteilnehmer innerhalb des Geltungsbereiches des europäischen Gemeinschaftsrechts war dieses Konsortium einer Regulierungsinstanz der europäischen Ebene unterworfen. Im Bereich Binnenmarkt gilt das Wettbewerbsrecht der Europäischen Union und wird in hierarchischem Durchgriff von Brüssel aus durchgesetzt. Gleiches gilt für die Veränderungen auf den europäischen Kommunikations- und Medienmärkten im Bereich Information und Kultur: Artikel 9 der *European Convention on Transfrontier Television* ist hierfür Grundlage (Clapham 1991). Allerdings wird in der Praxis meist eine nationale Ebene dazwischen geschaltet. Im Fall des Wettberwersrecht war dies in Deutschland das Bundeskartellamt, welches sowohl die Pläne von Kirch/Bertelsmann auf ihre kartellrechtliche Unabhängigkeit prüfte als auch vor dem Bundesgerichtshof dagegen Klage einreichte (Berger 1997). Im Fall der geforderten Grundversorgung der Bürger mit dem Kulturgut Fußball waren dies die Länderministerpräsidenten und deren Medienbeauftragter Beck (Der Spiegel 1997; allgemein zur Grundversorgung: Schatz 1995, S.363f.). Diese agieren in Form der Länderministerpräsidentenkonferenz auf nationaler Ebene. Regional und national organisiert war die massenmediale Öffentlichkeit. Dies ist schon rein sprachlich begründet. Diskurs und Agitation funktionierte nur im nationalen Rahmen. Gleiches galt für Schicht der Endkonsumenten, welche von den Massenmedien zu erreichen war.

Im italienischen Fall fiel durch den Verzicht, die WM-Spiele im Bezahlfernsehen exklusiv zu übertragen, die internationale Ebene weg. Die Vereine, welche auf dem nationalen Markt als Verkäufer der Übertragungsrechte agierten, fielen unter nationales Kartellrecht, welches wiederum mit dem europäi-

---

7   Mitglieder des Weltverbandes FIFA sind die nationalen Dachverbände wie z.B. der DFB.

schen Recht konform geht. Das gleiche galt für die Käufer, also Berlusconis Fininvest oder der Konkurrenz von D+ und Stream. Darüberhinaus behielt sich die Regierung vor, per hierarchischem Eingriff wichtige nationale Sportereignisse auf die von der EU-Kommission vorgeschlagene Liste zu setzen. Hierunter könnten unter anderem wichtige Ligaspiele, aber auch Spiele der europäischen Cupwettbewerbe fallen. Im Gegensatz zu Deutschland besitzt Italien keine ausgeprägten föderalistischen oder regionalistischen Traditionen und Strukturen (vgl. Trautmann 1997, S. 537). Einen Akteur mit weitreichenden Rechten, wie es die deutschen Länder waren, gab es in Italien nicht. Ebenso wie in Deutschland waren die Massenmedien ein nationales Phänomen. Dies galt für elektronische, wie für gedruckte Medien. Zwar sendet z.b. ein grosser Free-TV-Sender aus Monte Carlo,[8] dieser ist jedoch in italienischem Besitz, sendet auf Italienisch, bietet rein italienische Inhalte und wird nur in Italien ausgestrahlt.

4.2 Institutionelle Arrangements in Deutschland und Italien: Einzelne Koordinationsformen und Arrangements

4.2.1 Deutschland – Koordinationsformen:

Hierarchie:[9] Im beobachteten Prozessverlauf wurde meist nicht hierarchisch reguliert, sehr oft aber mit der Möglichkeit dazu gedroht. Es fanden also Verhandlungen im Schatten der Hierarchie statt mit in wenigen Ausnahmen tatsächlich erfolgtem Durchgriff. Die Europäische Kommission, in Person ihres damaligen Wettbewerbskommissars Karel van Miert, schuf die Voraussetzung zu effektiver und effizienter hierarchischer Koordination, indem sie die eine Liste national wichtiger Sportereignisse möglich machte. Des weiteren reagierte sie in ihrer Rolle als Hüterin der Verträge (diesmal in einem realen Akt der hierarchischen Steuerung), als auf der nationalen Ebene, in diesem Fall also der deutschen, dem Kirch/Bertelsmannkonsortium (im Verbund mit der deutschen Telekom) der Weg zur technischen und marktlichen Durchsetzbarkeit von exklusivem Bezahlfernsehen in Deutschland von der deutschen Bundesregierung frei gemacht werden sollte (Pries 1998).

---

8   Telemontecarlo, im Besitz von Cecci Gori. Vgl. Porro 1997.
9   *Hierarchische Koordination* wird hier nur im Rahmen staatlichen, bürokratischen Handelns thematisiert. Dieses besteht aus folgenden Punkten: einer genau festgelegten Autoritätshierarchie; einem festen System vertikaler Kommunikationslinien, die eingehalten werden müssen; einer geregelten Arbeitsteilung, die auf Spezialisierung beruht; einem System von Regeln und Richtlinien, das die Rechte und Pflichten aller Organisationsmitglieder festlegt; und einem System von genau definierten Verfahrensweisen für die Erfüllung von Aufgaben. Vgl. Mayntz 1985, S. 110. *Verhandeln im Schatten der Hierarchie* ist ein Ausdruck für ein institutionelles Mehrebenenarrangement: es finden Verhandlungen vor dem Hintergrund hierarchischen Eingriffes statt. Vgl. u.a. Scharpf 1991: 14ff.

Auf nationaler Ebene fanden weitere Manöver des Verhandelns im Schatten der Hierarchie statt. Die drohende Niederlage des DFB vor Gericht beispielsweise und der daraus folgende Verlust seiner Funktion als zentrale Vergabeinstitution von Übertragungsrechten (welche mittelbar auch die FIFA berührt hätte),[10] würde – so die Ankündigung der Bundesregierung – notfalls per Gesetzesänderung unwirksam gemacht. Unmittelbar für die Regelung der Fußballübertragungsrechte wichtig wurde aber die Kehrtwende der Länderministerpräsidenten, welche sich auf die freie Ausstrahlung der Spiele im Pay-TV verständigten und Kirch/Bertelsmann entsprechende Konsequenzen ankündigten.

Wettbewerb:[11] Die Koordination über den freien Markt funktioniert schon bei Fußballübertragungen im Free-TV, aufgrund der Monopolsituation auf der Angebotsseite (DFB, UEFA, FIFA) und den daraus resultierenden explosionsartig gewachsenen Preisen, nur ungenügend. Im Fall Pay-TV gab es dagegen noch nicht einmal Konkurrenz auf der Nachfrageseite. Kirch/Bertelsmann waren die einzigen Nachfrager. Dies bedeutete, dass die immensen Investitionen in die Übertragungsrechte voll auf die Kunden hätten abgewälzt werden können. Auf dem Markt des Bezahlfernsehens herrschte also kein Wettbewerb. Erweitert man das Blickfeld, so verbreitert sich zumindest auf der Nachfragerseite das Spektrum möglicher Interessenten. Mehrere Sportrechte Agenturen wie die UfA (Bertelsmann), ISPRA (Leo Kirch und Springer) oder SportA (Öffentlich-Rechtliche) treten dabei als Zwischenhändler für Sender wie RTL, SAT1 bzw. ARD und ZDF auf (vgl. Amsinck 1997, S. 63). Auf der Angebotsseite blieb der Markt allerdings monopolistisch; die spezifisch deutsche Organisation der Verbandsregelung verhinderte hier Konkurrenz unter den Produzenten der Ware Fußball, den Vereinen.

Verbandliche Organisation:[12] Das Angebot von Fußball in Deutschland läuft zu 100% über Verbände. Die Vergabepraxis der Weltmeisterschaften durch

---

10 Das Bundeskartellamt untersagte schon 1994 die zentrale Vermarktung der Ligaspiele durch den DFB mit der Begründung, dass die Rechteverwerter vom Monopolisten ein Paket kaufen müssten, welches sie in dieser Zusammensetzung gar nicht wollten. Vgl. Berger 1997. Im abschliessenden Urteil des Bundesgerichtshofs kamen die Richter zu dem Schluss, der DFB habe ein unerlaubtes Kartell gebildet. Vgl. Kistner/Weinreich 1998, S. 257.

11 Wettbewerb (auch: Konkurrenz) ist der grundlegende Koordinationsmechanismus von Märkten. Auf letzteren herrscht atomistische Konkurrenz (vgl. Streek/Schmitter 1996), horizontale Kompetenzverteilung, freier Zutritt und vollständige Information über Preise.

12 Als ein viertes Modell der sozialen Ordnung neben Markt, Staat und Gemeinschaft wird in der Literatur oft die verbandliche Ordnung beschrieben. Grundlage letzterer wäre ein *eigenes leitendes Prinzip von Koordination und Allokation innerhalb einer Gruppe privilegierter Akteure (...).* (Vgl. Streek/Schmitter 1996, S. 134). Dieses leitende Prinzip ist die ausgehandelte gegenseitige Abstimmung oder Konzertierung von Interessen zwischen einer und/oder innerhalb einer Gruppe von feststehenden Interessenverbänden. Grundlage ist weiterhin die gegenseitige Anerkennung als Basis relativ stabiler Kompromisse.

die FIFA entspricht also vollkommen diesem Muster. Innerhalb des Verbandes wird mittels ausgehandelter gegenseitiger Abstimmung eine gemeinsame Position hergestellt (Streeck/Schmitter 1996, S. 134). Dabei wird verhandelt, argumentiert und manchmal aber auch schlichtweg gekauft (vgl. Kistner/Weinreich 1998, S. 24ff.). Die FIFA hat als Dachverband aller nationalen Verbände die Aufgabe, das grösste und wichtigste Turnier des Fußballs zu organisieren und zu vermarkten. Dabei ist sie an die Vorgaben gebunden, welche durch Mehrheitsbeschluss zustande kommen und in den Statuten und Durchführungsbestimmungen niedergelegt werden. Die FIFA und der DFB sind sich sowohl in Hinsicht ihrer guten Kontakte zur Politik als auch in ihrer Machtvollkommenheit in ihrem jeweiligen Wirkungsbereich sehr ähnlich. Die Koordination von Fußball in allen seinen Formen läuft in Deutschland vor allem über Verbände. Diese verbandliche Koordinierung findet aber grundsätzlich unter dem Vorbehalt einer direkten Intervention des Staates statt (Streek/Schmitter 1996, S. 148). Die dem Verband eigentümliche besondere Beziehung zum Staat und dessen Legalität kann auch wieder rückgängig gemacht werden. Im Fall FIFA/Länderministerpräsidenten hatte dies der Welt-Fußballverband in aller Deutlichkeit erkannt und noch vor einem drohenden staatlichen Eingriff den Vertrag mit Kirch ausreichend relativiert. Die FIFA teilte schon vor der ersten Reaktion der Politik mit, dass mit dem Verkauf der Rechteverwertung nicht letztgültig auch die Form der Übertragung geregelt sei, sondern das vielmehr der Weltfußballverband das Recht hätte, entsprechende Pläne der Rechteverwerter zu billigen oder zu untersagen.[13]

Solidarische Organisation:[14] Fußball spielt als Phänomen der gesellschaftlichen Integration in Deutschland eine grosse Rolle. In der Auseinandersetzung um die WM-Übertragungsrechte wurde dies in zum Teil stark überzogenen Äußerungen von Politikern, Verbandsfunktionären u.a. deutlich. Für den bayrischen Ministerpräsidenten Edmund Stoiber stellte Fußball ein *Grundnahrungsmittel* dar, der Bertelsmannchef Mark Wössner räumte ein, die WM sei *Allgemeingut*, der Staatsminister im Kanzleramt Pfeiffer nannte die Überlegungen zur Verschlüsselung der WM-Spiele gar *von vornherein weltfremd*, DFB-Chef Egidius Braun stellte sich ebenso gegen Pay-TV und die Ministerpräsidentin von Schleswig-Holstein Heide Simonis schlug eine *Öffnungsklausel* für bestimmte Sportereignisse vor (Der Spiegel 13/10/99). Das diese Äußerungen den Kern der Sache trafen, legen Umfragen nahe, nach denen

---

13 Zu der Art und Weise, wie die FIFA ihre Position um 180 Grad änderte vgl. Kistner/ Weinreich 1998, S. 160ff.

14 Solidarische Koordination funktioniert in Gemeinschaften. Dort wird Solidarität produziert und ist als Regelungsmechanismus wirksam. Solidarität ist Teilhabe am Sein des anderen (Weigand 1979, S. 65) und ist nötig, um ein emotional befriedigendes, sinnmachendes Leben zu führen. In der Gemeinschaft suchen die Mitglieder nach einer Teilhabe an allgemeinen Werten und befriedigen ihr kollektives Bedürfnis nach einer „emotional befriedigenden Existenz und einer kollektiven Identität" (Streek/ Schmitter 1996, S. 130; klassisch ist der Gemeinschaftsbegriff von Tönnies 1991).

ein grosser Teil der Deutschen freien Zugang zum Fußball im Fernsehen forderte und dies explizit als Auftrag an die von ihnen gewählten Repräsentanten weitergab (vgl. Kistner/Weinreich 1998, S.162ff.).

Öffentlichkeit:[15] Öffentliche Meinungsbildung oder -manipulation fand vor allem in den Printmedien statt. Diese erreichten 1995 mit einer Verkaufsauflage von 32,4 Millionen Exemplaren ein wesentlich grösseres Publikum als bzw. die italienischen Printmedien (vgl. Ismayr 1997, S. 433). Von einer bedenklichen Verflechtung und Konzentration konnte trotz eines starken Konzentrationsprozesses noch keine Rede sein. Mehr als die Hälfte der Gesamtauflage, z.B. bei den Tageszeitungen, rekrutiert sich nach wie vor aus den regionalen Verlagen (vgl. Ismayr 1997, S. 433). Ein ebenfalls heterogenes Bild ergibt sich bei den elektronischen Medien, welche aus dem öffentlich-rechtlichen Bereich mit den Sendern der ARD, deren Dritten Programmen, dem ZDF, sowie aus den privaten Sendern besteht. Die öffentlich-rechtlichen Sender werden vom dafür zuständigen Rundfunkrat verwaltet und sind dem Rundfunkstaatsvertrag der Länder verpflichtet. Letzterer soll nicht nur eine Kontrolle der Programmgestaltung der öffentlich-rechtlichen Sender garantieren, sondern ebenso die *Bildung vorherrschender Meinungsmacht* durch die Privatsender verhindern. Ein Versuch, welcher bislang als gescheitert angesehen werden muss (vgl. Ismayr 1997, S. 434).

Der geschilderte heterogene Medienmarkt Deutschlands ließ eine intensive öffentliche Diskussion zu, befeuerte damit den öffentlichen Protest und verstärkte dessen Wirkung auf die politischen Entscheidungsträger um ein Vielfaches.[16]

Als Artikulationsorgane der Gemeinschaft der Fußballfreunde spielten die Massenmedien schliesslich eine entscheidende Rolle. Sie waren der Hebel, welcher die Institution Öffentlichkeit ganz nach vorne schob.

4.2.2 Zusammenfassung: Deutschland – Institutionelles Arrangement

Die Durchsetzung des Bezahlfernsehens in Deutschland nach den Plänen von Kirch/Bertelsmann, Verbandsfunktionären sowie massgeblichen Politikern scheiterte an dem Veto dreier Beteiligter: den Massenmedien und der von ihnen konstituierten Öffentlichkeit, der Solidarität der Endverbraucher und der

---

15 Öffentlichkeit oder öffentliche Kommunikation als Institution wird in dieser Arbeit vor allem unter dem Aspekt der beobachtbaren Kommunikationsmuster untersucht. Vor allem drei Modelle werden in der Literatur genannt: Das Diskursmodell, in welchem idealerweise Überzeugung durch Argumentation möglich ist, dem Verlautbarungsmodell, in welchem Meinungen ohne wirkliches Eingehen auf andere Positionen abgegeben werden und drittens das Agitationsmodell, in welchem Sprecher ohne Argumentationsabsicht auf einander eingehen. Vgl. Neidhardt 1994, S. 20.
16 Öffentlichkeit ist unerlässlich für Protest, ohne sie hat er kein Forum, kann nicht vom stillen, isolierten Protest zur Bewegung werden. Eine Bewegung ohne Öffentlichkeit findet nicht statt (vgl. Raschke 1985, 343).

Hüter der Verträge wie der EU-Kommission und den Wettbewerbsbehörden. Diese drei konnten durch die Betonung und Hinzufügung der Institutionentypen Öffentlichkeit, gemeinschaftliche Solidarität und hierarchische Kontrolle das ursprüngliche Arrangement kippen, in welchem weder Diskurs noch freier Wettbewerb vorgesehen waren.

Abbildung 1: Wandlungen des institutionellem Arrangements zu Fußballübertragungsrechten im Fall Pay-TV

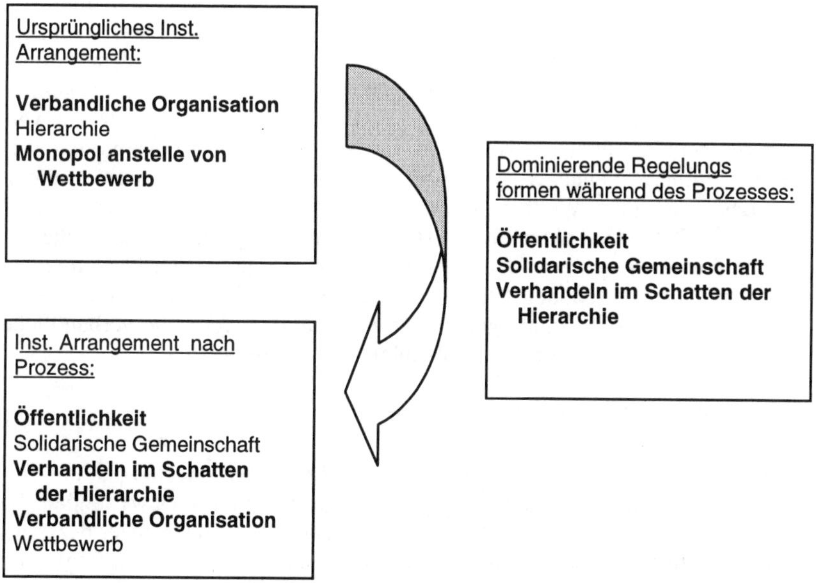

Ursprüngliches Inst. Arrangement:

Verbandliche Organisation
Hierarchie
Monopol anstelle von Wettbewerb

Dominierende Regelungs formen während des Prozesses:

Öffentlichkeit
Solidarische Gemeinschaft
Verhandeln im Schatten der Hierarchie

Inst. Arrangement nach Prozess:

Öffentlichkeit
Solidarische Gemeinschaft
Verhandeln im Schatten der Hierarchie
Verbandliche Organisation
Wettbewerb

Die Distribution der Fußballübertragungsrechte ging also ursprünglich in einem geschlossenen Club vor sich. Die Gestaltung des beobachtbaren institutionellen Arrangements glich einer kartellähnlichen Figur: mit dem Vertretungsmonopol hatte die FIFA die freie Wahl, nach welchen Kriterien sie die Übertragungsrechte vergeben wollte. Entgegen einer Klausel in ihren eigenen Statuten (und entgegen des ausdrücklichen Widerstandes des Präsidenten des DFB), nach welcher das primäre Auswahlkriterium die möglichst flächendeckende Versorgung der Fußballfans in aller Welt sein sollte, entschied der Weltfußballverband für das höchste Angebot (vgl. Kistner/Weinreich 1998, S.162ff.). Die deutschen Länderministerpäsidenten, welche als kontrollierende Instanz für den deutschen Fernsehraum auch für das Grundrecht jedes Bürgers auf Information und Kultur verantwortlich sind, entschieden ebenso, die Kirchschen Pläne zu unterstützen (Schatz 1995, S. 363f.). Diese *Kombination* von Regelmustern, welche den Ausschluss eines grossen Teils der Fußballfans vom Liveerlebnis der Weltmeisterschaften bedeuteten, verstiess gegen stille Abmachungen der Fußballanbieter und ihrer Endkonsumenten. Das Arrangement hatte in dieser Form keine *Geltung* mehr. Ein neuerlicher Prozess der *Gestaltung* setzte ein, bei welchem bislang wenig in Erscheinung getretene Akteure eine wichtige Rolle spielten und durch die Betonung von zwar vorhandenen, aber bislang nicht wirksamen Regelmustern, dem institutionellen Arrangement zur Vergabe der Fußballübertragungsrechte ein völlig neues Gesicht gaben. Das Arrangement hatte sich damit als *flexibel* erwiesen.

Wie in Abbildung 1 zu erkennen, wurde das ursprüngliche Arrangement durch die öffentlichen Proteste stark umgestaltet. Die plötzlich dominant werdenden Regelungskomplexe öffentlicher Diskurs, solidarische Gemeinschaft sowie das Verhandeln im Schatten der Hierarchie unter dem aktualisierten und neu betonten Gesichtspunkt des Prinzips der flächendeckenden Übertragung bzw. des freien Zugangs zu Fußball für alle,[17] stülpte das vereinbarte Regelarrangement völlig um. Im letzten Kasten der Abbildung sind die nun vorherrschenden Regelmuster verzeichnet. Interessant ist vor allem, dass das Prinzip des Wettbewerbs auftaucht (eine Folge der grösseren Konkurrenz im Free-TV-Sektor) und dass die Orientierung der mit der Sache befassten Politiker, sich von der Pay-TV-Seite weg und zu den Konsumenten (Wählern) hin, verschoben hat. Trotz wiederholter Versuche (s.o.), dies zu ändern, ist die einzige intakt gebliebene Koordinationsform die verbandliche Organisation des Angebots für Fußballübertragungsrechte.

4.3.1 Italien – Koordinationsformen

Hierarchie: Bei der Übertragung der Fußballübertragungsrechte für das Bezahlfernsehen (in Italien sowohl Pay-TV als auch Pay-per-view) fanden die Verhandlungen der beteiligten Vereine und Fernsehveranstalter unter der Kontrolle, sowohl der europäischen Behörden, als auch der italienischen Regierung statt. Die von der EU-Kommission vorgeschlagene Liste von national wichtigen Sportereignissen wurde in nationales Recht umgesetzt. Ein im Frühjahr 1999 vom Parlament verabschiedetes Gesetz regelt das Monopolproblem im Bezahlfernsehen: demnach ist es einem Veranstalter allein lediglich erlaubt, 60% des Marktes für Bezahlfernsehen zu kontrollieren (Schönau 1999a).

Die Verhandlungen zwischen Vereinen und Fernsehveranstaltern unterliegen den Wettbewerbsbestimmungen der Europäischen Union. Ebenso mögliche Zusammenschlüsse zwischen Sendern untereinander, Vereinen untereinander oder Sendern und Vereinen zum Zwecke strategischer Allianzen. Nach wie vor planen Teile des Parlaments darüber hinaus eine Neuordnung

---

17 Dass es ein Grundrecht auf Fußball gibt, zumindest auf eine kurze Bildberichterstattung der wichtigen Ereignisse, ist seit der Entscheidung des Bundesverfassungsgerichts 1998 in einem durch die Bundesregierung angestrengten Normenkontrollverfahren, klar. Vgl. Adamski 1998.

der Medienlandschaft durch ein neues Mediengesetz.[18] Diesen Bemühungen standen bis 1995 allerdings noch die politischen Erfolge Berlusconis, sowie der auch danach nicht abnehmende, beträchtliche politische Einfluss der anfangs geschilderten Medienunternehmer gegenüber.[19]

Wettbewerb: Im Gegensatz zum deutschen Fall, besteht in Italien im Bezahlfernsehmarkt Wettbewerb. Allein drei Anbieter von Pay-TV und Pay-per-view-Programmen konkurrieren um die Übertragungsrechte für den Liga-Fußball.[20] Seitdem die Vereine sich selbst vermarkten und der italienische Fußballverband kein Vergabemonopol mehr für die Ligarechte besitzt, herrscht auch auf der Angebotsseite reger Verkehr. Berlusconis Gründung Tele+ hat mit acht Profiliga-Vereinen Exklusivverträge bis ins Jahr 2005 abgeschlossen. Juve, Milan und Inter kassieren für jedes Jahr rund 100 Millionen Mark, der SSC Neapel bekommt 35 Millionen. Ein anderer Vereinszusammenschluss (dieses Muster scheint Schule zu machen), ist die SDS. Zu dieser Società diritti sportivi (Gesellschaft der Sportrechte) gehören vier Erstligavereine – neben dem AC Florenz der Uefa-Cup-Finalist AC Parma, sowie die beiden Hauptstadtclubs Lazio und AS Rom (Schönau 08/09/99 (E-Mail)).

Verbandliche Organisation: Was deutsche Grossvereine wie Bayern München oder Borussia Dortmund erträumen, ist in Italien längst Alltag. Der Verkauf der Ware Fußball wird von den Vereinen selber organisiert. Diese noch sehr junge Praxis ist eine Absage an die Solidarität unter den Vereinen, hat den Clubs, aber wie schon beschrieben, einen beträchtlichen Zugewinn gebracht. Der italienische Verband Federcalcio hat lediglich die Lotto- und Totoeinnahmen zurückbehalten sowie die Rechte am Italiencup, einem vernachlässigtem Wettbewerb, welcher bezeichnenderweise von der staatlichen Fernsehgesellschaft RAI übertragen wird (Schönau 08/09/99 (E-Mail)). Wie oben schon erwähnt, findet keine verbandliche Koordination mehr statt. Inwieweit sich aus den beschriebenen Zusammenschlüssen verschiedener Ver-

---

18 Den Höhepunkt erreichte die Diskussion während der Amtszeit Berlusconis als Ministerpräsident. Die Interessenkonfliktsaffäre, welche zum Inhalt die konfligierenden Interessen des Unternehmenführers und Regierungschefs Berlusconi hatte, begleitete dessen Regierung über die gesamte Amtszeit. Vgl.Partridge 1998, S. 159ff.

19 Ein Beispiel für die Schwierigkeiten einer Reform des Sport-Medien-Wirtschaft-Politikkomplexes ist die Reform des italienischen olympischen Komitees durch die Sportministerin Giovanna Melandri, welcher selbst die kleinste Unterstützung seitens der Funktionäre oder auch der Presse verweigert wird. Vgl. Schönau 08/09/99 (E-Mail).

20 Dabei ist Tele+ ein Pay-TV-Sender, während D+ und Stream im Pay-per-view Geschäft tätig sind. Die bisherige Monopolstellung von Tele+ gab Kommentatoren denn auch Anlass zu Befürchtungen vor einer möglichen Monopolstellung. Durch die 60% Regelung des italienischen Parlamentes scheint der Markt aber weit von einem Monopol entfernt zu sein. Vgl. Namuth 1999, S.144.

eine neuerliche verbandliche Organisation ergeben wird, bleibt abzuwarten.[21] Italien hat mit der Eigenvermarktung, im Gegensatz zu Deutschland, dem Wettbewerb als Regulierungsmechanismus im Arrangement zur Distribution der Fußballübertragungsrechte den klaren Vorzug gegeben.

Solidarische Organisation: In Italien sieht es in Puncto kultureller Prägung und der daraus folgenden solidarischen Koordination ähnlich wie in Deutschland aus, wenn man z.b. dem italienischen Sozialwissenschaftler Nicola Porro folgt (Porro 1997). Demnach repräsentiere Fußball viel mehr als einen Sport für die Italiener. Er ist eine soziale Tradition, eine kollektive Leidenschaft, eine Sitte, welche andere Sitten beeinflusst, eine Antwort für das Verlangen nach Ausdruck und Identität. Porro geht weiter und schreibt dem Fußball die Rolle eines Sensors des politischen Wandels zu, die Stätten seiner Zelibrierung, die Stadien, seien Keimzellen einer neuen politischen Kultur Italiens. Am anschaulichsten verdeutlicht an der Entstehung der „Forza Italia" aus den Schlachtgesängen der Fans und des organisatorischen Potentials des Firmenimperiums des Präsidenten des AC Mailands und kurzzeitigem Ministerpräsidenten Italiens. Gegen dieses Potential an Leidenschaften und Symbolik kommt keine Ideologie und keine Religion an. Fußball als soziales Subsystem der Gesellschaft reproduziert, organisiert und institutionalisiert sich selbst.

Öffentlichkeit: In Italien waren vor allem die achtziger Jahre bestimmt vom Kampf zwischen der staatlichen RAI und dem Berlusconi zugehörigen Fininvest.[22] In den neunziger Jahren kamen die privaten Fernsehsender Tele+ und

---

21 Eher scheint aber einer Beteiligung der Vereine an den Sendern und umgekehrt die Zukunft zu gehören, soweit dies nicht – wie beim AC Mailand, beim AC Florenz oder Inter Mailand – sowieso schon der Fall ist.

22 Das Fernsehen, welches in Italien eine weitaus grössere Rolle in der öffentlichen Meinungsbildung spielt (Trautmann 1997, S. 533), wurde bis in die achtziger Jahre von der staatlichen Fernsehanstalt RAI beherrscht. Diese bestand aus drei Kanälen, welche dem Einfluss der grossen Parteien unterlagen. So lag das *TV-Nachrichtenmonopol faktisch in Händen der Christdemokratie (RAI1), der Sozialisten (RAI2) und in begrenztem Umfang der Kommunisten (RAI3)* (Trautmann 1997, S. 533). Erst Silvio Berlusconi konnte mit massiver Unterstützung sowohl der Konservativen, auch des befreundeten Sozialisten Bettino Craxi, dieses Parteienmonopol brechen. Das von Berlusconi gesetzte *Duopol* aus privaten und öffentlich-rechtlichen Sendern wiederum wurde vor allem von der gemässigten und radikalen Linken bekämpft. Als Abwehr der Bestrebungen, Berlusconis Fininvest zurückzudrängen, gründete dieser die neue Bewegung *Forza Italia* und wurde 1994 italienischer Ministerpräsident. Diese neugewonnene politische Kontrolle ermöglichte es Berlusconi, für ihn kritische Entwicklungen, wie die Entflechtung von Amt und Medienbesitz oder auch die Neuordnung des Sportechtemarktes, zu neutralisieren (vgl. Fix 1997). Die Auseinandersetzung zwischen Berlusconi und den Befürwortern eines neuen Mediengesetzes (zu denen mittlerweile auch die staatliche RAI zählte) erreichte mit der Regierungszeit Berlusconis ihren Höhepunkt. Die Heftigkeit des Streites lässt erahnen, warum Ber-

Telemontecarlo hinzu. Zeitungen und Magazine spielen in Italien schon alleine wegen ihrer Auflage eine geringere Rolle als das Fernsehen.[23] Das Fernsehen ist *das* massenmediale Kommunikationsmittel in Italien. Für die Mehrheit der Bevölkerung ist das Fernsehen die einzige Informationsquelle (Ricolfi 1997, S. 152). Gleichzeitig ist das italienische Fernsehen auf eine einzigartige Weise mit der Politik (vor allem die drei Kanäle der RAI, aber auch die Sender der Fininvest während der Amtszeit Berlusconis) und der Wirtschaft (Fininvest, Telemontacalo) verwoben. Reformbemühungen, wie das Referendum über den *Gleichen-Zugang* (zur Öffentlichkeit via Fernsehen), wurden von der Mehrheit der Bevölkerung abgelehnt (Ricolfi 1997, S. 152). Der italienische Medienmarkt ist also bis in die jüngste Zeit hinein parteipolitisch und monopolistisch vermachtet geblieben (vgl. Trautmann 1997, S. 534).

Eine öffentliche Diskussion über die Form der Übertragung oder auch über zukünftige Gefahren der exklusiven Pay-TV Übertragung von grossen Spielen fand und findet in Italien nicht statt. Im Gegensatz zum deutschen Fall, bei welchem der Verlust von Fußball unter kulturellen, kartellrechtlichen und anderen Gesichtspunkten viel mehr thematisiert wurde, reagierte die staatliche RAI mit der für deutschen Geschmack grotesk anmutenden Fußball-Show „Quelli che il calcio" (etwa: Die vom Fußball), in welcher der Fußball aus dem Bild verschwunden ist, ersetzt durch eine Talkshow über ihn.[24]

4.3.2 Das institutionelle Arrangement zu Vergabe der Fußballübertragungsrechte für das Bezahlfernsehen in Italien

Die Einführung des Bezahlfernsehens in Italien folgte einer anderen Strategie, welche sich in einem vom deutschen Fall unterschiedlichen institutionellen Rahmen bewähren musste.

---

lusconi keine Anstalten machte, eine ähnliche polarisierende Strategie der Exklusivvermarktung der Weltmeisterschaften zu fahren.

23 Mit einer Auflage der Tageszeitungen von aktuell 6,8 Millionen (1992) liegt Italien am Schluss des europäischen Durchschnitts. Auch die tägliche Lektüredauer liegt mit 14 Minuten nur knapp vor Frankreich und Griechenland (Vgl. Trautmann 1997, S. 533).

24 Die Korrespondentin der Süddeutschen Zeitung Birgit Schönau schreibt dazu: *Die RAI hat damit aus der Not eine Tugend gemacht. (...) „Quelli che il calcio" (etwa: Die vom Fußball) ist ein Quotenrenner. Sie läuft sonntags während der Ligaspiele - und obwohl kein einziges Mal der Ball gezeigt wird, schauen fünf Millionen Menschen zu. Der Sport wird zur Randerscheinung, zu einem virtuellen Erlebnis. Die Protagonisten sind nicht mehr die Spieler selbst, sondern diejenigen, die aus den Stadien berichten, ohne das Spielfeld zu zeigen: Der Tour-de-France-Sieger Marco Pantani, Spielerfrauen und populäre Schauspieler, oft sogar eine leibhaftige Nonne. „Quelli che il calcio" ist also ein Triumph der Fernsehkreativität über Fußball und Politik. Vielleicht liegt in der Fußballberichterstattung ohne Fußball ja die Zukunft. Es reicht, das lehrt das erfolgreiche Beispiel der italienischen RAI, ab und zu die Ergebnisse einzublenden. Die Show läuft längst auch ohne Ball* (Schönau 08/09/99 (E-Mail).

Abbildung 2: Institutionelle Arrangements im Veränderungsprozess: Der Fall Italien

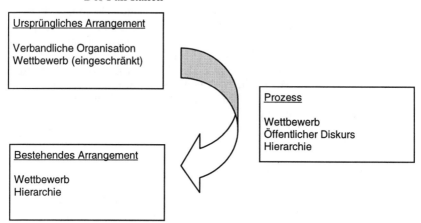

Zwar gab es im ersten Jahr des Bezahlfernsehens (in der Saison 1996-97, vgl. Porro 1997, 187) noch den italienischen Verband und damit eine dem deutschen Beispiel vergleichbare, verbandliche Organisation der Vergabepraxis der Fernsehrechte. Die *Gestaltung* des institutionellen Arrangements zur Vergabe der Fußballübertragungsrechte fand, ähnlich wie in Deutschland, in einem Club aus Verband, öffentlich-rechtlichem Fernsehen und der dahinterstehenden Politik statt. Diese *Kombination* von Regelmustern war vor allem wettbewerbsfeindlich. Mit dem Zusammenbruch des alten italienischen Parteienstaates fiel eine Stütze des alten Systems weg. Der enorme politische Erfolg einiger Vereinschefs (welche wie Berlusconi, Gori oder Agnelli, gleichzeitig tief im Geschäft des Bezahlfernsehen verwickelt waren) liess das alte Arrangement, seiner *Gültigkeit* beraubt, zusammenbrechen. Der Federcalcio wurde nach und nach entmachtet und schliesslich seiner wichtigsten Kompetenzen beraubt: 1999 vermarkteten die Vereine sich und ihr Produkt Fußball selbst. Damit fiel die in Deutschland nach wie vor dominierende Rolle der verbandlichen Organisation der Vereine in Italien weg. Auch auf der Seite der Interessenten an Fußballübertragungen änderte sich von der Saison 1996-97 an einiges. Erstmals musste die RAI um die Übertragungsrechte kämpfen – heute sind ihr nur noch Peanuts geblieben: der durch die Championsleague abgewertete UEFA-Cup, der unwichtige Italien-Cup und das Recht, Fußball im Hörfunk zu übertragen. Auch auf der privaten Seite ist Bewegung ins Geschäft gekommen. Der bisherige Pay-TV-Monopolist Silvio Berlusconi hat Konkurrenten im Pay-Per-View und im Free-TV Bereich bekommen. Alles in allem ist dem Regelungsmechanismus Wettbewerb in kurzer Zeit wesentlich mehr Bedeutung zugewachsen. Nicht ganz schuldlos an der heutigen Situation ist eine andere Rahmensetzung dabei gewesen: der ge-

Institutionelle Arrangements und Fußballübertragungsrechte 219

setzliche Rahmen, welcher bestimmte Auswüchse mit dem Pay-TV und Pay-per-view-Geschäft vermeidet. Vor allem Silvio Berlusconi ist nicht erst seit den *television wars* (Porro 1997, S.187ff.) unter strenger Beobachtung. Zur Verhinderung einer *Telekratie* (Trautmann, 1997, S. 534) hat das italienische Parlament strenge Regelungen, welche eine zentrale hierarchische Regelung jederzeit möglich machen, durchgesetzt. Die Verhandlungen über die Rechtevergabe fanden also immer im Schatten der Hierarchie statt, und dieser Schatten reicht bis Brüssel. Eingedenk dieser strengen Beobachtung war die Strategie nicht nur der Berlusconischen Unternehmungen – *Gewöhnung* statt *Entzug* – wohl die klügere Alternative. Dies gilt auch, obwohl die Massenmedien wie gezeigt weitgehend unter der Kontrolle der Clubchefs standen. Allerdings dienten diese Medien einem Zweck, welcher auf lange Sicht wohl profitabel ist. Durch die Rundumberichterstattung wird Fußball allgegenwärtig[25] und das Liveerlebnis im Bezahlfernsehen verspricht zusätzliche Spannung, eine begeisternde Dramaturgie und völlig neue Ästhetik. Die technischen Möglichkeiten des Pay-per-view lassen darüberhinaus fast schon Interaktion zwischen dem Konsumenten und dem Fußballspiel zu. Es ist daher nicht auszuschliessen, dass sich das Bezahlfernsehen auf mittlere Sicht durchsetzen wird und das Gesamtarrangement einmal mehr seine *Flexibilität* unter Beweis stellen werden muss.

4.4 Institutionelle Arrangements – Typen, Zugang, Leistung

Die beiden dargestellten institutionellen Arrangements zur Distribution von Fußballübertragungsrechten unterscheiden sich in vielerlei Hinsicht. Hier sollen vier Gesichtspunkte herausgegriffen werden.

4.4.1 Arrangementtypen

Institutionelle Arrangements können unter anderem darin unterschieden werden, wie die verschiedenen, in ihnen verbundenen Regelelemente miteinander agieren (Prittwitz 2000). Im deutschen Fall lag zwar von Anfang an ein Mischarrangement von verbandlicher Regelung und Wettbewerb vor, jedoch dominierte die verbandliche Organisation derartig, dass man von einem regelfokussierten Arrangement sprechen konnte. Während des geschilderten Prozesses gewannen Wettbewerb und andere Regelmuster wie z.B. Öffentlichkeit und Hierarchie an Einfluss, während die verbandliche Organisation leicht zurückgedrängt wurde. Das regelfokussierte Arrangement hatte sich zu einem echten Mischarrangement entwickelt. Diese Gleichzeitigkeit von zwei Regelmustern – verbandliche Ordnung und Wettbewerb – als Grundgerüst

---

25 Wöchentlich bietet Telemontecarlo etwa 50, Mediaset 30 Sportsendungen an. Die RAI kommt ebenfalls auf 50 Senndungen (vgl. Schönau 1999b).

des deutschen Arrangements sollten die Vergabe der Fußballübertragungsrechte nach sozial-kulturellen, aber auch nach Profitgesichtspunkten optimieren. Analysiert man die Verkopplung der Regelelemente im Ablauf, findet man gleichzeitig, nämlich im Verhältnis Verhandlung-Hierachie, institutionelle Mehrebenenelemente. Hierarchische Entscheidung wurde meist nur als ultimative Lösung angekündigt, selten aber wirklich durchgesetzt.

Im italienischen Fall entwickelte sich aus einem ähnlich wie in Deutschland gelagerten Anfangsstadium ein regelfokusiertes Arrangement (mit den gleichen Ankündigungen von hierarchischer Steuerung, also institutionellen Mehrebenenelementen). Nach der faktischen Auflösung des nationalen Fußballverbandes und seines Vergabemonopols und der Entstehung mehrerer Bezahlfernsehsender gewann das Wettbewerbsprinzip eine dominante Position.

Zwar wird der idealtypische Prozess von Angebot und Nachfrage und dem Preis als einziger Richtschnur oftmals von den vielfältigen Verflechtungen und den in ihnen stattfindenden Absprachen konterkariert. Trotzdem ist das Wettbewerbsprinzip das derzeit dominante und gültige Regelungsmuster im italienischen Fall der Vergabe von Fußballübertragungsrechten.

4.4.2 Zugang[26]

Der anfangs noch intakte Club aus Verband, Sender und Politik machte einen Zugang anderer Akteure in Deutschland ungemein schwer. Dies galt für andere Nachfrager vor allem wegen der feststehenden Entscheidung des Weltverbandes, sich nicht um das eigene Prinzip der flächendeckenden, preisgünstigsten Verteilung zu kümmern, sondern dem höchsten Angebot den Zuschlag zu geben. Vor allem galt dies jedoch für den einzelnen Zuschauer, welcher lediglich als Konsument und nicht als Mitarrangeur vorgesehen war. Zugang wurde letzterem vor allem über die Aktivitäten der Europäischen Kommission verschafft, welche mit den geschilderten Initiativen das nationale Arrangement aufbrach und neue Regelungsmuster zwingend geltend machte. Der massenmediale Öffentlichkeit gelang es dann, durch intensive Berichterstattung und der Mobilisierung der öffentlichen Meinung im entscheidenden Augenblick, den Club zu öffnen und ein neues Arrangement anstelle des alten zu setzen.

In Italien hatte die Europäische Kommission noch mehr Einfluss. Nicht nur, dass die von ihr ins Spiel gebrachte Listenregelung in nationales Gesetz umgesetzt wurde, auch ihr Standpunkt hinsichtlich des Vergabemonopols durch die Verbände fand Zustimmung. Durch die Auflösung des Verbandes

---

26 Institutionelle Arrangements werden von Akteuren gestaltet (Prittwitz 2000). Dabei liegt es nahe, dass Akteure innerhalb eines institutionellen Arrangements nach Möglichkeit versuchen, weitere Akteure (solange diese nicht ihrer Ressourcen wegen gebraucht werden) vom Eintritt in die Arena abzuhalten. Die Zugangsmöglichkeit zu einem Arrangement lässt sich mit den Regelmustern *Club* und *Nachbarschaft* beschreiben (Prittwitz 2000), wobei sich letzteres Muster durch grundsätzliche Offenheit vom Clubprinzip abgrenzt

und der Entwicklung eines einigermassen funktionierenden Marktes, wurde der Zugang zum institutionellen Arrangement zumindest für Akteure aus Wirtschaft, Medien und den Vereinen leichter. Im Gegensatz zu Deutschland verblieb die Öffentlichkeit aber mangels eigenständiger Medien in der Position des staunenden und machtlosen Zuschauers.

4.4.3 Leistung

Der Leistungsbegriff ist gerade im Hinblick auf Institutionelle Arrangements schwer zu fassen (vgl. Prittwitz 2000). Die in diesem Artikel untersuchten Arrangements sollen vor allem unter zwei Aspekten von Leistung betrachtet werden, nämlich einerseits im Hinblick auf die Verwirklichung der angestrebten Ziele, andererseits unter dem Aspekt der Leistungsresponsivität (vgl. Prittwitz 2000).

Die Besonderheit der beiden untersuchten Arrangements gründet sich nicht zuletzt in der gegensätzlichen Erwartungshaltung der darin verbundenen Akteure. Einerseits entzieht sich Fußball in seiner Eigenschaft als gesellschaftlich-kulturell wichtiges Gut einer reinen Marktlösung. Fußball, das ist vor allem die Position der Gemeinschaft von Fußballfreunden, ist mehr als das Geld, welches man mit ihm verdienen kann. Dieser Auffassung sind denn auch die anderen wichtigen Akteure der beiden Arrangements, sei es die EU-Kommission oder der Weltverband. Fußball geniesst Schutzrechte: informelle, welche sich aus der kulturellen Rolle ergeben. Formelle, welche sich in nationalem und europäischem Recht niedergeschlagen haben und sich auf Grundrechte wie Informationsfreiheit oder die Idee der kulturellen Identität gründen. Anderseits ist Fußball auch Teil der Unterhaltungsindustrie und fester Bestandteil der Erlebnisgesellschaft geworden (Schulze 1995). Als solcher muss er refinanzierbar sein. In diesem Spannungsverhältnis muss die Leistung der untersuchten Arrangements beurteilt werden.

Ein zweiter Aspekt zur Analyse des Leistungsprofils der beiden Arrangements ist ihre Leistungsresponsivität. Danach werden die Leistungen von Regelkomplexen anhand der von ihnen bei den Regeladressaten hervorgerufenen Reaktion gemessen. Diese Leistungsbeurteilung analysiert nicht policy-analytisch die Zielerreichung, sondern betrachtet die Einflüsse von gewählten Regelkonfigurationen untereinander.

Die (offiziellen) Ziele, welche die Akteure bei der Gestaltung z.B. des deutschen Arrangements verfolgten, waren die flächendeckende Verbreitung von Fußball (FIFA, Konsumenten), die Refinanzierung der Investitionen in eine neue Übertragungstechnik (Kirch) und die weitere Umgestaltung des deutschen Medienmarktes (Politik). Das nach langem Hin und Her schliesslich zustande gekommene Arrangement erfüllt diese Ziele nur teilweise. Vor allem die Unternehmerseite kann sich mit diesem Ergebnis öffentlichen Handelns kaum zufrieden geben. Es ist also ein neuerlicher Prozess der Umgestaltung zu erwarten.

Von der Leistungsresponsivität her betrachtet, besass das deutsche Arrangement einige starke Elemente. Die Versuche Kirchs, eine Monopolstellung zu erlangen scheiterten an den europäischen Wettbewerbsregeln. Der Weltverband wurde in der Öffentlichkeit, vermittelt über die Massenmedien, mit der Diskrepanz zwischen eigener Verlautbarung und Handeln konfrontiert. Schliesslich war der öffentliche Druck auf die Konferenz der Ministerpräsidenten und die Drohung späterer Wahlen, ein probates Mittel, Änderungen zu erzwingen.

Im italienischen Fall stand den Profitinteressen der Medienunternehmer vor allem die Politik mit ihrem Ziel, wenn nicht gar eine dritte Kraft auf dem italienischen Medienmarkt, dann wenigstens die RAI zu stärken, gegenüber. Die Ziele letzterer konnten kaum oder gar nicht verwirklicht werden. Allerdings vermieden die beteiligten Akteure schon wegen der von Anfang an gegebenen Uneinigkeit eine derart radikale Strategie, wie im deutschen Fall, und konnten damit den öffentlichen Protest vermeiden.

Leistungsresponsiv zeigte sich das italienische Arrangement vor allem bei der Entmachtung des nationalen Verbandes, was EU-Recht entspricht. Gleiches gilt für die Durchführung der Listenregelung durch die Regierung in Rom.

5. Fazit

Wie anfangs festgestellt, unterschieden sich die Strategien zur Einführung von Pay-TV in den beiden verglichenen Fällen erheblich. Dies wurde mit den Stichworten *Entzug* und *Gewöhnung* beschrieben. Warum diese Strategien so unterschiedlich gewählt wurden, mag eine Vielzahl von Gründen haben. Hier wurde die Hypothese aufgestellt, dass die institutionellen Rahmenbedingungen einen massgeblichen Einfluss auf die Strategiewahl hatten. In Deutschland schien das geschlossene Arrangement zur Distribution der Fußballübertragungsrechte zwischen Verband, Fernsehveranstalter und Politik eine sehr direkte Durchsetzung des Bezahlfernsehens zu begünstigen. Damit schien es möglich, das Grundprinzip, welches bislang als selbstverständlich galt, nämlich Fußball als erschwinglicher Teil der Volkskultur, anzugreifen. Fußball sollte privatisiert werden. Damit war der Bogen überspannt.

Der öffentliche Protest und der Zusammenbruch des Arrangement war für die Akteure, besonders für die Kirchgruppe, wohl am überraschendsten. Bislang unaktivierte Regelelemente kamen plötzlich zum tragen und zwangen zu einer völligen Veränderung des Arrangements. In Italien, wo keine solche Alles-oder-nichts-Strategie verfolgt wurde, wurden folglich ausgleichende Regeltypen auch nicht in diesem Ausmass aktiviert. Interessant ist in beiden Fällen, dass während des Prozesses der Regelungstypus Wettbewerb eine ungeahnte Aufwertung erfahren hat, obwohl ausser der EU-Kommission und einigen wenigen Grossvereinen kein massgeblicher Akteur daran Interesse hatte. Ebenso auffällig ist, dass Regelungstypen wie verbandliche Organisation oder andere konsensorientierte Regelungstypen an Gewicht verloren haben. Dies geschah vor allem zugunsten von Koordinationsprinzipien wie Konkurrenz oder Hierarchie. Der Sport, welcher traditionell durch Verbänderegelungen geprägt wurde, folgt damit offensichtlich einem allgemeinen gesellschaftlichen Trend. Nicht mehr die grossen gesellschaftlichen Gruppen sind die Intermediäre, sondern vor allem die Massenmedien, welche Stimmungen und Meinungen einer nur noch informell verbundenen Öffentlichkeit aufnehmen, momentan verstärken und an die Politik weitergeben. Hierin lag denn auch ein wesentlicher Unterschied der beiden Fälle: während in Italien der Grossteil der massenmedialen Öffentlichkeit gerade von denjenigen kontrolliert wurde, welche auch im Geschäft mit dem Bezahlfernsehen aktiv waren, sind diese Akteursgruppen in Deutschland weitgehend unverbunden.

Beide Fälle zeigen institutionelle Arrangements als bedingende Variable des weiteren Prozesses. Vor den jeweils spezifischen Hintergründen wurde Politik gemacht und wurden Strategien entwickelt. Die untersuchten institutionellen Arrangements waren aber jeweils auch als abhängige Variable zu verstehen, welche durch die am Prozess beteiligten Akteure neu geformt und kombiniert wurden. Dieses doppelte Gesicht institutioneller Arrangement gilt es bei einer Analyse der Prozessabläufe immer zu beachten.

Literatur

Adamski, Heiner (1998): Grenzen privater Vermarktung beim Fußball, in: Zeitschrift für Gesellschaft, Wirtschaft, Politik und Bildung, 2/47, S. 201-212.
Amsinck, Michael (1997): Der Sportrechtemarkt in Deutschland. Ursachen und Konsequenzen der Gründung einer Sportrechteagentur von ARD und ZDF, in: Media Perspektiven, 2, S. 62-72.
Berger, Monika (1997): Rote Karte aus Karlsruhe für den DFB, in: Die Welt, 45/364.
Brandmeier, Sonja/Peter Schimany (1998): Die Kommerzialisierung des Sports. Vermarktungsprozesse im Fußball-Profisport. Mit einem Interview mit Uli Hoeness, Manager des FC Bayern München, Hamburg.
Clapham, Andrew (1991): Human Rights and the European Community: A Critical Overview, Baden-Baden.
Der Spiegel (1997): Fußball für wenige, 42, 13. Oktober 1997, S. 84-88.
Fix, Elisabeth (1997): Italiens Parteiensystem im Wandel. Von der Ersten zur Zweiten Republik, Frankfurt/New York.
Großhaus, Götz-T. (1997): Fußball im deutschen Fernsehen, Frankfurt a.M.
Hendriksen, Paul (1996): Sport 7 – gelingt die Sportvermarktung als Pay-TV. Neuer Sportkanal in den Niederlanden, in: Media Perspektiven, 10, S. 521-525.
Hitzler, Ronald (1995): Ist Sport Kultur? Versuch, eine ‚Gretchenfrage' zu beantworten, in: Joachim Winkler/Kurt Weis (Hrsg.), Soziologie des Sports: Theorieansätze, Forschungsergebnisse und Forschungsperspektiven, Opladen.
Kistner, Thomas/Jens Weinreich (1998): Das Milliardenspiel. Fußball, Geld und Medien, Frankfurt a.M.

Mayntz, Renate (1985): Soziologie der öffentlichen Verwaltung, Heidelberg.
Namuth, Michaela (1999): Medien: Klubs vermarkten sich selbst, in: Werben und Verkaufen, Heft 10, S. 144.
Neidhardt, Friedhelm (1994): Öffentlichkeit, öffentliche Meinung, soziale Bewegungen, in: ders. (Hrsg.), Öffentlichkeit, öffentliche Meinung, soziale Bewegungen , S. 7-41.
Opper, Elke (1998): Vor allem für das Auge, in: Grimme. Zeitschrfift für Programm, Forschung und Medienproduktion, 2/21, S. 20-22.
Partridge, Hilary (1998): Italian Politics Today, Manchester/New York.
Porro, Niccola (1997): Politics and Consumption: The Four Revolutions of Spectator Football, in: Roberto D'Alimonte and David Nelken (Hrsg.): Italian Politics. The Center-Left in Power, Boulder (Col.)/Oxford, S. 183-197.
Pries, Knut (1998): Auch beim Fußball läßt von Miert keine Ausnahme zu, in: Frankfurter Rundschau, 54/19.
Prittwitz, Volker von (2000): Institutionelle Arrangements und Zukunftsfähigkeit, in: ders. (Hrsg.), Institutionelle Arrangements. Zukunftsfähigkeit durch innovative Verfahrenskombination?, Opladen.
Raschke, Joachim (1985): Soziale Bewegungen. Ein historisch systematischer Grundriss, Frankfurt a.M./New York.
Ricolfi, Luca (1997): Politics and the Mass Media in Italy, in: Martin Bull/Martin Rhodes (Hrsg.), Special Issue on Crisis and Transition in Italian Politics, in: West European Politics, Volume 20, S. 135-156.
Rodeck, Hanns-Georg (1998): Fußball live wird zur Verfassungsfrage, in: Die Welt, 46/289.
Scharpf, Fritz W. (1991): Koordination durch Verhandlungssysteme: Analytische Konzepte und institutionelle Lösungen am Beispiel der Zusammenarbeit zwischen zwei Bundesländern. Köln: MPIFG-Discussion Paper.
Schatz, Heribert (1995): Massenmedien, in: Uwe Andersen/Wichard Woyke (Hrsg.), Handwörterbuch des politischen Systems der Bundesrepublik Deutschland, Bonn, S. 361-371.
Schönau, Birgit (1999): Reibach mit dem Rechtepoker, in: Süddeutsche Zeitung, 55/128.
Schönau, Birgit (1999): Straßenfeger, in: Süddeutsche Zeitung, 55/257.
Schulze, Gerhard (1995): Die Erlebnisgesellschaft. Kultursoziologie der Gegenwart, Frankfurt/New York.
Schümer, Dirk (1998): Gott ist rund. Die Kultur des Fußballs, Frankfurt a.M.
Streeck, Wolfgang/Philippe C. Schmitter (1996): Gemeinschaft, Markt, Staat – und Verbände? Der mögliche Beitrag von privaten Interessenregierungen zu sozialer Ordnung, in: Patrick Kenis/Volker Schneider (Hrsg.): Organisation und Netzwerk. Institutionelle Steuerung in Wirtschaft und Politik, Frankfurt/New York, S. 123-164.
Tönnies, Ferdinand (1991): Gemeinschaft und Gesellschaft, 3. Aufl. des Neudrucks der 8. Auflage von 1935, Darmstadt.
Trautmann, Günther (1997): Das politische System Italiens, in: Wolfgang Ismayr (Hrsg.), Die politischen Systeme Westeuropas, Opladen, S. 509-548.
Ulrich, Bernd (1997): Wessen Fußball?, in: Der Tagesspiegel 55/16126.
Weigand, Wolfgang (1979): Solidarität durch Konflikt, Münster.

Unveröffentlichte Quellen

Schönau, Birgit (1999): E-Mail vom 08/09
Schönau, Birgit (1999): E-Mail vom 28/10

Institutionelle Arrangements
ausgewählter Politikfelder

Institutionelle Arrangements zwischen Zukunfts- und Gegenwartsfähigkeit: Netzregulierung im liberalisierten deutschen Stromsektor

Jan-Peter Voß

1. Elektrizitätspolitik zwischen Gegenwart und Zukunft

Politische Prozesse unterliegen in ihrem Verlauf und Ergebnis der Einwirkung durch Institutionen.[1] In dieser Vorstellung gewinnt die Gestaltung von Institutionen eine eigenständige Bedeutung für politische Steuerungsstrategien. Durch ein entsprechendes Design von Regelzusammenhängen und Anreizstrukturen für politisches Handeln ergibt sich die Aussicht auf einen politischen Lenkungsansatz, der für die Zielformel Zukunftsfähigkeit zur Orientierung genommen werden kann.

Aber auch eine indirekte, institutionelle Politik unterliegt bestimmten Restriktionen. Die tatsächliche Problemlösungsfähigkeit normativer Institutionenentwürfe wird durch die bestehenden Governancestrukturen von Politikfeldern bedingt. An einer Fallanalyse der Netzregulierung im liberalisierten deutschen Strommarkt wird die Bedeutung der Gegenwartsfähigkeit von institutionellen Reformentwürfen deutlich sichtbar. Vor diesem Hintergrund erscheint die Gestaltungsleistung einer institutionenorientierten Politik der Zukunftsfähigkeit als strategische Anpassung an gegebene Kontextbedingungen.[2]

Die seit den Anfangszeiten der Elektrizitätsversorgung in Deutschland bestehende monopolistische Ordnung ist im April 1998 durch ein wettbewerbsorientiertes Regelsystem abgelöst worden.[3] Diese grundlegende Reform ist das Ergebnis eines konfliktreichen und langwierigen politischen Prozes-

---

1 Zur zugrundeliegenden analytischen Konzeption des politikwissenschaftlichen Neo-Institutionalismus vgl. March/Olsen (1984), Windhoff-Heritier (1991), Mayntz/Scharpf (1995), Schneider/Kenis (1996) und – besonders zu Fragen institutioneller Gestaltung – Goodin (1996).

2 Die folgenden Ausführungen greifen besonders in den empirischen Bezügen wesentlich auf Untersuchungen zurück, die ich im Zusammenhang mit einer Diplomarbeit am Fachbereich Politik- und Sozialwissenschaften der Freien Universität Berlin durchgeführt habe (Voß 1998). Für freundschaftliche Unterstützung und fachliche Kritik im Zusammenhang mit dieser Arbeit und dem vorliegenden Text danke ich Swaantje Himstedt, Jochen Monstadt, Volker von Prittwitz und Philipp Späth – natürlich unbenommen meiner alleinigen Verantwortung für das Resultat.

3 Zur historischen Entwicklung des deutschen Elektrizitätssystems siehe Hughes (1983) sowie darauf aufbauend Schneider (1999).

ses. Bis dahin galt die deutsche Stromwirtschaft wegen ihrer jahrzehntelangen Beharrungskraft gegenüber politischen Reformen als „economic and political power cartel (...) which was able to avoid all attempts to change the framework conditions for energy policy in Germany" (Mez 1997: 231; ebenso Deregulierungskommission 1993:71). Aber auch die schließlich gelungene Durchsetzung wettbewerblicher Strukturreformen wird nicht durchgängig als politischer Erfolg gefeiert. Vielmehr werden die konkrete Art und Weise der Liberalisierung von vielen Seiten kritisiert. Besonders die Regelung der Nutzung der Stromnetze gilt weithin als Beispiel politischen Steuerungsversagens: Nach verbreiteter Einschätzung behindern uneinheitliche und überhöhte Preise der Netznutzung sowie die fehlende rechtliche Gültigkeit der Nutzungsregeln den Wettbewerb zu Gunsten weniger, etablierter Unternehmen (vgl. Klafka et al. 1998; Öko-Institut 1998). Diese Kritik zielt besonders auf das Verfahren der Netzregelung: In einer Verbändevereinbarung haben die Unternehmen der Elektrizitätswirtschaft die Bedingungen der Netznutzung selbst geregelt; dafür wurden staatliche Regelungen in diesem Bereich zurückgestellt.

In der policy-orientierten Betrachtung stellen sich die folgenden Fragen: Welche Möglichkeiten und Grenzen der politischen Steuerung des Regelungsprozesses waren unter den bestehenden Kontextbedingungen gegeben? Wie erfolgreich waren die politischen Akteure in der Realisierung einer zukunftsfähigen Regelausgestaltung? Beziehungsweise: in welchem Maße wurde der Prozess durch eine von sektoralen Interessen getragene Eigendynamik bestimmt?

Die Gegenüberstellung von Zukunftsfähigkeit und sektoraler Eigendynamik ist nicht beiläufig: Wenn Zukunftsfähigkeit als Gewährleistung der komplexen Reproduktions- und Entwicklungsbedingungen des gesamten Gesellschaftssystems (in seiner natürlichen Umwelt) begriffen wird, steht seine Erfüllung im potenziellen Widerspruch mit den auf spezielle Zwecke ausgerichteten institutionellen Strukturen und Handlungsorientierungen in einzelnen Teilsystemen der Gesellschaft. Dieser Widerspruch gewinnt durch die begrenzte politische Steuerbarkeit ausdifferenzierter gesellschaftlicher Leistungsbereiche Relevanz (Rosewitz/Schimank 1988; Minsch et al. 1998: 42f.; vgl. auch Luhmann 1986). In einer institutionellen Annäherung an diese Problematik nehmen institutionelle Arrangements eine herausgehobene Stellung ein. In ihnen kann ein Ansatzpunkt für eine institutionelle Strategie für Zukunftsfähigkeit gesehen werden. Dafür muss es zum einen gelingen, differenzierte gesellschaftliche Handlungsbereiche institutionell so miteinander zu verkoppeln, dass übergreifende Koordinationsleistungen ermöglicht werden (vgl. Minsch et al. 1998: 46-50; Braun 1993; Münch 1998: 47-56). Zum anderen gilt es, politische Verfahren so auszugestalten, dass sie die Berücksichtigung zukünftiger Interessen gewährleisten und für die politischen Akteure Anreize darstellen, kollektive Problemlösungen anzugehen (Minsch et al. 1998: 62-84; Endres/Finus 1996).

Einzelne Typen von Koordinationsverfahren (wie Hierarchie, Verhandlung oder Wettbewerbsmarkt) besitzen jeweils ein spezifisches Profil von Steuerungsleistungen und -defiziten (Prittwitz 1994:89 und 1997; Streeck/ Schmitter 1996). Verfahrensförmige „Monokulturen" können deshalb nur begrenzte Wirksamkeit aufweisen, wenn es darum geht, komplexe Problemstellungen wahrzunehmen und zu lösen. Die problemorientierte *Kombination* von Verfahrenselementen besitzt somit für die Integration differenzierter Handlungsbereiche und für die zukunftsfähige Gestaltung von Institutionen eine besondere Bedeutung. In kombinierten Verfahren können spezifische Problemlösungskapazitäten in Ergänzung gebracht werden und die Handlungslogiken einzelner gesellschaftlicher Teilsysteme miteinander in Vermittlung gebracht werden. Vor dem Hintergrund dieser Überlegungen lassen sich institutionelle Arrangements sowohl theoretisch entwickeln als auch empirisch entdecken, die als normative Konzepte für Zukunftsfähigkeit Geltung erlangen können.

Bei der Verwendung dieser konzeptionellen Erkenntnisse müssen jedoch gleichzeitig die eigenen Probleme von institutionellen Gestaltungsstrategien beachtet werden (vgl. Goodin 1996). Um innerhalb eines gegebenen institutionellen Kontextes wirksam werden zu können, müssen normative Reformkonzepte mit dem institutionellen Status quo kompatibel sein. Gegenwartsfähigkeit ist eine notwendige Ergänzung von Zukunftsfähigkeit. Nur bei Anpassung institutioneller Regelungsverfahren an kurzfristig stabile Kontextstrukturen können zukunftsorientierte Reformpotenziale ausgeschöpft werden. Effektive Problemlösungsfähigkeit ergibt sich aus der kontextbezogenen Zusammenführung von Zukunfts- und Gegenwartsfähigkeit – mit dem Ziel, den Übergang vom gesellschaftlichen Ist zum Soll weitestgehend zu befördern.

Eine an dieser Problemdefinition ausgerichtete Fragestellung zielt für den untersuchten Fall der Netzregulierung im Stromsektor zunächst auf die Identifikation der institutionellen Spielräume, die im Kontext gegebener elektrizitätspolitischer Governancestrukturen gegeben waren. Im Anschluss daran ist zu fragen, inwieweit Handlungspotentiale wahrgenommen und genutzt wurden, die zur Verfolgung energiepolitischer Steuerungsziele bereitstanden.

2. Probleme der Netzregulierung im liberalisierten Strommarkt

Die Herausforderung der Netzregulierung im liberalisierten Strommarkt liegt in der Schaffung der institutionellen Voraussetzungen für einen funktionsfähigen Markt, in dem die besonderen Leistungen wettbewerblicher Koordination wirksam werden können. Die Beförderung von Effizienz, die Stimulation technologischer und dienstleistungsorientierter Innovationen sowie die Kontrolle wirtschaftlicher und politischer Machtkonzentration bilden marktliche Steuerungsleistungen, die für eine zukunftsfähige Elektrizitätsversorgung – besonders im Kontrast zum monopolistischen Status quo ante – Bedeutung besitzen. Zukunftsfähigkeit in der Energieversorgung erfordert aber zusätzlich eine gezielte Regulierung der spezifischen Leistungsdefizite der Marktkoordination. Hier sind besonders die kurzfristige Effizienzorientierung, die mangelnde Koordinationsleistung im Bereich kollektiver Handlungsanforderungen und die Blindheit für nicht mit monetären Werten belegte Güter problematisch. Für die ökologische Zukunftsfähigkeit der Energieversorgung sind diese Aspekte von zentraler Bedeutung. Im Rahmen der vorliegenden Untersuchung werden diese im engeren Sinne umweltpolitischen Regulierungsprobleme zugunsten der vertieften Analyse der wettbewerblichen Regelungsprobleme zunächst aber außen vor gelassen.[4]

Für die wettbewerbliche Regulierung des Stromsektors hat der Zugang zum natürlichen Monopol der Stromnetze eine Schlüsselfunktion (Perner/ Riechmann 1998:41). Am freien und gleichberechtigten Zugang zur Infrastruktur des Elektrizitätssektors entscheidet sich, inwieweit marktansässige Unternehmen ökonomische Renten, ineffiziente Investitions- und Betriebspraktiken und politische Machtressourcen, die ihnen ihre frühere Monopolposition gestattete, bewahren können. Über die Möglichkeit des Netzzugangs wird bestimmt, wie Kosten und Gewinne unter Unternehmen und Kunden verteilt werden und in welchem Maße Innovationsimpulse des Wettbewerbs wirksam werden.

Die Zusammenfassung der Erkenntnisse, die sich aus der wissenschaftlichen Diskussion und aus Erfahrungen der internationalen Praxis entwickeln lassen, führt auf ein unter Wettbewerbsgesichtspunkten optimales Regulierungsmodell hin: Der Schlüssel für die effektive Regulierung des natürlichen Monopols der Stromnetze liegt in der vollständigen organisatorischen Trennung des Netzbetriebs von den wettbewerblich geregelten Bereichen der Stromproduktion und Kundenbelieferung. Die prekäre organisatorische Interessenverflechtung zwischen dem Monopol im Netzbetrieb und Konkurrenz in anderen Marktbereichen wird damit aufgelöst. Nach herrschender Einschätzung kann ein Missbrauch des Netzmonopols angesichts der technisch-wirtschaftlichen Komplexität des Elektrizitätssystems nur über eine solche Form der institutionellen Regulierung effektiv verhindert werden (Klopfer/Schulz 1993; Monopolkommission 1993; Armstrong/Cowan/Vickers 1994; Bohne 1997).

---

4   Anschließend an Héritier (1998) kann für die so erfolgte Einschränkung des Untersuchungsgegenstandes von einer Konzentration auf den Problembereich von „market-making regulation" gesprochen werden. Aspekte von „market-correcting regulation" im liberalisierten Stromsektor werden von Monstadt in diesem Band eingehend behandelt.

In der deutschen Liberalisierungsdebatte ist vom Bundesumweltministerium bereits 1992 ein diesem Modell entsprechendes Reformkonzept vorgestellt worden (Bohne 1995). Die damals neun größten deutschen Stromversorgungsunternehmen hätten demnach die Verfügungsgewalt über das in ihrem Eigentum stehende Übertragungsnetz abgeben müssen, um es einer neu zu gründenden, unabhängigen Gesellschaft zu unterstellen. Die Verwirklichung dieses Entwurfes scheiterte jedoch an den bestehenden institutionellen Strukturen im deutschen Stromsektor. Dem Vorschlag traten die mit mächtigem politischen Einfluss versehenen Stromkonzerne u.a. mit Bezug auf die verfassungsrechtliche Garantie des Eigentums und der Androhung von Entschädigungsforderungen erfolgreich entgegen (vgl. VDEW 1992; VDEW 1994). Das federführende Bundeswirtschaftsministerium hat daraufhin nicht eine radikale organisatorische Strukturreform zum Ziel genommen, sondern hat mit dem sogenannten Durchleitungsmodell einen Reformansatz vertreten, der einen Eingriff in die Eigentumsrechte der Stromkonzerne nicht erfordert (Cronenberg 1995). Der Hauptkonflikt im deutschen Liberalisierungsprozess bestand damit in der Regelung der Netznutzung im Rahmen dieses Modells.

Im Durchleitungsmodell werden die Besitzer der bestehenden Stromnetze dazu verpflichtet, die Netze allen Stromlieferanten zu gleichen Bedingungen zur Verfügung zu stellen. Der Netzbesitzer erhält für die Bereitstellung des Netzes eine kostendeckende Gebühr. Neben einer Anzahl technischer Regelungsaspekte ist aber die verursachungsgerechte Kostenzuordnung problematisch. Der ökonomisch-rechtlichen Konstruktion einer Stromdurchleitung steht die physikalische Tatsache entgegen, dass Strom, der an einem beliebigen Punkt eingespeist wird, sich nach dem Gesetz des geringsten Widerstandes im gesamten Netz verteilt. In physikalischer Hinsicht ist eine direkte Lieferbeziehung zwischen Einspeiser und Abnehmer also nicht gegeben. Für die Bestimmung von Durchleitungsentgelten muss dementsprechend ein Rückgriff auf fiktive Modelle der Kostenzuordnung erfolgen. Dabei müssen technische Funktionsbedingungen des Elektrizitätssystems ebenso berücksichtigt werden wie die Sicherung der ökonomischen Basis des Netzbetriebs (Bohne 1997; EWI 1997: 12). Ein besonderes Regulierungsproblem ist zusätzlich dadurch gegeben, dass für Netzbetreiberunternehmen, die auch in den wettbewerblichen Bereichen der Stromversorgung tätig sind, starke Anreize zur Behinderung des Netzzugangs durch ihre Konkurrenten gegeben sind (Armstrong/Cowan/Vickers 1994:135-162). In diesem Spannungsfeld angesiedelt, gewinnt die Regelung des Netzzugangs eine konfliktintensive politische Dimension, in der die Funktion des Wettbewerbs auf dem Strommarkt zur Disposition steht.

3. Governancestruktur des deutschen Elektrizitätssystems

In Deutschland waren vor Beginn der Reformen insgesamt fast 1.000 Unternehmen auf den verschiedenen Stufen der Stromversorgung tätig. In Schlüsselbereichen wie der Stromerzeugung und dem Betrieb des überregionalen Verbundsystems wies die Unternehmenslandschaft aber eine erhebliche Konzentration auf. Acht Verbundunternehmen dominierten den deutschen Strommarkt. Zusammen betrieben die das Höchstspannungsnetz für weiträumigen Stromtransport, erzeugten in Großkraftwerken fast 4/5 des in Deutschland verbrauchten Stroms und verkauften 1/3 der gesamten Strommenge an die Verbraucher (DVG 1997; VDEW 1997). Die Mehrzahl der anderen Stromversorgungsunternehmen hatte demgegenüber ein relativ eng umgrenztes Tätigkeitsgebiet. Rund 80 regionale Versorgungsunternehmen betätigten sich überwiegend in der Stromverteilung in ländlichen Gegenden und ungefähr 900 lokale Unternehmen, zum Großteil kommunale Stadtwerke, betrieben die Versorgung einzelner Stadtgebiete – allerdings auch nur zu geringem Teil auf der Basis eigener Erzeugungskapazitäten (VDEW 1997). Außerdem war die wirtschaftliche Konzentration durch enge Kapital- und Personalverflechtungen der Unternehmen verstärkt, durch die ein Großteil der regionalen Unternehmen und eine zunehmende Zahl lokaler Unternehmen der Kontrolle der Verbundunternehmen unterstanden (Traube/Münch 1996).[5] Weiterhin war zur Regelung der bilateralen Beziehungen der Stromversorgungsunternehmen ein dichtes Flechtwerk privatrechtlicher Verträge entwickelt worden, mit dem Versorgungsgebiete abgegrenzt, Marktanteile vereinbart und detaillierte Regelungen der technischen und stromwirtschaftlichen Kooperation zugrundegelegt waren.

Aufbauend auf den dichten Vernetzungsstrukturen auf Unternehmensebene waren die stromwirtschaftlichen Unternehmen in einem mehrebenigen Verbändesystem organisiert. Auf einer ersten Ebene waren sie jeweils separat in der Deutschen Verbundgesellschaft (DVG), der Arbeitsgemeinschaft der regionalen Energieversorger (ARE) und dem Verband kommunaler Unternehmen (VKU) zusammengefasst. Auf einer weiteren Organisationsebene waren alle Stromversorgungsunternehmen als Mitglieder der Vereinigung deutscher Elektrizitätswerke (VDEW) gruppenübergreifend integriert. Im Zusammenspiel dieser Institutionen hatten sich über die Jahrzehnte einer quasi-feudalen Selbstverwaltung der Gebietsmonopole autonome Regelungskapazitäten entwickelt, über die alle wesentlichen Koordinations- und Planungsleistungen für den Betrieb des vernetzten technischen Systems der Elektrizitätsversorgung erbracht wurden (vgl. DVG 1997 und VDEW 1998).

---

5 Die wettbewerbliche Reform des Sektors hat eine Welle von Unternehmenszusammenschlüssen im ohnehin stark konzentrierten Sektor zur Folge: Eine Fusion von zwei der vormals neun Verbundunternehmen erfolgte bereits im Jahr 1997, zwei weitere Fusionen folgten im Jahr 1999.

Institutionelle Arrangements zwischen Zukunfts- und Gegenwartsfähigkeit 233

Auch über den Kreis der Versorgungsunternehmen hinaus schloss das System der sektoralen Selbstregelung elektrizitätswirtschaftliche Akteure ein. Dazu zählt die langjährige und bereichsweise intensive Kooperation mit dem Verband der industriellen Energie- und Kraftwirtschaft (VIK), der als Verband der stromintensiven Industrie Unternehmen vertritt, die sowohl als nachfragestarke Kunden wie auch als potentielle Eigenerzeuger elektrizitätswirtschaftliches Gewicht besitzen. Über gemeinsame Arbeitsgremien und diverse Verbändevereinbarungen waren diese sektoralen Kooperationsbeziehungen über die Jahre institutionalisiert worden. Schließlich waren auf einer dritten Ebene die Stromversorgungsunternehmen und die Unternehmen der stromintensiven Industrie gemeinsam in den energiepolitischen Arbeitskreisen des Bundesverbandes der Deutschen Industrie (BDI) organisiert (VIK 1997).

Im Gegensatz zur umfassenden verbandlichen Organisation und leistungsfähigen Selbstregelungsstrukturen in der Elektrizitätswirtschaft waren die öffentlichen Regulierungsinstitutionen im deutschen Stromsektor wenig entwickelt. Ein allgemeiner Rahmen für die stromwirtschaftliche Betätigung war mit dem seit 1935 geltenden Energiewirtschaftsgesetz bestimmt, der den Länderbehörden die Aufsicht über Investitionen und Preise zuteilte. Den Gemeindeverwaltungen war mit der Verfügung über das kommunale Wegerecht die Möglichkeit gegeben, Konzessionsgebühren für die Versorgungserlaubnis im Gemeindegebiet zu erheben. Weitere Gesetze regelten einzelne externe Effekte der Stromversorgung wie Schadstoffemissionen und Sicherheitsrisiken. In der Praxis der öffentlichen Investitions- und Preisaufsicht war der Ausbildung privater Steuerungskapazitäten im Schutz einer kartellrechtlichen Sonderstellung aber weiter Raum gegeben. In die eigentliche Operation des Elektrizitätssystems reichten die öffentlichen Regelungskompetenzen trotz formaler Aufsichtsbefugnis nicht hinein. Die technische und wirtschaftliche Koordination der Elektrizitätsversorgung war den Unternehmen und ihren Verbänden im wesentlichen selbst überlassen.[6] Die Effektivität öffentlicher Regulierung war zudem durch stromwirtschaftliche Geschäftsinteressen von Länderverwaltungen und Kommunen behindert, die in vielen Fällen selbst erhebliche Kapitalanteile an Stromversorgungsunternehmen besitzen (vgl. Stelte 1995). Besonders über kommunalpolitische Vertreter in den Bundestagsfraktionen der Volksparteien waren diese Interessen auch im parlamentarischen System institutionell verankert. Nicht zuletzt war die große wirtschaftliche und strukturpolitische Macht von Konzernen wie RWE, Veba und VIAG zusammen mit einer gezielten Strategie der Gremienbesetzung dafür verantwortlich, dass öffentliche politische Akteure erfolgreich in die stromwirtschaftlichen Unternehmensinteressen eingebunden werden konnten (Mez/Osnowski 1996).

---

6 Vgl. zum Verhältnis von formaler Struktur und tatsächlicher Regulierungspraxis im deutschen Stromsektor vor der Liberalisierung Schneider (1999:75-109) und Monstadt in diesem Band.

Diese historisch gewachsenen Strukturen elektrizitätspolitischer Governance beinhalten die weitgehend exklusive Zentralisierung von Regelungskompetenz und -informationen in den Institutionen der sektoralen Selbstregelung. Die politische Bedeutung stromwirtschaftlicher Interessen ist in Deutschland durch den Organisationsgrad der Branche und die Verflechtungen mit staatlichen Institutionen außerordentlich hoch. Zusammenfassend kann die Governancestruktur des deutschen Elektrizitätsversorgungssystems vor der Liberalisierung als differenziertes System überwiegend „privater Interessenregierung" bezeichnet werden (vgl. Streeck/Schmitter 1996). Dieses System war durch starke Dominanz einiger großer stromwirtschaftlicher Akteure und weitgehende institutionelle Ausdifferenzierung geprägt und wurde durch akkumuliertes Regelwissen und vielfältige Interessenverflechtungen mit öffentlichen Regelungsinstitutionen gefestigt (vgl. Deregulierungskommission 1991: 78). Politische Steuerungsstrategien im deutschen Stromsektor müssen – auch und gerade wenn sie auf eine Veränderung institutioneller Strukturen zielen – sinnvollerweise mit Bezug auf diese Kontextbedingungen analysiert werden, da sich in ihnen die Bedingungen für die Gegenwartsfähigkeit von elektrizitätspolitischen Regelungsarrangements darstellen.

4. Verfahren und Prozess der Netzregelung

Schon im Vorfeld des deutschen Liberalisierungsprozesses ist das Interesse der netzbetreibenden Monopolversorgungsunternehmen deutlich geworden, jede verbindliche Regelung zur wettbewerblichen Nutzung der Stromnetze abzuwenden. Von ihrer Seite ist Liberalisierung im wesentlichen als Deregulierungsaufgabe interpretiert worden, die einen konsequenten Abbau der „Verregelung im Strommarkt" zum Ziel haben müsse (VDEW 1994). Für den Netzbereich haben sie daraus die Forderung nach einer im Einzelfall frei verhandelten Einigung zwischen den Netzbesitzern und anderen Nutzungsinteressenten abgeleitet (VDEW 1996). In der Ausrichtung der deutschen Reformen nach dem Durchleitungsmodell sowie in der Ausgestaltung der ersten Gesetzentwürfe des Bundeswirtschaftsministeriums konnten sich diese Forderungen weitgehend durchsetzen (vgl. BMWi 1994 und 1996). Dieser Position standen aber mächtige Interessen der stromverbrauchenden Industrie und unabhängiger Stromproduzenten entgegen, die die Verhandlung mit den Betreibern des Netzmonopols nicht als Verfahren ansahen, aus dem faire Nutzungsbedingungen hervorgehen würden. Sie forderten deshalb eine allgemein verbindliche Regelung der Netznutzungsbedingungen (Budde 1992). Durch diesen Konflikt wurde die Netzregulierung im liberalisierten deutschen Stromsektor im wesentlichen bestimmt.

Institutionelle Arrangements zwischen Zukunfts- und Gegenwartsfähigkeit 235

4.1 Reformanforderungen europäischer Politik

Bis Mitte der neunziger Jahre haben sich die deutschen Stromversorger nicht nur erfolgreich gegen einen Eingriff in ihre Eigentumsstrukturen gewehrt, sondern gegen jede Veränderung, die eine Beeinträchtigung ihrer Monopolstellung bedeutet hätte. Auch als in der ersten Hälfte der neunziger Jahre viele europäische Länder weitreichende Strukturreformen im Stromsektor bereits abgeschlossen hatten[7], zeigte sich innerhalb der deutschen elektrizitätspolitischen Governancestrukturen noch erhebliches Beharrungsvermögen (Mez 1997). Erst als sich mit der fortschreitenden Arbeit an einer Europäischen Richtlinie zum Strombinnenmarkt externer Handlungsdruck für das deutsche elektrizitätspolitische Governancesystem aufbaute, konnten substanzielle Reformfortschritte erzielt werden.[8] Neben der allgemeinen Forderung nach einer wettbewerblichen Öffnung des Strommarktes enthält diese Richtlinie Ziel- und Rahmenvorgaben für den offenen Zugang zu den Stromnetzen über „objektive, transparente und diskriminierungsfreie" Regelausgestaltungen. In Form von Vorgaben zur buchhalterischen Entflechtung vertikal integrierter Unternehmen greift das europäische Recht in begrenztem Maße in die sektoralen Organisationsstrukturen ein, um Kostentransparenz und wettbewerbliche Anreizstrukturen zu befördern (EU-Richtlinie 1996). Für die Akteure des nationalen Reformprozesses war der Handlungsspielraum mit diesen Regelvorgaben in groben aber bedeutenden Zügen vorstrukturiert.

Im Frühjahr 1996 wurde im Zusammenhang mit den abschließenden Beratungen zur europäischen Richtlinie vom Bundeswirtschaftministerium ein Gesetzentwurf zur Novellierung des deutschen Energierechts auf den Weg gebracht (BMWi 1996). Dieser Entwurf lag weitestgehend in der Linie eines ersten Novellierungsentwurfes aus dem Jahr 1993. In dem ersten Entwurf war die Abschaffung der kartellrechtlichen Sonderstellung und die Öffnung der Stromnetze für die Durchleitung vorgesehen. Eine unbillige Verweigerung des Netzzugangs sollte durch eine Ergänzung des Kartellrechts ausgeschlossen werden, mit der eine allgemeine Durchleitungspflicht begründet wurde, die die Beweislast für Ausnahmetatbestände dem Netzbetreiber auferlegt (BMWi 1994). Dieses Vorhaben traf aber auf den geballten Widerstand der netzbetreibenden Stromunternehmen und brachte den Gesetzentwurf bereits in den internen Regierungsberatungen zu Fall (Karbe 1994). Im darauf folgenden Entwurf von 1996 war der Durchleitungstatbestand nicht mehr enthalten. Der Netzzugang war ohne besonderen Rechtsschutz der frei-

---

7 Zum Liberalisierungstrend und Ansätzen zu einer Erklärung siehe Hood (1994), Ikenberry (1990), Starr (1990).
8 Neben üblichen Vertragsstrafen von europäischer Seite drohten der deutschen Regierung bei nicht zeitgemäßer Umsetzung der Richtlinienbestimmungen Schadensersatzforderungen von Seiten der Industrie.

en Verhandlung mit den Netzbetreibern überlassen.⁹ Im Gegenzug für dieses Zugeständnis an die Interessen der Versorgungsunternehmen gewann das Bundeswirtschaftsministerium zum ersten Mal die Unterstützung der großen Verbundunternehmen. Für den Bundeswirtschaftsminister, der zu jener Zeit im Rat der europäischen Energieminister den Vorsitz führte, war diese Unterstützung durch die zentralen nationalen Akteure von strategischer Bedeutung für eine erfolgreiche Verhandlungsführung und die Durchsetzung des verhandelten Netzzugangs als Umsetzungsoption der Binnenmarktrichtlinie.¹⁰

Dieser Gesetzentwurf, der tatsächlich eine Liberalisierung ohne Regelung der Netznutzung vorsah, traf bei der Industrie, Stromverbrauchern, unabhängigen Stromproduzenten und weiten Teilen der Fachöffentlichkeit erwartungsgemäß auf heftige Ablehnung. Gegen die schutzlose Auslieferung potentieller Wettbewerber an die monopolistische Vormachtstellung der ansässigen Versorgungsunternehmen ging von der Nachfrageseite und neuen Marktakteuren erheblicher politischer Druck aus. Von dieser Seite wurde eine staatliche Regelung der Netznutzung eingefordert (VIK 1.3.1997).

4.2 Grenzen parlamentarischer Regelungskapazität

Entgegen den Vorstellungen pluralistischer Interessenvermittlung konkurrierten die gesellschaftlichen Interessen in dieser Konstellation nicht allein um Einfluss auf das staatliche Handeln, sondern verfügten über faktische Vetopositionen. Mit den Stromversorgungsmonopolen auf der einen Seite und der gesammelten deutschen Großindustrie auf der anderen Seite standen sich hochorganisierte Interessen gegenüber, die über wirtschaftliche und politische Machtressourcen sowie institutionalisierte Verbindungen mit parlamentarischen Mandatsträgern und Ministerien Entscheidungen im parlamentarisch-demokratischen System blockieren konnten.

Vor dem Hintergrund dieser Konstellation wurde im EU-Ministerrat über die Richtlinie zur Liberalisierung der europäischen Strommärkte entschieden. Die binnenpolitische Situation in Deutschland hatte dadurch eine wesentliche Änderung erfahren: Für die Liberalisierung des deutschen Strommarktes war eine auf zwei Jahre begrenzte Umsetzungsfrist vorgegeben. Der verstärkte

---

9   Auch eine zunächst vorgesehene Ergänzung des Gesetzentwurfs um eine Verordnungsermächtigung, über die ergänzende Regelungen zur Umsetzung der EU-Richtlinie im Netzbereich erlassen werden sollten, ist aufgrund des Widerstandes der Stromversorgungsunternehmen in den Vorberatungen fallengelassen worden (VDEW 1996:13).
10 Die Bedeutung dieses Zusammenhangs ist von Chantal Le Nestour, VDEW, herausgestellt worden (persönliche Kommunikation am 13.5.98). Hieran wird deutlich, dass der deutsche Liberalisierungsprozess sich nicht autonom vollzieht, sondern in das europäische Mehrebenensystem eingebunden ist. Die Konzentration auf die nationale Netzregelung im Rahmen der Richtlinienvorgaben begründet für diese Arbeit aber die vereinfachende Berücksichtigung des europäischen Politikoutputs als externer Faktor.

Ergebnisdruck verfestigte die Fronten in der Bundesregierung und innerhalb der Regierungsfraktionen im Bundestag. Eine parlamentarische Mehrheit in der Frage der Netzregelung war innerhalb der Legislaturperiode nicht abzusehen. Ohne eine Einigung in dieser Frage war aber auch der wettbewerbliche Reformprozess insgesamt nicht weiter zu bringen.

4.3 Delegation an die sektorale Selbstregelung

Als Konsequenz der offenkundigen Blockade des parlamentarischen Regelbildungsprozesses wandte sich im Juli 1996 das Bundeswirtschaftsministerium mit der Aufforderung an die Verbände BDI, VIK und VDEW, die Möglichkeit einer verbandlichen Einigung in der Netzregelungsfrage zu erörtern (VIK 1997: 22).[11] Die Aufforderung wurde von den beteiligten Verbänden angenommen und im Dezember 1996 nahmen sie die ersten Verhandlungen auf (VDEW-Kontakt 9/97). Bemerkenswerter Weise löste sich mit Aussicht auf eine verbandliche Einigung in den institutionellen Strukturen der elektrizitätswirtschaftlichen Selbstregelung der Interessendruck auf das politisch-administrative System, so dass der Gesetzentwurf des Bundeswirtschaftsministeriums in unveränderter Form in das parlamentarische Verfahren eingebracht werden konnte. Die Verhandlungen der Verbände blieben jedoch eingebettet in die parlamentarische Regelbildung und die europäischen Vorgaben. Die wechselseitige Beeinflussung dieser verschiedenen Regelungsverfahren war für den weiteren Prozess von erheblicher Bedeutung.

4.4 Grenzen verbandlicher Regelungskapazität

Die überantwortete Regelungskompetenz traf die Stromkonzerne nicht unvorbereitet. Sie hatten bereits 1995 Vorarbeiten für die methodische Bestimmung von Durchleitungsentgelten begonnen, die sie zur Diskussionsgrundlage der Verhandlungen machen konnten. Kernbestand des von den Verbundunternehmen vorgelegten Regelungsmodells war die Berechnung von Netznutzungsentgelten anhand eines modellierten Pfades der Durchleitung. Für weiträumige Stromübertragungen war zudem ein entfernungsabhängiger Aufschlag vorgesehen (Hippe 1996). Der Vorschlag entsprach den Interessen der Verbundunternehmen, die ihn ausgearbeitet hatten. Sowohl der überregionale Wettbewerb als auch der Stromhandel in Börsenform waren durch diese Regelungen behindert. Der VIK lehnte diesen methodischen Rege-

---

11 Die Zusammensetzung der Verhandlungsrunde basiert auf etablierten Kooperationsbeziehungen dieser drei Verbände. 1979 ist eine erste Verbändevereinbarung zwischen BDI, VIK und VDEW über Regelungen zur Einspeisung von Überschussstrom aus industriellen Erzeugungsanlagen abgeschlossen worden, die zuletzt im Jahr 1994 geändert worden ist (VIK 1997).

lungsvorschlag deshalb grundsätzlich ab (Budde 1997). Aber auch die Stromversorgungsunternehmen selbst trieb der Vorschlag auseinander. Zusammen mit dem VIK wandte sich der VKU gegen die Aufnahme einer Entfernungskomponente in das Durchleitungsentgelt.[12] Weil es ihnen aber nicht möglich war, sich gegen die Verweigerungshaltung der Verbundunternehmen durchzusetzen, drohten die Verhandlungen im Juni 1997 zu scheitern (Florian Baentsch, VIK, persönliche Kommunikation, 18.5.1998).

Von Seiten der privaten Unternehmen (und damit von allen vertretenen Interessen außer den kommunalen Unternehmen) wurde der Reformansatz der amtierenden Regierung den Konzepten der Oppositionsparteien vorgezogen. Die Unsicherheit bezüglich der nächsten Bundestagswahl konnte so ein kollektives Interesse der privatwirtschaftlichen Verbände mobilisieren. Als industrieller Dachverband war der BDI zudem aus einem ordnungspolitischen Interesse heraus bemüht, zwischen den gegensätzlichen Interessen zu vermitteln, um eine staatliche Regelung zu vermeiden. Der Kooperationsbereitschaft der Verbände stand jedoch die Tatsache entgegen, dass den Stromversorgern eine zeitliche Verzögerung des Wettbewerbs entgegenkam. Der zeitliche Handlungsdruck beeinträchtigte in stärkerem Maße die Verhandlungsposition des VIK, der die vorliegenden Regelungsvorschläge der VDEW nicht akzeptieren konnte (Budde 1997). Die verbandliche Selbstregelung drohte damit am Verhandlungsdilemma zu scheitern: Es zeichnete sich ab, dass sich die individuelle Interessenverfolgung der Verhandlungsparteien gegenüber ihrem kollektiven Interesse an einem Regelungserfolg durchsetzte. Über die freie verbandliche Verhandlung war unter den gegebenen Bedingungen deshalb keine Einigung zu erzielen.[13]

Das Verfahren der parlamentarischen Gesetzgebung konnte hingegen zwischenzeitlich soweit fortschreiten, dass der Entwurf für eine Novellierung des Energierechts nach erster Lesung an den Wirtschaftsausschuss weitergeleitet worden war. Innerhalb der Regierungskoalition standen sich jedoch weiterhin die elektrizitätswirtschaftlichen Interessen gegenüber, die ohne eine Einigung der Verbände nicht zu einer beschlussfähigen parlamentarischen Mehrheit zusammengeführt werden konnten. Vom Bundeswirtschaftsministerium wurden die Verbände deshalb nachdrücklich zu einer baldigen Einigung gedrängt.

Der VIK wandte sich in dieser Situation – unterstützt durch den VKU – mit der Forderung an die Bundesregierung, eine Verordnungsermächtigung zur Netzregelung in den Gesetzentwurf aufzunehmen. Damit sollte die Mög-

---

12 Die unterschiedlichen Interessen innerhalb der VDEW führten zu einer uneinheitlichen Verhandlungsführung, die mit der Herkunft der delegierten Verbandsrepräsentanten wechselte (Baentsch, VIK, persönliche Kommunikation, 18.5.1998). Innerhalb der VDEW besitzen die kommunalen Interessen gegenüber den Verbundunternehmen jedoch nur ein eine geringe Durchsetzungskraft (vgl. VDEW 1998).
13 Für theoretische Betrachtungen der Logik von Verhandlungssystemen und des Verhandlungsdilemmas siehe Mayntz (1993) und Scharpf (1993: 65).

lichkeit einer staatlichen Regelung für den Fall offengehalten werden, dass die Verbändeverhandlungen kein Ergebnis erzielten. Die institutionelle Verankerung dieser Rückfallposition konnte eine Stärkung der beiden Verbände gegenüber der Verweigerungsmacht der Verbundunternehmen bewirken (Florian Baentsch, VIK, persönliche Kommunikation am 18.5.1998). Der damit bewirkte Machtausgleich war eine Voraussetzung für ein zustimmungsfähiges Verhandlungsergebnis.[14]

4.5 Kapazitätsbildung durch Verfahrenskombination

Die parlamentarische Entscheidungsfähigkeit war weiterhin von einem erfolgreichen Abschluss der Verbändeverhandlungen abhängig. Den Forderungen von VIK und VKU war innerhalb der Koalitionsfraktionen deshalb entsprechendes Gewicht gegeben. Die Forderung nach einer Verordnungsermächtigung zum Netzzugang wurde übernommen und der Gesetzentwurf entsprechend ergänzt. Die veränderten Rahmenbedingungen erlaubten VIK und VKU nun Zugeständnisse bei den methodischen Fragen zur Bestimmung von Durchleitungsentgelten. Als Ergebnis konnte eine Einigung über „Grundsätze einer Verbändevereinbarung" vorgelegt werden. Darin hatten die Verbundunternehmen ihre methodischen Vorschläge im wesentlichen durchgesetzt. Für die anschließende Verhandlungsphase erhoffte sich der VIK aufgrund seiner in Folge der Verordnungsermächtigung gestärkten Verhandlungsposition aber Erfolge bei der Aushandlung der Zahlenwerte, mit denen die Berechnungsformeln für Durchleitungsentgelte ausgefüllt werden sollten. Dieser Kompromiss konnte in ausgiebigen informellen Verhandlungen unter Moderation des Bundeswirtschaftsministeriums erkämpft werden (Handelsblatt 23.9.1997). Im Wirtschaftsausschuss konnte auf dieser Basis schließlich die Regierungsmehrheit für ein Gesetz zur Neuregelung des Energiewirtschaftsrechts gewonnen werden, das gegenüber dem ursprünglich eingebrachten Entwurf nun erheblich verändert war (Deutscher Bundestag 1996). In dieser Form wurde das Gesetz zur wettbewerblichen Novellierung des Energierechts am 28. November 1997 durch den Bundestag verabschiedet.

In den Verbändeverhandlungen erfolgte die Aushandlung der Zahlenwerte für die Berechnung von Durchleitungsentgelten in Form eines harten Preiskampfes. Dem VIK gelang es dabei, der VDEW erhebliche Zugestand-

---

14 Die kommunalen Interessenvertreter machten zusätzlich die Aufnahme eines alternativen Netzzugangsmodells für die Endverteilerebene zur Bedingung für ihre Zustimmung. Damit sollte kommunalen Unternehmen die Möglichkeit gegeben sein, alternativ zum verhandelten Netzzugang für das ebenfalls in der Richtlinie vorgesehene „Alleinabnehmermodell" zu optieren, das zwar eine Durchleitungsverpflichtung zu festen Tarifen auferlegt, dem ansässigen Versorger aber erlaubt, in der Vertragsabwicklung direkter Stromlieferant seiner Kunden zu bleiben.

nisse abzuringen. Die resultierenden Durchleitungspreise lagen – besonders im Übertragungsnetzbereich, wo der Entfernungsaufschlag beibehalten worden war – trotzdem deutlich über den Netzpreisen in anderen europäischen Ländern (VIK 8.4.1998). Am 2. April 1998 unterzeichneten die Verbände unter erheblichem Zeitdruck schließlich eine „Verbändevereinbarung über Kriterien zur Bestimmung von Durchleitungsentgelten". Die bleibende Unzufriedenheit mit den getroffenen Regelungen veranlasste den VIK aber in letzter Minute, die Geltungsdauer der Vereinbarung auf 18 Monate zu begrenzen, um dann Nachverhandlungen führen zu können.

Mit der Kopplung der parlamentarischen und verbandlichen Regelungsprozesse in informellen Kooperationsformen konnte diese parallele Lösung der parlamentarischen Entscheidungsblockade und des verbandlichen Verhandlungsdilemmas erreicht werden. Das so ausgestaltete institutionelle Arrangement lässt sich als „tarierte Selbstregelung" begreifen.[15] In diesem Kombinationsmuster institutioneller Steuerungsverfahren verändert die gezielte Gestaltung von relevanten Handlungsparametern die Handlungsoptionen und die Durchsetzungsfähigkeit bestimmter Akteure und wirkt so indirekt auf den Interessenausgleich gesellschaftlicher Akteure ein. Die Aufnahme der Verordnungsermächtigung zur Netzregelung in den Entwurf des Energiegesetzes stellt einen solchen institutionellen Eingriff dar und hatte entsprechenden Einfluss auf die Dynamik des Verhandlungsprozesses.

4.6 Regelungsergebnis und verfahrensspezifische Defizite

Das materielle Ergebnis des Netzregelungsprozesses ist in vielen Punkten zu kritisieren. Insgesamt zeigt sich eine deutliche Prägung durch repräsentierten Interessen der Stromkonzerne und der Großindustrie. Weiterhin führen die vereinbarten Durchleitungsentgelte zu international deutlich überhöhten Preisen der Netznutzung und behindern damit die Entfaltung stromwirtschaftlichen Wettbewerbs. Die von den Verbundunternehmen durchgesetzte Entfernungsabhängigkeit beinhaltet eine stärkere Kostenbelastung von Durchleitungen über lange Strecken und die Kostenzurechnung führt zu unverhältnismäßig hohen Netznutzungspreisen für kurzzeitige Stromlieferungen (Lapuerta et al. 1999). Letzteres trifft insbesondere die Belieferung von Haushaltskunden und Kleinverbrauchern sowie die Netzvermarktung von Strom aus regenerativen Erzeugungstechnologien und Kraft-Wärme-Kopplung. Durch die Notwendigkeit individueller Vertragsabschlüsse für jede einzelne Durchleitung ist der Börsenhandel mit Strom unmöglich gemacht (Klafka et al. 1998; Öko-Institut 1998). Für große Industrieunternehmen bedeutet die rechtliche Marktöffnung jedoch auch unter den in der verbandlichen Durchleitungsver-

---

15 Vgl. zu ähnlichen Kopplungsmustern von unterschiedlichen Koordinationsverfahren das Konzept von „collibration" bei Dunsire (1993) sowie „strukturell eingebettete Selbstkoordination" bei Scharpf (1993: 67ff.).

einbarung getroffenen Regelungen einen deutlichen Wettbewerbszuwachs und drastisch sinkende Strompreise (VIK 3.11.1999). Vor diesem Hintergrund der auf diese Weise höchst selektiven Ermöglichung von Wettbewerb und der Behinderung ökologischer Erzeugungsmethoden und neuer Formen der Marktorganisation kann das materielle Regelungsergebnis nicht als Lösung für absehbare Zukunftsanforderungen der Stromversorgung gelten.

In der institutionellen Betrachtung des verbandlichen Verhandlungssystems, stellt sich die Form des institutionellen Arrangements nicht als reiner Typ assoziativer Koordination dar, sondern als eine Kombination von interessengeleiteter Konzertierung und vertraulicher Funktionärssolidarität (vgl. Streeck/Schmitter 1996). Dieses Steuerungsmuster verbindet die Aggregations- und Legitimationsleistungen verbandlicher Willensbildungsverfahren mit den solidarischen Koordinationsleistungen, die sich aus der Gemeinschaft der Verbandsfunktionäre ergeben. Durch ein gemeinschaftliches Selbstverständnis der Delegierten als „Partner" in der „erfolgreichen Tradition" verbandlicher Selbststeuerung (so die VDEW-Vertreter Grawe/Müller 1997: 1081) wird eine kooperative Handlungsorientierung befördert, die zugunsten einer gemeinsamen Problemlösung die Abweichung von einem eng definiertem Organisationsinteresse erlaubt.[16] Die Leistungsfähigkeit in Bezug auf sektoral anerkannte Kollektiventscheidungen zeigt vor dem Hintergrund von Zukunftsfähigkeit jedoch ambivalente Effekte. Die kollektive Problemlösung schließt in dieser Form lediglich die in den sektoralen Regelungsstrukturen repräsentierten Interessen ein und führt zur Herausbildung partikularer Verhandlungsoptima, die tendenziell zu Lasten nicht beteiligter Akteure gehen. Die Unzulänglichkeiten des materiellen Ergebnisses der Netzregelung lassen sich somit unmittelbar durch die spezifischen Defizite des Regelungsverfahrens erklären. Mittelbar sind die Governancestrukturen des deutschen Elektrizitätssektors und die durch sie gegebenen Restriktionen für die politische Verfahrensgestaltung für die Erklärung des Politikergebnisses von Bedeutung.

4.7 Die zweite Verbändevereinbarung: Reflexives Lernen in iterativen Verfahren

Im Frühsommer 1999 wurden die Verhandlungen für eine Folgevereinbarung zu der am 30. September 1999 auslaufenden ersten Verbändevereinbarung begonnen. In der Zwischenzeit war auf Bundesebene ein Regierungswechsel erfolgt. Aber auch die neue Koalitionsregierung aus SPD und Bündnis90/Die Grünen entschied sich entgegen ihrer Position in Oppositionszeiten, das Ergebnis des verbandlichen Regelungsprozesses abzuwarten bevor eine staatliche Netzregelung vorgenommen würde. Der strategische Umgang mit diesem

---

16 Auf diesen Problemlösungseffekt der Principal-Agent Problematik im Rahmen der „Logik von Verhandlungssystemen" wird auch von Mayntz (1993: 53) hingewiesen.

Regelungsarrangement ist aber vor dem Hintergrund der Erfahrungen mit der ersten Verbändevereinbarung und veränderten situativen Faktoren in verschiedenen Elementen fortentwickelt worden.

- Zur Begleitung der weiteren Verhandlungen zur Regelausgestaltung im Netzbereich ist von der VDEW im November 1998 ein „Round-Tabling" Prozess eingeleitet worden. Diese Erweiterung des institutionellen Arrangements ist durch öffentliche Kritik und Protestaktionen von Umweltverbänden angestoßen worden, die die mangelnde Berücksichtigung von Kleinverbraucher- und Umweltinteressen zum Inhalt hatte. Auf diese Weise sollten die Problemwahrnehmungen und Interessen von Akteuren, die nicht selbst an den Verhandlungen beteiligt waren, zumindest informatorisch in den Regelbildungsprozess einbezogen werden.[17]
- Die Zusammensetzung des Verhandlungsgremiums zur zweiten Verbändevereinbarung ist auf Verlangen des VKU und des Bundeswirtschaftsministers verändert worden. Entgegen der gemeinschaftlichen Vertretung durch die VDEW wurden die unterschiedlichen Gruppen von Stromversorgern jeweils als eigenständige Verhandlungsparteien durch ihre Einzelverbände DVG, ARE und VKU repräsentiert. Die kommunalen Interessen erhielten damit eine Vetoposition, die ihnen durch die Dominanz der Verbundunternehmen innerhalb der VDEW nicht gegeben war.
- Zusätzlich zur institutionellen Fortentwicklung des Regelungsarrangements sind von einigen Akteuren neu akzentuierte strategische Orientierungen entwickelt worden. Von verschiedenen staatlichen Akteuren wurden für die Akzeptanz des Selbstregelungsverfahrens bestimmte Anforderungen an das Verhandlungsergebnis zur Bedingung gemacht. Unter Einsatz ihrer jeweiligen Handlungsressourcen haben sie nachdrücklich darauf gewirkt, öffentlichen Zielsetzungen innerhalb des Netzregelungsprozesses Geltung zu verschaffen.[18]

---

17 Das Konsultationsverfahren wurde im Zusammenhang mit der Festsetzung von technischen Zugangsbedingungen zu Verteilernetzen (Distribution Code) eingesetzt und versammelte Vertreter von Gewerbe- und Haushaltsverbraucherverbänden und Umweltverbänden (Arbeitsgemeinschaft der Verbraucherverbände, Greenpeace, Deutscher Industrie- und Handelstag, Bundesverband der Energieabnehmer) mit Vertretern der an der Verbändevereinbarung beteiligten Verbände (VIK, VDEW, DVG, ARE, VKU) (Greenpeace 1999).

18 Vom Bundeswirtschaftsminister ist zu Beginn der Verhandlungen deutlich gemacht worden, dass er folgende notwendige Bedingungen für den Verzicht auf eine staatliche Regelung sieht: Die Netznutzungsregeln müssen den Börsenhandel mit Strom ermöglichen, sie müssen kleinen Stromanbietern und Tarifkunden den Zugang zum Strommarkt gestatten und müssen über eine Senkung der Transaktionskosten zur Stimulierung des Wettbewerbs beitragen (BMWi 1999). Von Seiten des Bundeskartellamtes wurde die Genehmigung angemeldeter Fusionen im Stromsektor von der Wett-

– Im Vergleich zur ersten Verbändevereinbarung ergab sich für den Netzregelungsprozess im Sommer 1999 eine deutlich erhöhte Aufmerksamkeit in der Öffentlichkeit. Dafür war zu großen Teilen der im Frühsommer 1999 einsetzende Wettbewerb um Haushaltskunden verantwortlich, der das Thema über verbrauchernahe Fragen einer breiten Öffentlichkeit zugänglich machte. Verstärkend traten zunehmend neue Akteure wie unabhängige Stromhändler und ökologische Stromproduzenten auf den Plan, die ihrerseits die verbandliche Organisation vorantrieben und ihre Interessen in der Öffentlichkeit und im politischen Lobbying vertraten.

Die Verhandlungen zur zweiten Verbändevereinbarung liefen indes nicht konfliktärmer ab als die zur ersten. Unter häufiger informeller Vermittlung durch das Bundeswirtschaftsministerium gelang es den Verbänden nach monatelangen Verhandlungen erst zwei Tage vor Auslaufen der ersten Vereinbarung zu einer Einigung über ein Kommuniqué zu den Eckpunkten einer weiterentwickelten Verbändevereinbarung zu gelangen (BDI/VDEW/VIK 28.9.99; E&M 15.10.99; Pott 1999). Eine zu diesem Zeitpunkt erst im Entwurf vorliegende Folgevereinbarung sollte demnach zum 1. Januar 2000 in Kraft treten (BDI/VDEW/VIK 27.9.99).

Während es in der ersten Verbändevereinbarung noch um Durchleitung ging, spricht diese zweite Verbändevereinbarung nur noch vom Netzzugang. Alle Netzkunden bezahlen künftig ein jährliches Netznutzungsentgelt, das nach der Spannungsebene berechnet wird, von der aus der Strom bezogen wird. Der Netzkunde erwirbt damit das Recht, über alle Spannungsstufen Strom von beliebigen Lieferanten – also auch von einer Börse – zu beziehen. Die lieferpfadabhängige Kostenzurechnung nach dem Durchleitungsmodell, in der jede einzelne Transaktion gesondert berechnet werden musste, ist durch einen wettbewerbsneutralen Punkttarif ersetzt worden. Die Entfernungsabhängigkeit der Übertragungsentgelte ist abgeschafft worden. Dezentrale Stromerzeugungskapazitäten wie ökologisch sinnvolle Kraft-Wärme-Kopplungsanlagen und Regenerative Energietechniken, die in Niederspannung einspeisen, erhalten eine Kostengutschrift für die mit ihrer Einspeisung verbundene Netzentlastung auf höheren Spannungsebenen. Auch die zweite Verbändevereinbarung besitzt eine begrenzte Geltungsdauer und muss nach zwei Jahren erneuert werden.

Insgesamt sind mit den Änderungen wesentliche Schwächen der Netzregelung im zweiten Anlauf behoben worden. Im Grundsatz entsprechen die Regelungen weitgehend den Forderungen nach einem wettbewerbswirksamen Netzregelungsansatz, die im Zusammenhang mit der Kritik an der ersten

---

bewerbswirksamkeit der Netzregeln abhängig gemacht. Diese Konditionalisierung konnte mit der Argumentation begründet werden, dass der europaweite Strommarkt nur unter günstigen Wettbewerbsbedingungen für die Prüfung von Konzentrationseffekten zur Referenz genommen werden könne (Wolf 1999).

Verbändevereinbarung vorgebracht worden waren (vgl. Perner/Riechmann 1998). Einige kritische Punkte bleiben aber bestehen. Wie in der ersten Vereinbarung lassen sich die verbleibenden Unzulänglichkeiten auf die selektive Besetzung des Verhandlungsgremiums und die weiterhin sichtbare Dominanz der großen Verbundunternehmen zurückführen (vgl. Enron 1999; E&M 15.10.99). Der Bundeswirtschaftsminister erklärte, er werde die neuen Regelungen unter energiewirtschaftlichen und unter ökologischen Aspekten durch unabhängige Gutachter prüfen lassen, um zu entscheiden, ob sie den Verzicht auf eine staatliche Regulierung des Netzbetriebs erlauben. Innerhalb der Regierungskoalition wird außerdem die Möglichkeit erwogen, die Verbändevereinbarung formal in eine staatliche Verordnung zu überführen, um grundsätzliche Probleme zu beheben, die sich aus der mangelnden Rechtsverbindlichkeit für Akteure mit geringen Ressourcen zur Rechtsdurchsetzung ergeben (Michaele Hustedt, Bundestagsfraktion Bündnis90/Die Grünen auf der Konferenz „Energiewende jetzt!" vom 30.-31. Oktober in Berlin).

Eine besondere Leistungseigenschaft des institutionellen Arrangements zur Netzregelung kann in einer auf die Verbändevereinbarung vom April 1998 begrenzten Analyse nicht erfasst werden. Erst in der fortgesetzten Beobachtung des Prozesses wird sichtbar, dass die Begrenzung der Geltungsdauer der verbandlichen Regelungen ein bedeutendes dynamisches Verfahrenselement darstellt. Der institutionell angelegte Zwang zur wiederkehrenden Nachverhandlung der Vereinbarung stößt einen institutionellen Evolutionsprozess an, der Lernprozesse ermöglicht. Reflexivität und Innovationen werden durch die iterative Verfahrensform stimuliert.

5. Potentiale kontextbezogener Steuerungsstrategien

Aus der Falluntersuchung zur Netzregelung werden besondere Probleme ersichtlich, denen sich politische Steuerung im deutschen Stromsektor gegenübersieht. Sowohl direkten materiellen Steuerungseingriffen wie auch der politischen Verfahrenswahl politischer Regelungsverfahren sind durch die gegebenen Strukturen enge Grenzen gesetzt. Die detaillierte Betrachtung des Regelungsprozesses führt aber zu der Feststellung, dass die Delegation der Netzregelung von den staatlichen Regelungsinstitutionen an die sektorale Selbstregelung nicht mit einer vollständigen Autonomisierung des verbandlichen Regelungsprozesses verbunden ist. Vielmehr zeigt eine Analyse des institutionellen Arrangements, dass die verbandlichen Verhandlungen in ein umfassenderes Governancesystem eingebunden bleiben, in dem sie Kopplungsbeziehungen mit anderen Regelungsinstitutionen aufweisen. Die Ressourcen und Verfahren öffentlichen Handelns bilden darin wesentliche Komponenten, von denen Steuerungswirkungen auf das Regelungsergebnis ausgehen. Entgegen dem klassischen Verständnis staatlicher Steuerung gehen diese aber nicht von direkten hierarchischen Regelinterventionen aus. Für diese zeigen sich besonders im vorliegenden Fall markante Grenzen. Vielmehr werden spezifische Wirkungskanäle innerhalb des institutionellen Verknüpfungsmusters sichtbar, über die gezielte Steuerungsinteressen indirekt verfolgt werden können. Diese Feststellung vermag konzeptionelle Überlegungen für das Potenzial kontextbezogener Steuerungsoptionen zu sensibilisieren. Ausgehend von der angestellten Falluntersuchung geht es dabei um die Identifikation von politischen Verfahrensmustern und Handlungsoptionen, die institutionell gefestigten Strukturen sektoraler Selbstregelung angepasst sind.[19]

5.1 Tarierende Prozesssteuerung

Das Wirkungspotential der tarierenden Prozesssteuerung liegt in der Mittelbarkeit ihrer Einflussnahme (vgl. zum folgenden Dunsire 1993). Auf das Ergebnis gesellschaftlicher Selbstregelungsprozesse kann durch die Veränderung der Handlungsoptionen und der Durchsetzungsfähigkeit von bestimmten Interessen indirekt eingewirkt werden, ohne in den Regelungsprozess selbst einzugreifen. Die Tarierung von Regelungsprozessen kann über die gezielte Bereitstellung von Informationen, die Zuteilung von ökonomischen Ressourcen, die Ausstattung mit Rechten und operativen Kompetenzen und die Unterstützung der Organisationsfähigkeit gesellschaftlicher Interessen erreicht werden. In der Verfolgung öffentlicher Steuerungsziele geht es dabei darum, den gesellschaftlichen Interessenausgleich zugunsten öffentlich orientierter oder unterrepräsentierter Interessen so auszutarieren, dass die unmäßige Durchsetzung dominanter Partikularinteressen vermieden wird. Mit der Orientierung an den kurzfristig variablen Elementen etablierter Governancesysteme können so mangelnde politische Kapazitäten zur durchgreifenden Neugestaltung von institutionellen Regelungsarrangements und fehlende technische Regelungsinformationen und -kompetenz umgangen werden.

Im Rahmen des Prozesses zur ersten Verbändevereinbarung ist das Muster der tarierenden Steuerung mit der Institutionalisierung eines allgemeinen Rechts auf Netzdurchleitung und die Aufnahme einer Verordnungsermächtigung zur Netzregelung wirksam geworden. Das Verhältnis von Netzbesitzer und Durchleitungsinteressierten ist damit in eine interdependente Beziehung transformiert worden, die strukturelle Voraussetzung für die Aufnahme von

---

19 Derartige Optionen sind nicht nur staatlichen Akteuren zugänglich, sondern können prinzipiell auch von anderen Akteuren genutzt werden. Im Zusammenhang mit der ersten Verbändevereinbarung zur Netzregelung kann besonders für die Akteure, die öffentliche Anliegen vertreten haben, mit Bezug auf den gegebenen politischen Kontext eine strategische Fehleinschätzung konstatiert werden. Diese Akteure hatten ihre Strategie bis zuletzt auf eine gesetzliche Regelung gerichtet. Für den tatsächlich schon angelaufenen Regelbildungsprozess im Rahmen der Verbändevereinbarung konnten sie so nur wenig Einfluss geltend machen.

Verhandlungen ist. Die gesetzliche Verankerung einer Verordnungsermächtigung zur Netzregelung bedeutet eine institutionelle Absicherung der Interessen der unabhängigen Erzeuger und Stromabnehmer, die bei Scheitern der Verhandlungen auf eine staatliche Regelung hoffen konnten, die ihren Interessen näher liegen würde als denen der Netzbetreiber. Die Verhandlungsposition des VIK wurde gegenüber den Sonderinteressen der Verbundunternehmen auf diese Weise gestärkt. Eine Fortentwicklung des tarierenden Steuerungsansatzes ist in der Fortführung der Verhandlungen für die zweite Verbändevereinbarung zu beobachten. Dort wirkte der Bundeswirtschaftsminister auf die eigenständige Repräsentation des VKU als Verhandlungspartner ein (Müller 1999). Damit gewannen die Interessen der kommunalen Stadtwerke eine erheblich gestärkte Position gegenüber der zuvor nur mittelbaren Repräsentation über die VDEW.

In der Fortführung dieser Überlegungen lassen sich mit der bewussten Ausnutzung tarierender Steuerungsmuster weitergehende Möglichkeiten für den Ausgleich der auch in der zweiten Verbändevereinbarung noch dominant gebliebenen Interessen der Verbundunternehmen vermuten. Eine effektive Stärkung der an der Netznutzung interessierten Akteure würde zum Beispiel allein eine Verbesserung der Personalausstattung der Kartellaufsichtsbehörden mit dem Resultat einer Beschleunigung der derzeit bis zu sechs Monate dauernden Klageverfahren bewirken können (Wolf 9.9.1999).

5.2 Institutionelle Einbindung von Interessen

Durch Verhandlungselemente geprägte Verfahren gesellschaftlicher Selbstregelung weisen charakteristische Schwächen auf. Diese liegen in den begrenzten Beteiligungschancen für Akteure, die nicht in die sektoralen Regelungsinstitutionen eingebunden sind, aber dennoch durch Regelungsergebnisse betroffen sind. Besonders für neue Akteure wie unabhängige Stromproduzenten und Dienstleister, die im Zuge des strukturellen Wandels von Sektoren hinzutreten, stellt die Geschlossenheit sektoraler Regelungsarrangements eine Benachteiligung dar, die die Zukunftsfähigkeit des Gesamtsystems beeinträchtigt. Gleiches gilt für Interessen von Haushaltskunden und Kleinverbrauchern, die wegen schwacher Organisationsfähigkeit oder geringer funktionaler Relevanz nur geringe Interdependenz mit den Kernakteuren des Regelungsarrangements geltend machen können. Hier treten Probleme hervor, die in der Tendenz begründet liegen, Regelungslösungen in Form lokaler Verhandlungsoptima zu erzielen, deren Kosten sich als externe Effekte in der Umwelt des Verhandlungssystems bemerkbar machen. Dieses Leistungsdefizit kann besonders an den in der ersten Verbändevereinbarung zugrunde gelegten Durchleitungsregeln beobachtet werden.

Über den betrachteten Fall hinaus kann aber genau in der Modifikation der Gremienzusammensetzung für Verhandlungslösungen auch eine Steue-

Institutionelle Arrangements zwischen Zukunfts- und Gegenwartsfähigkeit 247

rungsoption gesehen werden, für die keine politischen Kapazitäten in dem Maß vonnöten sind wie für eine grundsätzliche Umgestaltung des institutionellen Regelungsarrangements. Die vorhandenen Potenziale an politischer Unterstützung können dahingehend mobilisiert werden, die Einbeziehung von Akteuren in bestehende Regelungssysteme einzufordern. Gewissermaßen in einer Art „struktureller Tarierung" könnten so etwa die zunächst ausgeschlossenen Interessen von Haushaltskunden und Kleinverbrauchern oder die Produzenten regenerativ erzeugten Stroms in den Regelungsprozess eingebunden werden. Dabei sind die eigenen Grenzen von Verhandlungsverfahren allerdings dahingehend zu berücksichtigen, dass mit der Anzahl beteiligter Akteure und der Gegensätzlichkeit ihrer Positionen die Chancen einer Einigung im Rahmen dieser Regelungsform tendenziell abnehmen (Scharpf 1993: 66).

Die zweite Verbändevereinbarung lässt in Bezug auf die institutionelle Einbindung betroffener Akteure eine Fortentwicklung erkennen. In der Einrichtung eines Konsultativverfahrens durch die VDEW ist ansatzweise eine Erfüllung derartiger Forderungen darin zu sehen, dass ein weiteres Spektrum gesellschaftlicher Interessen im Regelungsprozess Berücksichtigung finden konnte. Zur Vermeidung von Regelungsdefiziten, die nicht der mangelnden Vermittlung von regelrelevantem Wissen und einer entsprechenden Reflexivität des Verhandlungsprozesses geschuldet sind, sondern auf Verteilungskonflikten beruhen, ist die allein konsultative Beteiligung betroffener Akteure allerdings nicht ausreichend.

5.3 Governing by objectives

Eine weitere Möglichkeit kontextangepasster Steuerungsstrategien liegt in der Festlegung von Ziel- und Rahmenvorgaben für gesellschaftliche Selbstregulierungsprozesse. Im Rahmen derart „äußerlich" ansetzender Regelungsstrategien können politische Ressourcen auf die Identifikation konsensualer Regelungsziele oder die Gewinnung politischer Mehrheiten für Regelziele konzentriert werden. Deren Erfüllung kann gegenüber den mit der materiellen Regelung befassten Akteuren als Bedingung dafür dargestellt werden, dass die Regelungsergebnisse akzeptiert werden und politische Geltung erlangen. Ansatzweise ist diese Steuerungsform jedem mehrebenigen Governancezusammenhang eigen.

Auch der verbandlichen Netzregelung im deutschen Liberalisierungsprozess waren durch die europäische Richtlinie und ihre Umsetzung im parlamentarischen Gesetzgebungsprozess Rahmen- und Zielvorgaben auferlegt, die z.B. den diskriminierungsfreien Netzzugang als Geltungsbedingung für eine Verbändevereinbarung beinhalteten. Die fehlende Operationalisierung dieser Zielvorgabe ließ aber im Zusammenhang mit der ersten Verbändevereinbarung einen weiten Interpretationsspielraum. Demgegenüber können ausformuliertere Kriterien, welche breit anerkannte „good regulatory practice" reflektieren, eine am öffentlichen Interesse orientierte Qualitätskontrolle darstellen. Für den verbandlichen Netzregelungsprozess hätte beispielsweise die Entfernungsunabhängigkeit der Durchleitungsentgelte oder deren Orientierung an internationalen Vergleichspreisen als Zielvorgabe festgelegt werden können.

Ein diesbezüglicher Lernprozess ist im Fortlauf des Prozesses an mehreren Stellen zu beobachten. So ist die vom Bundeswirtschaftsminister für die zweite Verbändevereinbarung gemachte Zielvorgabe der Börsenfähigkeit und der Ermöglichung des Wettbewerbs um Haushalts- und Gewerbekunden als „governing by objectives" zu interpretieren. In diesem Fall ist eine gutachterliche Prüfung der Zielerfüllung vorgesehen, deren Ergebnis explizit zur Basis der Entscheidung über den Verzicht auf eine gesetzlichen Verordnung gemacht wurde (BMWi 1999). Auch die vom Bundeskartellamt hergestellte konditionale Verknüpfung der Entscheidung über Unternehmenszusammenschlüsse mit der Wettbewerbswirksamkeit der Netznutzungsregeln entspricht diesem Steuerungsmuster (Wolf 9.9.1999).

5.4 Öffentliche Thematisierung

Als eine weitere Option für die Stärkung öffentlicher Interessen in sektoralen Selbstregelungsverfahren kann die gezielte Herstellung von Kopplungsbeziehungen zu anderen Verfahrenskomplexen erörtert werden. Die Idee liegt in der Dämpfung problematischer Prozessdynamiken innerhalb bestimmter Verfahren, indem Kopplungen mit Interaktionssystemen hergestellt werden, die relativ autonome Dynamiken aufweisen. Als ein solches regulatives Interaktionssystem kann Öffentlichkeit betrachtet werden.

Moderne Öffentlichkeit ist dabei als ein System zu begreifen, das institutionelle Strukturen und Akteursrollen ausgebildet hat und eigene Prozessdynamiken aufweist (zum Folgenden vgl. Neidhardt 1994). Unter bestimmten Bedingungen können sich im öffentlichen Kommunikationsprozess herrschende Thematisierungen und Einschätzungen entwickeln, die als öffentliche Meinung auf die Bevölkerung einwirken. Die politische Bedeutung von Öffentlichkeit liegt in diesem Vermittlungspotential für Themenaufmerksamkeit und die Herausbildung von Orientierungen in weiten Teilen der Wählerschaft bzw. Kundschaft. Die strategische Annäherung an Öffentlichkeit verlangt dabei eine Anpassung an ihre Strukturen und Prozesse. Schlüsselpunkte sind in diesem Zusammenhang die gezielte Adressierung der Akteure von Öffentlichkeit und die Unterhaltungs- und Orientierungsbedürfnisse des Publikums. Dementsprechend ist eine Aufbereitung von Inhalten entsprechend der Heterogenität und des Laienstatus des Publikums von Öffentlichkeit vonnöten. Die öffentliche Thematisierung technisch komplexer Sachverhalte ist dadurch mit besonderen Problemen verbunden.

Auch wenn der öffentliche Kommunikationsprozess eigenen Dynamiken unterworfen ist, die sich nicht zielgenau beeinflussen lassen, so kann bei einer erfolgreichen öffentlichen Thematisierung von einer Weitung des Spektrums der artikulierten Interessen ausgegangen werden. Damit ist die Chance einer öffentlichen Meinungsbildung gegeben, die dem Zentrum des gesellschaftlichen Interessenspektrums näher liegt als das dominante Interesse innerhalb sektoraler Selbstregelungsstrukturen. Eine davon ausgehende Wirkung auf die Bevölkerungsmeinung kann einerseits die Akteure des politisch-administrativen Systems in der Durchsetzung öffentlicher Interessen stärken und andererseits direkt auf den Selbstregelungsprozess privater Akteure einwirken. Durch die gezielte öffentliche Thematisierung von Regelungsproblemen kann somit gesellschaftlichen Interessen jenseits der in sektoralen Regelungsstrukturen verankerten Partikularinteressen Berücksichtigung verschafft werden (vgl. Goodin 1996: 846).

Im Netzregelungsfall können die unterschiedlichen Grade öffentlicher Aufmerksamkeit zur Erklärung der voneinander abweichenden Regelungsergebnisse der ersten und der zweiten Verbändevereinbarung beitragen. Im Gegensatz zur geringen öffentlichen Beachtung der technischen Diskussion um die Netzregelung im Zusammenhang mit der ersten Verbändevereinbarung hat die Wettbewerbsentwicklung auf dem Strommarkt in der Folge an öffentlicher Aufmerksamkeit gewonnen. Dies ist zum Teil als Resultat des einsetzenden Wettbewerbs um Privatkunden zu sehen, der mit ressourcenintensiven Werbekampagnen unterstützt wurde. Zum Teil ist die gesteigerte öffentliche Aufmerksamkeit aber auch auf gezielte Thematisierungsstrategien von Umweltverbänden und der sich entwickelnden Ökostrombranche zurückzuführen, in denen die technisch komplexe Regelungsproblematik auf Bilder von „mauernden Strommonopolisten" und David-Goliath-Konstellationen heruntergebrochen wurde (vgl. Greenpeace 1999).

6. Fazit: Kontextualisierte Analyse und effektive Zukunftsfähigkeit

Im internationalen Vergleich ist der deutsche Fall ein herausragendes Beispiel für die Ausprägung und institutionelle Verfestigung von Selbstregelungsstrukturen in der Elektrizitätswirtschaft (vgl. die Beiträge in Midttun 1997 und Gilbert/Kahn 1996). In einer weiteren Perspektive lassen sich ausgebildete Strukturen gesellschaftlicher Selbstregelung jedoch allgemein als Merkmal differenzierter Gesellschaften vorfinden (vgl. Mayntz 1988; Mayntz/ Scharpf 1995; Schneider 1993). Am Fallbeispiel der Netzregelung im deutschen Stromsektor konnte die bedingende Wirkung, die derartige institutionelle Voraussetzungen für den Erfolg politischer Steuerungsansätze darstellen, empirisch nachvollzogen werden. Dabei ist deutlich geworden, dass staatliche Institutionen unter den gegebenen Kontextbedingungen nicht über ausreichende Regelungskapazität verfügten, um die konfliktintensive Netzregelung auf direktem Wege selbst zu vollziehen. In der Analyse des institutionellen Regelungsarrangements der Verbändevereinbarung lassen sich dennoch bedeutende Wirkungskanäle ausmachen, die Steuerungspotentiale für öffentliche Akteure bereithalten. Die sich daraus ergebenden Handlungspotentiale sind jedoch im Zuge der ersten Verbändevereinbarung nur begrenzt wahrgenommen und realisiert worden. Die Iteration des Regelungsprozesses im Zuge der zweiten Verbändevereinbarung ermöglichte es aber, Lernpotenziale für die Anpassung von Steuerungsstrategien an die gegebenen Kontextbedingungen zu verwirklichen.

In Bezug auf die Diskussion über Möglichkeiten und Grenzen politischer Steuerung (vgl. Mayntz 1996), die in ihrem klassisch staatszentrierten Pol die öffentlichen Akteure dafür verantwortlich macht, das Primat der Politik nicht zu behaupten, und in ihrem systemtheoretisch geprägten Pol die grundsätzliche Unmöglichkeit politischer Steuerung konstatiert, zeigt das Ergebnis der vorliegenden Falluntersuchung, dass beide Extreme ins Leere laufen. Vielmehr besitzen die Akteure des öffentlichen politischen Systems – und in bestimmten Formen auch die anderer Gesellschaftsbereiche – bedeutende Möglichkeiten für eine gezielte Einwirkung auf zunächst autonom und geschlossen erscheinende sektorale Selbststeuerungsprozesse. Eine eingehende Analyse der problemrelevanten Governancestrukturen ist jedoch Voraussetzung dafür, dass effektive Strategien und gegenwartsfähige institutionelle Arrangements für das betreffende Umfeld gefunden werden können. Der Umstand, dass politisches Handeln und die Wahl von Steuerungsverfahren nicht in amorphen sozialen Umfeldern erfolgt, sondern sich institutionell differenzierten und in gewissen Grenzen autonomen Handlungs- und Regelungssystemen gegenüber sieht, verlangt es, die in spezifischen Steuerungsfragen zusammentreffenden Regelsysteme zu erkennen, damit institutionelle Arrangements identifiziert werden können, die die größtmögliche Verwirklichung öffentlicher Steuerungsziele erlauben.

Im Spannungsfeld von Zukunftsfähigkeit und Gegenwartsfähigkeit muss politische Praxis differenziert beurteilt werden. Für die Beurteilung konkreter Regelungsverfahren und -prozesse ist eine absolute, den konkreten politischen Verhältnissen enthobene Fassung des Kriteriums Zukunftsfähigkeit nicht sinnvoll anzuwenden. Vielmehr muss der Grad der *effektiven Annäherung* an Zukunftsfähigkeit in seiner kontextualen Bedingtheit zugrundegelegt werden, wenn politische Strategien problembezogen analysiert werden.

Für den Fall der Netzregelung im deutschen Stromsektor folgt daraus eine praxeologische Kritik, die sich im wesentlichen auf die mangelnde Wahrnehmung der politischen Steuerungspotentiale bezieht, die innerhalb des Regelungssystems der Verbändevereinbarung gegebenen waren. Wenn effektive Zukunftsfähigkeit zum Maßstab genommen wird, erscheint der Rückgriff auf das Arrangement der sektoralen Selbstregelung selbst dagegen nicht schon

Institutionelle Arrangements zwischen Zukunfts- und Gegenwartsfähigkeit 251

als Politikversagen. Diesem Arrangement kann angesichts der Blockade des Gesetzgebungsprozesses zu Gunsten des Fortbestandes der Versorgungsmonopole unter den gegebenen Kontextbedingungen eine höhere Problemlösungskapazität zugesprochen werden als der parlamentarischen Regelung.

Eine solchermaßen relativierte Anwendung des Kriteriums von Zukunftsfähigkeit läuft Gefahr konservativ interpretiert zu werden. Vor dem Hintergrund der hier angeführten Untersuchungsergebnisse erscheint eine kontextualisierte Problemanalyse und ein pragmatisches Vorgehen in der Operationalisierung von institutionellen Arrangements aber gerade als Voraussetzung für effektive politische Reformerfolge.

Literatur

Armstrong, Mark/Cowan, Simon/Vickers, John: Regulatory Reform: economic analysis and British experience. Cambridge, Massachusets: MIT Press, 1994

BDI/VDEW/VIK: Gemeinsames Kommuniqué zu den Eckpunkten einer weiterentwickelten Verbändevereinbarung über Kriterien zur Bestimmung von Netznutzungsentgelten für elektrische Energie vom 28.September 1999, 20.30 Uhr, http://www.vik-online.de/aktuell/default.htm

BDI/VDEW/VIK: Entwurf einer Verbändevereinbarung über Kriterien zur Bestimmung von Netznutzungsentgelten für elektrische Energie vom 27. September 1999, 17.00 Uhr (unveröffentlicht)

BMWi: Referentenentwurf des Bundeswirtschaftsministeriums für ein Gesetz zur Neuregelung des Energiewirtschaftsrechts vom 15.2.1994

BMWi: Entwurf des Bundeswirtschaftsministeriums für ein Gesetz zur Neuregelung des Energiewirtschaftsrechts vom 30.4.1996

BMWi: Die Energiepolitik der Bundesregierung. Manuskript zur Rede des Bundesministers für Wirtschaft und Technologie, Dr. Werner Müller, am 15.6.99 anlässlich des VDEW-Kongresses 1999 in Mannheim, http://www.bmwi.de/reden/1999/0615rede1.html, 23.8.99

Bohne, Eberhard: Grundzüge einer wettbewerbs- und umweltorientierten Reform des energierechtlichen Ordnungsrahmens der Stromwirtschaft. In: Hoffmann-Riem, Wolfgang/Schneider, Jens-Peter: Umweltpolitische Steuerung in einem liberalisierten Strommarkt. Baden-Baden: Nomos, 1995

Bohne, Eberhard: Liberalisierung des Strommarktes als Organisationsproblem. In: Lüder, Klaus (Hrsg.): Staat und Verwaltung. Fünfzig Jahre Hochschule für Verwaltungswissenschaft Speyer. Berlin: Duncker & Humbolt, 1997

Braun, Dietmar: Zur Steuerbarkeit funktionaler Teilsysteme: Akteurtheoretische Sichtweisen funktionaler Differenzierung moderner Gesellschaften. In: Héritier, Adrienne (Hrsg.): Policy-Analyse. Kritik und Neuorientierung. Politische Vierteljahresschrift, Sonderheft 24. Opladen: Westdeutscher Verlag, 1993

Budde, Hans-Jürgen: Liberalisierung der Stromversorgung im EG-Binnenmarkt. Die Sichtweise der industriellen Energie- und Kraftwirtschaft. In: Energiewirtschaftliche Tagesfragen 42(1992)8, S. 538-542

Budde, Hans-Jürgen: Strom-Durchleitung in Deutschland. Ein Statement zum aktuellen Stand der Verhandlungen. In: Brennstoff, Wärme, Kraft 49(1997)11/12, S. 24-27

Cronenberg, Martin: Notwendigkeit der Liberalisierung des Strommarktes aus der Sicht des Bundeswirtschaftsministeriums. In: Hoffmann-Riem, Wolfgang/Schneider, Jens-Peter (Hrsg.): Umweltpolitische Steuerung in einem liberalisierten Strommarkt. Baden-Baden: Nomos, 1995.

Deregulierungskommission: Marktöffnung und Wettbewerb. Berichte 1990 und 1991 der unabhängigen Expertenkommission der Bundesregierung zum Abbau marktwidriger Regulierungen. Stuttgart: C.E. Poeschel, 1991

Deutscher Bundestag: Entwurf eines Gesetzes zur Neuregelung des Energiewirtschaftsrechts mit Begründung. Von der Bundesregierung beschlossen am 23.10.1996. Drucksache 13/7274 vom 23.3.1997

Dunsire, Andrew: Modes of Governance. In: Kooiman, Jan (Hrsg.): Modern Governance. New Government-Society Interactions. London: Sage, 1993

DVG: Deutsche Verbundgesellschaft. Jahresbericht 1996. Heidelberg: DVG, 1997

E&M: Netzzugang statt Durchleitung. In: Energie & Management (1999)20 vom 15.10.99, S.1

Endres, Alfred/Finus, Michael: Zur neuen politischen Ökonomie der Umweltgesetzgebung – Umweltschutzinstrumente im politischen Prozess. In: Zeitschrift für angewandte Umweltforschung, Sonderheft 8, hrsg. v. Gawel, Erik, 1996

Enron: Höchst besorgniserregend. Eine Kritik der Enron Energie am neuen Entwurf für eine Verbändevereinbarung. In: Energie & Management (1999)21 vom 1.11.99, S. 8

EU-Richtlinie: Richtlinie 96/92/EG betreffend gemeinsame Vorschriften für den Elektrizitätsbinnenmarkt. Gemeinsamer Standpunkt der Energieminister, 20.6.1996

EWI: Durchleitungsbedingungen für Strom und Gas. Gutachten des Energiewirtschaftlichen Instituts an der Universität Köln im Auftrag des Hessischen Ministeriums für Umwelt, Energie, Jugend, Familie und Gesundheit, 1997

Gilbert, Richard J./Kahn, Edward P. (Hrsg.): International Comparisons of Electricity Regulation. Cambridge/New York: Cambridge University Press, 1996

Goodin, Robert E.: Enfranchising the Earth, and ist Alternatives. In: Political Studies (1996), S. 835-849.

Goodin, Robert E.: Institutions and their Design. In: ders. (Hrsg.): The Theory of Institutional Design. Cambridge: Cambridge University Press, 1996, S.1-52

Greenpeace: Aktion Stromwechsel – Chronologie. Greenpeace Kampagnenbericht (unveröffentlicht), Stand 9.9.1999

Handelsblatt : Energiereform auf der Zielgeraden. In: Handelsblatt vom 23.9.97

Héritier, Adrienne: After liberalization: public-interest services in the utilities. Preprints aus der Max-Planck-Projektgruppe Recht der Gemeinschaftsgüter 1998/5. Bonn, 1998

Hippe: Interview mit Wolfgang Hippe, RWE Energie AG. In: Energie & Management vom 1.11.1996

Hood, Christopher: Explaining Economic Policy Reversals. Buckingham: Open University Press, 1994.

Hughes, Thomas P.: Networks of Power: Electrification 1880-1930. Baltimore, MD: John Hopkins University Press, 1983

Ikenberry, G. John: The International Spread of Privatization Policies: Indicements, Learning and „Policy Bandwaggoning". In: Suleiman, E./Waterbury, J. (Hrsg.): The Political Economy of Public Sector Reform and Privatization. Boulder: Westview, 1990

Karbe, Jens: Die Debatte um eine Novellierung des Energiewirtschaftsgesetzes. Diplomarbeit an der Freien Universität Berlin/Fachbereich Politische Wissenschaft, 1996

Klafka, Peter et al.: Netzzugangsverordnung für elektrische Netze. In: Energiewirtschaftliche Tagesfragen 48(1998)1/2, S. 35-40

Klopfer, Thomas/Schulz, Walter: Märkte für Strom. Internationale Erfahrungen und Übertragbarkeit auf Deutschland. München: Oldenbourg, 1993

Lapuerta et al.: Netzzugang in Deutschland im internationalen Vergleich. In: Energiewirtschaftliche Tagesfragen 49(1999)7, S.446-451.
Luhmann, Niklas: Ökologische Kommunikation. Kann die moderne Gesellschaft sich auf ökologische Gefährdungen einstellen? Opladen: Westdeutscher Verlag, 1986
Mayntz, Renate: Funktionelle Teilsysteme in der Theorie sozialer Differenzierung. In: Mayntz, Renate et al. (Hrsg.): Differenzierung und Verselbständigung: Zur Entwicklung gesellschaftlicher Teilsysteme. Frankfurt a.M./New York: Campus, 1988
Mayntz, Renate: Policy-Netzwerke und die Logik von Verhandlungssystemen. In: Héritier, Adrienne (Hrsg.): Policy-Analyse. Kritik und Neuorientierung. Politische Vierteljahresschrift, Sonderheft 24. Opladen: Westdeutscher Verlag, 1993
Mayntz, Renate: Politische Steuerung: Aufstieg, Niedergang und Transformation einer Theorie. In: Beyme, Klaus von/Offe, Claus: Politische Theorie in der Ära der Transformation. Politische Vierteljahresschrift, Sonderheft 27. Opladen: Westdeutscher Verlag, 1996
Mayntz, Renate/Scharpf, Fritz W.: Steuerung und Selbstorganisation in staatsnahen Sektoren. In: Mayntz, Renate/Scharpf, Fritz W. (Hrsg.): Gesellschaftliche Selbstregelung und politische Steuerung. Frankfurt a.M./New York: Campus, 1995
Mez, Lutz: The German Electricity Reform Attempts: Reforming Co-optive Networks. In: Midttun, Atle (Hrsg.): European Electricity Systems in Transition. A comparative analysis of policy and regulation in Western Europe. Amsterdam: Elsevier, 1997
Mez, Lutz/Osnowski, Rainer: RWE. Ein Riese mit Ausstrahlung. Köln: Kiepenheuer & Witsch, 1996
Monopolkommission: 10. Hauptgutachten 1992/93. Baden-Baden: Nomos, 1993
Monopolkommission: 11. Hauptgutachten 1994/95. Baden-Baden: Nomos, 1995
Müller (1999): Interview mit Bundeswirtschaftsminister Werner Müller in Badische Zeitung 54 (1999) 247 vom 25.10.99, S. 5
Münch, Richard: Globale Dynamik, lokale Lebenswelten. Der schwierige Weg in die Weltgesellschaft. Fankfurt a.M.: Suhrkamp, 1998
Neidhardt, Friedhelm: Öffentlichkeit, öffentliche Meinung, soziale Bewegungen. In: ders. (Hrsg.): Öffentlichkeit, öffentliche Meinung, soziale Bewegungen. Sonderheft der Kölner Zeitschrift für Soziologie und Sozialpsychologie. Opladen: Westdeutscher Verlag, 1994, S. 7-41
Öko-Institut: Das neue deutsche Energierecht – Probleme der Stromdurchleitung: Netzzugang und Entgelte nach der „Verbändevereinbarung" vom 2. April 1998. Freiburg/Darmstadt/Berlin: Öko-Institut, 1998
Perner, Jens/Riechmann, Christoph: Netzzugang oder Durchleitung? In: Zeitschrift für Energiewirtschaft (1998)1, S. 41-57.
Pott, Jürgen: Unter Druck zum guten Ende? in: Zeitschrift für Kommunalwirtschaft (1999)10, S.1
Prittwitz, Volker von: Politikanalyse. UTB1707. Opladen: Leske + Budrich, 1994
Prittwitz, Volker von: Leistungsresponsivität und Verfahrenssteuerung – Modernisierungskonzepte des öffentlichen Sektors. Ms. zur Veröffentlichung in: Grande, Edgar/Prätorius, Rainer (Hrsg.): Modernisierung des Staates? Baden-Baden: Nomos, 1997
Rosewitz, Bernd/Schimank, Uwe: Verselbständigung und politische Steuerbarkeit gesellschaftlicher Teilsysteme. In: Mayntz, Renate et al. (Hrsg): Differenzierung und Verselbständigung: Zur Entwicklung gesellschaftlicher Teilsysteme. Frankfurt a.M./New York: Campus, 1988
Scharpf, Fritz: Positive und negative Koordination in Verhandlungssystemen. In: Héritier, Adrienne (Hrsg.): Policy-Analyse. Kritik und Neuorientierung. Politische Vierteljahresschrift, Sonderheft 24. Opladen: Westdeutscher Verlag, 1993
Schneider, Volker: Kooporative Akteure und vernetzte Artefakte. Überlegungen zu den Formen sozialer Organisation großtechnischer Systeme. In: Bechmann, Gott-

hard/Rammert, Werner (Hrsg.): Technik und Gesellschaft. Jahrbuch 6: Großtechnische Systeme und Risiko. Frankfurt a.M./New York: Campus, 1993

Schneider, Volker/Kenis, Patrick: Verteilte Kontrolle: Institutionelle Steuerung in modernen Gesellschaften. In: Kenis, Patrick/Schneider, Volker (Hrsg.): Organisation und Netzwerk. Frankfurt a.M./New York: Campus, 1996

Schneider, Jens-Peter: Liberalisierung der Stromwirtschaft durch regulative Marktorganisation. Baden-Baden: Nomos, 1999

Starr, Peter: The New Life of the Liberal State: Privatization and the Restructuring of State-Society Relations. In: Suleiman, E./Waterbury, J. (Hrsg.): The Political Economy of Public Sector Reform and Privatization. Boulder: Westview, 1990

Stelte, Michael: Eine Hand wäscht die andere. Die Eignerstruktur der drei Energiekonzerne RWE AG, VIAG AG, und Veba AG. In: Politische Ökologie 40(1995), S. 23-25

Streeck, Wolfgang/Schmitter, Philippe C.: Gemeinschaft, Markt, Staat – und Verbände? (Nachdruck) in: Kenis, Patrick/Schneider, Volker (Hrsg.): Organisation und Netzwerk. Institutionelle Steuerung in Wirtschaft und Politik. Frankfurt a.M./New York: Campus, 1996

Traube, Klaus/Münch, Dagmar: Zur Struktur der deutschen Elektrizitätswirtschaft – Ein Beitrag zur Debatte um die Reform des Energierechts. In: Zeitschrift für neues Energierecht 1 (1997)1, S. 17-39

VDEW: Stromversorger lehnen Pläne der EG-Kommission ab. In: Stromthemen 9(1992)4, S.2-3

VDEW: Die Stromversorgung braucht einen gesicherten Ordnungsrahmen. Erste Stellungnahme der Vereinigung Deutscher Elektrizitätswerke zur Reform des Energierechts. VDEW Argumente, 1994

VDEW: Wettbewerb braucht faire Rahmenbedingungen. Stellungnahme der Vereinigung Deutscher Elektrizitätswerke zum Entwurf des Bundeswirtschaftsministeriums für ein Gesetz zur Neuregelung des Energiewirtschaftsrechts (Stand 30.4.1996), 1996

VDEW: Strommarkt Deutschland. Die öffentliche Elektrizitätsversorgung. Frankfurt a.M.: VDEW, 1997

VDEW: Vereinigung Deutscher Elektrizitätswerke. Arbeitsbericht 1997. Frankfurt a.M.: VDEW, 1998

VDEW-Kontakt: Verbandsmitteilungen der Vereinigung deutscher Elektrizitätswerke, verschiedene Ausgaben

VIK: Tätigkeitsbericht 1996/1997. Verband der industriellen Energie- und Kraftwirtschaft, 1997

VIK: Stellungnahme des Verbandes der industriellen Energie- und Kraftwirtschaft. Zitiert in Energie & Management vom 1.3.1997

VIK: Verbändevereinbarung über Kriterien zur Bestimmung von Durchleitungsentgelten. Verband der industriellen Energie- und Kraftwirtschaft: Mitgliederrundschreiben Nr. 25/1998, 8.4.1998.

VIK: VIK-Positionen zu aktuellen Themen der Energiepolitik. http://www.vik-online.de/aktuell/default-inhalt.html, 3.11.99

Voß, Jan-Peter: Elektrizitätspolitische Governance. Eine Fallanalyse der Liberalisierung des deutschen Stromsektors. Diplomarbeit an der Freien Universität Berlin/Fachbereich Politik- und Sozialwissenschaften, 1998

Wolf, Dieter: Interview mit dem Präsident des Bundeskartellamtes, Dieter Wolf, in DIE ZEIT 37(1999) vom 9.9.99

Energiemanagement im Umbruch: Institutionelle Steuerung regionaler Energiepolitik am Beispiel Berlins

Jochen Monstadt

Die Institutionen der leitungsgebundenen Energieversorgung befinden sich im Umbruch. Basierte die Energiewirtschaft bislang auf der Grundannahme, dass zentrale Ordnungs- und Infrastrukturinteressen nur durch Gebietsmonopole und weitreichende staatliche Kontrolle zu befriedigen seien, hat sich unlängst die Überzeugung durchgesetzt, dass eine stärkere Wettbewerbsorientierung nicht nur möglich, sondern aus Effizienzgründen auch wünschenswert ist. Dementsprechend wurden mit der Novellierung des über 63 Jahre lang gültigen Energiewirtschaftsrechts weitreichende institutionelle Reformen der Energiewirtschaft beschlossen und staatliche Kontrollbefugnisse über die preisgünstige und sichere Energieversorgung zugunsten einer marktorientierten Koordination abgebaut.

Zwar eröffnet der Übergang von der bisherigen Monopolversorgung zur künftigen Wettbewerbsversorgung zusätzliche private Handlungsspielräume und entlastet von spezifischen staatlichen Steuerungsaufgaben. Aller Deregulierungsrhetorik zum Trotz handelt es sich bei der als „Liberalisierung"[1] deklarierten Neuregelung der Energiemärkte jedoch keineswegs um den völligen Rückzug des Staates aus ehemaligen Leistungsverpflichtungen, sondern um einen aufwendigen Wandel von Staatsaufgaben und Steuerungsformen. So setzt die Liberalisierung einerseits neue Formen der staatlichen Marktregulierung voraus, um einen funktionsfähigen und diskriminierungsfreien Wettbewerb zu ermöglichen und dauerhaft zu stabilisieren (vgl. Voß in diesem Band). Andererseits bestehen wichtige öffentliche Interessen und Belange der Energieversorgung trotz Liberalisierung unvermindert fort, so dass die gemeinwohlorientierte Regulierung zwar unter Anpassungsdruck an kompetitive Wirtschaftsstrukturen gerät (Schneider 1999: 528), keineswegs jedoch generell an Bedeutung verliert oder gar durch Formen der gesellschaftlichen Selbstregulierung zu ersetzen wäre.

---

1 Liberalisierung wird im folgenden verstanden als Gewährleistung zusätzlicher Handlungsoptionen für eine erweiterte Zahl von privaten Wirtschaftsakteuren durch eine Verschiebung der Koordinationsmechanismen von der Hierarchie zum Netzwerk bzw. vom Netzwerk zur Koordination über den Markt (vgl. Arentsen & Künecke 1996: 547f.).

Ein erheblicher Regulierungsbedarf ergibt sich vor allem aus den ökologischen Folgelasten der Energiewirtschaft. So regelt die Energiewirtschaft einen beträchtlichen Teil des industriellen Stoffumsatzes und gilt als zentraler Verursacher vielfältiger Umweltbelastungen sowie nuklearer Risiken. Während die ökologischen Probleme zunächst auf lokal und regional auftretende Luft-, Wasser- und Bodenbelastungen begrenzbar schienen, ist seit Ende der achtziger Jahre die Stabilisierung des globalen Klimas zu einer zentralen Herausforderung der Umwelt- und Energiepolitik geworden. Im Mittelpunkt dieser Aufgabe steht die Reduktion der Emissionen von Kohlendioxid (CO_2) als wichtigstes Treibhausgas, wobei die leitungsgebundene Energieversorgung 1997 mit reichlich zwei Fünfteln an den gesamten energiebedingten CO_2-Emissionen in Deutschland beteiligt war (Ziesing 1999). Deutschland hat sich im Nachfolgeprozess der Klimakonferenz in Kyoto im Juni 1998 verpflichtet, die Emissionen von insgesamt sechs Treibhausgasen spätestens bis 2012 gegenüber 1990 um 21% zu reduzieren. Unabhängig davon hat die neue Bundesregierung in der Koalitionsvereinbarung das ambitionierte Ziel der früheren Bundesregierung bekräftigt, die Emissionen des wichtigsten Treibhausgases CO_2 bis zum Jahre 2005 gegenüber 1990 um 25% zu senken. Zugleich wird ein Ausstieg aus der Kernenergie vorbereitet, was die Anforderungen an eine Emissionsminderung in allen Bereichen des Energiesektors zusätzlich erhöht.

Da wirtschaftlich vertretbare Rückhaltetechniken für CO_2 nicht verfügbar sind, erweist sich das konventionell nachsorgende und additive Handlungsrepertoire der Umweltpolitik zur Verwirklichung der Klimaziele als ungeeignet. Die Herausforderung der Umweltpolitik besteht darin, ressourcenseitig auf die Ursachen der Umweltbelastungen Einfluss zu nehmen und integrierte Ansätze der Effizienzsteigerung, der Energieeinsparung und der Energieträgersubstitution zu forcieren. Eine Politik der Klimavorsorge löst daher einen erheblichen Modernisierungsdruck auf die Gesamtheit der Regelungsstrukturen aus, welche in der Energieversorgungswirtschaft und in allen Nachfragesektoren dazu beitragen, Stoffströme zu koordinieren.

Es stellt sich die Frage, auf welche Weise politische Institutionen unter den Bedingungen der Liberalisierung auf den dramatischen Anstieg des Pensums und der Komplexität umweltpolitischer Steuerungsaufgaben reagieren. Diese Frage betrifft nicht nur den Reformbedarf politischer Steuerungsinstitutionen auf internationaler, EU- oder nationaler Ebene. Es ist davon auszugehen, dass die Klimaziele nur dann erreicht werden können, wenn internationale und zentralstaatliche Regelungsformen um eine effektive regionalpolitische Steuerung ergänzt werden[2]. Nach Maßgabe des Subsidiaritätsprinzips

---

2   Die Region wird verstanden als räumliche Handlungsebene zwischen Nationalstaat und kommunalen Gebietskörperschaften, welche nicht primär durch die Festlegung von Gebietsgrenzen, sondern aus sozialen Prozessen hervorgeht. Zwar haben politisch-administrative Grenzen oder die nach neuer Rechtslage untersagten vertragli-

ermöglicht diese die Einpassung der internationalen und nationalen Zielvorgaben der Energie- und Umweltpolitik in die örtlichen Bedingungen und die sozio-ökonomischen Besonderheiten der Region. Ihre Aufgabe ist es weniger, Märkte über Preise zu beeinflussen oder per Rechtsetzung zu steuern, sondern vor allem positive Effekte internationaler und nationaler Steuerung zu unterstützen, Negativeffekte abzufedern und Ausweichstrategien der Steuerungsadressaten entgegenzuwirken. Im Kern geht es dabei um Problemlösungen, welche ökologische Entlastungseffekte mit ökonomischen Vorteilen für die beteiligten Akteure verbinden und den energiewirtschaftlichen Strukturwandel durch ökologisch-ökonomische Lernprozesse forcieren (Fichter & Kujath 1999: 16).

Im folgenden werden die aktuellen ökonomischen und umweltpolitischen Entwicklungen im Sektor der leitungsgebundenen Energieversorgung untersucht. Die Analyse und das Verständnis der aktuellen Umbruchsituation, ausgelöst durch die Liberalisierung der Märkte und klimapolitische Steuerung, erfordern genaue Kenntnisse des traditionellen institutionellen Arrangements der Energieversorgung. Dieses wird daher zunächst in seinen Grundzügen und Regelungseffekten analysiert (1.-2.). Darauf aufbauend wird der Modernisierungsbedarf bisheriger Regelungsstrukturen erörtert (3.), bevor der Wandel der dominanten Koordinationsmechanismen im Energiesektor und der Formwandel umweltpolitischer Steuerung diskutiert wird (4.). Diese Analyse des traditionellen Arrangements und der aktuellen Umbruchsituation (1.-4.) wird jeweils eingegrenzt auf institutionelle Strukturen, welche direkt für regionale Steuerungsprozesse relevant sind. Das institutionelle Arrangement, welches die Entwicklung einer zukunftsfähigen Energie- und Klimapolitik auf nationaler oder internationaler Ebene ermöglicht oder restringiert, steht zwar in enger Wechselwirkung zu regionalpolitischer Steuerung, kann jedoch an dieser Stelle nicht weiter berücksichtigt werden. Am Beispiel der Stadtregion Berlin wird die Verarbeitung des klimapolitischen Handlungsbedarfs unter den neuen Rahmenbedingungen illustriert (5.-7.), und es werden Schlussfolgerungen für energiepolitische Steuerung gezogen (8.).

---

chen Gebietsabgrenzungen auch auf liberalisierten Energiemärkten erheblichen Einfluss auf die räumliche Strukturierung der Energiewirtschaft. Mit dem Abbau staatlicher Eingriffskompetenzen und dem Übergang zu marktlichen Koordinationsmechanismen verlieren diese Grenzen jedoch an Bedeutung für die Regelungsstrukturen im Energiesektor. Die Herausbildung der räumlichen Strukturen der Energiewirtschaft („Energieregionen") – so die hier vertretene These – orientiert sich zunehmend an der Reichweite sozio-ökonomischer Interaktionszusammenhänge und Verdichtungsräume. Der Verwendung des offenen Regionenbegriffs ermöglicht es, den Folgen der „Vermarktlichung" von energiepolitischen Raumstrukturen flexibel Rechnung zu tragen (zu den Begriffen der Region und der Regionalpolitik vgl. Benz et al. 1999: 19ff.; Voelzkow 1998: 225f.).

1. Kennzeichen herkömmlicher Regelungsformen im Energiesektor

Die herkömmlichen institutionellen Strukturen der Energieversorgung in Deutschland, die sich überwiegend bereits vor dem Zweiten Weltkrieg herausgebildet haben, waren geprägt durch wirtschaftliche und ordnungspolitische Kontinuität, langfristige Planungshorizonte und das normative Konzept der *öffentlichen Daseinsvorsorge*, wonach die öffentliche Hand für die preisgünstige und sichere (im Sinne einer von räumlichen und zeitlichen Gegebenheiten weitgehend unabhängigen) Bereitstellung der infrastrukturellen Grundbedürfnisse sorgt. Wesentlicher Bestandteil dieser stark angebotsorientierten Strategie war es, auf eine stetig wachsende Nachfrage und auf prognostizierte Versorgungsengpässe mit einer kontinuierlichen Erweiterung der Kraftwerks- und Netzkapazitäten zu reagieren (vgl. Moss 1998: 214). Infrastrukturelle Planungen im Energiebereich wurden als langfristige Investitionsplanungen verstanden, die in sachlicher, räumlicher und zeitlicher Hinsicht der optimalen Allokation von (z.T. öffentlichen) Investitionen dienten.

Die Regelungsstrukturen der regionalen Energieversorgung basierten auf der Überzeugung, dass die Energiewirtschaft ein „natürliches Monopol" sei und daher einer besonderen staatlichen Kontrolle unterworfen werden müsse. Mit dem Verweis auf technisch-ökonomische Besonderheiten, wie der Leitungsgebundenheit und dem Mangel an Speicherbarkeit von Strom sowie der Annahme von Größen- und Verbundvorteilen, wurde in den Versorgungsgebieten die Monopolstellung eines Energieversorgungsunternehmen (EVU) begründet[3]. Befürchtet wurde, dass politische Auflagen der Energieversorgung (Kohleprotektion, Anschluss- und Versorgungspflicht zu Einheitstarifen im Raum, Konzessionsabgaben, Umweltschutz) im Wettbewerb der EVU nicht aufrechtzuerhalten seien, und dass ein ausschließlich kostenorientierter Wettbewerb die Versorgungssicherheit und Preiswürdigkeit gefährde sowie soziale und regionale Ungerechtigkeiten begünstige. Aufgrund des vermuteten Marktversagens und hoher staatlicher Koordinationsbedarfe wurde die Energieversorgung daher als Marktausnahmebereich institutionalisiert, und es wurde auf eine wettbewerbliche Koordination durch Preissignale nahezu vollständig verzichtet.

Die Koordination der Versorgungstätigkeit innerhalb und zwischen den Gebietsmonopolen erfolgte primär durch Formen der energiewirtschaftlichen Selbstregulierung in Kooperation mit bzw. unter Duldung von politisch-administrativen Institutionen. Kartellrechtliche Sonderregelungen ließen ein

---

3   Zwar wurde das System geschlossener Versorgungsgebiete nicht ausdrücklich rechtlich vorgeschrieben, nach der herrschenden Staatspraxis in Übereinstimmung mit der wettbewerbskritischen Präambel des Energiewirtschaftsgesetzes und durch kartellrechtliche Sonderregelungen der Energiewirtschaft jedoch abgesichert (vgl. Gesetz zur Förderung der Energiewirtschaft (Energiewirtschaftsgesetz) vom 13. Dezember 1935, BGBl. III 752-1; Schneider 1999: 82f.).

Energiemanagement im Umbruch 259

Netz privatrechtlicher Verträge zum Schutz vor Wettbewerb zu[4], durch welche den Gebietsversorgern die ausschließliche Versorgungstätigkeit in einem klar abgegrenzten Gebiet zugesichert wurde. Konzessionsverträge zwischen Energieversorgungsunternehmen (EVU) und kommunalen Gebietskörperschaften begründen das ausschließliche Recht, gegen Zahlung einer Konzessionsabgabe kommunale Wege zu nutzen und das Gemeindegebiet mit Strom zu versorgen[5]. Komplementär zu den Konzessionsverträgen sicherten die EVU ihre Monopolstellung auch untereinander ab und verpflichteten sich in Demarkationsverträgen, die Versorgungstätigkeit im Gebiet des Vertragspartners zu unterlassen[6]. Die räumliche Definition und Abgrenzung der Versorgungsgebiete und die regionale und interregionale Koordination der wettbewerbsfernen Energiemärkte erfolgte in hohem Maße in *korporatistischen Strukturen*. Vertragsrechtliche Kooperationen zwischen EVU und Gemeinden bzw. zwischen EVU sowie kartellähnliche Zusammenschlüsse der Energiewirtschaft ließen eine weitreichende energiewirtschaftliche Selbstregulierung zu und prägten die Regelungsmechanismen im Energiesektor.

Unbestritten dieses hohen Selbstorganisationsgrades kennzeichnete ein hohes Maß an staatlicher Involviertheit und Staatsnähe die regionalen Regelungsstrukturen im Energiesektor. Zwar gehört die Energieversorgung nicht zum Kernbestand der hoheitlichen Staatsfunktionen. Dennoch ging die staatliche Verantwortung für die Leistungsfähigkeit der Energiewirtschaft deutlich weiter als die ordnungs- und strukturpolitische Verantwortung für andere marktwirtschaftlich verfasste Sektoren. So wurde die Energieversorgung einer besonderen öffentlichen Kontrolle unterworfen, um einen Missbrauch der Monopolstellung zu vermeiden. Das bis 1998 gültige Energiewirtschaftsrecht und wettbewerbsrechtliche Sonderregelungen unterstellten die Gebietsversorger einer Preis-, Investitions- und Kartellaufsicht auf Länderebene. Danach unterlagen sowohl Bau, Erneuerung, Erweiterung und Stilllegung von Energieanlagen, die allgemeinen Tarifpreise als auch eingeschränkt die Sondervertragskundenpreise einer staatlichen Aufsicht der Länder. Die Unternehmen wurden ferner zum Anschluss und zur Versorgung aller Abnehmer zu Einheitstarifen, zur Leistung von Konzessionsabgaben und durch ergänzende

---

4 Das bis 1998 gültige Gesetz gegen Wettbewerbsbeschränkungen (1990) nahm die Versorgungsunternehmen in § 103 und §103a vom allgemeinen Kartellverbot und dem Verbot wettbewerbsbeschränkender Verträge aus.

5 Die Energieversorgung gehört nach Art. 28, Abs. 2 GG zu den Kernaufgaben kommunaler Selbstverwaltung. Auch nach neuer Rechtslage werden Konzessionen seitens der kommunalen Behörden entweder an private oder gemischtwirtschaftliche Betreiber vergeben, teilweise wird die Energieversorgung aber auch in eigener Regie geplant und organisiert.

6 Darüber hinaus legten die Unternehmen Konditionen für den wechselseitigen Rückgriff auf Reserve- und Spitzenlastkapazitäten in Verbundverträgen fest und entwarfen durch weitere vertragsrechtliche Kooperationsformen, personelle und Kapitalverflechtungen wirksame Schutzstrategien vor branchen internem Wettbewerb (vgl. Schneider 1999: 78ff.; Bohne 1997: 223f.; Ortwein 1996: 108ff.).

Regulierungen zur Kohleverstromung verpflichtet und mussten den behördlichen Auskunftsverlangen über ihre technischen und wirtschaftlichen Verhältnisse nachkommen (vgl. Monstadt 1997a: 65-70).

Entsprechend diesen energierechtlichen Bedingungen wurde die staatliche Steuerung einer sicheren und preisgünstigen Versorgung überwiegend von den Aufsichtsbehörden der Länder organisiert und war formal durch eine klare Hierarchisierung der Beziehungen zwischen den staatlichen Steuerungsakteuren (Investitions- und Preisaufsicht) und den unternehmerischen Steuerungsadressaten (EVU) gekennzeichnet. Indem Investitionen und Preise als strategische Aktionsparameter der Unternehmen einer staatlichen Kontrolle unterlagen, waren die staatlichen Eingriffsbefugnisse verglichen mit anderen Wirtschaftsbranchen äußerst weitreichend definiert. Staatliche Akteure hatten als Promotor, Nachfrager, Träger und Regulierungsinstanz entscheidenden Anteil an der Entwicklung energietechnischer Infrastruktursysteme. Die Preis- und Investitionsentscheidungen der EVU unterlagen damit formal einer zentralen staatlichen Planung der Länder. Trotz hoher staatlicher Regelungsdichte und weitreichenden Eingriffskompetenzen wurde die Versorgungswirtschaft dennoch weder in eine staatlich-dominierte Planwirtschaft transformiert, noch wurden eine aktive Investitionslenkung und eine effektive Preiskontrolle auch faktisch eingeführt (Schneider 1999: 73).

Mit dem Fortschreiten der Technisierung der Versorgungssysteme, der Differenzierung der Organisationsstrukturen und der Verflechtung der Geschäftsfelder wurde eine effektive staatliche Kontrolle der Unternehmen zunehmend unrealistisch. Die Landesaufsichtsbehörden, deren Binnenstruktur den technischen und organisatorischen Differenzierungsprozess der Energiewirtschaft, die Eigendynamik des Interventionsfeldes und den zwischenbehördlichen Koordinationsbedarf nicht abbilden konnte[7], gerieten zunehmend in Abhängigkeit von (in vielen Fällen strategisch aufbereiteten) Steuerungsinformationen der Unternehmen (Monstadt 1997a: 75). Mit steigender Technisierung und Komplexität der Organisationsstrukturen waren die Behörden für die Beschaffung der Steuerungsinformationen immer stärker auf die Kooperationsbereitschaft der EVU angewiesen. Die der staatlichen Preis- und Investitionsaufsicht zugedachte Kontrollfunktion konnte nur noch in Ausnahmefällen effektiv wahrgenommen werden[8]. Die geringen hierarchischen Ein-

---

7   Die Aufsichtsbehörden waren lediglich mit 3-5 Mitarbeitern ausgestattet. Ihre länderspezifische Zuständigkeit erfasste häufig nicht den tatsächlichen Planungsrahmen energiewirtschaftlicher Investitionstätigkeit. Neben Problemen länderübergreifender Zusammenarbeit erzeugte die interne Differenzierung der Energieaufsicht in Kartell-, Investitions- und Preisaufsicht Binnenprobleme der Koordination. So war es Aufgabe der Preisaufsicht, die Angemessenheit der Preise für die Haushaltskunden zu prüfen, gleichzeitig war die Investitionsaufsicht, welche die Betriebsnotwendigkeit und Kosteneffektivität von Investitionen prüft, organisatorisch von ihr getrennt (Monstadt 1997a: 75f.).
8   Die Investitionsaufsicht beschränkte sich auf die Prüfung, ob Investitionsvorhaben bei gegebenen Marktverhältnissen die Versorgungssicherheit fördern, während die Preis-

griffsmöglichkeiten im Rahmen der Investitions- und Preiskontrolle veranlassten die Wirtschaftsaufsicht deshalb zu informellen Steuerungsversuchen und in vielen Fällen zu bilateralen Verhandlungen über Kapazitätsplanung und Preise. In Anlehnung an Scharpf (1992: 95) kann festgestellt werden, dass Steuerungserfolge im Sinne einer positiven Gestaltung der Investitionsplanung in vielen Fällen erkauft wurden durch die Enthierarchisierung der Beziehung von Staat und Energiewirtschaft. Anstelle einer repressiven Wirtschaftsaufsicht etablierten sich in vielen Fällen *kooperative Planungssysteme zwischen Staat und Energiewirtschaft* (Schneider 1999: 104 u. 115, vgl. auch Arentsen & Künneke 1996, 550, Eising 1997: 242).

Zwar sicherten die dominierende Eigentümerstellung bzw. Kapitalbeteiligungen der öffentlichen Hand zusätzliche staatliche Steuerungsoptionen. Gleichzeitig veränderte die Gewinnerzielungsabsicht jedoch auch die staatliche Interessenlage und bewirkte Gefährdungen der unabhängigen Wahrnehmung hoheitlicher Steuerungsaufgaben (Schneider 1999: 69). Auch die in vielen Fällen vorfindbaren personellen Verflechtungen zwischen Geschäftsleitungen und Aufsichtsorganen der EVU verstärkten die Tendenz, dass die staatliche Aufsichtstätigkeit in kooperativen bis symbiotischen Beziehungen zwischen Energiewirtschaft und Staat stattfand (Bohne 1997: 222). Eine enge Wechselbeziehung und starke Verflechtung der Energieversorgung mit staatlichen Lenkungsfunktionen als Charakteristikum der deutschen Energiewirtschaft (Prognos AG 1995: 51) wurde durch die Rolle der Versorgungsunternehmen als „regional player" und zentrale Arbeitgeber in der Region mit erheblicher wirtschafts- und strukturpolitischer Macht zusätzlich begünstigt.

Gegenüber der starken Zentralisierung und Hierarchisierung der formalen Steuerungsstrukturen (Energieaufsicht – EVU) war der Steuerungsprozess faktisch durch eine verteilte Kontrolle in Netzwerken aus Energiepolitik und -wirtschaft mit erhöhten Einflusschancen der Steuerungsadressaten gekennzeichnet. Die Regelung der regionalen Energieversorgung erfolgte in einem Arrangement, das verschiedene öffentliche Stellen (insbesondere die Energieaufsicht der Länder und die Kommunen) zwar beteiligt und durch ein *hohes Maß an staatlicher Involviertheit* in die sektorale Leistungserbringung gekennzeichnet ist. Das Regelungssystem baute zwar auf hierarchischen Institutionen auf. In der Praxis tendierte es aber angesichts klar erkennbarer Defizite einer effektiven und konfliktfähigen staatlichen Regulierung zu einem System der Selbstregulierung durch ein Netz privatrechtlicher Verträge und

---

würdigkeit weitgehend unterstellt wurde und Umweltbelange nahezu keine Durchsetzungschance hatten (Schneider 1999: 107f.). Die Prüfung von Versorgungsalternativen war ebenso wenig vorgesehen, wie die Möglichkeit, positiv gestaltend in die Investitionsplanung einzugreifen. Auch die Tarifpreisaufsicht ist durch weite Spielräume der Unternehmen sowie geringe administrative Kontrollmöglichkeiten gekennzeichnet, was oft bloß zu einer überschlägigen Kostenkontrolle führte (Schneider 1999: 115; vgl. ausführlich zur Handlungsfähigkeit staatlicher Energieaufsicht: Schneider 1999, Monstadt 1997a, Leprich 1994.).

durch kooperative Planungsformen (vgl. Sturm & Wilks 1997, 38). Energiepolitische Steuerung erfolgte in hohem Maße in dezentralen und exklusiven Beziehungsnetzen zwischen staatlichen Akteuren und der Versorgungswirtschaft. Diese erwiesen sich als intransparent und wenig durchlässig für neue Energieanbieter und setzten geringe Impulse einer verbraucherseitigen Interessenberücksichtigung.

Die schwach organisierten Energieverbraucher („gefangene Kunden") wurden von dem Regelungsarrangement der *Anbietermärkte* weitgehend ausgeschlossen[9]. Verbraucherinteressen ließen sich nicht über funktionsfähige Marktinstitutionen artikulieren, da Wahloptionen zwischen verschiedenen Anbietern im System der Monopolversorgung nicht gegeben waren. Energiewirtschaftliche Investitions- und Betriebskosten konnten ohne unternehmerisches Risiko pauschal auf die Energiepreise umgelegt werden, so dass die Versorger kaum um Interaktion mit den Energieverbrauchern und die Berücksichtigung spezifischer Kundeninteressen bemüht waren. Die Sicherung eines von den EVU definierten Versorgungsniveaus wurde tendenziell mit der Befriedigung der Kundenbedürfnisse gleichgesetzt. Die Kommunikation zwischen EVU und Verbrauchern beschränkte sich damit – abgesehen von einem wenig ausgebauten Dienstleistungsangebot der Energieberatung – überwiegend auf die Energielieferung und den Akt der Gebührenzahlung.

Auch über staatliche Institutionen fand keine Öffnung der Kooperationsbeziehungen für Verbraucherinteressen statt. Rechtsansprüche der Energieverbraucher gegenüber den Aufsichtsbehörden waren ebenso wenig vorgesehen, wie eine Öffentlichkeits- und Betroffenenbeteiligung im Rahmen der fachaufsichtlichen Investitionskontrolle und der kartellrechtlichen Verfahren oder Klagebefugnisse gegen erteilte Tarifgenehmigungen (Schneider 1999: 103, 116). Gegensteuernde Mechanismen, welche Verbraucherinteressen in Regelungsprozesse der Energieaufsicht hätten integrieren und die Definitions- und Durchsetzungsmacht exklusiver Netzwerke der Energiepolitik hätten ausgleichen können, fehlten nahezu vollständig (Schneider 1999: 103)[10].

2. Luftreinhaltepolitik und die Kontinuität der Regelungsstrukturen

Als Reaktion auf die Brisanz der Luftverschmutzungen wurde der Immissionsschutz bereits in den Aufbruchsjahren einer eigenständigen Umweltpolitik als ökologisches Korrektiv der Energiewirtschaft institutionalisiert. Begleitet

---

9   Verglichen mit den Haushaltskunden erreichen die Interessen der Industriekunden im Verband der Industriellen Energie- und Kraftwirtschaft einen hohen Organisationsgrad.
10 Es kann daher kaum verwundern, dass sich energiepolitische Konflikte nicht selten an Standortfragen fixierten, wo Bürgerinitiativen die Errichtung von Kraftwerken und Leitungstrassen durch langjährige Gerichtsverfahren erschwerten.

von immensen Widerständen der Elektrizitätswirtschaft wurden die ordnungsrechtlichen Steuerungsressourcen des Bundesimmissionsschutzgesetzes von 1974 vor allem infolge des „Sauren Regens" in den achtziger Jahren durch die Verabschiedung der Großfeuerungsanlagenverordnung (1983) und der Technischen Anleitung Luft (1986) erweitert.

Zwar stellten die immissionsschutzrechtlichen Auflagen die Stromwirtschaft vor einen enormen Investitionsbedarf[11], ein Kontinuitätsbruch der Regelungsstrukturen im Energiesektor und eine Öffnung bestehender Netzwerke für umweltpolitische Handlungsbedarfe wurde hierdurch indes nicht herbeigeführt. Entsprechend den Prinzipien bürokratischer Ressortdifferenzierung wurden die ökologischen Nebenfolgen der Energiewirtschaft von staatlicher Seite organisatorisch und funktional unabhängig von dem institutionellen Arrangement von Energiewirtschaft und -politik bearbeitet[12]. Entsprechend ihrem gesetzlichen Auftrag blieb auch weiterhin nur die preisgünstige und sichere, nicht aber die umweltverträgliche Versorgung mit Energie Gegenstand der Investitions- und Preisaufsicht. Das Aufgabenfeld und die Zuständigkeitsperspektive der Aufsichtsbehörden ließen sich auf diese Weise klar von den Aufgaben einer ökologischen und nachfrageorientierten Energiepolitik abschotten[13].

Regelungsgegenstand des Immissionsschutzes sind klassische Luftschadstoffe, für welche behörden- bzw. rechtsverbindliche Emissions- bzw. Immissionsgrenzwerte definiert wurden[14]. Entsprechend diesen Grenzwerten, welche unabhängig von sozio-ökonomischen Rahmenbedingungen eine Differenz von erlaubt und unerlaubt festlegen, kann sich der immissionsschutzrechtliche Vollzug an präzise und einheitlich definierten Steuerungszielen orientieren. Die Luftreinhaltepolitik erfolgt in einer stark zentralisierten und hierarchisierten Steuerungsbeziehung zwischen der Immissionsschutzbehörde als monokratische Lenkungsakteurin und einer überschaubaren Anzahl von relativ homogenen und hochgradig organisierten Steuerungsadressaten (Betreiber genehmigungsbedürftiger Anlagen). Entsprechend dieser Steuerungsstruktur können beim Verfehlen der Ziele die Verantwortlichkeiten klar be-

---

11 Für Nachrüstungen von Kraftwerken zur Verminderung der Schwefeldioxid- und Stickoxidemissionen wurden in Westdeutschland zwischen 1983 bis 1991 rund 22 Mrd. DM ausgegeben (VDEW 1999, http://www.strom.de/zf_us_1.htm).

12 Strukturell ähnlich etablierte sich auch die Atomaufsicht additiv zu den Institutionen der Energiewirtschaft.

13 So führten Belange des Natur- und Umweltschutzes sowie der Raum- und Landesplanung in keinem bekannten Fall zur Untersagung von Investitionsvorhaben im Rahmen der Investitionskontrolle (Leprich 1994: 254).

14 Dies betrifft vor allem staubförmige Emissionen, Kohlenmonoxid, Stickoxid, Schwefeldioxid, Halogenverbindungen. Von energiewirtschaftlicher Relevanz sind insbesondere die Vorschriften über Anlagengenehmigungen (§§ 4 bis 31 Bundesimmissionsschutzgesetz) und deren Konkretisierung durch Umweltstandards, welche Steuerungsziele klar definieren und einheitliche Direktiven für Rechtsansprüche auf Genehmigung der Anlagenerrichtung fixieren.

nannt, der Vollzug rechtlicher Normen optimiert und ggf. Sanktionen erlassen werden. Der umweltpolitische Vollzug ist auf diese Weise von Konflikten um Steuerungsziele, welche primär im (vorgeschalteten) Gesetzgebungsprozess zentralisiert werden, gleichermaßen entlastet, wie von Konflikten bedingt durch horizontale Abstimmungszwänge mit anderen Politiken oder einem heterogenen Adressatenfeld. Entsprechend dieser Handlungslogik hat der Immissionsschutz eine rein auf das Kraftwerk bezogene, end-of-pipe-Strategie forciert und Rückhaltetechniken nach dem Stand der Technik definiert, um die Emissionen weitestgehend zu reduzieren (Müller 1994: 33).

3. Der Reformbedarf bisheriger Regelungsstrukturen

Der überschaubaren und monokratischen Regelungsstruktur und der starken Abgrenzung zu anderen Zuständigkeitsbereichen ist es wesentlich zu verdanken, dass eine Luftreinhaltepolitik institutionalisiert wurde, welche binnen weniger Jahre zur drastischen Reduktion klassischer Luftschadstoffe (vor allem Staub, NO_x und SO_2) beigetragen hat. Als Nebenfolge des funktional und sozial abgegrenzten Regelungsfeldes bewirkte die Luftreinhaltepolitik allerdings die weitere Zentralisierung der Kraftwerksstruktur. Sie hat damit letztlich eine energetisch höchst ineffiziente und umweltbelastende Versorgungsstruktur gefördert (vgl. Müller 1994: 33). Da die Filtertechniken in Großkraftwerken effizienter und ökonomisch günstiger betrieben werden können als bei einer Vielzahl dezentraler Anlagen, durch die Errichtung zentraler Großkraftwerke sowohl die Überwachungskosten der Immissionsschutzbehörden als auch die Transaktionskosten der Investitions- und Preisaufsicht sinken, wurde die Umweltpolitik in einer unbewussten Koalition mit Energiepolitik und Versorgungswirtschaft zum Promotor einer ineffizienten und damit umweltbelastenden Versorgungsstruktur[15].

Als Hauptproblem der Umweltpolitik wurde jedoch zunehmend deutlich, dass mit der ausschließlich auf Luftreinhaltung bezogenen Zuständigkeitsperspektive wesentliche Barrieren dahingehend institutionalisiert wurden, Einfluss auf die Regelungsstrukturen von Energiepolitik und -wirtschaft und damit auf die strukturellen Ursachen der Luftverschmutzungen zu nehmen (vgl. im folgenden Abschnitt Monstadt 1997a: 77-79). So entspricht die Regelung der energiewirtschaftlichen Stoffflüsse nicht dem institutionellen Leistungsprofil und gesetzlichen Auftrag des Immissionsschutzes. Sie blieb daher im Zuständigkeitsbereich energiepolitischer Netzwerke, welche am Fortbestand des Status-quo ein wirtschaftliches und politisches Interesse hatten, und welche in ihrer institutionellen Handlungslogik bestenfalls an die ge-

---

15 Zu einem weiteren Koalitionspartner dieses Arrangements wird eine prosperierende Umweltschutzindustrie, welche additive und medienbezogene Umweltschutztechnologien produziert.

setzlichen Zielen der preisgünstigen und sicheren, nicht aber der umweltverträglichen Energieversorgung gebunden waren. Von Ausnahmen abgesehen[16], wurden die Entscheidungen über Art und Umfang des Ressourcenverbrauchs als Determinanten effektiver Umweltpolitik entweder nicht formal geregelt, oder infolge einer strukturkonservativen Beschäftigungspolitik, welche sich dem Schutz heimischer Kohlemärkte verschrieben hat, sogar in Richtung einer hohen Umweltbelastung beeinflusst. Die vertikale Integration der großen Unternehmen[17] bewirkte verbunden mit der dominierenden Eigentümerstellung der öffentlichen Hand, der Konzessionsabgabe[18], dem geringen kundenseitigen Innovationsdruck, den geringen unternehmerischen Investitionsrisiken und der eingeschränkten Zuständigkeit der Umweltpolitik institutionelle Anreizstrukturen, welche eine auf die Steigerung des Energieabsatzes gerichtete Geschäftspolitik enorm begünstigt haben. Die praktizierte Orientierung des Angebots an der maximalen Spitzenlast und Sicherheitsreserve (Moss 1998: 216f.), eine auf kontinuierliche Erweiterung der Kraftwerks- und Netzkapazitäten angelegte Versorgungsstrategie und die Zentralisierung der Stromerzeugung in Großkraftwerken wurden entscheidend durch das institutionelle Arrangement aus Energiewirtschaft sowie staatlicher Energie- und Umweltpolitik stimuliert.

Hinzu kommt, dass die Allianz aus Energiewirtschaft, Energieaufsicht und nachsorgendem Umweltschutz auf die Steuerung der Angebotsseite fixiert war. Die Minimierung des Energieverbrauchs wurde als staatliche oder unternehmerische Regelungsaufgabe geradezu tabuisiert. Auf diese Weise wurden Wahrnehmungs- und Interaktionsformen begünstigt, welche die ökologischen Kernprobleme und zentrale Verursacher derselben systematisch ausfilterten und das ökologische Energieproblem nach institutionellen Kriterien (um-)definierten und letztlich neutralisierten. Da die umweltpolitische Regulierung funktional und organisatorisch getrennt von dem institutionellen Arrangement der Energiepolitik erfolgte, etablierte sich ein „*System der organisierten Unverantwortlichkeit*" (Beck 1988: 104), welches ein nachsorgendes Management der Symptome perfektionierte, in dem sich die umweltpolitischen Problemursachen hingegen nur schwer transportieren und bearbeiten ließen.

---

16 Als Ausnahmen für energiepolitische Regelungen des Energieverbrauchs können Effizienzstandards z.B. für Heizanlagen oder für Wärmeschutz bei Neubauten gelten, welche zumeist infolge der Erdölkrisen erlassen wurden. Daneben existiert seit 1991 das Stromeinspeisungsgesetz zur Förderung regenerativer Energien.

17 Hierunter wird die Ausdehnung des Einflussbereiches von EVU über alle Stufen des „Energiemarktes" von der Primärenergieerzeugung über Umwandlung und Transport bis zur Verteilung und zum Verkauf an die Verbraucher verstanden.

18 So ist die Konzessionsabgabe, welche die Unternehmen an die Kommunen für die Wegenutzung entrichten müssen, als mengenabhängiger Preisbestandteil gekoppelt an den Stromverbrauch. Mit Einsparmaßnahmen verringert sich daher die Konzessionsabgabe und die Einnahmen der Gemeinden, wodurch der Anreiz der Kommunen sinkt, im Sinne von Energieeinsparmaßnahmen tätig zu werden (BT-Drucksache 12/8600 1995: 637).

Erheblicher Reformbedarf wurde indes nicht nur von Seiten der Umweltpolitik, sondern auch seitens der Wirtschaftspolitik attestiert: Zwar hat das institutionelle Arrangement im Energiesektor die Leistungsfähigkeit und räumliche Ausdehnung der großtechnischen Systeme enorm gesteigert und eine flächendeckende und sichere Bereitstellung von Infrastrukturleistungen gewährleistet. Allerdings führte der Verzicht auf den Preis als Koordinationsfaktor und das hohe Maß an staatlich garantierter Absatzsicherheit dazu, dass der unternehmerische Innovationsdruck niedrig war (Pfaffenberger 1997: 467). Die Anpassungsgeschwindigkeit an technische Entwicklungen und veränderte Nachfragebedingungen wurde eher abgebremst und eine Innovationslethargie der Unternehmen bei der Erschließung neuer Geschäftsfelder kaum sanktioniert (z.B. im Bereich der Einsparung von Endenergie). Die korporatistischen Rahmenbedingungen verlangsamten Wandel und Innovation, erlaubten monopolartige Gewinne und führten zu einem weiten Kreis von Begünstigten, die an einem Fortbestand des Status quo ein wirtschaftliches und politisches Interesse hatten (Wälde 1995: 59). Kehrseite des auf technische Zuverlässigkeit und Perfektionierung angelegten institutionellen Arrangements waren im internationalen Vergleich überhöhte Energiepreise, exorbitante Unternehmensgewinne, erhebliche Überkapazitäten, ein niedriges Dienstleistungsniveau und ein Mangel an technischem Pioniergeist. Zwar war das Regelungssystem durch eine hohe staatliche Regelungsdichte und ein hohes Maß an staatlicher Involviertheit in die sektorale Leistungserbringung geprägt. Paradoxerweise hat es jedoch die Einflusschancen und die Autonomie der Versorgungsunternehmen erhöht und anstelle einer effektiven Kontrolle eine zunehmende Unkontrollierbarkeit und Resistenz gegenüber staatlichen Steuerungsimpulsen institutionalisiert.

4. Das Regelsystem im Umbruch

Angesichts eines wachsenden ökologischen Problemdrucks sowie anglo-amerikanischer und skandinavischer Liberalisierungserfahrungen gerieten sowohl der nachsorgende und additive Umweltschutz als auch die gewachsenen Strukturen auf monopolistischen Energiemärkten unter Modernisierungsdruck. Die mit der Institutionalisierung der Klimapolitik begonnene Umorientierung umweltpolitischer Regelungsmuster ab Ende der achtziger Jahre und die kürzlich seitens der EU initiierte wettbewerbliche Neuordnung der Energiemärkte[19] markieren den Beginn eines grundlegenden Transformationsprozesses (vgl. zusammenfassend Tab. 1, S. 272).

---

19 Bemerkenswerterweise konnten sich die ökonomischen und politischen Machtkartelle der deutschen Energiewirtschaft über lange Zeit erfolgreich jeglicher Reformpolitik widersetzen (Mez 1997). Erst die Verabschiedung der Binnenmarktrichtlinien für den Elektrizitätsmarkt (1997) und den Gasmarkt (1998), also ein externer Reformdruck

Während bis Ende der achtziger Jahre der Immissionsschutz als umweltpolitischer Einflussfaktor im Energiesektor dominierte, konnten die Grenzen additiver Politikmuster mit der öffentlichen Themenkarriere des Treibhauseffekts und der Institutionalisierung von Klimapolitik nicht länger ausgeblendet werden. Zwar ist der Immissionsschutz auch künftig zur Einhaltung ökologischer Minima und zu Abwehr akuter Gefahren durch Luftschadstoffe unverzichtbar. Eine Reduktion der CO_2-Emissionen ist jedoch nur machbar, wenn angebotsseitige Strategien der Effizienzsteigerung und Energieträgersubstitution mit Strategien der sparsamen und rationellen Energieverwendung auf der Nachfrageseite kombiniert werden. Die Umsetzung der Klimaziele ist daher nicht länger sektoral und isoliert von Aufgaben der Energiepolitik realisierbar, sondern reklamiert die Integration von Energie- und Umweltpolitik. Eine zentrale Herausforderung an eine so definierte ökologische Energiepolitik besteht darin, dass die Umsetzung angebotsseitiger Ziele, wie die Substitution fossiler durch erneuerbare Energieträger und die Durchsetzung von Technologien der effizienten Strom- und Wärmeerzeugung, in vielen Fällen eine Umsteuerung der stark zentralisierten Kraftwerksstruktur hin zu einer dezentralen, verbrauchernahen Angebotstruktur bzw. hin zur Eigenversorgung[20] erfordern. Das hohe Komplexitätsniveau dieser Steuerungsaufgabe erwächst jedoch aus dem Bedarf, nachfrageseitige Energieressourcen in allen Verbrauchssektoren durch Suffizienz- und Effizienzstrategien gezielt zu erschließen.

Zur Steuerungsaufgabe einer auf Klimastabilisierung gerichteten Energiepolitik wird damit ein institutioneller Wandel im gesellschaftlichen Umgang mit Energie. Indem ökologische Energiepolitik im Kern auf die Substitution fossiler Risikomärkte durch nachfrageseitige Energieressourcen, durch umweltverträgliche und in vielen Fällen dezentrale Technologien zielt, steht sie im Widerspruch zu den tradierten institutionellen Anreizstrukturen und beansprucht einen grundlegenden Paradigmenwechsel. Energiepolitische Steuerung greift in zahlreiche Politikfelder, Märkte, Gewohnheiten der Wirtschaftsakteure und private Lebensräume ein und ist mit überwiegend hochorganisierten, mit hohen Selbstregelungskapazitäten und Machtressourcen ausgestatteten „Steuerungsadressaten" konfrontiert. Dies betrifft nicht allein die EVU, deren Absatzlogik und Interesse am Status quo stark institutionalisiert sind, und welche den geforderten Wandel zum Energiedienstleistungsunternehmen in vielen Fällen abbremsen werden. Auch die Aufmerksamkeitsperspektive zahlreicher Verbrauchssektoren ist auf Energieeinsparpotenziale zu lenken und die Investitionsbereitschaft in Einsparoptionen zu erhöhen. Es wäre unrealistisch anzunehmen, ein solches Aufgabenprofil ließe sich allein sektoral durch Eingriffe der Umweltpolitik, des Umweltrechts oder der Um-

---

durch die EU hat die wettbewerbsorientierte Neuregelung der Energiemärkte durchsetzen und die verfestigten Netzwerke der Status quo-Interessen aufbrechen können.
20 Z.B. durch Kraft-Wärme-Kopplung, Fotovoltaik, Solarthermie.

weltadministration oder in erster Linie durch zentralstaatliche Eingriffe regeln. Da die *Implementationsebene klimapolitischer Risikovorsorge hochgradig dezentralisiert* ist, und wesentliche steuerungsrelevante Ressourcen über zahlreiche Politikfelder, Wirtschaftssektoren und intermediäre Bereiche verteilt sind, *unterliegen die Problemursachen* in vielen Fällen *nicht mehr direkter staatlicher Steuerbarkeit* und ein Gros der unternehmerischen und privaten Entscheidungen entziehen sich letztlich einer staatlichen Kontrolle.

Dieser Modernisierungsdruck auf die Institutionen der Energiepolitik hat sich angesichts der Liberalisierung der Energiemärkte noch erheblich verschärft. So wurden die Eingriffs- und Kontrollbefugnisse der Investitionsaufsicht sowie die kartellrechtlichen Sonderregelungen abgeschafft, wettbewerbsausschließende Vereinbarungen (so die vertraglichen Gebietsabgrenzungen und Preisabsprachen) untersagt und Wettbewerb als Koordinationsmechanismus der Energiemärkte eingeführt. Anvisiert ist, dass Stromverteiler und alle Stromverbraucher einen direkten Zugang zum Netz erhalten und sich den gewünschten Versorger fortan aussuchen können[21]. Die Investitionstätigkeit und Geschäftspolitik der Energieversorger – bislang den Genehmigungsverfahren der Energieaufsicht unterworfen – werden künftig auf Ebene der Region nicht mehr als bürokratischer Eingriff zu beeinflussen sein. Abgesehen von einheitlichen rechtlichen Regelungen des Bundes oder der EU, wird über Unternehmenspolitik primär nach marktinduzierten Effizienzkriterien entschieden.

Indem künftig nicht mehr ein Gebietsversorger als Monopolist in den Versorgungsgebieten agieren wird, sondern neben diesem auch überregional und europaweit tätige Stromversorger neue Absatzmärkte erschließen werden, verändern sich die Regelungsformen, Art und Umfang der Stromerzeugung regional zu steuern. Wesentliche Annahmen bisheriger Steuerungskonzepte, so eine staatlich regulierte und (in vielen Fällen) vertikal integrierte Versorgungswirtschaft sowie eine gefangene Kundschaft, sind auf funktionsfähigen Wettbewerbsmärkten zu modifizieren. Künftig können Kunden je nach spezifischen Bedürfnissen ihren Versorger frei wählen, wodurch langfristige Kundenbindungen an Bedeutung verlieren. Hinzu kommt, dass die ehemals vertikal integrierten Unternehmen infolge der gesetzlich vorgeschriebenen Entbündelung gezwungen sind, die Unternehmensbereiche der Erzeugung, des Transports/Verbunds und der Verteilung an die Endkunden künftig zumindest buchhalterisch zu trennen (sogen. „Unbundling"), um eine Kostentransparenz des Netzbetriebs zu erhöhen. In der Praxis hat dies zu ei-

---

21 Ein wesentlicher Baustein dieser Reform ist die Liberalisierung des Kraftwerks- und Leitungsbaus, wonach ein Erzeugerwettbewerb ermöglicht werden soll. Ergänzend zum freien Leitungsbau wurde der sogenannte „verhandelte Netzzugang" vom Gesetzgeber vorgesehen, wonach die Bedingungen der Durchleitung von Strom zwischen den Parteien ausgehandelt werden sollen. (vgl. Gesetz über die Elektrizitäts- und Gasversorgung (Energiewirtschaftsgesetz) vom 24. April 1998: BGBl. I, S. 730; Schneider 1999).

ner Aufteilung der Versorgungswirtschaft in separate Teilmärkte und vielfach zu einer organisatorischen Aufgliederung in Holding- und Töchterunternehmen oder Center-Einheiten geführt[22]. Staatliche Regelungsakteure sehen sich künftig mit einer Vielzahl von energiewirtschaftlichen Akteuren mit äußerst heterogener Unternehmensstruktur und Produktpalette konfrontiert.

Obwohl derzeit noch zentrale Marktbarrieren[23] einen umfassenden Wettbewerb verhindern, ist eine grundlegende Transformation der regionalen Regelungsstrukturen des Energiesektors kaum aufzuhalten. Erfolgte die Regelung bislang in einem korporatistischen Modell, welches in kartellähnlichen und vertragsrechtlichen Formen der Zusammenarbeit sowie in kooperativen Planungssystemen zwischen Staat und Wirtschaft koordiniert wurde, findet mit der Liberalisierung eine *Verlagerung der institutionellen Steuerungsmechanismen* der Energiepolitik *von Vereinbarungen hin zu einer Koordination über den Preis* statt (vgl. Arentsen & Künneke 1996: 547). Mit Ausnahme des Netzbetriebs[24] soll die Koordination der Energiemärkte nicht länger durch eine direkte staatliche Beeinflussung der Investitionsentscheidungen und durch selbstregulative Absprachen der Energiewirtschaft abgesichert werden. Anstelle der ehemaligen Angebotsmärkte gewinnen *Nachfragemärkte an Bedeutung*, auf denen Investitionen über das Preissystem koordiniert werden. Zusätzlich verstärkt durch einen Trend zur Privatisierung der EVU beginnt hiermit eine radikale *Entflechtung der engen Beziehung zwischen Energiewirtschaft und staatlichen Lenkungsformen*.

Was immer die Vorteile einer „Politik der Staatsentlastung" (Offe 1987: 317) und einer Entflechtung der engen Beziehung zwischen Staat und Energiewirtschaft sein mögen, bewirkt der Übergang der staatsnahen Monopolversorgung zu einer marktorientierten Wettbewerbsversorgung keineswegs einen vollständigen Rückzug des Staates aus ehemaligen Leistungsverpflichtungen. Nicht trotz, sondern sogar aufgrund der Liberalisierung der Energiemärkte wird ein neues staatliches Regelungssystem zu formulieren und auf-

---

22 Vgl. ausführlich zu wettbewerbsinduzierten Veränderungsprozessen in den EVU: Pfaffenberger et al. 1999: 102-115.

23 Eine solche stellt insbesondere der diskriminierungsfreie Netzzugang dar, welcher als Prämisse eines funktionsfähigen Wettbewerbs in der leitungsgebundenen Energieversorgung gilt. So sind die Gebühren für die Durchleitung von Strom im internationalen Vergleich deutlich überhöht, und ein diskriminierungsfreier Netzzugang durch eine freiwillige Verbändevereinbarung bislang nicht gewährleistet (vgl. Voß in diesem Band). Der Wechsel zu anderen Versorgern ist daher bislang eher die Ausnahme und geht häufig mit überteuerten Netznutzungsgebühren einher. Auf die von vielen Seiten geforderte gesetzliche Regelung des Netzzugangs und Etablierung einer Regulierungsbehörde soll nach Vorstellungen des Bundeswirtschaftsministeriums indes zunächst verzichtet werden (Müller 1999).

24 Der Netzbetrieb gilt auch in Zukunft als Marktausnahmebereich und erfolgt i.d.R. durch einen regionalen Betreiber. Er unterliegt auch weiterhin einer besonderen staatlichen Aufsicht, wobei die Konditionen des Netzzugangs zunächst durch verbandliche Absprachen geregelt werden (vgl. Fn. 23 und Voß in diesem Band).

zubauen sein (vgl. Schneider 1999: 39). Dies betrifft neue überregionale Regulierungsbedarfe, um funktionsfähige Märkte zu schaffen und dauerhaft zu stabilisieren, indem Marktbarrieren etwa beim diskriminierungsfreien Netzzugang abgebaut werden. Erst diese „market-making-regulation" (Héritier 1998: 4f.) ermöglicht es, dass die besonderen Leistungscharakteristika der Marktkoordination, wie ihre hohe Allokations- und Innovationseffizienz und ihre Fähigkeit, wirtschaftliche Machtgruppen zu begrenzen, zum Tragen kommen (vgl. Bohne 1997: 219).

Darüber hinaus hat die Bedeutung öffentlicher Interessen und Belange der Energieversorgung mit der Liberalisierung keineswegs abgenommen. Neben der Versorgungssicherheit, der Vermeidung von preislichen Ungleichgewichten im Raum (strukturschwache – strukturgünstige Gebiete) bzw. zwischen den verschiedenen Kundengruppen (Großabnehmer – Tarifkunden), bestehen staatliche Leistungsverpflichtungen auch im Rahmen einer ökologischen Modernisierung der Energiewirtschaft unvermindert fort. Wurde die Koordination von Kollektivinteressen bislang per hierarchischer Kontrolle bzw. zumindest durch ein hohes Maß an staatlicher Involviertheit geregelt, muss diese nach neuer Rechtslage anders, nicht-hierarchisch erledigt werden. Hierbei koordiniert der Preismechanismus das Verhalten der Konsumenten und Unternehmen, etabliert Anreizstrukturen und kanalisiert Such- und Optimierungsverfahren, ist aber in seinen Effekten durchaus ambivalent. Genauso wie das hierarchische Organisationsprinzip ist er auf bestimmte Leistungen spezialisiert und versagt bei anderen. Gerade aufgrund des zeitlichen und räumlichen Auseinanderfallens von Problemursachen und Problemfolgen der Klimaveränderungen bzw. von Kosten und Nutzen einer aktiven Klimavorsorge ist die Wahrscheinlichkeit des Trittbrettfahrens und damit die Gefahr eines Marktversagens besonders hoch. Es besteht daher kaum Anlass, bei der institutionellen Gestaltung einer zukunftsfähigen Energieversorgung allein auf Selbstregelungseffekte des „invisible-hand-Mechanismus" zu setzen.

Zweifellos sind mit der Einführung von institutioneller Steuerung über den Markt positive umweltpolitische Effekte verbunden. So ist damit zu rechnen, dass der Wettbewerbsdruck die Anreize zur Kosteneinsparung durch effizientere Brennstoffnutzung erhöht und damit zu einer Verringerung von Stoffumsätzen und Schadstoffemissionen beiträgt. Auch ein Technologiewechsel von Kohlekraftwerken zu kostengünstigeren und CO_2-ärmeren Gas- und Dampf-Kraftwerken wird begünstigt (Helle 1998: 7; Drillisch & Riechmann 1997, 137), und veränderte Kosten- und Marktstrukturen fördern eine größere technologische Vielfalt (Schneider 1999, 130). Zugleich führt der Wettbewerbsdruck zu einer verbesserten Anpassung von Angebot und Nachfrage und auf diese Weise zum Abbau vorhandener Überkapazitäten (Moss 1998: 225). Nicht zuletzt veranlasst die Liberalisierung die Energieversorger zu verstärkten Anstrengungen, ihre Kunden an sich zu binden. Als Folge ist eine erhöhte Dienstleistungsbereitschaft zumindest gegenüber den Großkunden zu erwarten (Jochem & Tönsing 1998: 9f.) und das konventionelle Angebot wird um Energieberatung, Aktivitäten des Nachfragemanagements und neue Serviceleistungen ergänzt. Zugleich bestehen erhebliche Risiken der Marktöffnung: Vor allem im Großkundenbereich haben die Wettbewerbsbedingungen bereits zur erheblichen Senkung des ohnehin niedrigen Energiepreisniveaus geführt, so dass der wirtschaftliche Umfang von Investitionen im Bereich rationeller Energieverwendung weiterhin sinkt und Effekte der ökologischen Steuerreform bei weitem überkompensiert werden. Auch die (deutlich geringeren) Preisnachlässe im Tarifkundenbereich vermindern die kundenseitige Bereitschaft zur Energieeinsparung durch effiziente Haushaltsgeräte und Verhaltensänderungen. Die Programme der EVU zur Energieeinsparung und Förderung regenerativer Energieträger werden zunehmend nach betriebswirtschaftlichen Effizienzkriterien überprüft und werden sich nur dann halten können, wenn Absatzmärkte erschlossen oder Marketingvorteile erzielt werden können. Insgesamt werden Risikoaversion und kurzfristige Bindungen zunehmen, wodurch die Realisierungschancen langfristiger und kapitalintensiver Energiesysteme (z.B. Fernwärmesysteme) geringer werden (vgl. Helle 1998; Jochem & Tönsing 1998; Moss 1998).

Die Umsetzung klimapolitischer Ziele hängt damit wesentlich von der Effektivität staatlicher „market-correcting-regulation" (Héritier 1998: 4f.) ab, welche Defizite des entstehenden Energiemarktes ausgleicht und zugleich mit einer wettbewerblichen Organisation der Energiewirtschaft kompatibel ist. Kaum zu überschätzen ist die Relevanz einer nationalen und überstaatlichen Steuerung über den Preis. Sowohl aufgrund ihrer sektorübergreifenden Wirksamkeit als auch aufgrund ihrer ökonomischen Effizienz und hohen Flexibilität für die Steuerungsadressaten erweist sich ihre Institutionalisierung als höchst plausibel. Als wesentlicher Engpass einer effektiven Internalisierung sozialer Kosten über eine zentrale Preissteuerung – dies verdeutlichen die geringe Reichweite der ökologischen Steuerreform in Deutschland ebenso wie die Blockaden EU-weiter Initiativen – erweisen sich indes politische Durchsetzungsprobleme[25]. Aller bisherigen Erkenntnis nach ist der Erfolg klimapolitischer Strategien daher abhängig von institutionellen Regelungsformen, welche zentralstaatliche oder supranationale Steuerung ergänzen, deren Regelungslücken ausgleichen, und endogene Entwicklungspotenziale der Region aktivieren. Am Beispiel der Energie- und Umweltpolitik in der Stadtregion Berlin wird im folgenden der Frage nach ergänzenden Steuerungsformen nachgegangen, welche jenseits klassischer Eingriffslogik und Verwaltungshierarchie Anreizstrukturen einer regionalen Klimavorsorge etablieren.

---

25 Ähnliches gilt für Schwierigkeiten einer effektiven ordnungsrechtlichen Steuerung (vgl. Monstadt 1997a: 80f.), etwa die seit Jahren aufgeschobene Einführung einer Wärmenutzungsverordnung oder die Einführung von Höchstverbrauchsstandards für Geräte, ordnungsrechtliche Lösungen für Stand-by-Schaltungen etc. Inwieweit sich die Einführung von Quoten für Strom aus regenerativen Energieträgern und aus Kraft-Wärme-Kopplung durchsetzen wird, bleibt abzuwarten.

Tabelle 1: Herausforderungen regionaler Steuerungsmuster im Energiemanagement

	Bisherige Perspektive	Neue Herausforderungen
Dominante Koordinationsmechanismen	Vereinbarung Anordnung	Preis Vereinbarung
Organisatorisches Setting	verteilte Machtstrukturen in stabilen energiepolitischen Netzwerken	marktförmige Begrenzung wirtschaftlicher Machtgruppen
	Zentrale Machtstrukturen der Luftreinhaltepolitik	Polyzentrische bzw. dezentrale Machtstrukturen der Klimapolitik
	Sektorale Organisation von Energie- und Umweltpolitik	Integration von Umwelt- u. Energiepolitik, Querschnittorientierung der Umweltpolitik
	Exklusion der Energieverbraucher	Verbrauchermacht
Steuerungsadressaten	(vertikal integrierte) Gebietsmonopolisten	ausdifferenzierte Versorgungs- und Dienstleistungswirtschaft
		Multiaktorensysteme mit Einfluss auf Nachfragemärkte
Zielstruktur	klar definierte umweltpolitische Ziele durch Ordnungsrecht	Ausrichtung auf Definition von Problemen und Zielen der Umweltpolitik
	Angebotssteuerung durch Kapazitätserweiterung und Infrastrukturplanung	Abwägung technologischer Alternativen umweltverträglicher Energieversorgung und Optionen des Nachfragemanagements
Aufgabenstruktur des Staates	„Top-down"-Planung Systemkontrolle, Informationspool	koordinierte Selbstregulierung Prozessmanagement, Politikmoderation
	energiepolitische Einflussnahme in selektiv geschlossenen Netzwerkstrukturen	energie- und umweltpolitische Einflussnahme in transparent geöffneten Kooperationen
Räumliche Strukturen	vertraglich festgelegte Gebietsgrenzen (Konzessionen, Demarkationen) auf nationaler Ebene	durch soziale Interaktionen definierte Wirtschaftsräume, Internationalisierung
	durch Einflussbereich der Aufsichtsbehörden und Kommunen geprägt	durch Marktprozesse geprägt
Charakter der Beziehung Staat – Steuerungsadressaten	wechselseitig abhängig, kooperativ autoritativ, hierarchisch	marktförmig wechselseitig abhängig, kooperativ

5. Institutionelle Ausdifferenzierung einer ökologischen Energiepolitik in Berlin

Als Reaktion auf die globalen Klimarisiken wird die ökologische Modernisierung der Energiewirtschaft seit Ende der achtziger Jahre als Programmatik der Berliner Energie- und Klimapolitik formuliert. Auf Basis des 1990 beschlossenen Energiespargesetzes[26] wurde 1994 das Berliner Energiekonzept durch den Senat verabschiedet. Mit diesem Konzept wurden sektorale und sektorübergreifende Aktionspläne vereinbart[27] und eine Wende hin zu einer stärkeren Nachfrageorientierung der Energiepolitik anvisiert. Ziel des Energiekonzepts ist es, die CO_2-Emissionen mit den landespolitisch zur Verfügung stehenden Mitteln zwischen 1990 und 2010 um 25% zu reduzieren. Gegenstand regionaler Strategien sollen nicht nur die Maßnahmen auf der Angebotsseite zur effizienten und umweltverträglichen Energiebereitstellung durch Förderung der Kraft-Wärme-Kopplung und kohlenstoffarmer Energieträger sein, sondern an zentraler Stelle auch die Förderung von Dienstleistungsangeboten zur Reduktion des Energieverbrauchs[28].

Die Komplexität dieser Querschnittsaufgabe hat erhebliche Folgen für die Organisation energiepolitischer Steuerung. Dementsprechend hat in Berlin sowohl im politisch-administrativen System als auch in der Energiewirtschaft ein Ausdifferenzierungsprozess von Organisationen der ökologischen Energiepolitik und –wirtschaft stattgefunden. Angesichts des komplexen Anforderungsprofils klimapolitischer Steuerungsaufgaben wurde in Berlin zusätzlich zur bestehenden Energieaufsichtsbehörde eine Energieleitstelle (Referat für Grundsatz- und Planungsaufgaben des Klimaschutzes) eingerichtet. Aufgabe dieses Referats ist es, die konzeptionellen Aktivitäten der Klimapolitik zusammenzufassen und die fragmentierten Zuständigkeiten bei der Umsetzung klimapolitischer Konzepte zu bündeln.

Insgesamt wurde der klimapolitische Handlungsbedarf weniger durch Ausdifferenzierung politisch-administrativer Handlungskapazitäten (Bürokratisierung) oder gesetzlicher Regelungen (Verrechtlichung) verarbeitet, vielmehr wurden energiepolitische Regelungsaufgaben teilweise gezielt an privatwirt-

---

26 Gesetz zu Förderung der sparsamen sowie umwelt- und sozialverträglichen Energieversorgung und Energienutzung im Land Berlin vom 2. Oktober 1990. Gesetz und Verordnungsblatt für Berlin, S. 2145ff.
27 Folgende Aktionspläne wurden verabschiedet: 1) Energiebewusstsein, 2) Wohnungsbestand, 3) Wohnungsneubau, 4) Energieeinsparung in öffentlichen Einrichtungen, 5) Energieeinsparung in Industrie und Gewerbe, 6) Verkehr, 7) Energiedienstleistungen, 8) Solarenergie und neue Technologien zur Nutzung regenerativer Energien.
28 Hierzu zählen Angebote, wie Beratung, Begutachtung, Durchführung von Maßnahmen des Energiemanagement, zwischenbetriebliche Organisations- und Finanzierungsformen, die Initiierung von Qualifizierungs- und Fortbildungsmaßnahmen, Energiespar-Marketing, Energiesparaktionen im Einzelhandel, in öffentlichen Einrichtungen und in Miethaushalten.

schaftlich organisierte Dienstleister übertragen, teilweise wurden diese vollständig der gesellschaftlichen Selbstregelung überlassen. So greift die institutionelle Ausdifferenzierung in Berlin weit über den engeren staatlichen Bereich hinaus, und es hat eine Dezentralisierung von Aufgaben der Klimavorsorge an intermediäre und privatwirtschaftliche Organisationen stattgefunden: Neben einer Energieagentur, die als Public-Private-Partnership zur Förderung von Energieberatung und umweltgerechten Energietechniken eingerichtet wurde, existieren weitere intermediäre und zahlreiche private Organisationen mit öffentlichem Auftrag, welche die ehemals scharfen Trennungslinien zwischen staatlichen und gesellschaftlichen Organisationen aufweichen.

Das Zusammenwirken politischer und privatwirtschaftlicher Initiativen hat zur Institutionalisierung eines „ökologisch engagierten Wirtschaftssektors" (Weidner 1996: 199) geführt, hierunter zahlreiche private Anbieter von Dienstleistungen im Bereich Energiemanagement, Energieberatung sowie Contracting, Anbieter innovativer Energietechnologien, dezentrale Strom- und Wärmeversorger und jüngst auch Händler von „grünem Strom". Gestärkt durch verbandliche Strukturen, wie die Unternehmensvereinigung Solarwirtschaft, die Interessengemeinschaft von Blockheizkraftwerks-Betreibern, oder überregional agierende Verbände der Solar- oder Einsparwirtschaft werden die Akteure der Umweltwirtschaft zu wichtigen „Helferinteressen" (Prittwitz 1994: 28) einer ökologischen Energiepolitik, indem sie direkt wirtschaftlichen Nutzen aus der umweltpolitischen Problembewältigung ziehen[29].

Infolge eines politischen Handlungsdrucks, sicherlich auch als umweltpolitischer Gratiseffekt der Liberalisierung und der damit einhergehenden Differenzierung der Energiewirtschaft in separate Teilmärkte, trägt auch die konventionelle Versorgungswirtschaft zur Institutionalisierung einer ökologischen Energiewirtschaft bei. Um Kunden längerfristig zu binden und Zukunftsmärkte zu erschließen, findet auch bei den beiden ehemaligen Gebietsversorgern über die pauschale Grundversorgung hinaus eine Diversifizierung in ökologische Unternehmensbereiche statt: So fördert das Stromversorgungsunternehmen innerhalb von vier Jahren im Rahmen seines Programms „Energie 2000" innovative und umweltfreundliche Energien mit einem Ge-

---

[29] Zusammenfallend mit dem Wachstum und der Professionalisierung einer „ökologischen Energiewirtschaft" verlieren herkömmliche energiepolitische Protestformen der Umweltverbände tendenziell an Bedeutung, auch was eine massenmediale Präsenz betrifft. Teilweise unterstützt durch öffentliche Förderung verdichteten sich zwar die Aktivitäten der Nicht-Regierungsorganisationen zum Zeitpunkt der UN-Klimakonferenz in Berlin, dauerhafte Arbeitszusammenhänge sind hieraus jedoch nicht entstanden. Die herkömmlichen konfrontativen Politikmuster und die Solidarisierung gegen kritische Sachverhalte oder Akteursgruppen mündet zunehmend in eine Mobilisierung für konstruktive klimapolitische Problemlösungen. Z.B. sind zentrale Akteure der ehemaligen Protestbewegung inzwischen direkt in der ökologischen Energiewirtschaft tätig, ein Umweltverband arbeitet mit dem Berliner Stromversorger zusammen, andere bieten Verbraucherberatungen an.

Energiemanagement im Umbruch 275

samtvolumen von 40 Millionen DM (SUT 1999: 13). Zugleich erweitert es seine Produktpalette für Haushaltskunden, indem seit November 1999 Strom aus unterschiedlicher Herkunft angeboten[30] und der Kundenservice insbesondere für Großabnehmer erweitert wird. Beschränkte sich das Dienstleistungsangebot des regionalen Stromversorgers bis 1996 überwiegend auf die typischen Beratungsleistungen, erschließt das Unternehmen ebenso wie der Berliner Gasversorger seitdem neue Marktsegmente in der Energiedienstleistungswirtschaft durch Einsparinvestitionen direkt beim Endverbraucher (SUT 1998: 48).

Insgesamt hat die Institutionalisierung von Klimapolitik im politischen System, die Ausdifferenzierung von intermediären Organisationen und Organisationen der ökologischen Energiewirtschaft wesentlich zu Regelungsformen jenseits zentralstaatlicher Steuerung geführt. Die ökologische Innovationsverantwortung wurde in hohem Maße an privatautonomes Handeln übertragen und die Selbstorganisationsfähigkeit von Aufgaben der Klimavorsorge gestärkt. Es ist zu vermuten, dass diese Verlagerung staatlicher Leistungsproduktion auf andere Träger und die Ausdifferenzierung klimapolitischer Problembearbeitung wesentlich zur Entwicklung innovativer Problemlösungen mit Modellcharakter[31] beitragen konnte. Dennoch ist davon auszugehen, dass der Rückgang der CO_2-Emissionen zwischen 1990 und 1997 um klimabereinigt 16,9% pro Einwohner (SUT 1999: 1) nur teilweise als Erfolg einer systematischen klimapolitischen Strategie, dagegen zu einem erheblichen Teil als Gratiseffekt der Deindustrialisierung im Berlin der Nachwendezeit zu interpretieren ist.

6. Politikintegration als Engpass der Berliner Energiepolitik

Trotz erster Erfolge der Energiepolitik konnte sich eine ökologische Energiewirtschaft indes nur in schmalen Marktsegmenten etablieren. Die seit Beginn der neunziger Jahre proklamierte strukturelle Modernisierung der Energiewirtschaft inklusive der Energieverbrauchssektoren steht daher auch in

---

30 Zu unterschiedlichen Tarifen verkauft das Unternehmen unter dem Markennamen „Berlin-Klassik" Strom mit hohem Anteil an Kraft-Wärme-Kopplung (0,3 DM/kWh) , unter dem Namen „ÖkoPur" ausschließlich aus regenerativen Energien gewonnenen Strom (0,39 DM/kWh) und unter dem Namen „MultiConnect" auf europäischen Strommärkten eingekauften Billigstrom (0,22 DM/kWh). Nachdem 1,8 Millionen Haushalte von dem Unternehmen angeschrieben und über das neue Produktangebot informiert wurden, entschieden sich indes nur etwa 4.000 Haushalte (d.h. ca. 0,2%) für den angebotenen Öko-Strom (vgl. Tagesspiegel vom 23.11.1999).

31 So finden z.B. das Energiekonzept für die Regierungsgebäude, das hocheffiziente GuD-Kraftwerk in Berlin-Mitte, die Berliner Contracting-Aktivitäten, die Einrichtung einer „Solarstrombörse", welche die solare Stromerzeugung privater Einspeiser über einen Investitionszuschuss und eine erhöhte Einspeisevergütung finanziert, überregional Beachtung.

Berlin noch weitgehend am Anfang. Die Notwendigkeit einer „Überprüfung und Neuausrichtung der Energie- und Klimaschutzpolitik" (SUT 1998: 183) ist daher unbestritten. Zwar wird die Ausdifferenzierung einer ökologischen Energiepolitik und -wirtschaft und die Förderung von innovativen Einzelprojekten und Modellvorhaben auch weiterhin unverzichtbarer Bestandteil einer klimapolitischen Strategie sein. Gleichwohl erweisen sich Ausdifferenzierungsstrategien gewissermaßen als organisationsbezogenes Pendant zum additiven Umweltschutz. Analog zu nachsorgenden Umwelttechnologien, welche nicht in wirtschaftliche Stoffumwandlungsprozesse integriert, sondern jenseits der eigentlichen Problemverursachungsprozesse eingesetzt werden, ist auch im Energiesektor die Tendenz zu verzeichnen, dass funktionale Erfordernisse der Klimavorsorge nicht ausreichend in Handlungsmuster der problemverursachenden Organisationen integriert, sondern primär durch Formen einer „additiven Institutionalisierung" neuer Politiken und Wirtschaftszweige wahrgenommen werden. Hierbei zeigt sich, dass Ausdifferenzierungsstrategien nur begrenzt zum Erfolg führen, wenn zukünftig nicht das wachsende Integrationspensum von Erfordernissen der Klimavorsorge in die Handlungslogiken anderer Ressorts und Wirtschaftssektoren konsequenter anvisiert wird. Verglichen mit Ausdifferenzierungsstrategien, welche der dominanten Entwicklungslogik moderner Gesellschaften in hohem Maße entsprechen, trifft die Interaktion mit den Institutionen anderer Politikbereiche und die Integration klimapolitischer Handlungsbedarfe in der Praxis auf enorme Durchsetzungsprobleme und Konflikte.

Als zentrales Problem ökologischer Energiepolitik erweist sich, dass Entwurf und Umsetzung energieplanerischer Konzepte zwar formal in den Zuständigkeitsbereich des entsprechenden Klimareferats fallen, zentrale Gestaltungs- und Regelungskompetenzen jedoch in der Federführung anderer Politik- und Verwaltungsbereiche bzw. in der Entscheidungsautonomie zahlreicher Wirtschaftssektoren liegen (vgl. auch O'Riordan & Jordan 1996: 75). Auf die konzeptionellen Grundlagen der relevanten Politik- und Wirtschaftsbereiche kann daher von Seiten der Umweltpolitik häufig erst zu einem fortgeschrittenen Zeitpunkt der Programmentwicklung Einfluss genommen werden (vgl. Müller 1990: 167). Ein struktureller Konflikt besteht darin, dass die Bewältigung des Klimaproblems nur in sektorübergreifender Kooperation wechselseitig voneinander abhängiger und teilweise miteinander konkurrierender Akteure möglich ist, die Politik- und Verwaltungsstrukturen jedoch überwiegend sektoral organisiert sind. Entsprechend ihren eingeschränkten Zuständigkeiten institutionalisieren die jeweiligen Ressorts äußerst selektive Wahrnehmungs- und Aufmerksamkeitsmuster, die sich bei der Bewältigung klimapolitischer Querschnittsaufgaben als kontraproduktiv erweisen (vgl. ausführlich: Monstadt 1997a). Die seit Beginn der achtziger Jahre erhobene Forderung nach langfristigen, parteien- und verwaltungsübergreifenden Akteurskoalitionen zur Erarbeitung gemeinsamer energiepolitischer Problemlösungen (Ueberhorst 1995) stellt sich daher klimapolitisch in neuer Brisanz.

Energiemanagement im Umbruch 277

Bereits innerhalb der Umweltverwaltung erzeugt eine ökologisch ausgerichtete Energiepolitik einen erheblichen Koordinationsbedarf. Dieser betrifft die Koordination mit der Stadt- und Regionalplanung, insbesondere aber auch die Abstimmung zwischen zwei in Berlin traditionell eher konkurrierenden Referaten, dem Referat für Grundsatz- und Planungsaufgaben des Klimaschutzes, zuständig für Entwurf und Umsetzung des Berliner Energiekonzepts und -programms, und dem Referat für Grundsatz- und Planungsaufgaben der Energiewirtschaft und Technologiepolitik, zuständig für die Preisaufsicht und Technologiepolitik. Daneben verwaltet das Bauressort als zentraler klimapolitischer Akteur über 95% der ausgewiesenen Mittel für klimapolitische Programme (vgl. SUT 1999: 19) und ist u.a. für die Förderrichtlinien im Wohnungsneubau und in der Altbausanierung zuständig. Das Finanzressort ist zuständig für Investitionen der öffentlichen Hand im Energiebereich und hatte die Federführung über die Aushandlung der Konzessionsverträge mit den beiden Versorgungsunternehmen ebenso wie über die Privatisierung beider EVU. Auch die geplante Einrichtung einer Energiewirtschaftsstelle, welche die verteilten Zuständigkeiten des Landes als größter regionaler Energienachfrager koordinieren soll, fällt in den Zuständigkeitsbereich des Finanzressorts[32]. Daneben entscheidet das Wirtschaftsressort über die Wirtschaftsförderung, das Innenressort über die Personalausstattung z.B. bei der Energieberatung, die Arbeitsverwaltung über ABM-Maßnahmen usw. Angesichts dieser fragmentierten Zuständigkeiten hängt der Erfolg klimapolitischer Strategien wesentlich davon ab, inwieweit es gelingt, die Präsenz ökologischer Anforderungen im Prozess der senatsinternen Meinungsbildung zu erhöhen, um frühzeitig Einfluss auf die Programmgestaltung der relevanten Politikbereiche zu nehmen[33].

---

32 Angesichts fragmentierter (bezirks-, verwaltungs- und gebäudespezifischer) Zuständigkeiten für die energetische Bewirtschaftung öffentlicher Gebäude soll es Aufgabe der Energiewirtschaftsstelle sein, ein übergreifendes Energiemanagementsystem zu institutionalisieren und die Grundlagen für Verhandlungen über Strombezugskonditionen zwischen dem Land und den Versorgungsunternehmen zu schaffen. Inwieweit es gelingt, auf Grundlage dessen ein Energiesparsystem aufzubauen und die verbesserte Verhandlungsmacht des Landes nicht allein zur Durchsetzung von Preisnachlässen, sondern gleichermaßen von ökologischen Standards zu nutzen, bleibt abzuwarten.

33 Müllers Vorschlag (1990: 170f.), durch die Einrichtung und konsequente Nutzung umweltpolitischer Spiegelreferate in den Verursacherressorts umweltpolitischen Einfluss zu sichern, ist nur bedingt auf Berlin übertragbar. So ist das „Referat für ökologischen Städtebau" in der Bauverwaltung als einziges Spiegelreferat des Umweltressorts primär für die Betreuung von Modellprojekten zuständig, nicht aber für die querschnittsorientierte Koordination ökologischer Belange im Bauressort. Das ehemalige „Referat für ökologisches Wirtschaften" im Wirtschaftsressort ist mittlerweile in die Umweltverwaltung überführt. Die Einrichtung entsprechender Spiegelreferate in der Finanzverwaltung oder in anderen Politikbereichen gilt angesichts der „Verschlankungs-" und Modernisierungsbemühungen der öffentlichen Verwaltung und dem expliziten Verzicht auf Spiegelreferate als unwahrscheinlich.

Der Bedarf, klimapolitische Anforderungen möglichst frühzeitig in die Programmatik anderer Politikfelder zu integrieren, stellt sich in ähnlicher Weise auch bei deren Internalisierung in die Kalküle der Energieversorger. Hierbei sind die landespolitischen Möglichkeiten, auf die Geschäftspolitik der EVU direkt Einfluss zu nehmen, erheblich gesunken. Zwar verpflichten sich der Strom- und der Gasversorger in den Konzessionsverträgen, mit ihrer Geschäftspolitik eine an Grundsätzen der Energieeinsparung und Umweltverträglichkeit ausgerichtete Energiepolitik zu unterstützen. Inwieweit die vereinbarte Förderung umweltverträglicher Stromerzeugung und eines professionellen Nachfragemanagements tatsächlich zu einem integralen Bestandteil der Unternehmenspolitik wird, kann künftig nur noch eingeschränkt landespolitisch determiniert werden. Auf einstige Steuerungsressourcen, energiewirtschaftliche Investitionsplanungen durch staatliche Aufsichtsverfahren direkt zu kontrollieren, oder zumindest durch Verhandlungen im Schatten hierarchisch strukturierter Genehmigungsverfahren Einfluss zu nehmen, kann infolge der neuen Rechtslage nicht länger zurückgegriffen werden. Auch die Steuerungsoptionen, welche das Land als ehemaliger Mehrheitsaktionär des regionalen Strom- und des Gasversorgers zur Einhaltung klimapolitischer Zielvereinbarungen hätte nutzen können, wurden mit der vollständigen Privatisierung beider EVU in den letzten beiden Jahren vergeben.

Einhergehend mit dieser Entflechtung der engen Beziehungen zwischen staatlichen Institutionen und der Energiewirtschaft setzt der Wettbewerb in Berlin mit unerwarteter Dynamik ein. Binnen weniger Monate schlossen finanzkräftige Großkunden des Berliner Stromversorgers Bezugsverträge mit anderen Unternehmen ab. Auch mittelständige Unternehmen konnten bereits erfolgreich aus dem Kundenstamm des ehemaligen Gebietsversorgers durch Energiebroker abgeworben werden, indem die Stromhändler ihre Kunden bündeln und ihnen dadurch bessere Konditionen beim Strombezug verschaffen. Selbst für Privatkunden mehren sich Billigangebote und diverse Angebote von auf regenerativer Basis erzeugtem Strom durch überregional tätige Unternehmen. Zwar verhindern die bisher nicht endgültig geklärten Durchleitungsbedingungen noch die weitergehende Öffnung der Energiemärkte. Dennoch stellen sich die Geschäftspolitik und strategische Unternehmensplanung des Berliner Stromversorgers zunehmend der Dynamik von Wettbewerbsmärkten: So wurde damit begonnen, Personal drastisch abzubauen, den Großkunden erhebliche Preisnachlässe zu gewähren, den Kundenservice zu erweitern und auch den Tarifkunden Rabatte in Aussicht zu stellen. Zugleich wurde der Abbau des hohen Anteils an umweltschonender, jedoch kapitalintensiver innerstädtischer Kraft-Wärme-Kopplung durch Kraftwerksschließungen angekündigt. Insgesamt führt der steigende Wettbewerbsdruck dazu, dass über Produktpolitik und -palette künftig primär nach Maßgabe von Verbrauchermärkten entschieden wird. Immer stärker entziehen sich die Unternehmensentscheidungen, z.B. darüber, inwieweit bei der Stromerzeugung über Standards der Luftreinhaltung hinaus auch den Erfordernissen des integrier-

Energiemanagement im Umbruch 279

ten Umweltschutzes durch effiziente und umweltverträgliche Technologien Rechnung getragen wird oder inwieweit sich ein Nachfragemanagement im Groß- *und* Tarifkundenbereich trotz Kostensenkungsdruck weiter ausgebaut wird, einer direkten staatlichen Steuerbarkeit auf Ebene der Region.

Da sich mit der Einführung von Wettbewerb die Konsumentensouveränität deutlich erhöht, hat die Steuerung von Struktur und Umfang der Energienachfrage in den heterogenen Verbrauchssektoren an Relevanz für regionale Energiepolitik gewonnen. Dabei geht es um den Aufbau einer informationellen Infrastruktur, welche den Konsumenten einen Marktüberblick über den sich ausdifferenzierenden Energiemarkt ermöglicht und Beratungsleistungen über umweltverträgliche Handlungsoptionen bereitstellt. Es geht aber auch um den Abbau institutioneller Hemmnisse, welche selbst grundsätzlich rentable Investitionen in Energiesparmaßnahmen verhindern[34]. Angesichts der hohen Komplexität dieser Steuerungsaufgabe werden Aufgaben der Verbraucherberatung und des Nachfragemanagements in Berlin primär durch halbstaatliche oder private Organisationen wahrgenommen (vgl. Abschnitt 5.). Administrative Steuerung wird auf diese Weise entlastet und flexibilisiert. Zugleich entstehen neue staatliche Handlungsbedarfe, indem das Beratungs- und Dienstleistungsangebot aufgrund eines niedrigen Energiepreisniveaus häufig nicht marktfähig ist. Es bleibt daher zunächst auf staatliche Starthilfen mit Personal und Sachmitteln sowie auf Organisationshilfen angewiesen. Wenn es Ziel sein soll, ein breitenwirksames und sektorübergreifendes Angebot zu stärken, gilt es, das bislang eher punktuelle Dienstleistungsangebot besser abzustimmen und zu vernetzen sowie die Marktfähigkeit und Marktmacht der jungen Branche gezielt zu fördern (Monstadt 1997b: 196f.; vgl. SUT 1998: 182).

7. *Kooperative Planungssysteme als Steuerungsoption der Berliner Energiepolitik*

In der aktuellen Phase der Transformation und Neuorientierung der Energiemärkte sieht sich ökologische Energiepolitik in Berlin einem immer komplexeren Regelungsfeld gegenüber, welches zwar eine systematische und an langfristigen Zielen orientierte Planung, zugleich aber ein neues Verständnis politischer Planung unabdingbar macht. Klimapolitische Maßnahmen sind insbesondere auf Länderebene nur sehr eingeschränkt mittels hoheitlich

---

34 Neben Informationsdefiziten der Verbraucher und erheblichen Transaktionskosten, sich einen Marktüberblick zu verschaffen, unterbleiben viele kosteneffiziente Einsparoptionen auch deshalb, weil der Zeithorizont gegenüber langfristigen Investitionen häufig zu kurz ist. So sind die Investoren von Energieeinsparungen und deren Nutznießer häufig nicht identisch, wodurch ihr Interesse an Sparmaßnahmen gering ist (Nutzer-Investor-Problematik). Vgl. Monstadt 1997: 119.

rechtlicher oder fiskalischer Instrumente gegenüber den Steuerungsadressaten machbar und, wie sich gezeigt hat, auch immer weniger von Seiten der Umweltpolitik gegen einflussreiche Akteursnetzwerke durchsetzbar.

So scheiterten die beiden zentralen legislativen Initiativen des Berliner Abgeordnetenhauses der letzten Jahre am hochorganisierten Widerstand einer Allianz aus Wirtschaftsverbänden, der Energiewirtschaft und der Bau- und Finanzverwaltung. Obwohl eine Solaranlagenverordnung[35] und eine Verordnung zur kostendeckenden Einspeisevergütung von Solarstrom mit großer Mehrheit vom Parlament beschlossen wurden, wurde deren Umsetzung jeweils im Senat boykottiert. Statt dessen wurde unter der Federführung der Umweltverwaltung über „freiwillige" Maßnahmen mit der Energiewirtschaft und den Wirtschaftsverbänden verhandelt und für den Fall eines Scheiterns angedroht, die Verordnungen durchzusetzen. Solche „Verhandlungen im Schatten der Hierarchie" (Scharpf 1992: 106) führten zur Vereinbarung von Selbstverpflichtungen des regionalen Stromversorgers zur Solarstromförderung und zu klimapolitischen Selbstverpflichtungen der regionalen Wirtschaftsverbände. Hierbei hatten die parlamentarischen Beschlüsse zwar wesentlichen Einfluss auf Verhandlungsverlauf und -ergebnisse. Dennoch gingen die wesentlichen Programminitiativen letztlich von der planenden Verwaltung aus, und politische Gestaltungsaufgaben werden dort wahrgenommen. Die zunehmende Komplexität energiepolitischer Regelungsinhalte bewirkt, dass das Parlament die überwiegende Zahl der Maßnahmen wegen eigener Kapazitätsmängel nur noch ratifizieren kann. Als Folge verliert die parlamentarische Kontrolle über energiepolitische Gestaltungsprozesse der Verwaltung zunehmend an Wirksamkeit.

Es sind jedoch nicht nur die demokratischen Institutionen der Landespolitik, die energiepolitisch an Bedeutung verlieren. Zugleich werden die herkömmlichen hierarchischen Regelungsstrukturen der Umweltverwaltung (Immissionsschutz) und Energieaufsicht zunehmend ergänzungsbedürftig um informelle und kooperative Politikmuster. Angesichts der rechtlichen Unverbindlichkeit klimapolitischer Programme, dem Verlust von Steuerungsressourcen in den Verfahren der Energieaufsicht und dem erklärten Verzicht auf ordnungspolitische Maßnahmen in Berlin (SUT 1999: 1) sind politisch-administrative Initiativen immer weniger unter dem Aspekt „Steuerungsmacht" zu betrachten. Indem übergreifende Problemlösungen häufig nur in Verhandlungen zwischen formal unabhängigen aber funktional höchst interdependenten Akteuren formuliert und implementiert werden können, werden „Moderations- und Verhandlungsfähigkeit" zu einer zentralen Voraussetzung der Verwaltung bei der Herstellung bindender Entscheidungen. Ökologische Energiepolitik muss sich der (zumeist freiwilligen) Unterstützung wichtiger

---

35 Diese schreibt auf Basis des „Energiespargesetzes" (vgl. Fn. 26) vor, dass 60 Prozent des Warmwasserbedarfs aller privaten und gewerblichen Neubauten mit zentraler Warmwasserversorgung durch eine Solaranlage erzeugt werden müssen.

Energiemanagement im Umbruch

Akteure versichern, wenn sie ihre Programme umsetzen möchte (vgl. O'Riordan & Jordan 1996: 77). Gegenüber der Steuerung einer preisgünstigen und sicheren Energieversorgung, welche in einem sektoralen und bilateralen Steuerungsmodell zwischen Staat und Energiewirtschaft zu organisieren war, muss die Architektur von Steuerungsprozessen ökologischer Energiepolitik deutlich komplexer angelegt sein. Für den Erfolg von Planungsprozessen ist nicht primär die interne Leistungsproduktion des entsprechenden Klimaschutzreferats entscheidend, sondern die Organisation des Zusammenspiels verschiedener staatlicher, halbstaatlicher und nicht-staatlicher Akteure.

So wird vom Umweltsenator seit 1989 ein Energiebeirat als pluralistisches Expertengremium aus Vertretern der Verbände, Energiewirtschaft und Wissenschaft berufen. Hiermit wird die Absicht verfolgt, die Kompetenz der relevanten Akteure in die zukünftige Energiepolitik einzubinden, energiepolitische Ziele und Maßnahmen abzustimmen und eine Zusammenarbeit unterschiedlicher Akteure in Berlin zu organisieren. Satzungsgemäße Aufgabe des Beirats ist es, den Senat bei den relevanten energierechtlichen, -wirtschaftlichen und -politischen Fragen und Grundsatzentscheidungen durch konzeptionelle Vorschläge und Stellungnahmen zu beraten. Daneben werden von staatlicher Seite weitere Gremien zum Informationsaustausch, zur Koordination, Konfliktregelung und Politikberatung gefördert, um Interaktionsprobleme zwischen den unterschiedlichen energiepolitisch relevanten Institutionen zu mindern. So existieren u.a. eine „Fachrunde Energie & Beschäftigung", die sich im Rahmen des berlinweiten Agendaprozesses den beschäftigungspolitischen Aspekten der Energiepolitik widmet, ein „Forum Solarenergie" zur regionalen Förderung der Solartechnik, die „KlimaSchutzPartner" als regelmäßig tagender Arbeitskreis der Berliner Wirtschaft, welcher die Umsetzung der Selbstverpflichtungen koordiniert, Runde Tische mit energiepolitischer Zielsetzung in einzelnen Bezirken (sogenannte „Energietische") sowie eine zeitlich begrenzte Steuerungsgruppe zum Energiemanagement öffentlicher Gebäude. Neben bzw. ergänzend zu diesen Gremien mit hohem Institutionalisierungsgrad erfolgt die Koordination politischer Querschnittsaufgaben in hohem Maße durch lockere, themenspezifische Kooperationen, persönliche Beziehungsnetze und strategische Allianzen[36].

Kooperative Planungssysteme mit der Wirtschaft und die unterschiedlich stark institutionalisierten Netzwerkstrukturen verdeutlichen, dass Energiepolitik in Berlin in hohem Maße im Rahmen informeller Verfahren sowie in

---

36 Mit sinkendem Institutionalisierungsgrad und steigender Exklusivität bleibt die wissenschaftliche Analyse von Netzwerkstrukturen, die an der Hervorbringung effektiver Regelungen im Energiesektor beteiligt sind, zwangsläufig begrenzt. Gleichwohl hat die Durchführung einer Interviewreihe mit Experten der Berliner Energie- und Klimapolitik ergeben, dass sich gerade die wenig institutionalisierten Netzwerkstrukturen und strategischen Bündnisse in vielen Fällen als effektiv erwiesen, klimapolitische Initiativen voranzubringen. In sicherlich ebenso vielen Fällen wurden Initiativen durch diese indes auch erheblich blockiert (Monstadt 1999).

Kooperation und Absprache zwischen staatlichen, halb-staatlichen und nichtstaatlichen Akteuren erfolgt. Planerische Ansätze können sich immer weniger auf klare Ziel-Mittel-Relationen verlassen, sondern sind zunehmend auf prozedurale Vorgaben und Organisationshilfen angewiesen, um das Zusammenspiel verschiedener Institutionen zu beeinflussen. Zum prozesshaften Charakter energiepolitischer Initiativen gehört, dass gesellschaftliche Selbstregelungskapazitäten vermehrt in Anspruch genommen werden und der Steuerungsprozess auf Ressourcen wie Information, Überzeugung, Verhandlung sowie der aktiven Mitarbeitsbereitschaft der eigentlichen Steuerungsadressaten aufbaut. Die Konkretisierung klimapolitischer Ziele ergibt sich zunehmend erst aus der Zusammenarbeit aller relevanten Beteiligten. Die Nutzung weicher, informeller Instrumente und kooperativer Planungssysteme wird in vielen Fällen zur Prämisse staatlicher Energiepolitik, ihre Steuerungs- und Koordinationsaufgaben überhaupt angemessen verarbeiten zu können[37]. Dennoch: Energie- und Klimapolitik ist äußerst voraussetzungsvoll, wenn sie ihre ambitionierten Ziele – wie jüngst im Landesenergieprogramm für die nächsten Jahre angekündigt – „durch Dialog und Kooperation, jedoch möglichst ohne Einführung zusätzlicher ordnungspolitischer Instrumente" sowie „durch verstärkte Einbindung gesellschaftlicher und wirtschaftlicher Akteure" (SUT 1999: 1) erreichen möchte:

Eine Befragung der Mitglieder des Berliner Energiebeirats hat ergeben (Monstadt 1999), dass ein innovatives Potenzial der Beratungstätigkeit des Beirats nach seinem nahezu zehnjährigen Bestehen kaum noch gesehen wird. Zwar gingen bei der Vorbereitung des Berliner Energiekonzepts bis 1994 wesentliche Initiativen der regionalen Energiepolitik von diesem Gremium aus. Der Beirat habe effektiv Einfluss auf energiepolitische Entscheidungsprozesse nehmen, innovative Problemlösungen anstoßen und insgesamt zu einer höheren Informiertheit der Beteiligten beitragen können (Monstadt 1999). Typische Engpässe einer Querschnittspolitik, nämlich eine gemeinsame Problemdefinition sowie die Formulierung gemeinsamer Ziele und koordinierter Problemlösungsstrategien seien insbesondere in den ersten Jahren seiner Tätigkeit überwunden worden. Trotz seiner Leistungsfähigkeit, effizienzverbessernde Maßnahmen im Rahmen eines vorgegebenen Entwicklungspfades zu erreichen, seien politische Empfehlungen jedoch durch Mitglieder blockiert worden, wenn es um die Beurteilung strukturverändernder Maßnahmen mit redistributiver Wirkung ging (z.B. Verkauf beider EVU, Solaranlagenverordnung). Besonders seit der Verabschiedung des Berliner Energiekonzepts führe seine Tätigkeit tendenziell zu einer selektiven Problembearbeitung auf dem kleinsten gemeinsamen Nenner. Die Zusammenarbeit werde primär zum Informationsaustausch genutzt, nicht aber um den Eigenbeitrag der beteiligten Akteure zu klären und gemeinsame Problemlösungen zu entwickeln. In-

---

37 Zu einem ähnlichen Befund kommt Ritter (1998: 13) bei der allgemeinen Analyse des Formwandels von Planung.

folge dieser Defizite finden Prozesse der Abstimmung und Entscheidungsfindung – so der Tenor der befragten Beiratsmitglieder – überwiegend jenseits der Beiratssitzungen in wenig nachvollziehbaren und intransparenten Netzwerkstrukturen der Energiepolitik statt (Monstadt 1999).

Aussagen der Mitglieder des Energiebeirats lassen darauf schließen, dass wesentliche Defizite der Beiratsarbeit ihre Ursache im internen Prozessmanagement haben. Diesem fehlt es teilweise an einer (über den Verlauf der Kooperation) strukturierten Steuerung, um Mitarbeit zu motivieren und zu Ergebnissen zu führen. Problem ist, dass konkrete Kooperationsziele nicht geklärt, die einzelnen Sitzungen kaum aufeinander bezogen und die jeweiligen Fortschritte nicht klar erkennbar sind. Ein Bezug der Schritte zu einem klaren Kooperationsziel ist intransparent. Insgesamt bleibt der Kooperationsnutzen eher diffus, während die Kooperationskosten (u.a. Zeitaufwand, Bindung personeller Ressourcen) konkret sichtbar werden. Es ist davon auszugehen, dass die Einschaltung externer Moderatoren, welche Sitzungen gezielt vorbereiten und strukturieren, Vorverhandlungen durchführen, Nullsummenspielen vorbeugen und auf konkrete Ergebnisse hinwirken (z.B. periodische Arbeitsberichte mit Handlungsempfehlungen), das innovative Potenzial erhöhen könnten. Ihre Tätigkeit könnte ferner dazu beitragen, die Machtungleichgewichte zugunsten schwach organisierter Interessen zu neutralisieren.

Die Handlungsräume kooperativer Planungsverfahren korrespondieren indessen nicht nur mit dem internen Prozessmanagement, sondern in entscheidendem Maße mit der Kräftekonstellation ihrer „Systemumwelt". Dies betrifft einerseits die Anschlussfähigkeit von Kooperationen an konventionelle Verwaltungsroutinen und -interessen. So steht die Delegation von Entscheidungsverantwortung an kooperative Verfahren teilweise in Widerspruch zu hierarchisch strukturierten Entscheidungswegen innerhalb der Verwaltungen. Zugleich wird die Entscheidungsautonomie der Verwaltungen mit steigender Effektivität kooperativer Gremien begrenzt. Es kann daher kaum verwundern, dass Mitglieder des Energiebeirats ein eher selektives Interesse der zuständigen Umweltverwaltung und anderer betroffener Verwaltungen an einer aktiven und kritischen Beratungstätigkeit beklagen. Ein Interesse war vor allem dann gegeben, wenn sich Arbeit und Empfehlungen des Beirats für administrative Eigeninteressen instrumentalisieren ließen, wenn die informationelle Abhängigkeit von Verwaltungen besonders hoch war oder wenn administrative Einflussressourcen unberührt blieben.

Neben ihrer Einbettung in konventionelle Verwaltungshierarchien erfolgen institutionalisierte Formen der Zusammenarbeit und die Entwicklung von Energiepolitik insgesamt stets im Schatten informaler Netzwerke, deren Regelungseffekte gerade in staatsnahen Sektoren wie der Energiewirtschaft nicht zu unterschätzen sind. So haben sich kooperative Netzwerkstrukturen im Bereich der traditionellen Versorgungswirtschaft und in hochorganisierten Nachfragesektoren (z.B. Bau- und Wohnungswirtschaft, Industrie) in vielen Fällen als effektive Barrieren für einen radikalen Strukturwandel der Angebots- und Nachfragestrukturen in Berlin erwiesen[38]. Sie neigen dazu, sich – wenn überhaupt – nur sehr langsam zu verändern und schotten sich in vielen Fällen gegenüber ökologischen Interessen ab. Gegenüber diesen klimapolitisch eher strukturkonservativen Bündnissen gewinnen Netzwerke zwischen Umweltverwaltung, Umweltverbänden, umweltorientierten Wirtschafts- und Wissenschaftsorganisationen insgesamt an Einfluss in der Berliner Energiepolitik und treten als Promotoren eines ökologischen Strukturwandels auf. Abgesehen von ersten Verbandsgründungen fehlen jedoch organisatorische Strukturen, welche energiewirtschaftliche Innovateure systematisch vernetzen, um ihre Marktpräsenz gegenüber der etablierten Energiebranche und ihre politische Präsenz bei bau-, wirtschafts- und finanzpolitischen Entscheidungen konsequent zu unterstützen[39]. Es ist davon auszugehen, dass Organisationsschwächen ökologischer Innovateure gegenüber den Netzwerken etablierter Status-quo-Interessen mitverantwortlich dafür sind, dass der notwendige Strukturwandel der Angebots- und Nachfragesektoren in Berlin eher zögerlich voranschreitet.

Zwar sind die direkten Möglichkeiten staatlicher Energiepolitik, bestehende Netzwerke direkt zu beeinflussen, angesichts der hohen Informalität der Koordinationsstrukturen gering. Die Möglichkeiten einer indirekten Steuerung werden indes nicht gezielt seitens der Berliner Energiepolitik anvisiert: Wie der Energiebeirat zeigt, sind bisherige Bemühungen, übergreifende und pluralistische Akteurskoalitionen durch institutionalisierte Formen der Zusammenarbeit zu beeinflussen und für klimapolitische Belange zu sensibilisieren, eher unsystematisch. Auch die Versuche, energiewirtschaftliche Innovateure zu vernetzen und ihre Marktmacht und politische Interessenvertretung auf diese Weise planmäßig zu fördern, sind bislang wenig erfolgreich. Statt dessen werden klimapolitische Querschnittsaufgaben in Berlin primär durch informelle Absprachen und strategische Bündnisse koordiniert. Wesentliche Programminitiativen und Modellprojekte in Berlin konnten in der

---

38 Angesichts der jahrzehntelangen Kontinuität energiewirtschaftlicher Rahmenbedingungen und der Rolle des Landes Berlin als Mehrheitsaktionär beider EVU bis 1997, der besonderen Insellage West-Berlins und der in beiden Stadtteilen durch jahrzehntelange staatliche Subventionen geprägten Wirtschaftsstruktur kann in Berlin von stabilen Netzwerken zwischen Staat und Wirtschaft ausgegangen werden. Für ihren effektiven Einfluss auf die Berliner Energiepolitik sind die Abwehr der Solaranlagenverordnung und der kostendeckenden Einspeisevergütung nur zwei Beispiele unter vielen.

39 Dieses Defizit wurde zwar auch im Energiebericht der Umweltverwaltung konstatiert (SUT 1998: 182), ist indes bislang ohne praktische Konsequenz geblieben. So wird vom Berliner Senat seit 1992 die Errichtung eines Internationalen Solarzentrums medienwirksam angekündigt, welches energiewirtschaftlichen und -politischen Innovateuren Nutzfläche zu günstigen Konditionen anbieten und ihre Vernetzung durch die Ansiedlung in einem Gebäudekomplex fördern sollte. Aufgrund zahlreicher Pannen des Projektmanagements steht die Realisierung des Projekts allerdings noch immer aus.

Energiemanagement im Umbruch 285

Vergangenheit gerade durch schwach institutionalisierte und häufig temporär begrenzte Kooperationen oder informelle Absprachen angestoßen werden[40]. Diese haben sich in Berlin insbesondere bei der Durchsetzung projektbezogener Innovationen als erfolgreich erwiesen. Als komparativer Vorteil gegenüber pluralistischen Verhandlungssystemen ermöglichen es projektbezogene Kooperation und informelle Absprachen, flexible einzelfallbezogene Lösungen zu finden und das Konfliktniveau zwischen den Beteiligten gering zu halten, ohne hierfür langwierige und aufwendige Verhandlungsprozesse in Kauf zu nehmen. Zudem sind sie in hohem Maße kompatibel mit den institutionellen Interessen der Verwaltung, indem sie erlauben, Entscheidungsmacht nur begrenzt an Verhandlungssysteme zu delegieren und bestehende Einflussressourcen weitgehend zu sichern. Gleichwohl informale Kooperationsmuster grundsätzlich positive Koordinationspotenziale aufweisen und daher weiterhin strategisch für die Entwicklung von Energiepolitik zu nutzen sind, zeigen sich erhebliche Risiken, wenn sie andere Koordinationsformen zu stark dominieren. Ihr Übergewicht führt dazu, dass Spielräume für übergreifende Programminnovationen ungenutzt bleiben, welche in der Lage wären, den radikalen Umbruch der Energiemärkte zu reflektieren, entsprechende Zukunftsentwürfe und Zielkonzepte aufzuzeigen und eine Koordination der klimapolitischen Aktivitäten zwischen den Handlungsträgern der Region voranzubringen. Korrespondierend mit einem Übergewicht punktueller, projektbezogener Kooperationen in Berlin trägt das kürzlich verabschiedete Landesenergieprogramm zwar eine unüberschaubare Anzahl von punktuellen Einzelmaßnahmen und unverbundenen Projekten zusammen (vgl. SUT 1999). Eine Verständigung auf eine gemeinsame energiepolitische Strategie, welche den Beteiligten zwar bewusst eigene Initiativ- und Reaktionsmöglichkeiten offen lässt, die inkrementellen Projektansätze zugleich aber um eine ressort- und akteursübergreifende Perspektive ergänzen könnte, ist indes kaum erfolgt[41].

---

40 So z.B. strategische Kooperation mit zahlreichen Multiplikatoren in Verbraucherorganisationen, Kammern, Berufsverbänden, um Adressaten von Energieberatungs- und Fortbildungsangeboten besser zu erreichen, Kooperationen zwischen Umwelt- und Bauverwaltung im Rahmen von Ausschreibungsverfahren für das energetische Gebäudemanagement, Kooperationen zwischen Umwelt- und Finanzverwaltung bei der Integration umweltpolitischer Belange in die Konzessionsverträge oder die strategische Allianz zwischen einem Umweltverband und dem Berliner Stromversorger bei der Evaluation der unternehmerischen Solaraktivitäten (vgl. ausführlich: SUT 1998 und 1999).

41 Während das Berliner Energiekonzept (1994) noch in enger Kooperation mit dem Energiebeirat erarbeitet und erst nach einer breit angelegten Öffentlichkeitsbeteiligung verabschiedet wurde, erfolgte die Erarbeitung des Energieprogramms (1999) überwiegend in Eigenregie des Klimaschutzreferats, bevor der ausgearbeitete Programmentwurf die konventionellen bürokratischen Mitzeichnungsverfahren durchlief, in zwei Sitzungen mit dem Energiebeirat diskutiert wurde und anschließend in einer öffentlichen Anhörung vorgestellt wurde. Auf diese Weise konnte von den nachträglich

Die Analyse des Berliner Energiebeirats und schwach institutionalisierter Kooperationsformen verdeutlicht, dass kooperative Konstellationen keineswegs zwangsläufig einen ermöglichenden Filter für die Entwicklung der Energiepolitik schaffen. Wie auch das traditionelle Arrangement im Energiesektor zeigt, können kooperative Netzwerkstrukturen soziale Trägheiten begünstigen. Um die Innovationsfähigkeit von Energiepolitik zu erhöhen, sind informale Strukturmuster gezielt mit multilateralen Verhandlungssystemen zu kombinieren, welche durch anerkannte Regeln und eine strategische Prozesssteuerung strukturiert werden. Neben diesen Ambivalenzen hinsichtlich der Steuerungseffekte zeigt die Untersuchung des Berliner Energiesektors überdies, dass kooperative Planungsverfahren häufig exklusiv und nur eingeschränkt zugänglich sind, dass sie zu neuen Ab- und Ausgrenzungen führen können, und sie Entscheidungsprozesse weniger nachvollziehbar machen. Selbst Gremien mit hohem Institutionalisierungsgrad wie der Energiebeirat sind hinsichtlich ihrer Arbeitsweise und -inhalte sowie ihrer konkreten Politikempfehlungen weder für eine breite Öffentlichkeit noch für eine Fachöffentlichkeit transparent. Ihre Tätigkeit wird weder in der Tagespresse noch in Fachpublikationen der Berliner Energiepolitik dokumentiert[42]. Auch der Austausch mit Vertretern des Parlaments ist nicht geregelt und erfolgt allenfalls selektiv und über persönliche Kontakte. Kooperative Politikformen sind daher auf die Leistung von Institutionen angewiesen, welche Entscheidungsprozesse und ihre Ergebnisse öffentlich transparent und kontrollierbar machen. Ohne zumindest zyklisch zwischen Politik in formalen Institution und informellen Verhandlungen zu schwanken, bergen sie das Risiko, dass die Verantwortlichkeit für Entscheidungsergebnisse in undurchsichtigen Gremien diffundiert.

Da sich die etablierten Formen der Entscheidungsfindung durch hierarchische Strukturen und Institutionen der Mehrheitsdemokratie als ineffektiv bei der Wahrnehmung klimapolitischer Querschnittsaufgaben erweisen, gibt es keine realistische Alternative zu kooperativen Planungssystemen. Allein auf zentralstaatliche Lösungen der Politikintegration zu setzen, wäre ebenso verfehlt wie zu hohe Erwartungen an marktliche Innovationsverantwortung oder die Hoffnung, Querschnittsaufgaben primär durch institutionelle Ausdifferenzierung der Problembearbeitung und Übertragung staatlicher Leistungsproduktion auf private Träger zu bewältigen. Es besteht daher weiterhin sozialwissenschaftlicher Forschungsbedarf zu Erfolgsvoraussetzungen eines po-

---

Beteiligten zwar partiell Einfluss auf den Programmentwurf genommen werden. Allerdings reduzierte sich die Abstimmung bestenfalls auf die Abwehr von Störungen im eigenen Interessen- und Zuständigkeitsbereich, während die Handlungsoptionen aller beteiligten Einheiten keineswegs zur Disposition standen (vgl. zur Differenzierung negativer und positiver Koordination: Scharpf 1993: 69).

42 So wurden der Energiebeirat im Landesenergieprogramm nicht erwähnt. Auch eine Printmedienrecherche dreier Berliner Tageszeitungen hat ergeben, dass über seine Stellungnahmen seit 1991 in insgesamt nur drei Fällen berichtet wurde.

litisch-administrativen Managements von kooperativen Beziehungsstrukturen. Dieses steht vor dem Balanceakt, effektive und dauerhaft tragbare Problemlösungen anzustoßen, zugleich aber die Legitimität der Entscheidungsverfahren zu sichern.

8. Schlussfolgerungen

Die Liberalisierung der Energiemärkte und neue umweltpolitische Aufgabenstellungen bringen eingeschliffene Regelungsmuster im Energiesektor aus dem Rhythmus. Dieser Modernisierungsdruck auf institutionelle Strukturen wird insbesondere auf regionaler Ebene offensichtlich. Angesichts der Transformation klassischer Monopolregulierung in eine ausdifferenzierte Wettbewerbsversorgung einerseits, der enormen Komplexität klimapolitischer Steuerungsaufgaben andererseits werden eine Neudefinition der Steuerungsaufgaben und ein Formwandel staatlicher Steuerungsformen zur Voraussetzung staatlicher Handlungsfähigkeit. Indem staatliche Kontrollverfahren zugunsten einer stärker marktlichen Koordination abgebaut wurden, zugleich das umweltpolitische Regelungspensum mit den Aufgaben der Klimavorsorge zugenommen hat, sieht sich regionale Steuerung insbesondere im Rahmen umweltpolitischer Aufgaben mit einer „decomposition of power by increase of functions" (Grimm zit. nach Offe 1987: 311) konfrontiert.

Die Konsequenzen dieser Umbruchsituation zeigen sich in Berlin erst in Umrissen: Erkennbar ist aber schon jetzt, dass sich die regulativen Handlungsspielräume vermindern, Art und Umfang der Stromerzeugung regional zu steuern, da künftig nicht mehr ein staatlich kontrollierter Gebietsmonopolist, sondern eine funktional ausdifferenzierte und mitunter überregional agierende Energiewirtschaft regionale Absatzmärkte erschließen wird. Während die angebotsseitigen Handlungsoptionen im traditionellen System der Monopolversorgung formal einer hoheitlichen Steuerung unterlagen, werden nunmehr wesentliche Steuerungsressourcen auf eine überregionale Ebene bzw. auf marktliche Koordinationsmechanismen verlagert. Die verbleibenden Handlungsspielräume auf Ebene der Region werden angesichts dieser Entwicklungen künftig primär dort liegen, wo es um die Institutionalisierung eines Nachfragemanagements durch die Förderung einer innovativen Dienstleistungswirtschaft und um die Diffusion effizienter und umweltverträglicher Energietechnologien geht. Wie die Berliner Energie- und Klimapolitik verdeutlicht, hängt der Erfolg regionaler Steuerung weniger von der staatlichen Leistungsproduktion im engeren Sinne ab, sondern von der systematischen Inanspruchnahme nicht-staatlicher Steuerungsressourcen. Hierbei geht es darum, vorhandene oder erzeugbare Selbststeuerungskapazitäten der klimapolitischen Problembearbeitung gezielt durch aktive Unterstützung des Marktübergangs, durch staatliche Förderung der organisatorischen Infrastruktur und durch systematisches Kooperationsmanagement zu nutzen. Ökologische Energiepolitik – bis in die achtziger Jahre überwiegend auf die immissionsschutzrechtliche Gefahrenabwehr reduziert – wird auf diese Weise zu einer strukturpolitischen Strategie, welche darauf zielt, ökologische Innovationsprozesse zu beschleunigen und Zukunftsbranchen an die Region zu binden.

Die Frage, auf welche Weise die Liberalisierung im Energiesektor auf die Steuerungschancen regionaler Planungssysteme ausstrahlt, kann derzeit angesichts des geringen zeitlichen Erfahrungshorizonts kaum empirisch geklärt werden. Bereits jetzt ist jedoch erkennbar, dass eine ökologische Innovationsbereitschaft der Unternehmen stärker als bisher den Bedingungen des Preis- und Konkurrenzdrucks ausgesetzt sein wird. Dies führt dazu, dass monetär messbare Interessen künftig organisationsfähiger werden und an Verhandlungsmacht gewinnen. Für den umweltpolitischen Erfolg regionaler Kooperationen kommt es daher vermehrt darauf an, wirtschaftliche Vorteile der Kooperationspartner kreativ mit ökologischen Entlastungseffekten zu verbinden. Allerdings werden die Steuerungserfolge äußerst begrenzt bleiben, wenn die Regionen (und Kommunen) nicht stärker als bisher zur Selbsthilfe durch eine konsequente überregionale Regulierung befähigt werden. Eine solche steht vor der Aufgabe, die Wettbewerbsbedingungen für ökologische Innovateure nachhaltig zu verbessern, den wirtschaftlichen Umfang von Investitionen in umweltverträgliche und effiziente Angebots- und Nachfragestrukturen zu erhöhen und die neu gewonnene Konsumentensouveränität durch Informationsangebote zu kanalisieren. Der Bedarf, regional zu koordinieren und übergreifende Problemlösungsprozesse der verschiedenen – funktional und organisatorisch wenig koordinierten – Fachpolitiken, der Unternehmen und der Verbraucher anzustoßen, würde selbst im Falle einer aktiven überregionalen Klimapolitik angesichts des enormen Pensums der bevorstehenden Aufgaben jedoch keineswegs abnehmen.

Literatur

Arentsen, Maarten J. & Künneke, Rolf W.: *Economic organization and liberalization of the electricity industry. In search of conceptualization.* In: Energy Policy 24 (1996), S. 541ff.

Beck, Ulrich: *Gegengifte. Die organisierte Unverantwortlichkeit.* Frankfurt/M.: Suhrkamp, 1988

Benz, Arthur: Politiknetzwerke in der horizontalen Politikverflechtung. In: Jansen, Dorothea & Schubert, Klaus: *Netzwerke und Politikproduktion: Konzepte, Methoden, Perspektiven.* Marburg: Schüren, 1995, S. 185-204

Benz, Arthur et al. (Dietrich Fürst & Heiderose Kilper & Dieter Rehfeld): *Regionalisierung: Theorie – Praxis – Perspektiven.* Opladen: Leske + Budrich, 1999

Bohne, Eberhard: Liberalisierung des Strommarktes als Organisationsproblem. In: Lüder, Klaus (Hrsg.): *Staat und Verwaltung. Fünfzig Jahre Hochschule für Verwaltungswissenschaften Speyer.* Berlin: Duncker & Humblot, 1997, S. 211-248

BT-Drucksache 12/8600 (Enquête-Kommission „Schutz der Erdatmosphäre" des Deutschen Bundestages, Hrsg.): *Mehr Zukunft für die Erde – Nachhaltige Energiepolitik für dauerhaften Klimaschutz.* Bonn: Economica, 1995

Drillisch, Jens & Riechmann, Christoph: *Umweltpolitische Instrumente in einem liberalisierten Strommarkt – Das Beispiel von England und Wales.* In: ZfE 2/1997, S. 137-162

Eising, Rainer 1997: Sektorielle Institutionenpolitik und sektorieller Institutionenwandel. Die Liberalisierung der europäischen und deutschen Stromwirtschaft. In: König, Thomas et al. (Hrsg.): *Europäische Institutionenpolitik.* Frankfurt/M., New York: Campus, S. 239-263.

Fichter, Heidi & Kujath, Hans Joachim: *Regionalisierungsstrategie für ein nachhaltiges Ressourcen- und Stoffstrommanagement der Stadtregion Berlin.* Vorstudie i.A. der Enquête-Kommission „Zukunftsfähiges Berlin" des Abgeordnetenhauses von Berlin. Erkner, Ms. (i.E.), 1999

Helle, Christoph: *Ökologische Impulse auf dm Energiemarkt. Chancen und Risiken der Liberalisierung.* In: UmweltWirtschaftsForum, 6. Jg., Heft 3 (1998), S. 5-7

Héritier, Adrienne: *After liberalization: public interest services in the utilities.* Preprint aus der Max-Planck-Projektgruppe Recht der Gemeinschaftsgüter Nr. 1998/5, Bonn, 1998 (Quelle: http://www. mpp-rdg.mpg.de/deutsch/pdf_dat/9805.pdf)

Jänicke, Martin: *Über ökologische und politische Modernisierungen.* In: ZfU 2/1993, S. 159-175

Jochem, Eberhard & Tönsing, Ekkhard: *Die Auswirkungen der Liberalisierung der Strom- und Gasversorgung auf die rationelle Energieversorgung in Deutschland.* In: UmweltWirtschaftsForum, 6. Jg., Heft 3 (1998), S. 8-11

Kickert, Walter J. M. & Koppenjan, Joop F. M.: Public Management and Network Management: An Overview. In: Kickert, Walter J. M. et al. (ed.): *Managing Complex Networks. Strategies for The Public Sector.* London u.a.: Sage, 1997, S. 35-61

Leprich, Uwe: *Least-Cost Planning als Regulierungskonzept. Neue ökonomische Strategien zur rationellen Verwendung elektrischer Energie.* Hrsg.: Öko-Institut, Freiburg im Brsg., 1994.

Mayntz, Renate: Politische Steuerung: Aufstieg, Niedergang und Transformation einer Theorie. In: Beyme, Klaus von & Offe, Claus (Hrsg.): *Politische Theorien in der Ära der Transformation.* PVS, 30. Jg., Sonderheft 26 (1995), S. 148-168

Mayntz, Renate & Scharpf, Fritz W.: Steuerung und Selbstorganisation in staatsnahen Sektoren. In: dies. (Hrsg*.): Gesellschaftliche Selbstregelung und politische Steuerung.* Frankfurt/M., New York: Campus, 1995a, S. 9-38

Messner, Dirk: *Fallstricke und Grenzen der Netzwerksteuerung.* In: Prokla Heft 97, 24. Jg. (Themenschwerpunkt: Netzwerke zwischen Markt und Staat), Nr. 4 (1994), S. 563-596

Mez, Lutz: The German Electricity Reform Attempts: Reforming Co-optive Networks. In: Midttun, Atle (ed.): *European Electricity Systems in Transition. A Comparative Analysis of Policy and Regulation in Western Europe.* Oxford: Elsevier, 1997, pp. 231-252

Monstadt, Jochen: *Energiepolitik im Wandel zur Nachhaltigkeit? Möglichkeiten und Grenzen einer Steuerung.* Berliner Beiträge zu Umwelt und Entwicklung, Bd. 14, TU Berlin, 1997a

Monstadt, Jochen: Nachhaltige Energiewirtschaft. Überlegungen zur Umsetzung einer langzeitorientierten Strategie in Berlin. In: Hübler, Karl-Hermann & Weiland, Ulrike (Hrsg.): *Bausteine für eine nachhaltige Raumentwicklung in Brandenburg und Berlin.* Berlin: Verlag für Wissenschaft und Forschung, 1997b, S. 185-203

Monstadt, Jochen: *Die Berliner Klimapolitik im Spannungsfeld von Differenzierung und Integration. Zur Bedeutung von Netzwerken für die Organisation einer Querschnittsaufgabe.* Zwischenbericht des Projekts 16/97der Berlin-Forschung, Berlin, 1999 (unveröffentlicht)

Moss, Timothy: Neue Managementstrategien in der Ver- und Entsorgung europäischer Stadtregionen. Perspektiven für den Umweltschutz im Zuge der Kommerzialisierung und Neuregulierung. In: Kujath, Hans Joachim & ders. & Weith, Thomas (Hrsg.): *Räumliche Umweltvorsorge. Wege zu einer Ökologisierung der Stadt- und Regionalentwicklung*. Berlin: Edition sigma, 1998, S. 211-240

Müller, Edda: *Umweltreparatur oder Umweltvorsorge? Bewältigung der Querschnittsaufgaben der Verwaltung am Beispiel des Umweltschutzes*. In: Zeitschrift für Beamtenrecht, 6/1990, S. 165-174

Müller, Edda: Organisation. In: Carl Böhret & Hermann Hill (Hrsg.): *Ökologisierung des Rechts- und Verwaltungssystems*. Baden-Baden: Nomos, 1994, S. 31-39

Müller, Werner: *Die Energiepolitik der neuen Bundesregierung im Hinblick auf die Liberalisierung der Strommärkte (Netzzugang, Stromhandel und Börse) und die Förderung regenerativer Energien*. Rede anlässlich des GEODE-Workshops am 3. Mai 1999, Bonn, Ms (unveröffentlicht), 1999

Offe, Claus: Die Staatstheorie auf der Suche nach ihrem Gegenstand. Beobachtungen zur aktuellen Diskussion. In: Ellwein, Thomas et al.: *Jahrbuch zur Staats- und Verwaltungswissenschaft*. Bd. 1, Baden-Baden: Nomos, 1987, S. 309- 320

O'Riordan, Timothy & Jordan, Andrew: Social Institutions and Climate Change. In: O'Riordan, Timothy & Jäger, Jill (ed.) *Politics of climate change. A European perspective*. London: Routledge, 1996, S. 155-185

Ortwein, Edmund: Die Ordnung der deutschen Elektrizitätswirtschaft. In: Sturm, Roland & Wilks, Stephen (Hrsg.): *Wettbewerbspolitik und die Ordnung der Elektrizitätswirtschaft in Deutschland und Großbritannien*. Baden-Baden: Nomos, 1996, S. 77-131

Pfaffenberger, Wolfgang: Zukunftsfähige Energiepolitik. In: Behrens, Sylke (Hrsg.): *Ordnungskonforme Wirtschaftspolitik in der Marktwirtschaft*. Festschrift für Hans-Rudolf Peters zum 65. Geburtstag. Berlin: Duncker & Humblot, 1997, S. 457-484

Pfaffenberger, Wolfgang et al. (Ulrich Scheele & Katrin Salge): *Energieversorgung nach der Deregulierung. Entwicklungen, Positionen, Folgen*. Berlin: Edition Sigma, 1999

Prittwitz, Volker von: *Politikanalyse*. Opladen: Leske & Budrich, 1994

Prognos AG: *Energieverbrauch: Kostenwahrheit ohne Staat? Die externen Kosten der Energieversorgung und ihre Internalisierung*. Untersuchung im Auftrag des Bundesministerium für Wirtschaft, Stuttgart: Poeschel, 1995

Ritter, Ernst-Hasso: Stellenwert der Planung in Staat und Gesellschaft. In: Akademie für Raumforschung und Landesplanung (Hrsg.): *Methoden und Instrumente der räumlichen Planung*. Hannover 1998, S. 6-22

Scharpf, Fritz W.: Die Handlungsfähigkeit des Staates am Ende des 19. Jahrhunderts. In: Beate Kohler-Koch (Hrsg.): *Staat und Demokratie in Europa*. 18. Wissenschaftlicher Kongress der Deutschen Vereinigung für Politische Wissenschaft. Opladen: Leske & Budrich, 1992, S. 93-115

Scharpf, Fritz W.: Positive und negative Koordination in Verhandlungssystemen. In: Héritier, Adrienne (Hrsg.): *Policy-Analyse. Kritik und Neuorientierung*. PVS, 34. Jg., Sonderheft 24/1993, Opladen: Westdeutscher Verlag, 1993, S. 57- 83.

Schenkel, Walter: *From Clean Air to Climate Policy in the Netherlands and Switzerland – Same Problems, Different Strategies?* Frankfurt u.a.: Peter Lang, 1998

Schneider, Jens-Peter: *Liberalisierung der Stromwirtschaft durch regulative Marktorganisation. Eine vergleichende Untersuchung zur Reform des britischen, US-amerikanischen, europäischen und deutschen Energierechts*. Baden-Baden: Nomos, 1999

Schneider, Volker & Kenis, Patrick: Verteilte Kontrolle: Institutionelle Steuerung in modernen Gesellschaften. In: Kenis, Patrick & Schneider, Volker (Hrsg.): *Organisation und Netzwerk. Institutionelle Steuerung in Wirtschaft und Politik*. Frankfurt a.M., New York: Campus, 1996, S. 9-43

SUT (Senatsverwaltung für Stadtentwicklung, Umweltschutz und Technologie): *Energiebericht Berlin – Energiepolitik in Berlin 1990-1996.* Berlin, 1998

SUT (Senatsverwaltung für Stadtentwicklung, Umweltschutz und Technologie): *Landesenergieprogramm Berlin 1999-2002 – Entwurf für die Öffentlichkeitsbeteiligung.* Berlin, 1999

Sturm, Roland & Wilks, Stephen: *Competition policy and the regulation of the electricity supply industry in Britain and Germany.* Anglo-German Foundation, London, 1997

Ueberhorst, Reinhard: Warum brauchen wir neue Politikformen? In: Friedrich-Ebert-Stiftung – Akademie der Politischen Bildung (Hrsg.): *Reform des Staates – Neue Formen kooperativer Politik.* Bonn, 1995, S. 9-41

Voelzkow, Helmut: „Inszenierter Korporatismus". Neue Formen strukturpolitischer Steuerung auf regionaler Ebene. In: Kujath, Hans Joachim (Hrsg.): *Strategien der regionalen Stabilisierung. Wirtschaftliche und politische Antworten auf die Internationalisierung des Raumes.* Berlin: Edition sigma, 1998, S. 215-232

Wälde, Thomas W.: Die Regelung der britischen Energiewirtschaft nach der Privatisierung. In: Tettinger, Peter J. (Hrsg.): *Strukturen der Versorgungswirtschaft in Europa.* Stuttgart u.a.: Richard Boorberg Verlag, 1995, S. 59-93

Weidner, Helmut: Freiwillige Kooperationen und alternative Konfliktregelungsverfahren in der Umweltpolitik. Auf dem Weg zum ökologisch erweiterten Neokorporatismus? In: Daele, Wolfgang van den & Neidhardt, Friedhelm (Hrsg.): *Kommunikation und Entscheidung – Politische Funktionen öffentlicher Meinungsbildung und diskursiver Verfahren.* Berlin: Edition Sigma, 1996, S. 195-231

Wiesenthal, Helmut: *„Kooperative Verfahren" versus innovative Konstellationen: Zur Komplexität politischer Verhandlungen unter dem Einfluß des Globalisierungsprozesses.* Beitrag zur Tagung „Kooperative Politikverfahren" des Instituts für Wirtschaft und Politik der Universität Witten/Herdecke vom 8.-10. Oktober 1998 in Witten (http://spez1.sowi.hu-berlin.de/sub3 /kooppol.htm#top)

Ziesing, Hans-Joachim: CO_2-*Emissionen in Deutschland: Weiterhin vom Zielpfad entfernt.* In: Wochenbericht des DIW, Nr. 6 (1999)

Der Beitrag basiert auf Ergebnissen eines Forschungsprojekts der Berlin-Forschung, welches von Oktober 1997 bis September 1999 am Institut für Management in der Umweltplanung an der TU Berlin durchgeführt wurde. Für konstruktive Kritik und Anregungen zu einer früheren Version dieses Beitrags möchte ich mich herzlich bei Axel Klaphake, Bodo Lippl, Jan-Peter Voß, Sabine Hofmeister, Ulrike von Schlippenbach und Volker von Prittwitz bedanken.

Institutionelle Arrangements im Schnittfeld zwischen Umwelt- und Tourismuspolitik

Walter Kahlenborn/Michael Kraack/Kerstin Imbusch

1. Einleitung

Das Spannungsfeld zwischen Umwelt und Tourismus war bislang ein eher national beziehungsweise regional diskutiertes Thema (vgl. Kahlenborn/ Kraack/Carius 1999). Mit dem enormen Wachstum der Tourismuswirtschaft zu einem der weltweit bedeutendsten Wirtschaftssektoren und den damit einhergehenden Umweltproblemen wandelt sich dieses Bild zusehends. Viele Aspekte im Schnittfeld von Umwelt- und Tourismuspolitik werden jetzt international von einer Vielzahl bedeutender Akteure thematisiert (vgl. Kahlenborn u.a. 1998). Die hierbei neu entstehenden institutionellen Arrangements sind Gegenstand dieses Beitrags.

Die zunehmende ökologische wie ökonomische Bedeutung des Tourismus wird auf der globalen Ebene insbesondere von drei Foren diskutiert. Dies sind erstens die Convention on Biological Diversity (CBD), zweitens die Commission on Sustainable Development (CSD) und drittens das GATS-Abkommen im Rahmen der World Trade Organisation (WTO-OMC[1]). In diesen jungen institutionellen Arrangements werden die Rahmenbedingungen für die Tourismuswirtschaft der kommenden Jahrzehnte verhandelt. Hier entscheidet sich auch, ob für den Tourismussektor zukunftsfähige Verfahrenskombinationen entwickelt werden.

Ziel dieses Beitrages ist es, die sich entwickelnden institutionellen Arrangements darzustellen und im Hinblick auf ihren Beitrag zur Bewältigung der Konflikte im Schnittfeld zwischen Umwelt- und Tourismuspolitik zu bewerten. Dabei wird zum einen auf die internen Bedingungen und Möglichkeiten der Ausdifferenzierung zukunftsfähiger Regelungen einzugehen sein. Diese internen Bedingungen werden wesentlich durch die beteiligten Akteursgruppen und ihre Kompetenz zur Entwicklung von – kodifizierten wie nicht kodifizierten – Regelungen beeinflußt. Alle drei Foren sind durch unterschiedliche Akteursbeziehungen gekennzeichnet.

Darüber hinaus wird auf die Koordinations- und Kooperationsmöglichkeiten und -probleme zwischen den Foren CBD, CSD und GATS einzugehen

---

1 Um eine Unterscheidung zu ermöglichen, werden im folgenden die englischsprachigen Abkürzungen für die World Trade Organisation und die World Tourism Organisation (beides WTO) um die französischen Abkürzungen ergänzt. Damit steht also WTO-OMC für die World Trade Organisation und WTO-OMT für die World Tourism Organisation.

sein. Eine effiziente Abstimmung der institutionellen Arrangements ist eine zentrale Voraussetzung, um Zukunftsfähigkeit zu gewährleisten.

Gerade weil mit dem Fokus auf die Integration von Umwelt- und Tourismuspolitik in diesem Beitrag mehrere Politikfelder behandelt werden, eignet sich die theoretische Konzeption der institutionellen Arrangements besonders für die Analyse. Indem institutionelle Arrangements immer eine Kombination von Regeln beziehungsweise Regelungssystemen beinhalten, geht das Konzept nämlich über klassische regimetheoretische Ansätze[2] hinaus (vgl. Prittwitz in diesem Band). Institutionelle Arrangements können demnach internationale Regime, hier zum Beispiel die Convention on Biological Diversity, mit umfassen. Ihr Wirkungsspektrum ist aber möglicherweise weit größer als das internationaler Regime, sind sie doch nicht unbedingt nur auf ein bestimmtes Problemfeld gerichtet, sondern widmen sich, wie zum Beispiel die Commission on Sustainable Development, dem Ziel der Nachhaltigkeit themen- und politikfeldübergreifend.

Der Beitrag ist folgendermaßen aufgebaut: Es folgt eine kurze inhaltliche Bestandsaufnahme, die den Tourismussektor als neue und immer wichtiger werdende Herausforderung für die Umweltpolitik vorstellt. Im Anschluss daran werden die wesentlichen Entwicklungen der Akteursstrukturen im Spannungsfeld Umwelt und Tourismus thematisiert. Im Mittelpunkt der Betrachtung steht danach die Darstellung und Analyse der drei zentralen institutionellen Arrangements im Schnittfeld Umwelt und Tourismus: CBD, CSD und GATS. Eine vergleichende Beurteilung der empirischen Befunde rundet den Beitrag ab.

2. Tourismus – eine neue Herausforderung für die Umweltpolitik

Der Tourismussektor ist international gesehen der wichtigste Wirtschaftszweig. 1995 generierte die Tourismuswirtschaft weltweit ein addiertes Bruttosozialprodukt von über 3 Billionen Dollar, sie tätigte Investitionen von knapp 700 Milliarden Dollar und sorgte insgesamt für über 200 Millionen Arbeitsplätze (WTTC/WTO/Earth Council 1995: 33f.). Diese führende Position hat die Tourismusindustrie vor allem dank besonders hoher wirtschaftlicher Zuwachsraten erreicht. Von 1975 bis 1990 haben sich die Tourismusströme weltweit verdoppelt (Vellas/Bécherel 1995: 15). Selbst in einem Zeitraum, der weithin von Rezession gekennzeichnet war, nämlich von 1990 bis 1995, nahm die Zahl der internationalen Touristen um 4,4% pro Jahr zu. Auch für die nahe und mittelfristige Zukunft wird mit einer weiteren Steige-

---

2 Vgl. zur theoretischen Diskussion von Regimen Hasenclever/Mayer/Rittberger (1997), Gehring/Oberthür (1997), Rittberger (1995), Müller (1993), Kohler-Koch (1989) und Krasner (1983).

rung gerechnet. So schätzt die World Tourism Organization die Zahl der internationalen Ankünfte auf 1,6 Milliarden im Jahr 2020 gegenüber 560 Millionen im Jahr 1995 (WTO-OMT, 1997b: 3).

Die erhebliche und noch wachsende ökonomische Bedeutung des Tourismus geht jedoch einher mit erheblichen ökologischen und sozialen „Nebenwirkungen". Der Tourismussektor hat sich zu einem nicht mehr zu vernachlässigenden Verursacherbereich von Umweltbelastungen entwickelt. Sowohl mit Blick auf den Ressourcenverbrauch (insbesondere Wasser, Boden, Energie) als auch mit Blick auf die Schadstoffbelastungen (Abwässer, Abfall aber auch Luftschadstoffe) und die Naturzerstörung (Habitatgefährdung und Artenvernichtung) ist vielerorts inzwischen ein kritisches Maß erreicht.

Ein Beispiel hierfür sind die Emissionen der An- und Abreise zum bzw. vom Urlaubsort. Ca. 40% der internationalen Reisen werden mit dem Flugzeug unternommen. Durch die Verbrennung von etwa 2 Millionen Tonnen Kerosin entstehen infolgedessen pro Jahr 550 Millionen Tonnen Treibhausgase und 3,5 Millionen Tonnen Substanzen, die sauren Regen verursachen (WTO-OMT 1997a: 257). Parallel spielen auch die Emissionen aus dem Pkw-Verkehr eine erhebliche Rolle, insbesondere wenn man bedenkt, dass selbst von den internationalen Touristen knapp die Hälfte mit dem Auto unterwegs ist und im Binnentourismus der Anteil zweifelsohne noch höher sein dürfte (Vellas/Bécherel 1995: 16).

Ein anderes Beispiel für die erheblichen Umweltauswirkungen des modernen Tourismus ist der hohe Flächenverbrauch, der mit touristischen Aktivitäten verbunden ist: Im nordwestlichen Mittelmeerraum werden insgesamt etwa 2.200 Quadratkilometer für die Unterbringung von Touristen genutzt. Hinzu kommt die Fläche für die notwendige Infrastruktur, also insbesondere für den Verkehr, die nach Schätzungen zusätzliche 2.200 Quadratkilometer ausmachen dürfte. Entsprechend ist schon jetzt ca. die Hälfte der spanischen Mittelmeerküste für den Tourismus ausgebaut (BfN 1997a: 131).

Schon diese wenigen ausgewählten Beispiele für die Umweltimplikationen des Tourismus verdeutlichen, dass es sich hier nicht um eine problemlose Entwicklungsoption handelt (vgl. hierzu Kahlenborn u.a. 1998). Dem Schnittfeld von Umwelt- und Tourismuspolitik kommt daher in der Zukunft eine wesentlich größere Bedeutung zu als in der Vergangenheit. Innovative institutionelle Arrangements, die sowohl ökonomische als auch ökologische und soziale Aspekte berücksichtigen, bieten eine Chance, in einer der weltwirtschaftlich bedeutendsten Branchen das Prinzip der Nachhaltigkeit schrittweise umzusetzen.

3. Das Schnittfeld Umwelt- und Tourismuspolitik

Die Herausforderungen, die sich aus der notwendigen Bewältigung der wachsenden tourismusbedingten Umweltprobleme ergeben, treffen auf ein Akteursgefüge, das sich in einer Situation des Umbruchs befindet. Dieser Umbruch erfasst dabei Tourismuswirtschaft und -politik gleichermaßen. Vor einigen Jahren noch war selbst der Begriff Tourismuspolitik vergleichsweise wenig gebräuchlich. Auch momentan wird bisweilen die Existenz einer Tourismuspolitik, insbesondere einer internationalen Tourismuspolitik verneint.

Tatsächlich war und ist Tourismuspolitik eine Querschnittspolitik, die von den Entwicklungen vieler andere Politikbereiche unmittelbar und einschneidend betroffen ist. So erfolgen wesentliche tourismuspolitisch wirksame Vorgaben durch die Verkehrspolitik, der Strukturpolitik, die Arbeitsmarktpolitik, die Steuerpolitik, etc.

Wirken daher schon von außen zahlreiche Einflussfaktoren auf die Tourismuspolitik, so wird ihre Formulierung weiter dadurch erschwert, dass selbst im Kernbereich zahlreiche, ja oft zahllose Akteure ihr jeweiligen Positionen einfließen lassen. So zerfällt die Tourismusbranche in sich in eine Reihe von Subsektoren (z.B. Beherbergung, Verpflegung, Transport etc.). Zudem sind weite Bereiche der Tourismusbranche von einer Wirtschaftsstruktur gekennzeichnet, in der kleine und mittlere Betriebe vorherrschen. Schon diese vielgliedrige Akteurslandschaft hat in der Vergangenheit eine Organisation der verschiedenen Kräfte erschwert. Hinzu kommt, dass zwischen den einzelnen Subsektoren der Tourismuswirtschaft zum Teil erhebliche Interessengegensätze bestehen (etwa zwischen touristischen Dienstleistern, die im Binnentourismus und solchen die im outbound-Geschäft tätig sind). Entsprechend schwierig war es für die Tourismuswirtschaft, gemeinsame politische Interessen zu organisieren und zu vertreten (Kahlenborn u.a. 1998).

Die Tourismuswirtschaft ist mithin über lange Jahre hinweg national wie international ein ökonomischer Riese, aber ein politischer Zwerg gewesen. Diese Situation ändert sich jedoch zusehends. Der Tourismussektor wird politisch immer bedeutsamer, wobei zwei Gründe hierfür ausschlaggebend sind: das ungebrochene Wachstumspotential des Tourismus und die Konzentrationstendenzen in der Branche.

Das Wachstumspotential der Tourismusbranche ist vor allem deshalb so wichtig, weil sich damit die Hoffnung auf neue Arbeitsplätze verbindet. In Zeiten hoher Arbeitslosenraten in den meisten Industriestaaten gewinnt ein Wirtschaftssektor, der neue Beschäftigungsmöglichkeiten schafft, fast zwangsläufig politisch an Gewicht. Diese Tatsache ist gerade in Deutschland besonders gut zu beobachten, wo zahlreiche symbolische Akte die Aufwertung der Tourismuspolitik kennzeichnen.[3]

Nicht weniger bedeutsam für die politische Aufwertung ist die innere Umstrukturierung der Branche, insbesondere der zu beobachtende Konzen-

---

3 Z.B. die Eröffnung von Messen und Konferenzen durch den Wirtschaftsminister, die Einbeziehung von Tourismusrepräsentanten in die Wirtschaftsdelegationen bei Staatsbesuchen etc.

trationsprozess. Der sich verschärfende internationale Wettbewerb zwingt die Unternehmen in der Branche dazu, sich zu größeren Einheiten zusammenzuschließen. Damit entstehen zunehmend touristische Großunternehmen.[4] Die neuen international operierenden Konzerne sind einerseits viel besser als die traditionellen kleineren und mittleren Unternehmen in der Lage, ihre politischen Zielvorstellungen zu formulieren. Sie sind gleichzeitig aber auch eher dazu imstande, sich mit anderen Touristikkonzernen auf eine gemeinsame politische Plattform zu verständigen und auf dieser Grundlage national wie international Tourismuspolitik mitzugestalten. Sichtbarer Ausdruck dessen ist beispielsweise der *World Travel and Tourism Council* (WTTC), ein Zusammenschluss der etwa 100 weltweit größten Unternehmen des Tourismussektors, der sich in den wenigen Jahren seiner Existenz als zentraler privatwirtschaftlicher Akteur in der Tourismuspolitik etabliert hat (Kahlenborn u.a. 1998).

Während die Tourismuswirtschaft damit deutlich eine Stärkung ihrer politischen Rolle anstrebt und teils auch schon erreicht hat, ziehen sich die öffentlichen Einrichtungen in vielen Ländern aus dem Tourismusbereich und auch aus der Gestaltung der Tourismuspolitik zurück. Nur zu bereitwillig werden in Zeiten knapper öffentlicher Kassen, teils auch gegen der Widerstand der Privatwirtschaft, Aufgaben aus dem Tourismusbereich (z.B. nationales Tourismusmarketing) an die Privatwirtschaft abgegeben. Entsprechend schwindet in einer Reihe von Staaten der Einfluss der staatlichen Tourismusorganisationen.

Vor dem Hintergrund dieser allgemeinen Entwicklungen sind die jüngsten institutionellen Entwicklungen im Schnittfeld von Tourismus- und Umweltpolitik, wie sie in den folgenden Abschnitten noch detaillierter dargestellt werden, einzuordnen.

Die Tourismuswirtschaft ist infolge der Konzentrationsprozesse und der verbesserten Organisation ihrer Interessen inzwischen dazu in der Lage, auch politisch aktiv auf die tourismusbedingten Umweltprobleme zu reagieren. Ein gutes Beispiel hierfür ist etwa die 1995 vom WTTC – in Zusammenarbeit mit der WTO-OMT und dem Earth Council – erstellte „Agenda 21 for the Travel & Tourism Industry" (WTTC, WTO und Earth Council 1995). Selbstverständlich schwingt bei diesen Bemühungen auch das Interesse mit, die Problemdefinition und die Problemlösungsstratgieen so zu beeinflussen, dass die wirtschaftlichen Anliegen der Industrie möglichst unberührt bleiben.

Die staatlichen und zwischenstaatlichen Einrichtungen, die für die Tourismuspolitik verantwortlich sind, haben einen vorherrschend wirtschaftspolitischen Hintergrund. Der Abbau der staatlichen Aktivitäten im Tourismusbereich hat allerdings zur Konsequenz gehabt, dass sich die Einrichtungen nun teils verstärkt dem Schnittfeld von Umwelt und Tourismus zuwenden, da

---

4 Eine gewisse Sonderstellung in diesem Prozess haben die verkehrsbezogenen touristischen Dienstleistungen, insbesondere Eisenbahn und Luftfahrt.

sie sich hieraus einen Legitimationseffekt erhoffen. So ist die World Tourism Organisation etwa zunehmend in diesem Themenfeld tätig. Die partiell aufgeschlossene Haltung der Industrie erleichtert es den staatlichen Stellen, Umwelt und Tourismus zu thematisieren (Kahlenborn u.a. 1998).

Mit den zunehmenden Umweltproblemen treten schließlich auch reine Umweltorganisationen immer stärker als Akteure im Schnittfeld von Tourismus- und Umweltpolitik auf. Das betrifft umweltbezogene Nicht-Regierungsorganisationen, die ihre bisherige Zurückhaltung mehr und mehr aufgeben, den Tourismus als Problemfaktor entdecken und international gemeinsam zum Thema arbeiten. Es betrifft in gleichem Maße auch zwischenstaatliche Stellen, die dem Umweltschutz gewidmet sind. Besonders hervorzuheben ist hier das United Nations Environmental Programme (UNEP), das sich immer stärker dem Themenfeld Umwelt und Tourismus widmet. Es betrifft schließlich auch nationale Stellen wie etwa das Bundesumweltministerium, die mit viel Nachdruck die Thematik auf die internationale Tagesordnung setzen.

Um das Themenfeld allerdings tatsächlich im Kreis der verschiedenen Akteure diskutieren zu können, sind hierzu auch die entsprechenden Foren notwendig. Drei Foren haben sich dabei in den letzten Jahren fest etabliert: die CBD, die CSD und die WTO-OMC. In diesen gänzlich oder zumindest partiell neuen institutionellen Arrangements wird nun international nach Antworten auf die tourismusbedingten Umweltprobleme gesucht – allerdings aus sehr unterschiedlicher Sicht und sehr unterschiedlichen Schwerpunkten.

4. Neue Arrangements im Schnittfeld Umwelt- und Tourismuspolitik

4.1 Convention on Biological Diversity (CBD)

Die Konvention über die Biologische Vielfalt wurde 1992 im Rahmen der Rio-Konferenz von damals 174 Staaten und der Europäischen Gemeinschaft unterzeichnet. Allgemein formuliert, liegt es im Bestreben der Vertragsparteien der Konvention, die Vielfalt des Lebens auf der Erde in all ihren Formen zu erhalten. Artikel 1 der Konvention konkretisiert dieses Ziel: Erstens geht es um den Schutz der Artenvielfalt, zweitens wird die nachhaltige Nutzung ihrer Bestandteile angestrebt und drittens soll die gleichberechtigte Teilhabe der Unterzeichnerstaaten an den Vorteilen aus der Nutzung genetischer Ressourcen sichergestellt werden. Insgesamt bietet das noch vergleichsweise junge Regime zum Schutz der Artenvielfalt damit erstmals einen Rahmen für globale Naturschutzinitiativen. Bisher waren länderübergreifende Naturschutzabkommen entweder regional (z.B. Alpenschutzkonvention) oder/und inhaltlich (z.B. Vogelschutzrichtlinie der EU) begrenzt (Henne 1997; Bundesamt für Naturschutz 1997).

Der Bereich Tourismus wird in der Konvention nicht ausdrücklich erwähnt. Betrachtet man jedoch den Vertragstext genauer, so wird deutlich, inwieweit der Tourismussektor von den Regelungsinhalten der Konvention betroffen ist. Artikel 6 fordert die Vertragsparteien zum Beispiel auf, nationale Strategien, Pläne oder Programme zur nachhaltigen Nutzung der biologischen Vielfalt zu entwickeln und ihre sektorübergreifenden Politiken, also zum Beispiel die Tourismuspolitik, dahingehend auszurichten. Artikel 7 fordert weiter, diejenigen Tätigkeiten zu bestimmen, die erhebliche Auswirkungen auf die biologische Vielfalt haben können. Zweifelsohne gehört der Tourismus dazu. Außerdem bieten Artikel 8 (Schutz der biologischen Vielfalt vor Ort in und außerhalb von Schutzgebieten) und Artikel 14 (Umweltverträglichkeitsprüfung) Ansatzpunkte für die praktische Integration von Naturschutzzielen in nationale wie internationale Tourismuspolitiken (Bundesamt für Naturschutz 1997).

Mit dem Gedanken der nachhaltigen Nutzung natürlicher Ressourcen geht die Biodiversitätskonvention über klassische, allein auf den Schutz gerichtete Naturschutzkonzepte hinaus (Henne 1997: 185). Dieser erweiterte Ansatz, der die Natur „in Wert" setzt, macht auch den Charme der Konvention für mögliche Regelungen, die den Tourismussektor betreffen können, aus. Denn „nachhaltiger Tourismus" stellt eine Form der Nutzung der Natur dar, die ökonomische und ökologische Ziele miteinander verknüpfen kann. Die Beziehungen zwischen Biodiversität und Tourismus lassen sich insgesamt folgendermaßen zusammenfassen (vgl. Kahlenborn u.a. 1998: 116):

– Biologische Vielfalt ist eine wesentliche Grundlage für touristische Aktivitäten;
– Tourismus hat wesentliche Auswirkungen auf die biologische Vielfalt;
– Tourismus kann dazu beitragen, biologische Vielfalt zu erhalten und nachhaltig zu nutzen.

Als konkrete Handlungsoptionen zur praktischen Verknüpfung von Tourismus und Biodiversität haben sich für die Vertragsparteien der Konvention in den vergangenen Jahren zwei Modelle herauskristallisiert. Ein vergleichsweise weiches Instrument ohne direkte rechtliche Bindewirkung stellen globale „Leitlinien" für die beteiligten Akteure des Tourismussektors dar. Der Vorteil dieses Vorgehens liegt darin, dass nicht-staatliche Akteure, insbesondere Unternehmen und Verbände der Tourismuswirtschaft, direkt als Zielgruppe berücksichtigt werden können. Außerdem ist keine langwierige Implementierung globaler Normen in nationales Recht erforderlich. Zusätzlich könnten Leitlinien als Richtschnur für spätere, verbindlichere Regelungen gelten. Der zweite Ansatz zur Integration von Biodiversitäts- und Tourismuspolitik geht genau in diese Richtung. Hier wird eine verbindliche Ergänzung der Biodiversitätskonvention um ein Tourismusprotokoll vorgeschlagen. Vergleichbar dem Kyoto-Protokoll zur Klimakonvention werden global gültige Normen für den Tourismussektor gefordert. Hauptproblem dieses Ansatzes ist der zu erwartende komplizierte Verhandlungsprozess sowie die später zu gewährleistende Umsetzung in nationale Rechtssysteme. Die im Februar 1999 vorläufig gescheiterten Verhandlungen über ein Protokoll über biologische Sicherheit zeigen erneut, wie schwer sich globale Regime als institutionelle Arrangements mit enormem Konsensdruck bei der Regulierung umweltpolitischer Probleme tun (vgl. Kraack 1999).

Die internationale Diskussion zum Thema Artenschutz und Tourismus und den skizzierten Handlungsansätzen wurde wesentlich von der Bundesrepublik Deutschland und hier besonders vom Umweltministerium initiiert. Auf der zweiten Vertragsstaatenkonferenz in Jakarta 1995 wies die deutsche Umweltministerin Merkel auf die wachsenden Konfliktpotentiale zwischen Umwelt und Tourismus hin. In dem von ihr vorgelegten Hintergrundpapier „Biologische Vielfalt und Tourismus" regte sie an, die Biodiversitätskonvention als zentrales Instrument für die Erarbeitung internationaler Regeln für den Tourismus zu nutzen (vgl. Umwelt Nr. 5/1997: 188).

Im Vorfeld der 4. Vertragsstaatenkonferenz in Bratislava 1998 (COP 4) setzte Deutschland seine Bemühungen fort. Zuerst einigten sich im Rahmen einer Umweltministerkonferenz in Berlin 1997 18 Vertragsstaaten der Konvention auf die sogenannte „Berliner Erklärung". Darin werden Prinzipien für einen nachhaltigen Tourismus formuliert. Repräsentiert waren Staaten, die entweder, wie die Bundesrepublik, einen großen Teil des globalen Tourismus induzieren, wichtige Empfängerstaaten sind oder über eine besondere Artenvielfalt verfügen (Kahlenborn/Kraack/Carius 1999: 68). Präzisiert wurden die Vorschläge für die Bratislawa-Konferenz auf einer Konferenz im Vorfeld in Heidelberg im Frühjahr 1998. Eine Vielzahl von Akteuren, darunter auch Nichtregierungsorganisationen, schlug der Vertragsstaatenkonferenz vor, eine Arbeitsgruppe einzurichten, die Leitlinien zur Integration von Biodiversität und Tourismus entwickeln soll (Kahlenborn u.a. 1998: 119).

Im Rahmen der Vertragsstaatenkonferenz wurde das Thema von den beteiligten Umweltministern diskutiert.[5] Wie sich bereits zuvor in den vorbereitenden Konferenzen herausgestellt hatte, wurde deutlich, dass lediglich Leitlinien als weiches Instrument Chancen haben, auf die notwendige Akzeptanz zu treffen. Dagegen hat ein bindendes Tourismusprotokoll zumindest mittelfristig wenig Chancen. Nicht zuletzt Vertreter der Tourismusindustrie sprachen sich eindeutig gegen weitreichende Regulierungen aus und betonten die Notwendigkeit verstärkten gemeinsamen Handelns von öffentlichem und privaten Sektor.

Aber selbst hinsichtlich der Erstellung von unverbindlichen Leitlinien gab es auf der Konferenz erheblichen Widerstand. Zwar machte Deutschland den Vorschlag zur Erteilung eines Mandats für die Einrichtung einer Arbeitsgruppe, die globale Leitlinien entwerfen sollte, im Verlauf der Vertragsstaa-

---

5 Die Grundlage der Diskussion bildete das deutsche Papier „Biological Diversity and Sustainable Tourism: Preparation of Global Guidlines" (UNEP 1998).

tenkonferenz von Bratislava (BMU 1998b) konnte jedoch während der Sitzung keine Einigung über die Besetzung der Arbeitsgruppe erzielt werden. Auch gab es Einwände einzelner Vertragsstaaten hinsichtlich der Rolle und des Mandats der CBD, die Initiative zur Entwicklung derartiger Leitlinien zu ergreifen (Earth Negotiations Bulletin Vol. 09 No. 96, May 18 1998).

Im Ergebnis sah die 4. Vertragsstaatenkonferenz für den Bereich nachhaltiger Tourismus folgendes vor: Die Aktivitäten wurden zunächst wieder hinunter auf die nationale Ebene verwiesen. Hier sollen die Vertragsstaaten dem CBD-Exekutivrat Informationen über vorhandene Strategien für nachhaltige Tourismusentwicklung, über best-practice-Beispiele, über die Einbeziehung des privaten Sektors und der lokalen Ebene in staatliche Strategien sowie über Modelle für grenzüberschreitende Zusammenarbeit vermitteln. Auf der Grundlage dieser nationalen Informationen soll ein „maßnahmenorientierter Dialog und Erfahrungsaustausch" im CBD-Rahmen initiiert werden. Überdies wurde die enge Zusammenarbeit mit der CSD-7 (vgl. Abschnitt 4.2 und Abschnitt 5), die Tourismus als Schwerpunktthema behandelt, beschlossen (BMU 1998a).

Es bleibt somit festzuhalten, dass es mit der CBD gelungen ist, das Thema Tourismus und Umwelt global aufzugreifen (vgl. Abschnitt 5). Die CBD als Forum, das Akteuren aus unterschiedlichen Sachbereichen eine Diskussionsplattform bietet, kann als ein neues institutionelles Arrangement für den Bereich Tourismus und Umwelt verstanden werden. Unmittelbar greifbare Resultate haben die Verhandlungen der 4. Vertragsstaatenkonferenz aber nicht erbracht. Das Wirkungspotential, das sich mit der CBD verbindet, also die Festlegung verbindlicher Regelungen für alle Vertragsstaaten für den Bereich Tourismus und Umwelt, konnte bisher auch nicht im Ansatz erschlossen werden. Im Gegenteil, der Rückverweis der Aktivitäten auf die nationale Ebene kann sogar als Rückschritt gewertet werden.

4.2 Commission on Sustainable Development (CSD)

Die im Rahmen der Konferenz zu Umwelt und Entwicklung in Rio 1992 gegründete Commission on Sustainable Development (CSD) ist als intergouvernementales Organ der Vereinten Nationen mit der Begleitung des Umsetzungsprozesses der Agenda 21 beauftragt (Fridtjof Nansen Institute 1997: 208). Tourismus hatte lange Zeit eine eher untergeordnete Bedeutung in ihrer Arbeit. Ursache hierfür war das geringe Gewicht, das dem Themenfeld in der Agenda 21 selbst zukam. Soweit Tourismus daher in der Arbeit der CSD zunächst angesprochen wurde, war er integriert in das Aktionsprogramm zur Umsetzung nachhaltiger Entwicklung in Inselstaaten der Dritten Welt (Small Island Developing States) (ECOSOC 1996).

Die Zurückhaltung der CSD im Bereich des Tourismus und die Fokussierung allein auf den Tourismus in Inselstaaten wurde 1997 durchbrochen. Im

Rahmen der 19. Sondergeneralversammlung der Vereinten Nationen im Juni 1997 in New York wurde die CSD aufgefordert, den Tourismus für die Jahrestagung 1999 als eines von vier Schwerpunktthemen auf die Agenda zu setzen und bis dahin ein Arbeitsprogramm zur Realisierung der in New York anvisierten Ziele zum Thema Umwelt und Tourismus zu erarbeiten.

In der Vorbereitung wurde die Wunschvorgabe der letzten Jahrestagung realisiert, den CSD Prozess dynamischer, partizipativer und zielorientierter zu gestalten. Dem wurde Rechnung getragen durch eine frühe Einbindung von Interessengruppen, NROs, Vertretern sozialer Gruppen wie auch der Wirtschaft der jeweiligen Politikbereiche, sowie durch die Organisation eines „multi-stakeholder-Dialogs" als integraler Bestandteil der CSD-7. Durch die starke Beteiligung gesellschaftlicher Interessengruppen unterschied sich die CSD-7 deutlich von ihren Vorgängern.

Konkret forderte das CSD-Sekretariat in der Vorbereitungsphase des Treffens Interessenvertreter auf, einen Input für die Sitzung zu leisten. Sogenannte „lead organisations" waren für die Meinungsbildung und Vorarbeiten in ihren Interessensbereichen verantwortlich und formulierten aus diesem Input Dialogpapiere, die Position und Vorschläge zur Realisierung eines nachhaltigen Tourismus vorstellten und auf deren Grundlage im „multi-stakeholder-Dialog" diskutiert wurde. Bei den „lead organizations" handelte es sich:

- für den Industriesektor um den WTTC sowie die International Hotel and Restaurant Association (IHRA), die gemeinsam ein Dialogpapier vorstellten,
- für die lokale Ebene um den International Council on Local Environmental Initiatives (ICLEI),
- für den sozialen Bereich um die International Confederation of Free Trade Unions sowie das Trade Union Advisory Committee to the OECD sowie
- für den Umweltbereich um die Commission for Sustainable Development non-Governmental Organizations Steering Committee (ECOSOC 1999).

Beiträge wurden ferner auch von einzelnen Staaten bzw. Staatengruppen sowie von bestimmten internationalen Organisationen erbracht.

Die eigentliche Sitzung der CSD-7 gliederte sich in verschiedene Segmente, in deren Rahmen unterschiedliche Akteure ihre Forderungen hinsichtlich des Arbeitsprogramms diskutierten. Im erwähnten „multi-stakeholder-Dialog" diskutierten die Vertreter der Tourismusindustrie, Gewerkschaften, lokale Akteure und NGOs mit Regierungsvertretern auf der Basis der von ihnen eingereichten Inputpapiere. Die vier diskutierten Themen waren:

- die Sensibilisierung der Verbraucher und die Beeinflussung ihres Verhaltens,
- die Ausweitung freiwilliger Initiativen der Tourismusindustrie,

- die Förderung einer breit-angelegten nachhaltigen Entwicklung bei gleichzeitigem Schutz der Umwelt wie der lokalen Bevölkerungen,
- der Einfluss des Küstentourismus (ECN.17/1999/L.4./Add.2).

Das high-level Segment, in dessen Rahmen sich Vertreter aus 89 Staaten trafen, diskutierte ebenfalls auf der Basis von Input-Papieren der verschiedenen Akteure. Der CSD-7-Vorsitzende Simon Upton (Neuseeland) begrüßte in seiner Zusammenfassung der Diskussionsergebnisse den dialogorientierten Verlauf der Sitzung sowie die konstruktive Mitarbeit an der Erarbeitung des gemeinsamen Programms anstelle der in der Vergangenheit üblichen bloßen Präsentation nationaler Stellungnahmen.

Während bei der Erarbeitung des Abschlussdokumentes vor allem hinsichtlich der Themen Sextourismus und Sozialstandards Dissens bestand, verliefen die Verhandlungen hinsichtlich der direkt umweltbezogenen Aspekte des Abschlussdokuments wesentlich glatter und einvernehmlicher. Trägt man jedoch der Tatsache Rechnung, dass in diesem Segment Vertreter der unterschiedlichsten Richtungen ihre Interessen ins Spiel brachten, kann nicht verwundern, dass die Ergebnisse dieses Dialogs Kompromisscharakter haben und keine radikalen Forderungen zur Durchsetzung von nachhaltigem Tourismus aufstellten. Gleichwohl gehen die abschließend gefundenen Formulierungen weit über die eher restriktiven Vorstellungen der Tourismusindustrie hinaus. Die Bestrebungen des WTTC (vgl. Abschnitt 3), die „Agenda 21 for the Travel & Tourism Industry" als Aktionsrahmen der CSD durchzusetzen, hatten keinen Erfolg.

Die Diskussionsergebnisse enthalten vor allem freiwillige Maßnahmen zur Stärkung von Nachhaltigkeit, die vielfach direkt für die Formulierung des abschließenden Arbeitsprogramms übernommen wurden. Des weiteren wurden in dem Abschlussdokument die internationalen Organisationen aufgefordert, gemeinsam mit den betroffenen Akteuren ihre Initiativen zu internationalen Leitlinien weiterzuverfolgen. Besonders hervorhebenswert ist dabei der Auftrag, der aus der CSD heraus an die CBD ergangen ist, Tourismusleitlinien auszuarbeiten (vgl. Abschnitt 5). Die Mitgliedstaaten der Biodiversitätskonvention sollen durch Informationsaustausch, best-practice-Austausch etc. zur Entwicklung von internationalen Richtlinien für touristische Aktivitäten in sensiblen, für die Biodiversität bedeutsamen Gebieten beitragen. Über die Verbindlichkeit dieser Richtlinien bzw. die Möglichkeiten eines Tourismusprotokolls zur Konvention wurde im Rahmen der CSD-Tagung allerdings keine Aussage getroffen.

Keinen Erfolg hatte die Initiative der Nichtregierungsorganisationen, einen gemeinsamen internationalen Standard für die Entwicklung von Ökolabeln und Gütesigeln im Tourismus zu entwickeln. Hier bestand die Tourismusindustrie weiterhin auf der Entwicklung von Auszeichnungen nach selbstentwickelten Kriterien.

Insgesamt lässt sich feststellen, dass Tourismus und die Chancen seiner nachhaltigen Entwicklung zum ersten Mal auf globaler Bühne umfassend –

also auch weit über die Ansätze im CBD-Prozess hinaus – und unter ernsthafter Einbeziehung aller betroffenen Akteure diskutiert wurden (vgl. Abschnitt 5). Darüber hinaus entsteht mit der CSD jetzt ein langfristig wirkendes Forum für alle relevanten Akteure, um sich über die Probleme im Bereich von Tourismus und Umwelt auszutauschen. Die CSD-Sitzung im Jahre 2002 wird über die Fortschritte im Hinblick auf das abgesteckte Arbeitsprogramm diskutieren. Bis dahin wird eine CSD-Task-Force die weitere Implementierung dieses Programms kontrollieren. Gleichzeitig soll der im Rahmen der CSD-7 begonnene „multi-Stakeholder-Dialog" fortgeführt werden. Ferner ist noch eine internationale Arbeitsgruppe von Nicht-Regierungsorganisationen aus dem Umwelt- und Entwicklungsbereich gegründet worden, um die Umsetzung der CSD-7 Beschlüsse zu verfolgen. Die CSD-7 trägt damit in bedeutendem Umfang zur institutionellen Verfestigung des Diskussionsprozesses im Schnittfeld von Umwelt und Tourismus bei. Der Gipfel bietet hinsichtlich der Beteiligung verschiedener gesellschaftlicher Interessengruppen sicherlich ein Beispiel dafür, wie auf globaler Ebene sachbereichsübergreifende Diskussionsprozesse zukünftig strukturiert werden sollten. Die Bewertung der Ergebnisse des Gipfels im Hinblick auf ihre Zukunftsfähigkeit fällt allerdings zweischneidig aus:

Das Abschlussdokument, zu dem alle in den Prozess Involvierten beitrugen, beinhaltet konsensfähige Feststellungen und formuliert unverbindliche Handlungsaufforderungen für die verschiedenen beteiligten Akteure. Thematisch greift es dabei die von allen Akteuren geforderte Weiterentwicklung von Indikatoren für nachhaltige Entwicklung, die Sammlung und Verbreitung von best practice-Beispielen und die Einbindung lokaler Akteure und Betroffener in die Entwicklung von Tourismusangeboten auf.

Dagegen stellt die Abschlusserklärung jedoch keine Ausarbeitung von rechtlich verbindlichen Initiativen wie beispielsweise Protokollen im Rahmen von bestehenden Konventionen in Aussicht. Alle internationalen Initiativen, die durch die CSD angestoßen oder gestärkt werden sollen, wie der Global Code of Ethics der WTO-OMT, die Prinzipien für nachhaltigen Tourismus von UNEP und die Bemühungen nach Leitlinien für nachhaltigen Tourismus im Rahmen der Biodiversitätskonvention, die im Dokument positiv erwähnt werden und weitere Unterstützung finden sollen, sind rechtlich nicht bindend. Ungewiss bleibt deshalb, ob das Ziel nachhaltiger Tourismus mit den konsensfähigen Maßnahmen der Abschlusserklärung erreicht werden kann (vgl. Abschnitt 5).

4.3 World Trade Organisation/General Agreement on Trade in Services (GATS)

Ein wichtiger Faktor für die bisherige Expansion des Tourismussektors war zweifelsohne die Globalisierung und Liberalisierung der Weltwirtschaft.

Stand der Tourismus jedoch bis vorm kurzem eher am Rande der Liberalisierungsbemühungen, so gelangt er zunehmend in das Zentrum der Bestrebungen um einen freien Waren- und Dienstleistungsaustausch. Mit dem 1995 in Kraft getretenen „General Agreement on Trade in Services" (GATS) existiert seit wenigen Jahren ein multilaterales Liberalisierungsabkommen für den globalen Handel mit Dienstleistungen, darunter auch dem Tourismus. Mehr als in jedem anderen Dienstleistungsbereich wurden im Rahmen des GATS im Tourismus Liberalisierungsverpflichtungen abgegeben (WTO-OMC 1998). Die hohe Zahl der schon abgegebenen Liberalisierungserklärungen kann jedoch nicht darüber hinwegtäuschen, dass mit dem bisherigen GATS (GATS I) nur der erste, noch verhaltene Schritt in Richtung einer umfassenden Liberalisierung unternommen wurde. GATS I sah allerdings schon als Abkommensbestandteil vor, dass nach Ablauf von fünf Jahren weitergehende Verhandlungen durchgeführt werden sollten.

Diese Verhandlungen werden nun voraussichtlich integriert in eine allgemeine Verhandlungsrunde zur Liberalisierungsmaßnahmen für die Weltwirtschaft, die „Millenium Round". Der Tourismus wird wahrscheinlich der erste Tagesordnungspunkt dieser Verhandlungsrunde sein. Erste Konsultationsprozesse zwischen den Staaten finden dementsprechend auch schon statt und die EU hat eine Arbeitsgruppe hierzu eingerichtet. Absehbar ist schon jetzt, dass in der nächsten Liberalisierungsrunde das GATS deutlich ausgeweitet und so modifiziert wird. Der Prozeß der „institutionellen Verfestigung" gewinnt weiter an Dynamik (vgl. Abschnitt 5). Den Vertragsstaaten werden danach dann wesentlich weniger Spielräume übrig bleiben als bisher.

In der WTO-OMC werden die Liberalisierungsbemühungen im Dienstleistungsbereich bislang selten mit den speziell vom Tourismus verursachten Auswirkungen auf die Umwelt in Zusammenhang gebracht. Die Diskussion verharrt hier bislang auf einem sehr allgemeinen Niveau und beschäftigte sich größtenteils mit der Konzeptualisierung der Problemzusammenhänge. Das „Committee on Trade and Environment" (CTE), ein WTO-OMC-Unterausschuss, der sich mit den Konsequenzen umweltpolitischer Maßnahmen auf den internationalen Handel beschäftigt, ging 1997 erstmals näher auf die Problematik der Liberalisierung von Dienstleistungen im Tourismusbereich und eventuelle Umweltauswirkungen ein (WTO-OMC 1997b). Die Diskussion entwickelte sich aufgrund eines Diskussionspapiers der USA (WTO-OMC 1997a), das die umweltpolitischen Vorteile der Liberalisierung im Bereich der Umwelttechnologie und entsprechender Dienstleistungen darstellte, ohne dabei ausdrücklich auf den Tourismusbereich einzugehen. Daraufhin schlugen einige Mitglieder des Ausschusses vor, speziell den Tourismus- und Transportsektor auf solche potentiellen Vorteile hin zu untersuchen. Im Zusammenhang mit dieser Diskussion wurde auch angeregt, dass Umweltgesichtspunkte im GATS gestärkt werden sollten, da der einschlägige GATS Artikel XIV in dieser Hinsicht nicht ausreiche. Konkrete Ergebnisse haben sich aus den Erörterungen im Committee on Trade and Environment bisher aber nicht ergeben. Dies gilt auch für die wenigen weiteren Ansätze auf WTO-OMC-Ebene zum Thema Umweltauswirkungen der Liberalisierung im Tourismusbereich. Ein Hintergrundpapier des WTO-OMC-Sekretariats aus dem Jahr 1998 zur Liberalisierung im Tourismussektor enthält zwar beispielsweise Fragen an die WTO-OMC-Mitglieder, die für die Integration von Umweltschutzgesichtspunkten in die Liberalisierung von Dienstleistungen im Tourismusbereich Auswirkungen haben könnten, aber auch hier wurden bislang keine weiteren spezifischen Resultate erzielt (WTO-OMC 1998).

Die ökologischen Probleme, die sich aus der Liberalisierung des Tourismussektors ergeben, lassen sich bislang nur in Umrissen skizzieren. Ein Problem etwa, das durch das GATS II vermutlich verschärft wird, ist das Aufbrechen bestehender regionalwirtschaftlicher Strukturen. GATS II und GATT gemeinsam werden voraussichtlich den Trend fördern, dass die für die Touristen benötigten Güter und Dienstleistungen importiert werden, statt im Urlaubsland selbst produziert/erbracht zu werden. Je geringer jedoch die „innergebietliche Verwendungsquote", desto weniger kann der Tourismus auch zur Finanzierung der lokalen sozialen Strukturen oder des örtlichen Naturschutzes beitragen. Ein anderes Problem liegt in der durch das GATS II voraussichtlich geförderten Entwicklung hin zum Ferntourismus. Angesichts der erheblichen Umweltschäden, die sich mit dem Flugverkehr verbinden, ist diese Entwicklung sehr kritisch zu sehen.

Umgekehrt verbinden sich mit der Koppelung einer Liberalisierung im Bereich der Tourismusdienstleistungen auch Chancen für einen verbesserten Umweltschutz. Ein Beispiel ist etwa die „In-Wert-Setzung" von Naturschutzgebieten. Ein anderes ist die parallel mit dem Tourismus wachsende Möglichkeit eines Transfers von Umwelttechnologien in die Reiseländer.[6]

Insgesamt ist über die Risiken und die Chancen der weiteren Liberalisierung des Tourismussektors zur Zeit noch wenig bekannt. Sichtbar ist allerdings aus zahlreichen Fehlentwicklungen in den vergangenen Jahren, dass sich aus der ungehemmten Entwicklung des Tourismus Gefahren für die Umwelt und die Sozialsystem in vielen Ländern ergeben (Tourism Watch/ Equations 1999). Die entsprechenden Gremien im Rahmen der Welthandelsorganisation, aber auch die Vertragsstaaten des GATS haben sich mit dieser Frage bisher jedoch kaum auseinandergesetzt.

Angesichts der gravierenden Auswirkungen, die GATS II auf die Umwelt haben kann bzw. aller Voraussicht nach haben wird, ist die mangelnde Beschäftigung der WTO-OMC-eigenen Gremien mit diesem Fragenkomplex problematisch. Da die vorhandenen internen Strukturen der Frage nicht ge-

---

6   Vgl. hierzu etwa die im März 1998 in Berlin vom Bundesumweltministerium, dem Umweltbundesamt und von Ecologic veranstaltete internationale Expertenkonferenz „Umwelttechnologie und Tourismus". Auch die UNCTAD hat 1998 einen Expertenworkshop zur Verbindung zwischen der Liberalisierung von (Umweltschutz-) dienstleistungen (insbesondere auch Umwelttechnologietransfer) und Tourismus abgehalten.

recht werden, ist eine Einbeziehung anderer Akteure, also eine Öffnung der Strukturen nach außen um so dringlicher. Dies wird auch von den Umwelt- und Entwicklungs-Nicht-Regierungsorganisationen so gesehen, die seit einiger Zeit verstärkt darum bemüht sind, die Auswirkungen der Marktliberalisierung im Bereich des Tourismus zu thematisieren. Bislang hat diese strukturelle Öffnung jedoch noch nicht Platz gegriffen. Die jetzt schon stattfindenden Vorgespräche zum GATS II finden weitgehend unter Ausschluss der Öffentlichkeit statt und auch für den späteren Verhandlungsprozess ist eine Öffnung gegenüber nicht unmittelbar wirtschaftsgebundenen Interessen nicht erkennbar. Damit wird das GATS zwar als Institution im Bereich Umwelt und Tourismus tätig, als Forum ist es jedoch nur einem bestimmten Teil der Akteure zugänglich (vgl. Abschnitt 5).

Probleme ergeben sich damit in doppelter Hinsicht. Zum einen kann die unausgewogene Struktur der Verhandlungspartner dazu führen, dass das schon an sich vorrangig als Instrument der Wirtschaftspolitik gedachte GATS II Umweltaspekte nur unzureichend berücksichtigt. Da über GATS I bzw. GATS II rechtliche Fakten geschaffen werden,[7] ist eine mangelnde Einbeziehung von Umweltaspekten von unmittelbarer Bedeutung.

Zum anderen entsteht ein Problem dadurch, dass durch die mangelnde Einbeziehung anderer Akteure auch keine ausreichende Rückkopplung mit den anderen zuvor genannten Foren (CSD und CBD) gegeben ist. Dieses Problem gewinnt noch dadurch an Gewicht, dass über das GATS II ein recht eingriffswirksames Instrument geschaffen wird, während die Instrumente der CSD und CBD nur geringe Durchgriffskraft besitzen. Die Gefahr besteht letztendlich, dass eine rechtliche Schieflage entsteht, bei der das GATS mit seinen verbindlichen Regelungen überhand gewinnt über die unverbindlichen Leitlinien der CSD und CBD (vgl. Abschnitt 5).

5. Ergebnis

War das Schnittfeld Umwelt und Tourismus in den letzten Jahrzehnten ein vorwiegend regionales oder nationales Thema – sofern Fragestellungen in diesem Bereich überhaupt diskutiert wurden –, so hat der erhebliche Zuwachs des Tourismus und der tourismusbedingten Umweltprobleme dazu geführt, dass viele Aspekte jetzt auf internationaler Ebene diskutiert werden müssen. Die Integration von Tourismus- und Umweltpolitik stellt damit eine neue Herausforderung für die internationale Politik dar (vgl. Abschnitt 2 sowie Kahlenborn u.a. 1998).

---

7 Von Bedeutung sind daneben auch die ebenfalls im Rahmen der Millenium Round verhandelten weiteren Liberalisierungsabkommen, etwa die möglichen Verhandlungen zu einem weltweiten Investitionsschutzabkommen.

Diese Herausforderung ist inzwischen von verschiedenen neuen globalen Verhandlungsforen auch aufgegriffen worden. In diesen Foren werden tourismus- und umweltpolitische Fragen tendenziell immer stärker aus einer themenübergreifenden Sicht diskutiert (vgl. Abschnitt 4). Nicht mehr die Lösung aktueller Einzelprobleme steht hier im Vordergrund, sondern die Schaffung wirksamer ökonomischer und ökologischer Rahmenbedingungen als Voraussetzung für eine nachhaltige Entwicklung des Tourismussektors.

Die in diesen Foren mögliche sachbereichsübergreifende Diskussion der verschiedenen vom Tourismus verursachten Umweltprobleme ist ein wichtiger Schritt in Richtung einer nachhaltigen Entwicklung. Noch bedeutsamer sind jedoch vielleicht die institutionellen Fortschritte, die sich mit diesen Foren verbinden. Die Foren selbst, wie auch die sie begleitenden Gremien, sind Ausdruck einer „institutionellen Verfestigung", deren Dynamik bis heute ständig zugenommen hat (vgl. Abschnitt 4). Diese institutionelle Verfestigung ermöglicht eine stärker fokussierte Debatte der Themen, die Bündelung der Standpunkte als Voraussetzung für eine nachfolgende Konsensfindung und die Zuordnung von Aufgaben, um gemeinsam beschlossene Handlungsziele abschließend auch in die Tat umzusetzen.

Mit den vorgestellten neuen institutionellen Arrangements verbinden sich daher in mehrfacher Hinsicht Chancen für eine erfolgreiche Bewältigung von Konflikten im Schnittfeld von Tourismus und Umwelt. Die drei knapp skizzierten Foren bergen jedoch auch Risiken. Diese liegen zum einen in der inneren Struktur dieser neuen institutionellen Arrangements begründet. Eine nur partielle, einseitig strukturierte Beteiligung von Akteursgruppen, wie im Fall von GATS II (vgl. Abschnitt 4.3), kann dabei ebenso zu Problemen führen – tendenziell wirtschaftslastige Verhandlungsergebnisse – wie eine fast vollständige Repräsentanz aller Interessen (vgl. den Fall der CSD mit der dort auftretenden hohen Unverbindlichkeit der Ergebnisse in Abschnitt 4.2).

Nicht weniger wichtig als die internen Probleme der neuen institutionellen Arrangements sind die Probleme in ihrem Zusammenspiel. Diese bestehen einerseits zwischen CSD und CBD, deren Kompetenzabgrenzung und Aufgabenverteilung unklar ist. Je nach Sachlage kann dies entweder zu einer parallelen Bearbeitung gleicher Sachverhalte (und widersprüchlichen Ergebnissen) führen oder zu einer jeweils gegenseitigen Zuweisung von Aufgaben, ohne selbst aktiv zu werden (vgl. Abschnitt 4.1 und 4.2).

Die Probleme im Zusammenspiel bestehen aber auch zwischen GATS und CBD sowie GATS und CSD. Da weder CBD noch CSD verbindliche Regelungen anstreben (im Fall der CSD ja auch nicht anstreben können), besteht die Gefahr einer Ungleichgewichtes zwischen den Foren. Für sich genommen kann zwar unter dem Aspekt der Akzeptanz und Anwendbarkeit der sehr offene und gleichzeitig zunächst unverbindliche Ansatz von CBD und insbesondere CSD positiv bewertet werden. Bedenklich stimmt dieser Ansatz aber, wenn parallel und unbeeinflußt davon[8] die Liberalisierung des Handels mit Gütern und Dienstleistungen, zu denen Tourismus gehört, zunehmend rechtlich im Rahmen des GATS abgesichert wird. Einem weichen, auf den Prinzipien des guten Willens und der Freiwilligkeit beruhenden Konsens über Instrumente zur umwelt- und sozialgerechten Tourismusentwicklung steht ein immer stärker institutionalisierter Rahmen an Normen zur Förderung des internationalen Dienstleistungshandels gegenüber (vgl. Abschnitt 4). Zieldiskrepanzen zwischen den drei Foren gehen damit automatisch zu Lasten von CSD und CBD.

Um dies zu vermeiden, aber auch um eventuell möglichen politischen Blockaden zwischen den drei Foren vorzubeugen, sollten sich die drei institutionellen Foren stärker als bisher miteinander verknüpfen. Ein erster Schritt im Hinblick auf innovativere Verfahrenskombinationen wäre, die Beziehungen zwischen den Regimen (WTO-OMC/CBD) bzw. Diskussionsforen durch regelmäßigen Informationsaustausch und eventuell auch gemeinsame Arbeitsgruppen zu intensivieren, wie dies ja auch im Ansatz beim CSD-Treffen 1999 gefordert wurde und ebenfalls in Anfängen zwischen CSD und CBD existiert.

Die Abstimmung der drei Foren, sowohl in bezug auf Zielsetzungen als auch auf Aufgaben und Kompetenzen ist dringend notwendig. Wenn sich die einzelnen institutionellen Arrangements jeweils erst etabliert haben, dann wird es um so schwerer strukturelle Probleme zu beseitigen. Eine erfolgreiche Integration der verschiedenen umweltschutzbezogenen Interessen und tourismuswirtschaftlichen Interessen wird dann kaum noch möglich sein.

Literatur

BMU, Bundesministerim für Umwelt, Naturschutz und Reaktorsicherheit (1998a): 4. Vertragsstaatenkonferenz zum Übereinkommen über Biologische Vielfalt in Bratislava, Slowakische Republik, beendet. (Pressemitteilung 55/98 vom 16.05.1998). Bonn.
BMU, Bundesministerim für Umwelt, Naturschutz und Reaktorsicherheit (1998b): 4. Vertragsstaatenkonferenz zum Übereinkommen über die biologische Vielfalt vom 4. bis 15. Mai 1998 in Bratislava – Deutsche Initiative für nachhaltigen Tourismus vorgelegt (Pressemitteilung 27/98 vom 30.4.1998). Bonn.
Bundesamt für Naturschutz (Hrsg.) (1997): Biodiversität und Tourismus. Konflikte und Lösungsansätze an den Küsten der Weltmeere. Berlin u.a.: Springer.
ECOSOC, Economic and Social Council (1999): Chairman's summary of the multistakeholder dialogue on tourism of the seventh session of the Commission on sustainable Development. (E/CN.17/1999/L.4/Add.2, 28. April 1999.)
ECOSOC, Economic and Social Council (1996): Report of the Secretary General: Progress in the Implementation of the Programme of Action for the Sustainable Development

---

8   Anzumerken ist in diesem Zusammenhang etwa, dass, trotz der diesbezüglichen Bemühungen einiger Nicht-Regierungsorganisationen, in der Diskussion der CSD-7 das Thema GATS fast vollständig ausgeblendet wurde.

of Small Island States. Addendum: Sustainable Tourism in Small Island Developing States. (E/CN.17/1996/20/Add.3, February 1996.)

Fridtjof Nansen Institute (1997): Green Globe Yearbook of International Co-operation on Environment and Development 1997. Oxford: Oxford University Press.

Gehring, Thomas und Sebastian Oberthür (Hrsg.) (1997): Umweltschutz durch Verhandlungen und Verträge. Opladen: Leske und Budrich.

Hasenclever, Andreas; Peter Mayer und Volker Rittberger (1997): Theories of International Regimes. Cambridge: Cambridge University Press.

Henne, Gudrun (1997): Das Regime über die biologische Vielfalt von 1992. In: Gehring, Thomas und Sebastian Oberthür (Hrsg.): Internationale Umweltregime: Umweltschutz durch Verhandlungen und Verträge. Opladen: Leske und Budrich: 185-200.

Kahlenborn, Walter, Michael Kraack und Alexander Carius (1999): Tourismus- und Umweltpolitik. Ein politisches Spannungsfeld. Berlin u.a.: Springer.

Kahlenborn u.a. (1998): Nachhaltige Tourismuspolitik im Zeitalter der Globalisierung. Studie erstellt im Auftrag des Büros für Technikfolgenabschätzung beim Deutschen Bundestag. Berlin: Ecologic.

Kohler-Koch, Beate (Hrsg.) (1989): Regime in den internationalen Beziehungen. Baden-Baden: Nomos Verlagsgesellschaft.

Kraack, Michael (1999): Still to be Closed! The „Capability-Expectation Gap" and the EU in Biodiversity Negotiations. Beitrag für die Konferenz „Ionian Conference II: Integrating the New Europe". Korfu. 13 – 16 Mai 1999.

Krasner, Stephen D. (Ed) (1983): International Regimes. Ithaca, London: Cornell University Press.

Müller, Harald (1993): Die Chance der Kooperation. Regime in den internationalen Beziehungen. Darmstadt: Wissenschaftliche Buchgesellschaft.

Rittberger, Volker (Ed) (1995): Regime Theory and International Relations. Oxford, New York: Clarendon Press.

Tourism Watch und Equations (1999): Tourism at the Crossroads. Challenges to Developing Countires by the New World Trade Order. Epd-Entwicklungspolitik Materialien III/99. Frankfurt/M.

UNEP, United Nations Environmental Program (1998): Biological Diversity and Sustainable Tourism: Preparation of Global Guidlines. (submissioned by Germany) (UNEP/CBD/COP/4/Inf.21).

Vellas, Francois und Lionel Becherel (1995): International Tourism. Houndsmills, London: Macmillan Press.

WTO-OMC, World Trade Organisation (1997a): Committee on Trade and Environment – Liberalization of Trade in Environmental Services and the Environment – Contribution by the United States (WT/CTE/W/70, 21.11.97).

WTO-OMC, World Trade Organisation (1997b): Committee on Trade and Environment Welcomes Information Session with MEA Secretariats, Discusses Items Related to the Linkages between the Multilateral Environment and Trade Agendas, Services and the Environment, Relations with NGOs and IGOs, and Adopts 1997 Report (PRESS/TE/021, 19.12.97).

WTO-OMC, World Trade Organisation (1998): Council for Trade in Services – Tourism Services – Background Note by the Secretariat (S/C/W/51, 23.9.98).

WTO-OMT, World Tourism Organization (1997a): International Tourism: A Global Perspective. Madrid.

WTO-OMT, World Tourism Organization (1997b): Tourism 2020 Vision. Influences, Directional Flows and Key Trends. Madrid.

WTTC, WTO und Earth Council (1995): Agenda 21 for the Travel & Tourism Industry. Towards Environmentally Sustainable Development.: World Travel & Tourism Council.

Institutionelle Arrangements als Determinanten gesetzeskonformen Metallrecyclings?
Eine Untersuchung am Beispiel des Autorecyclings

Hagen Lang

1. Ausgangslage und Problemstellung

Die ökologische Zukunftsfähigkeit moderner Industriestaaten hängt langfristig davon ab, ob sie in der Lage sind, ressourcenschonend zu wirtschaften. Dies ist nicht nur wegen der prinzipiellen Endlichkeit der Rohstoffe geboten, sondern auch wegen der Endlichkeit des anthropogen nutzbaren Bodens in dichtbesiedelten Ballungsgebieten wie Mitteleuropa. Die Entsorgungstechnik hat mittlerweile ein einmaliges technisches Niveau erreicht und auch die Menge recycelter Stoffe nimmt weiter zu. Doch die Stoffströme in ihrer Gesamtheit konnten bislang nicht nennenswert reduziert werden. Über 200 000 Altlastenverdachtsflächen in Deutschland stützen heute das Diktum des Nationalökonomen Georgescu-Roegen, der moderne Produktionsprozess sei nichts anderes als die Umwandlung kostbarer Rohstoffe in nutzlosen Abfall (Georgescu-Roegen 1971).

Eine Abfallreduzierung lässt sich entweder durch eine Reduzierung des Stoffinputs dieses Produktionsprozesses erreichen oder, wo dies nicht möglich ist, durch ein möglichst langlebiges und recyclingfreundliches Produktdesign, das eine hohe Nutzungsdauer und eine anschließende Wiederverwertung begünstigt und Wertstoffkreisläufe erst ermöglicht.

Gerade deswegen interessiert das Recycling von Metallen als seit der Bronzezeit erprobte ökologisch sinnvolle Kreislauftechnologie, die – auch ökonomisch – schon lange funktionierte, bevor Kreislaufwirtschaft zum politischen Paradigma wurde. Der Fokus dieses Beitrages liegt auf der Praxis und Politik des Autorecyclings, denn das Auto ist ökologisch eines der problematischsten Güter, gerade weil es sich allgemeiner Beliebtheit erfreut. Ein Blick hierauf sollte deshalb Auskunft über Erfolge und Probleme des Unternehmens Kreislaufwirtschaft geben, wie es seit Anfang der neunziger Jahre aus dem Bundesumweltministerium propagiert und mit Verordnungen unterfüttert wurde.

Welche Variablen haben ein wirtschaftliches, umweltverträgliches und rechtskonformes Recycling gefördert, welche haben es restringiert? Zur Beantwortung dieser Fragen sind zunächst die verfahrenstechnischen, ökonomischen, politischen und rechtlichen Realitäten des Metallrecyclings zu klären, denn sie dürfen keineswegs als bekannt vorausgesetzt werden. Ohne im Rahmen dieses Beitrages einen operationalisierten Begriff institutioneller Arrangements bieten zu können, soll jedoch sichtbar werden, welche Formen institutioneller Arrangements sich in der Auseinandersetzung um eine Nachhaltigkeit in der Autoproduktion und -verwertung als wirkungsmächtig erwiesen.

2. Das Politikfeld Autorecycling in Deutschland – Verbändekonkurrenz und Zukunftsfähigkeit

Durch Zufall erfuhr die Öffentlichkeit im Juni 1999 die Hintergründe der Gegnerschaft der Deutschen Regierung gegen die EU-Altautoverordnung. Diese war ursprünglich von Umweltminister Töpfer angestoßen worden und über sie bestand bereits 1998 Konsens zwischen den Europäischen Umweltministern. Doch nun kam eine Kehrtwende um 180 Grad. Über die versehentlich laufenden Übertragungskameras der hauseigenen Video-Anlage konnten Anwesende die geschlossene EU-Umweltministerrats-Sitzung verfolgen und den Worten des Vorsitzenden Trittin an seine empörten Amtskollegen lauschen: Die Bestimmung, dass die Industrie ausgediente Wagen ab 2003 kostenlos zurückzunehmen hätte, müsse weg. „Ich habe Weisung, dagegen zu stimmen." (N.N., 1999), so der Umweltminister. Die deutsche Autoindustrie und insbesondere Volkswagen hätten explizit gefordert, die Richtlinie zu stoppen.

Hier findet sich ein erster Hinweis auf das Wirken des Verbandes der Automobilindustrie e.V., VDA. Dieser hatte in den letzten acht Jahren weder Kosten noch Mühen gescheut, die einst geplante Deutsche Altautoverordnung in eine gefällige „Freiwillige Selbstverpflichtung" zu überführen und das europäische Pendant unschädlich zu machen. Tief gespalten und fast machtlos waren dagegen diejenigen deutschen Wirtschaftsverbände, die von einer deutschen oder europäischen Altautorichtline am meisten profitiert hätten: die deutschen Metallrecycling-Verbände. Der bvse (Bundesverband Sekundärrohstoffe & Entsorgung e.V.) und die ada (arbeitsgemeinschaft deutscher autorecyclingbetriebe e.V.) verkörpern nur kleine und mittelständische Betriebe. Der BDSV (Bundesvereinigung Deutscher Stahlrecycling- und Entsorgungsunternehmen e.V.) beherbergt eher große, an Stahlkonzerne gebundene Unternehmen, die wiederum aufs Engste mit den Automobilherstellern kooperieren und diesen in wirtschaftspolitischen Fragen meist folgen. Die meisten Autoverwerter sind erst gar nicht verbandlich organisiert und bilden politisch keine kritische Masse.

2.1 Gründe für den Niedergang der Autorecyclingbranche

Nach Branchenschätzungen existieren in Deutschland noch ca. 4000 mittelständische, kleine und kleinste Betriebe, die ihr Geld mit Altmetallen verdienen. Input dieser Betriebe sind primär Altautos, Haushaltsgeräte und Elektrogeräte. Altautos stellten für sie mit einem jährlichen Aufkommen von ca. 2,7 Millionen Stück eine bedeutende Quelle für Altmetalle. Viele Betriebe handelten mit Gebrauchtteilen aus Schrottfahrzeugen und wenn diese als Ersatzteillager ausgedient hatten, verkauften die Autoverwerter die Überreste meist an eine der 40 Shredderanlagen in Deutschland. Hier wurde das Auto meist mit Haushaltsschrott, ausrangierten Industriemaschinen, Kabeln und sonstigen metallhaltigen Gegenständen zerkleinert. State-of-the-art-Technologie des Metallrecyclings ist seit Jahren das Shreddern. Hieran wird sich, glaubt man den Recycling-Experten (Gotthelf 1993), auch in Zukunft nichts ändern.

Aber: Metallrecycling wurde im letzten Jahrzehnt so unökonomisch, dass viele Shredder bereits stillstehen. Auch 1000 kleinere Schrottbetriebe dürften im letzten Jahrzehnt bereits aufgegeben haben. Von 2,7 Mio. Altautos fanden im letzten Jahr nur noch 800 000 den Weg zu deutschen Shreddern, der Rest wurde exportiert, auch durch Shredderbetreiber und Autoverwerter selbst, denn sie sparen sich damit die in Deutschland anfallenden enormen Entsorgungskosten für den zunehmenden Müll aus dem Recyclingprozess. Diese Kosten sorgen dafür, dass viele Verwerter in Deutschland heute 100 bis 250 DM verlangen, bevor sie ein Altauto annehmen. Deshalb werden auch Hunderttausende PKW von privaten Letztbesitzern ins Ausland verkauft, vor allen Dingen nach Osteuropa. Nach jüngsten Schätzungen stehen heute zwei Drittel aller deutschen Shredder still.

Der Grund für den Niedergang der noch vor zehn Jahren profitablen Branche findet sich in der geänderten Konstruktionsweise der Gebrauchsgüter und vor allem dem Auto. Auf den Expertentagungen wird als eindeutiger Trend des Automobilbaus eine Abkehr vom Stahl und ein Leichtbau mit Multi-Material-Design benannt (Gotthelf 1993, Greis 1997, Oelsen 1995), der mit einer zunehmenden Verwendung von Polymeren und nichtmetallischen Verbundstoffen einhergeht. Bestand ein PKW vor 20 Jahren noch zu 95% aus Metallen, so sind es heute nur noch 75%. Nach dem Shreddern eines PKW von einer Tonne Gewicht bleiben heute ca. 250 kg kunststoffhaltige Abfälle übrig, genannt Shredderleichtfraktion. Dieser stark angewachsene Anteil nicht recycelbarer Kunst- und Verbundstoffe im Auto verkompliziert und verteuert das Recycling enorm. Das Problem wird noch dadurch verschärft, dass die PKW trotz Einsatz leichter Werkstoffe immer voluminöser und schwerer werden. Mehr Plastik bei steigendem Gesamtgewicht lautet der Trend.

Die oft gepriesene Volldemontage von Kunststoffteilen vor dem Shreddern kostet nach Branchenstudien (ARiV 1992-1994) zwischen 384 und 618 DM pro PKW. Dem gegenüber stehen (bei stark schwankenden Preisen) Erlöse von ca. 120 DM für 700 kg Stahlschrott und 40 DM für 50 kg NE-Schrott (Preise 1997, Fa. Taxer, München) pro PKW.

Bezüglich des Schadstoffgehalts der wachsenden Kunststoff-Fraktion zeigen von Thyssen-Sonnenberg für ARiV durchgeführte PCB-Messungen (Schmidt/Möller 1991), dass trotz Vordemontagen der geforderte Grenzwert von 10 mg/kg PCB (DIN) praktisch nie einzuhalten ist. Recht verzweifelt bemerken die Autoren der Thyssen-Studie, dass die PCB-Belastung selbst durch vollständiges Entfernen der Betriebsstoffe, Kondensatoren etc. nicht zuverlässig zu senken ist. PCB werden offenbar erst durch die Materialzerkleinerung im Shredderprozess aus den Kunststoffen und sonstigen Materialien aufgeschlossen. Da Substanzen ab einem Grenzwert von 10 mg/kg PCB als besonders Überwachungspflichtiger Abfall im Sinne der PCB-Verbotsverordnung, vulgo Sonderabfall gelten, müsste ein Großteil der Shredderleichtfraktion als Sondermüll angesehen werden. Da die Shredderleichtfraktion zusätzlich noch einen toxischen Cocktail aus Metallstäuben enthält, ist sie ein klarer Kandidat für die Sondermülldeponie oder -verbrennung. Die Kosten hierfür müssen nach geltender Rechtslage die Recycler und Entsorger finanzieren.

2.2 Verbände im Wettstreit: Die Geschichte des Scheiterns der Altautoverordnungen

Es ist heute einfach nicht mehr genügend Metall im Pkw, um mit dessen Verkaufserlös die legale Entsorgung der giftigen Kunststoffe finanzieren zu können. Dies war schon die Problemwahrnehmung des Umweltministeriums, als es seit 1990 immer neue Entwürfe der 1988 angedachten Altautoverordnung, später einer Elektronikschrottverordnung, sowie der Technischen Anleitung Shredderabfall vorlegte. 500 000 Tonnen Shredderleichtfraktion entstünden jährlich, so die immer gleiche Begründung der Verordnung (z.B. BMU 1994), die überwiegend auf Hausmülldeponien entsorgt würden. Dies war nichts weniger als das Eingeständnis einer bundesweit praktizierten illegalen Abfallbeseitigung der gesamten Recyclingbranche im Sinne § 326 StGB. Die Deponierung einer Tonne falsch deklarierten Shreddermülls auf Hausmülldeponien kostete teilweise nur 50 DM/Tonne, in den neuen Bundesländern noch weniger. Auch heute gibt es wieder einen enormen Sog auf Hausmülldeponien, weil viele Betreiber ihre freien Volumina um jeden Preis noch vor 2005 verfüllen wollen. Denn dann tritt das Gebot der TA Siedlungsabfall in Kraft, dass nur noch verbrannte Abfälle mit wesentlich geringeren Volumina abgelagert werden dürfen, mit denen wahrscheinlich auch weniger zu verdienen ist.

Kern der Töpferschen Verordnungen sollte die Produktverantwortung der Hersteller sein, da klar erkannt wurde, dass die konstruktiven Änderungen der Auto- und Elektronikproduzenten in den letzten Jahren Grund für die Müllflut waren. Die Hersteller sollten Altautos und Altgeräte ihrer Fabrikate kostenlos zurücknehmen, um durch den entstehenden Kostendruck motiviert zu werden, abfallarme und recyclingfreundliche Güter zu konstruieren.

Doch nach acht Jahren Debatte verschied die Altautoverordnung am 21. Februar 1996: VDA-Präsidentin Dr. Erika Emmerich und Umweltministerin

Angela Merkel verkündeten die Einigung auf eine „Freiwillige Selbstverpflichtung zur Altautoverwertung (Pkw) im Rahmen des Kreislaufwirtschaftsgesetzes". Die Verbände der Automobilindustrie (VDA) und der Kraftfahrzeugimporteure (VDIK) verpflichteten sich nunmehr, Pkw der eigenen Marken bis zu einem Alter von zwölf Jahren kostenlos zurückzunehmen. Die insgesamt 15 an der Selbstverpflichtung beteiligten Industrieverbände sagten ferner den Aufbau eines flächendeckenden Netzes zertifizierter Altautorücknahme- und Verwertungsstellen zu.

Eigenartig war daran nur, dass es ohnehin seit Jahrzehnten eine flächendeckende Recyclinginfrastruktur mit erheblichen Überkapazitäten gab, neben der der Aufbau eines zweiten Verwertungsnetzes durch die Autoindustrie logisch keinen Sinn ergab. Der mittelständische Teil der Recycler, verkörpert durch die Verbände ada und bvse, vermutete alsbald, dass die Autoindustrie sich selbst und den ihnen angeschlossenen Autohändlern so den Zugriff auf das Recyclinggeschäft sichern wollte, und lief jahrelang vergeblich Sturm gegen die Selbstverpflichtung. An der Selbstverpflichtung beteiligt waren jedoch die Recycling-Verbände BDS und DSV (sie fusionierten mittlerweile zum BDSV). Sie rekrutieren sich hauptsächlich aus den großen, den Autokonzernen nahe stehenden Shredderbetreibern (wie Thyssen-Sonnenberg).

ada und bvse kritisierten vor allem, dass die Autoindustrie mittels Selbstverpflichtung ihren Verzicht auf eine Beteiligung an den Entsorgungskosten festschrieb. Ferner sei die eingegangene Verpflichtung, Neuwagen bis zum Alter von zwölf Jahren zurückzunehmen, kein ökologisches Zugeständnis, sondern nur der Versuch, den Recyclern und Altautohändlern das Geschäft mit den lukrativsten Altautos aus den Händen zu nehmen. Tatsächlich erhalten nicht nur Mercedes-Fahrer für ein zwölfjähriges Auto noch Geld und würden kaum verstehen, dass sie es der Autoindustrie jetzt kostenlos zurückgeben „dürfen".

Ein weiterer Punkt der Selbstverpflichtung sieht vor, dass die Abfallquote beim Autorecycling bis zum Jahr 2015 auf fünf Gewichtsprozent gesenkt werden soll. Diese Vorgabe ist mangels produktionsintegrierter Abfallvermeidung und aufgrund der beschränkten Möglichkeiten des stofflichen Recyclings gegenüber den Kunststoffabfällen nur über eine thermische Verwertung der Abfälle zu erreichen. Wie die Altautoverwertungsbranche diese Kosten je aufbringen soll, ist völlig unklar. Vorschläge der Automobilindustrie hierzu gibt es nicht. Die an der Selbstverpflichtung beteiligten Shredderbetreiber entdeckten nun – aber zu spät –, dass sie innerhalb der Freiwilligen Selbstverpflichtung mit den Entsorgungskosten alleine gelassen wurden, und fordern neuerdings ebenfalls eine finanzielle Beteiligung der Autoindustrie. Für diese findet sich in der Freiwilligen Selbstverpflichtung jedoch keinerlei Grundlage.

War auch die Deutsche Altautoverordnung vom Tisch, so konkretisierten sich nun Aktivitäten der Europäischen Union: Ähnlich den Vorgaben der verhinderten Deutschen Altautoverordnung sollten die Hersteller ab 2003 Altautos ihrer Marke kostenlos zurücknehmen. Auch hier stand die Idee der Produktverantwortung Pate: Der für die Hersteller entstehende Kostendruck sollte sie letztlich motivieren, abfallarme und recyclingfreundliche Autos zu konstruieren. Wenn die Hersteller die Entsorgungskosten tragen müssten, so die Theorie, verteuerten sich normale PKW und abfallarm sowie recyclingfreundlich konstruierte Autos hätten einen Kostenvorteil. Der Entwurf der EU-Kommission sah vor, die Verwertungsquote bei Altautos von heute 75 Prozent bis zum Jahr 2002 auf 85 Prozent und bis 2015 auf 95 Prozent zu steigern, wobei wiederum die Verbrennung der Kunststoffe als Verwertung gilt.

Möglich geworden wäre mit der Verordnung eine Pool-Lösung nach Holländischem Vorbild: Dort bilden Autohersteller (auch die deutschen!) und Recycler zusammen die Gesellschaft ARN (Auto Recycling Nederland). Deren Aufgabe besteht in der Erhebung eines Entsorgungsbeitrages von Neuwagenkäufern und dessen Verteilung an Recyclingbetriebe, die stillgelegte Fahrzeuge verwerten. Durch diesen Zuschuss der ARN werden die Recyclingbetriebe in die Lage versetzt, trotz großer Müllmengen ein gesetzeskonformes und umweltgerechtes Recycling durchzuführen. Gegen die Entrichtung von derzeit etwa 100 Gulden erhält jeder Neuwagenkäufer eine Quittung, die er an nachfolgende Käufer weiterleitet und gegen deren Vorlage der Letztbesitzer eine kostenlose Annahme des Altautos durch Verwertungsbetriebe erwarten kann. Da Letztbesitzer ihre Autos somit kostenlos abgeben können, sind die deutschen Probleme des wilden Abstellens und des massenhaften Verkaufs nach Osten in Holland eher unbekannt. Die deutsche Problematik des Verschiebens von Shreddermüll hat in Holland kein Pendant. In Deutschland lief die Autoindustrie erfolgreich Sturm gegen die Einführung eines solchen Systems, obwohl ihre Tochterfirmen in Holland seit Jahren mit den dortigen Recyclern in der ARN kooperieren. Die holländische Lösung sei marktfeindlich, behauptete der VDA, und die Entrichtung eines geringen Entsorgungsbeitrages sei den Käufern nicht zuzumuten.

2.3 Zwischenfazit: Reale Aufgabenstellungen der Recyclingpolitik

Selbst wenn die deutsche Autoindustrie sofort mit der Entwicklung abfallvermeidend und recyclingfreundlich konstruierter Autos beginnen würde, wäre den Recyclern hierzulande kaum geholfen. Denn bei einer Lebensdauer der Autos von etwa 20 Jahren dauerte es ebenso lange, bis diese recyclingfreundliche Autoflotte die Shredder erreichen würde. Die in der jährlichen Polizeilichen Kriminalstatistik (PKS) gegen den Trend sinkender Umweltstraftaten ansteigenden Fälle Umweltgefährdender Abfallbeseitigung (§ 326 StGB) sind teilweise den Metallrecyclern zuzuordnen, die mit der legalen Entsorgung des Automülls finanziell überfordert sind. Auto-Recycling in seiner seit Jahrzehnten bewährten Form ist praktisch tot und stellt keine Lösung mehr für die Abfallprobleme dar, die mit heutigen und künftigen Autos entstehen.

Zusammenfassend muss die ökonomische Situation der Recycler in Deutschland als langes Siechtum bezeichnet werden, das sich in den letzten zehn Jahren entwickelte, seitdem sie einer doppelten Belastung aus verschärften Umweltrechtsnormen und anwachsenden Abfällen aus den zu recycelnden Produkten ausgesetzt waren. Die umweltrechtlichen Normen zum Abfallbereich wie das Kreislaufwirtschafts- und Abfallgesetz, die Chemikalienverbotsverordnung, die PCB-Verbotsverordnung usw. bieten im Normalfall ein, wenn auch lückenhaftes, Netz, um eine umweltschonende Entsorgung zu ermöglichen. Jedoch werden sie untauglich, wenn veränderte ökonomische Rahmenbedingungen es ganzen Branchen erschweren, sie zu befolgen und die ausländische Konkurrenz extrem begünstigt wird, im Osten durch umweltrechtliches Dumping und in Holland durch Systeme wie ARN.

Die drei Bundesländer Hessen, Nordrhein-Westfalen und Baden-Württemberg sind als Schwerpunkt-Standorte der deutschen Recycling-Industrie vom Problem normwidrigen Recyclings besonders betroffen. Die Erhebung eigener und fremder empirischer Daten zur Metallrecyclingpraxis ergab, dass weite Teile der Branche am Rande der Legalität arbeiten. Höhepunkt der Entwicklung war die Bildung eines international operierenden Ringes führender Deutscher Recyclingunternehmen, die illegal Sonderabfall aus dem Metallrecycling entsorgten. Das Vorgehen wurde systematisch geplant und organisiert. Von einem Institutionellen Arrangement lässt sich hier insoweit sprechen, als dieser Ring für einen wichtigen Teil der Branche hochgradig verhaltenssteuernd wirkte, auf Dauer angelegt war und in hohem Maße Erwartungssicherheit schuf. Er hatte für die Beteiligten im wahrsten Wortsinne eine Senkung ihrer Transaktionskosten zur Folge, insbesondere ihrer Entsorgungskosten.

Dieses Gebilde verdankte seine Existenz zu großen Teilen der Nichtwahrnehmung der behördlichen Umweltaufsicht. Die Verwaltungsvollzugspraxis war in allen Ländern bis Anfang der neunziger Jahre durch ein ubiquitäres Vollzugsdefizit bei der Umsetzung des Umweltrechts geprägt. In Einzelfällen waren auch Vorgänge jahrelanger Verschleppungspraxis durch Staatsanwaltschaften zu konstatieren. Mittlerweile liegen die Ursprünge der inkriminierten Vorfälle fast zehn Jahre zurück und, so die Vermutung, es sollte nun erkennbar sein, welche Konsequenzen die Länder aus den Vorfällen gezogen haben und welche Maßnahmen und Faktoren hier eine Verbesserung der Situation bewirkt haben.

Einleitend wurde formuliert, ein Blick auf das Automobilrecycling sollte Auskunft über Erfolge, Probleme und die Zukunftsfähigkeit des Unternehmens Kreislaufwirtschaft geben. Die bisherigen Analysen zeigen, dass „Kreislaufwirtschaft" im Automobilbereich auf dem Rückzug ist. Tatsächlich sind die umweltpolitischen Herausforderungen heute noch nicht darin zu sehen, eine „Zukunftsfähigkeit" oder „Nachhaltigkeit" als Weiterentwicklung eines End-of-Pipe-orientierten, nachsorgenden Umweltschutzes zu verwirklichen. Wie vor 20 Jahren absorbiert bereits die Sicherstellung einer geordneten Entsorgung und Verwertung im Rahmen der Gesetze die Kräfte der Politik und der Verwaltungen. Am Beispiel von einigen Regionen mit starker Recyclingindustrie und dementsprechendem Problemdruck soll im Folgenden analysiert werden, welche Möglichkeiten bestehen, auf ein normkonformes Recycling nebst Entsorgung hinzuwirken.

3. Recyclingpolitik in Hessen, Nordrhein-Westfalen und Baden-Württemberg

Zusammenfassend lässt sich feststellen, dass im Bundesland Hessen die Bemühungen um eine erfolgreiche Bekämpfung der Umweltkriminalität der Recyclingbranche am weitesten gediehen sind, trotz angespannter ökonomischer Lage und trotz recyclingpolitischem Attentismus des Bundesgesetzgebers. Für diesen nicht mit einer flächendeckenden Befolgung der Abfallgesetze in Hessen zu verwechselnden Erfolg bieten sich verschiedene Erklärungen an:

A) Die Fähigkeit der Länder zur umweltrechtlichen Normsetzung (z.B. Sonderabfallabgaben)

Die Möglichkeit der Länder zur umweltrechtlichen Normsetzung besteht grundsätzlich nicht. Hier hat der Bund das Vorrecht, Verordnungen im Rahmen des Kreislaufwirtschafts- und Abfallgesetzes zu erlassen. Wird er nicht tätig, dürfen die Länder bundesgesetzlichen Regelungen trotzdem nicht vorgreifen. Aus diesem Grund wurden etwa die Sonderabfallabgaben Hessens und Baden-Württembergs für verfassungsrechtlich unzulässig erklärt.

B) Das Ausnutzen von organisatorischen Spielräumen, die den Ländern in der Sonderabfallentsorgung selbst, aber auch in der Gestaltung von Umweltverwaltungen bleiben

Auch ohne eigene Rechtsetzungskompetenz im Abfallbereich können die Länder durch die organisatorische Gestaltung ihrer Abfallentsorgung sowie ihrer Umweltverwaltungen erhebliche Effizienzgewinne erzielen. Dies etwa mittels einer zentralisierten Organisation der Sonderabfallentsorgung. Hessen bevorzugte ebenso wie Baden-Württemberg ein zentrales landesweites Modell der Sonderabfallentsorgung, wobei Baden-Württemberg keine flächendeckende Pflicht zur Andienung Besonders Überwachungspflichtiger Abfälle kannte. NRW hatte keine zentrale Andienungsorganisation und vertraute vollkommen auf die Überwachungstätigkeit der zuständigen lokalen Behörden. Bei der Reorganisation der Umwelt- und Polizeibehörden ist Hessen am weitesten gegangen (siehe unten), mit nicht geringen Erfolgen.

C) Die Möglichkeit, defizitäre Personalstrukturen zu verstärken

Die Möglichkeit, defizitäre Personalstrukturen zu verstärken, gab es in den Ländern nicht oder nur in sehr geringem Umfang. Die prekäre Haushaltslage zwang dazu, mit den vorhandenen Kapazitäten auszukommen.

D) Die Möglichkeit, die Kommunikation und Kooperation innerhalb von und zwischen Behörden zu verbessern

Die Möglichkeit, die innen- und zwischenbehördliche Kommunikation und Kooperation zu verbessern, nutzte alleine Hessen, während die Situation zwischen den beteiligten Behörden an den Shredderstandorten Baden-Württembergs und Nordrhein-Westfalens von Konkurrenzverhalten, gegenseitigem Misstrauen und Desinteresse geprägt war.

E) Die Fähigkeit und/oder der Wille, umweltrechtliche Normen zu vollziehen

Die Fähigkeit und/oder der Wille, umweltrechtliche Normen zu vollziehen, war bei den untersuchten Verwaltungsbehörden der Länder sowie den Regierungspräsidien und lokalen Stellen in Nordrhein-Westfalen unterdurchschnittlich ausgeprägt. In Hessen und Baden-Württemberg fand sich die gesamte Bandbreite von überobligatorischem bis zu mangelhaftem Vollzug.

F) Die Fähigkeit, zur Durchsetzung der Umweltgesetze mit dem Normadressaten zu kooperieren

Die Fähigkeit, zur Durchsetzung der Umweltgesetze mit dem Normadressaten zu kooperieren, ist in allen Ländern vorhanden, jedoch kommt es für den umweltpolitischen Erfolg entscheidend darauf an, von welcher Qualität diese Kooperation ist. Kollusives Verhalten der Überwachungsbehörden fand sich vor allem in Baden-Württemberg und Nordrhein-Westfalen, während die Kooperation der Behörden Hessens meist im Schatten der Hierarchie stattfand. Die Gesprächspartner aus den Unternehmen durften hier zumeist annehmen, dass die Kommunikationsbereitschaft der Behörden von der Bereitschaft zur Durchsetzung ordnungsrechtlicher Maßnahmen abgelöst werden würde, wenn sich die Kommunikation als umweltpolitisch nicht zielführend erwies.

G) Die Bereitschaft der Verwaltungen, bei hartnäckigen Gesetzesverstößen auch gegenüber wirtschaftlich potenten Adressaten Sanktionen zu verhängen und zu pönalisieren

Die Bereitschaft der Verwaltungen, bei hartnäckigen Gesetzesverstößen auch gegenüber wirtschaftlich potenten Adressaten Sanktionen zu verhängen und zu pönalisieren, ist bislang nur in Hessen erkennbar gewesen.

Im Folgenden sollen exemplarisch einige hessische Spezifika erläutert werden, die halfen, Fehlentwicklungen in der Recyclingbranche zu erkennen und zu korrigieren.

3.1 Maßnahmen des Landes Hessen

Mit der Verordnung über die Beseitigung von Sonderabfällen aus Industrie und Gewerbe (Sonderabfall-Verordnung) vom 13.11.1978 (GVBl.I S. 556) führte Hessen die Pflicht ein, alle anfallenden Sonderabfälle der teils in öffentlicher, teils in privater Hand befindlichen Hessischen Industriemüll GmbH (HIM) anzudienen. In der HIM war ein ständiges Forum gegeben, in dem sich Land, Abfallerzeuger und Abfallentsorger unbürokratisch über Probleme verständigen konnten. Dies ermöglichte eine im Vergleich recht effektive zentrale Kontrolle Besonders Überwachungspflichtiger Abfälle in Hessen.

Neben verschiedenen Zwischenlagern und Sammelstellen unterhält die HIM die Sonderabfallverbrennungsanlage Biebesheim sowie chemisch-physikalische Behandlungsanlagen in Frankfurt, Kassel und Biebesheim.

Anfang der neunziger Jahre gingen die bei der HIM angelieferten Sonderabfallmengen plötzlich dramatisch zurück, die HIM litt unter einer extremen Unterauslastung ihrer Kapazitäten. Die angelieferten Sonderabfallmengen verringerten sich bis 1994 um über ein Drittel auf 509 000 Tonnen. Dies wurde zunächst (fälschlicherweise) auf erfolgreiche umweltpolitische Maßnahmen sowie erfolgreiche Vermeidungs- und Verwertungsaktivitäten der Abfallerzeuger zurückgeführt. Sehr schnell ergaben sich allerdings Anhaltspunkte, dass diese Fehlmengen auf die illegale Entsorgung von Sonderabfällen unter dem Deckmantel der Scheinverwertung zurückzuführen waren.

Dass dies überhaupt verifiziert werden konnte, war eine Leistung der zentralisiert-kooperativen Struktur der Hessischen Sonderabfallentsorgung. Durch die Kooperation von Land und Wirtschaft als Anteilseigner der HIM war hier ein ständiges Forum gegeben, in dem sich Land, Abfallerzeuger und Abfallentsorger unbürokratisch über Probleme verständigen konnten und innerhalb der die private Anteilseignerschaft der HIM ein eigenständiges finanzielles Interesse an einer ordnungsgemässen Abfallentsorgung hessischer Firmen entwickelte.

1992 verschärfte sich die Problematik illegaler Abfallverschiebung in Hessen. Nachdem die Sonderabfall-Tonnagen der HIM drastisch gesunken waren, kamen Hessische Ermittlungsbehörden auf die Spur organisierter Sonderabfall-Verschiebung unter Führung hessischer Recyclingbetriebe. Anfang Juni 1992 führte das Umweltministerium (HMfUEB) deshalb vorbereitende Spitzengespräche mit den hessischen Regierungspräsidien, den hessischen Wirtschaftsverbänden, dem Bund Deutscher Entsorger, den hessischen Gewerkschaften und den Naturschutzverbänden. Die Teilnehmer wurden über das Ausmaß organisierter Kriminalität in der Abfallwirtschaft aufgeklärt und die Organisation von gemeinsamen Gegenmaßnahmen vereinbart. Seitdem finden in unregelmäßigen Abständen immer wieder runde Tische mit Angehörigen von Verbänden statt, deren Mitglieder sich durch inkriminierte Aktivitäten besonders hervortaten. Ferner werden Informationsveranstaltungen für alle Branchen durchgeführt, die auf eine legale Entsorgung ihrer Abfälle angewiesen sind, um ihnen Hilfestellungen bei der Auswahl geeigneter Entsorger und Recycler zu geben. Mit den Verwaltungsbehörden wurden die zur Verfügung stehenden Personalkapazitäten eruiert und der für Gegenmaßnahmen nötige Personaleinsatz geplant. Mögliche Änderungen und die Forcierung der Anwendung bestehenden Rechts, sowie die Verbesserung des Informationsflusses von Dritten waren weitere Punkte der Besprechungen. Bei den Vertretern aus der Wirtschaft und Arbeitnehmerorganisationen wurde vor allem die Eigenkontrolle der Wirtschaft eingefordert.

Das Hessische Umweltministerium erarbeitete im August 1992 als weitere „Diskussionsgrundlage" umfassende „Thesen zur Bekämpfung organisierter Kriminalität im Abfallbereich". Sie besitzen im Kern bis heute Gültigkeit. Unter Bezugnahme auf den gemeinsamen Erlass vom 14.6.1989 (StAnz S. 1513) wird als Grundlage allen Verwaltungshandelns nochmals die enge Kooperation zwischen Verwaltungsbehörden und Strafverfolgern angemahnt.

Das HMfUEB fordert von den Umweltverwaltungen explizit die Anwendung geltenden Rechts sowie im Hinblick auf eine Vermeidung von illegaler Abfallbeseitigung eine Überprüfung bzw. Änderung der Ablauforganisation bei den hessischen Umweltbehörden und der HIM. Es verlangt die Schaffung eines „Beauftragten für die Bekämpfung kriminellen Verhaltens" innerhalb jeder Behörde, eine Intensivierung der Fortbildung der mit der Bekämpfung kriminellen Verhaltens befassten Mitarbeiter sowie die Verbesserung des Informationsflusses zwischen den Verwaltungsbehörden selbst. Ferner kündigte das Papier eine Bundesratsinitiative Hessens an mit dem Ziel, im Bundesabfallrecht die Umkehr der Beweislast zu verankern. Die Umweltbehörden sollten so in die Lage versetzt werden, bei Hinweisen auf umweltgefährdende Abfallbeseitigung Genehmigungen nur zu erteilen, wenn die Antragsteller ihre Zuverlässigkeit nachweisen und die Verdachtsmomente ausräumen können.

Dem folgte aus gegebenem Anlass am 14.9.1992 die Mitwirkung Hessens an der „Gemeinsamen Erklärung der Umweltminister des Bundes und der Länder anlässlich der gemeinsamen Sitzung zum Thema ‚Abfallexporte' ", die deutlich hessische Handschrift trägt. Die Öffentlichkeit wurde seinerzeit durch Presseberichte über umfangreiche Abfallverschiebungen Deutscher Unternehmen nach Rumänien und Albanien aufgeschreckt.

In der Folge wurden umfangreiche organisatorische Reformen in der Hessischen Umweltverwaltung eingeleitet, ohne, dass hierfür neues Personal zur Verfügung gestellt werden konnte. In der Umsetzung der Erklärung der Umweltministerkonferenz von 1992 ist Hessen bisher als einziges Bundesland konsequent vorgegangen und geht Verdachtsmomenten auf illegale Abfallbeseitigung zentral gesteuert nach. Um die Informationsweitergabe zu erleichtern, wurden in allen Umweltbehörden Ansprechpartner für das Umweltministerium bestimmt, mit denen es bei Verdacht auf umweltgefährdende Abfallbeseitigung kooperiert. Im HMfUEB selbst wurde am 1.7.1993 eigens das Referat „Bekämpfung illegaler Abfallentsorgung" gegründet. Es ist vornehmlich mit der Koordinierung und Intensivierung der Zusammenarbeit von Umwelt- und Strafverfolgungsbehörden betraut und überwacht insbesondere die Mengenentwicklung relevanter Abfälle, um Hinweise auf illegale Entsorgungspraktiken zu erhalten. Bis 1997 wurden in Kooperation mit dem Hessischen Innenministerium sowie der hessischen Polizeischule sechs Arbeitstagungen zur Bekämpfung illegaler Abfallverschiebungen durchgeführt, bei denen 120 Mitarbeiter der Verwaltungs- und Ermittlungsbehörden geschult wurden.

Wesentliche Aufgaben des Referats „Bekämpfung illegaler Abfallentsorgung" und die Verpflichtungen der sonstigen Behörden sind durch den Erlass „Behördeninterner Informationsaustausch ‚Abfallwirtschaftskriminalität'" vom 31.7.1994 geregelt (StAnz. 34/1994, S. 2308). Bei Verdachtsmomenten auf eine Umweltstraftat oder Ordnungswidrigkeit besteht eine Meldepflicht der Hessischen Wasserwirtschaftsämter, der Staatlichen Ämter für Immissions- und Strahlenschutz, der Bergämter, sowie der Hessischen Landesanstalten für Umwelt und Boden. Die Ämter haben alle verdächtigen Sachverhalte „unverzüglich" der Abteilung IV (Abfallwirtschaft) des HMfUEB mitzuteilen, sowie den Informationsfluss untereinander sicherzustellen. Durch die zentrale Informationssammlung und -auswertung in dem der Abteilung Abfallwirtschaft des HMfUEB angegliederten Referat „Bekämpfung illegaler Abfallentsorgung" erhalten hessische Strafverfolgungsbehörden jetzt synoptisch ausgewertete und qualitativ hochwertige Hinweise auf Straftaten und Ordnungswidrigkeiten, die auf die Bedürfnisse einer effektiven Strafverfolgung zugeschnitten sind. Ferner vereinfacht die zentrale Stellung des Referat IV die Kommunikation und Kooperation der Strafverfolgungsbehörden mit nachgeordneten Umweltverwaltungsbehörden erheblich.

4. Erklärungsansätze für unterschiedliche recyclingpolitische Erfolgsbilanzen

Fasst man die Ausprägungen der Determinanten für eine erfolgreiche Recyclingpolitik in den einzelnen Bundesländern zusammen, ergibt sich folgendes Bild:

	Determinanten gesetzeskonformen Recyclings						
	Abfallrechtliche Spielräume	Organisatorische Spielräume	Personelle Verstärkung	Kooperation zwischen Behörden	Vollzugsbereitschaft und -fähigkeit	Kooperation mit Normadressat	Sanktionen/Pönalisierung
Hessen	−	+	−	+	+/−	+	+
NRW	−	+	−	−	−	+	−
BaWü	−	+	−	−	+/−	+	+/−

Hessen unterscheidet sich von Baden-Württemberg und Nordrhein-Westfalen nur eindeutig hinsichtlich der Ausprägung der Variablen „institutionalisierte Kooperation zwischen Behörden" und „Pönalisierung". Da die Kooperation mit den Normadressaten der Shredderbranche durchgängig sehr intensiv ist, kommt es offenbar nicht auf die Quantität sondern auf die Qualität der Kooperation an. Die Hessischen Umweltbehörden verhandeln stärker „im Schatten der Hierarchie", d.h. die Kooperation mit Shredderbetreibern und Entsorgern kann nicht als „Nachgeben" missinterpretiert werden, weil glaubhaft ist, dass die Ultima Ratio Pönalisierung auch angewandt wird.

5. Schlussfolgerungen

Die Eingangsfrage nach Variablen für ein wirtschaftliches, umweltverträgliches und rechtskonformes Recycling kann weitgehend beantwortet werden. Erfolgreich scheint eine Strategie, die simultan auf

a) aktiver Anwendung von Ordnungsrecht und Strafrecht
b) inner- und intrabehördlicher Kommunikation und Kooperation sowie
c) externer Kommunikation und Kooperation mit den Normadressaten

basiert. Runde Tische zwischen Entsorgern und Umweltbehörden und die mittlerweile schon institutionalisierte Kooperation zwischen Umweltministerium und Polizei sind offenbar wichtige unabhängige Variablen für die Erklärung der umweltpolitischen Erfolge Hessens.

Das Fazit dieses Beitrages bezüglich einer Zukunftsfähigkeit durch Institutionelle Arrangements ist zwiespältig. Zwar lassen sich die oben benannten Kooperationsverbünde als Institutionelle Arrangements begreifen, die die umweltpolitische Zielsetzung einer zukunftsfähigen Gestaltung der Autorecyclingpolitik förderten. Gleiches lässt sich von anderen Institutionellen Arrangements wie der kriminellen Entsorgungsgemeinschaft der Recyclingfirmen nicht behaupten. Auch die von Bundesregierung, Recycling-, Automobil-, und Zulieferverbänden eingegangene „Freiwillige Selbstverpflichtung" zum Autorecycling kann neben ihres rechtsförmigen Charakters als Verordnung auch als Institutionelles Arrangement aufgefasst werden. Es scheint also nicht möglich, von der Identifizierung eines Institutionellen Arrangements auf eine Zukunftsfähigkeit oder Verbesserung der Recyclingpolitik zu schließen. Es bleibt abzuwarten, ob die Potenz des Terminus „Institutionelles Arrangement" zur Erklärung umweltpolitischer Erfolge durch Operationalisierungen und Konkretisierungen, den Aufbau einer Kategoriallehre oder gar den Ausbau zu einem analytischen Konzept erhöht werden kann.

Die in diesem Beitrag analysierte Kommunikation und Kooperation der Umweltverwaltungen mit Vertretern der Wirtschaft belegt immerhin, dass von einer Sprach- und Verständnislosigkeit zwischen angeblich operativ geschlossenen, autopoietischen gesellschaftlichen Teilsystemen im untersuchten Politikfeld keine Rede sein kann. Gezeigt werden konnte auch, dass im politischen System der Bundesrepublik Landes- und lokale Umweltverwaltungen über erhebliche Gestaltungsspielräume bei der zukunftsfähigen Gestaltung von Recyclingpolitik verfügen, selbst wenn der Bundesgesetzgeber darauf verzichtet, das ihm primär überantwortete Politikfeld zu pflügen.

Literatur

BMU – Bundesminister für Umwelt, Naturschutz und Reaktorsicherheit W II 5: Altautoentsorgung – Großversuche zur Auswirkung von Vorentsorgungsmaßnahmen auf den Gehalt an Polychlorierten Biphenylen und Kohlenwasserstoffen in Shredderrückständen. (unveröff.) 3. September 1991

BMU – Bundesministerium für Umwelt, Naturschutz und Reaktorsicherheit W II 4: Entwurf – Verordnung über die Entsorgung von Altautos. Bonn, (unveröff.) 27.1.1994

Gotthelf, Hans: Der Shredder bleibt das Kernstück. In: Recycling (1993)1, S. 23-29

Greis, Peter: Europas Stahlindustrie wird sich weiter verändern. In: Stahl und Eisen (1997)6, S. 75-79

Haas, Hans-Dieter/Siebert, S.: Abfallvermeidung und wirtschaftliche Entwicklung – Perspektiven für einen nachhaltigen Umgang mit Stoffströmen. In: Wilderer, Peter A. (Hrsg.): Recht auf Abfall – Vermeidung als Pflicht? Abfallwirtschaft – eine fächerübergreifende Aufgabe. 1. Eibsee-Konferenz vom 14. bis 16. September 1994. (BayFORREST – Bayerischer Forschungsverbund Abfallforschung und Reststoffverwertung Berichtsheft 3) München, 1994, S. 93-105

HMfUEB – Hessisches Ministerium für Umwelt, Energie, Jugend, Familie, Gesundheit und Bundesangelegenheiten: Thesen zur Bekämpfung organisierter Kriminalität im Bereich Abfallwirtschaft. Wiesbaden, August 1992

HMfUEB – Hessisches Ministerium für Umwelt, Energie, Jugend, Familie, Gesundheit und Bundesangelegenheiten: Behördeninterner Informationsaustausch „Abfallwirtschaftskriminalität" vom 31.7.1994, StAnz., S. 2308

Jörgensen, Kirsten: Sonderabfallpolitik in der Bundesrepublik Deutschland: Chancen und Restriktionen für einen ökologisch orientierten Wandel in den Ländern. (Planung und Praxis im Umweltschutz, Bd. 9). Bonn: Economica, 1996

MWMT NRW – Ministerium für Wirtschaft, Mittelstand und Technologie des Landes Nordrhein-Westfalen/Initiativkreis Ruhrgebiet (Hrsg.): ARiV I. Automobil-Recycling im Verbund. Wege zum Aufbau einer vernetzten Kreislaufwirtschaft bei Automobilen im Ruhrgebiet. Essen, 17.9.1992

MWMT NRW – Ministerium für Wirtschaft, Mittelstand und Technologie des Landes Nordrhein-Westfalen/Initiativkreis Ruhrgebiet (Hrsg.): ARiV II. Automobil-Recycling im Verbund. Voraussetzungen für den Aufbau einer Automobilrecyclingwirtschaft – Eine Untersuchung am Beispiel von NRW – Konzept. Essen, 2.12.1993

MWMT NRW – Ministerium für Wirtschaft, Mittelstand und Technologie des Landes Nordrhein-Westfalen/Initiativkreis Ruhrgebiet (Hrsg.): ARiV III. Automobil-Recycling im Verbund. Konzertierte Aktion zur Sicherung der Entsorgung von Shredderrückständen als Grundlage für ein umweltgerechtes Autorecycling. Technisches Konzept der ARiV- Arbeitsgemeinschaft und des Landes Nordrhein-Westfalen. Bericht. Essen, 22.11.1994

Institutionelle Arrangements als Determinanten von Metallrecycling 325

N.N.: Technische Panne sorgt bei EU-Treffen für Transparenz. In: Süddeutsche Zeitung, 26.6.1999, S. 26
OECD: Environmental Data Compendium 1995. Paris, OECD, 1995
OECD: Environmental Data Compendium 1997. Paris, OECD, 1997
Oelsen, Olaf: Die Minimierung von Abfällen bei der Entsorgung von Autowracks. In: Stahl und Eisen (1995)6, S. 89-91
RSU – Rat von Sachverständigen für Umweltfragen: Sondergutachten Abfallwirtschaft. (Deutscher Bundestag (Hrsg.), 11. Wahlperiode, Drucksache 11/8493. Unterrichtung durch die Bundesregierung). Bonn, 1995
RSU – Rat von Sachverständigen für Umweltfragen: Altlasten II. Sondergutachten Februar 1995. Stuttgart, Metzler-Poeschel, 1995
RSU – Rat von Sachverständigen für Umweltfragen: Umweltgutachten 1998. Erreichtes sichern – Neue Wege gehen. (Deutscher Bundestag (Hrsg.), 13. Wahlperiode, Drucksache 10/10195 v. 3.3.1998. Unterrichtung durch die Bundesregierung). Bonn, 1998
Schmidt, Andreas/Möller, Georg: Dokumentation von Vorbehandlungsmaßnahmen und deren Auswirkung auf die Qualität von Shredderrückständen. Thyssen-Sonnenberg-Studie. O.o., (unveröff.) Februar 1991
Fa. Taxer: Telefonische Auskunft an den Autor, 30.6.1997
Welsch, Frank: Neue Konzepte für den Karosserie-Leichtbau mit Stahl. In: Stahl und Eisen (1997)4, S. 69-72

Die Autorinnen und Autoren

Biermann, Frank, Dr. phil. LL.M., Mitarbeiter der Geschäftsstelle des Wissenschaftlichen Beirats der Bundesregierung Globale Umweltveränderungen (WBGU). – Veröffentlichungen u.a.: Weltumweltpolitik zwischen Nord und Süd. Die neue Verhandlungsmacht der Entwicklungsländer, Baden-Baden 1998; (Hrsg. zus. mit Carsten Helm und Sebastian Büttner) Zukunftsfähige Entwicklung. Herausforderungen an Wissenschaft und Politik. Festschrift für Udo E. Simonis, Berlin 1997; Saving the Atmosphere. International Law, Developing Countries and Air Pollution, Frankfurt am Main 1995; Internationale Meeresumweltpolitik. Auf dem Weg zu einem Umweltregime für die Ozeane?, Frankfurt am Main 1994. Kontaktadresse: WBGU-Geschäftsstelle, Alfred-Wegener-Institut, Postfach 12 01 61, 27515 Bremerhaven, Email: frank_biermann@hotmail.com., Fon: +49-(0)471-4831-1-719, Fax: -218

Hey, Christian, Dr. phil, Politischer Direktor im Europäischen Umweltbüro, Studium der Verwaltungswissenschaften, bis 1997 Projektleiter bei EURES (Institut für Regionale Studien in Europa). – Veröffentlichungen u.a.: Nachhaltige Mobilität in Europa, Institutionen, Akteure, Politische Strategien, Opladen 1998; (zus. mit Ruggero Schleicher-Tappeser) Nachhaltigkeit trotz Globalisierung – Handlungsspielräume auf regionaler, nationaler und europäischer Ebene, Berlin 1998; Umweltpolitik in Europa, München 1994; (zus. mit Uwe Brendle) Umweltverbände und EG, Strategien, Politische Kulturen und Organistionsformen, Opladen 1994. Kontaktadresse: EEB, Blv. de Waterloo, 34, B-1000 Brüssel, Email: christian.hey@eeb.org, Fon: +32 2 289 10 93

Imbusch, Kerstin, Diplom-Verwaltungswissenschaftlerin, akademische Mitarbeiterin am Osteuropa-Institut/Fachbereich Politik- und Sozialwissenschaft, FU-Berlin. – Veröffentlichungen: (Zus. mit Walter Kahlenborn, Alexander Carius und Anna Turmann) Nachhaltige Tourismuspolitik im Zeitalter der Globalisierung, Gutachten im Auftrag des Büro für Technikfolgen-Abschätzung beim Deutschen Bundestag. Berlin: Ecologic, 1998; (zus. mit Alexander Carius) Umwelt und Sicherheit in der internationalen Politik: Eine Einführung, in: Alexander Carius und Kurt M. Lietzmann (Hrsg.), Umwelt und Sicherheit. Herausforderungen für die internationale Politik. Berlin u.a. 1998; (zus. mit Alexander Carius): Environment and Security in International Politics – An Introduction, in: Alexander Carius and Kurt M. Lietzman (Hrsg.), Environmental Change and Security: A European Perspective, Berlin 1999. Kontaktadresse: Institute for East European Studies, Free University of Berlin, Department of Political Science, Prof. Dr. Klaus Segbers, Garystr. 55, D-14195 Berlin, Fon: +49-30-838-60-21, Fax: +49-(0)30-838-36-16, http://userpage.fu-berlin.de/~osifub

Kahlenborn, Walter, Dipl.Ing., M. A., Projektleiter bei Ecologic, Gesellschaft für Internationale und Europäische Umweltforschung. – Veröffentlichungen u.a.: (Zus. mit Kerstin Imbusch, Alexander Carius und Anna Turmann) Nachhaltige Tourismuspolitik im Zeitalter der Globalisierung, Gutachten im Auftrag des Büro für Technikfolgen-Abschätzung beim Deutschen Bundestag, Berlin 1998; (zus. mit Michael Kraack und Alexander Carius) Tourismus- und Umweltpolitik. Ein politisches Spannungsfeld, Berlin u.a. 1999; Der Blaue Tourismus-Engel ist noch flügellahm. fvw, No. 5/99, 142; (zus. mit Alexander Carius) Internationale Fachkonferenz Umwelttechnologietransfer im Tourismus – Resümee und Ausblick. Berlin 1999; Environmental Technology and Tourism. Green Hotelier, No. 11, July 1998, 8-9.; Kontaktadresse: Ecologic, Pfalzburger Str. 43/44, 10717 Berlin, Fon: +49-(0)30-86880-105, Fax: +49-(0)30/86880-100, Email: Kahlenborn@ecologic.de

Kern, Kristine, Dr. rer pol., Dipl.-Volkswirtin, Wissenschaftliche Mitarbeiterin am Wissenschaftszentrum Berlin für Sozialforschung, Abteilung Normbildung und Umwelt. – Veröffentlichungen u.a.: Die Diffusion von Politikinnovationen. Umweltpolitische Innovationen im Mehrebenensystem der USA, Opladen 2000; Die Entwicklung des Föderalismus in den USA: Zentralisierung und Devolution in einem Mehrebenensystem, Schweizerische Zeitschrift für Politische Wissenschaft 3 (1997). Kontaktadresse: Dr. Kristine Kern, Wissenschaftszentrum Berlin für Sozialforschung, Abteilung Normbildung und Umwelt, Reichpietschufer 50, 10785 Berlin, Fon: +49-(0)30-25491-282, Fax: +49(0)30-25491-254, Email: kern@medea.wz-berlin.de, http://www.wz-berlin.de

Kluth, Carsten, Student der Politologie an der Freien Universität Berlin, 1997-98 Studium am Nelson D. Rockefeller Center for Public Policy, Albany/New York. Kontaktadresse: Carsten Kluth, Kastanienallee 23, 10435 Berlin, Fon: +49-(0)30-4488736, Email: malwiz@zedat.fu-berlin.de

Knill, Christoph, PD Dr., Wissenschaftlicher Mitarbeiter bei der Max-Planck-Projektgruppe „Recht der Gemeinschaftsgüter" in Bonn. – Veröffentlichungen u.a.: (Zus. mit Adrienne Héritier und Susanne Mingers) Ringing the Changes in Europe. Regulatory Competition and the Transformation of the

State, Berlin 1996; The Transformation of National Administrations in Europe, Hagen 1999; (Hrsg. zus. mit Andrea Lenschow) Implementing EU Environmental Policy. New Directions and Old Problems, Manchester 2000. Kontaktadresse: PD Dr. Christoph Knill, Max-Planck-Projektgruppe, Recht der Gemeinschaftsgüter, Poppelsdorferallee 45, D-53115 Bonn, Germany, Tel: +49-(0)228-91416-30, Fax: +49-(0)228-91416-55, Email: knill@mpprdg.mpg.de

Kraack, Michael, Dipl. Pol., Wissenschaftlicher Mitarbeiter am Sozialwissenschaftlichen Forschungszentrum (SFZ) der Universität Erlangen-Nürnberg und Lehrbeauftragter am Fachbereich Politik- und Sozialwissenschaften der Freien Universität Berlin. – Veröffentlichungen u.a.: Rio, Kyoto und Cartagena: Die Europäische Union als Akteur der globalen Umweltpolitik, in: Klaus Schubert und Gisela Müller-Brandeck-Bocquet (Hrsg.), Die Europäische Union als Akteur der Weltpolitik, Opladen 2000 (i. E.); (zus. mit Walter Kahlenborn und Alexander Carius) Tourismus- und Umweltpolitik. Ein politisches Spannungsfeld, Heidelberg/Berlin 1999; (zus. mit Heinrich Pehle und Petra Zimmermann-Steinhart) Europa auf dem Weg zur integrierten Umweltpolitik?, in: Aus Politik und Zeitgeschichte (Beilage zu „Das Parlament"), B 25-26/1998. Kontaktadresse: Sozialwissenschaftliches Forschungszentrum (SFZ), Forschungsprojekt: Europa auf dem Weg zu einer integrierten Umweltpolitik? Michael Kraack, Findelgasse 7/9, D-90402 Nuernberg, Tel.: +49-(0)911-5302-163, Fax: +49-(0)911-5302-637, Email: michael.kraack@wiso.uni-erlangen.de, www: http://www.wiso.uni erlangen.de/WiSo/SFZ/projekte/p_umwelt/index.html

Lang, Hagen, M.A., Wissenschaftlicher Mitarbeiter am Institut für Sozialwissenschaften der TU München, Doktorand am Lehrstuhl für Politische Wissenschaft der TU München, freier Journalist. – Veröffentlichungen u.a.: (Zus. mit Jo Angerer) Das Mülliardengeschäft, ARD-„Gesucht wird.."-Reportage, ARD 26.4.1995; (zus. mit Jo Angerer) Illegale Öleinleitungen der Schiffahrt in die Nordsee, „Monitor"-Reportage, ARD 11.7.1996; (zus. mit Kurt Weis) Zeitlandschaften und Prognosen zum Einundzwanzigsten Jahrhundert. Forschungsbericht für die EXPO 2000 Hannover GmbH, München 1997. Kontaktadresse: Hagen Lang, Isartalstraße 30, D-80469 München, Fon: +49-(0)89-762271, Fax: +49-(0)89-2443-18441, Email: mw395@mucweb.de

Mayer-Ries, Jörg, Dr.rer.pol., Mitarbeiter des Instituts für Organisationskommunikation (IFOK). – Veröffentlichungen u.a.: Auf dem Weg zu einer regionalen Agenda 21. Schlußfolgerungen aus einem Diskursprojekt, in: Mayer-Ries, Jörg (Hrsg.), Zwischen globalen und lokalen Interessen – Stand und Perspektiven nachhaltig gestalteter Wirtschaftskreisläufe und kooperativen Handelns, Rehburg-Loccum 1998; (Hrsg.): Kooperation in der Region – ein Ansatz für nachhaltige Entwicklung, Rehburg-Loccum 1998; (Hrsg.): Eine Welt – eine Natur? Der Zugriff auf die biologische Vielfalt und die Schwierigkeiten, global gerecht mit ihrer Nutzung umzugehen, Rehburg-Loccum 1995. Kontaktadresse: Diplomökonom Jörg Friedrich Mayer-Ries, dienstlich: IFOK- Institut für Organisationskommunikation, Elsenstr. 106, D-12435 Berlin, Fon: +49-(0)30-536077-12, Fax: +49-(0)30-536077-20, email: ifokberlin@ifok.de, privat: Seelingstrasse 57, D-14059 Berlin, Fon: +49-(0)30-321-59-50, Email: jmayer@zedat.fu-berlin.de

Mez, Lutz, Dr. rer. pol., Geschäftsführer der Forschungsstelle für Umweltpolitik, Fachbereich Politik- und Sozialwissenschaften, Freie Universität Berlin; 1993-1994 Gastprofessor am Roskilde Universitetscenter, Dänemark, Department of Environment, Technology and Social Studies. – Veröffentlichungen u.a.: (Hrsg. zus. mit Helmut Weidner) Umweltpolitik und Staatsversagen, Berlin 1997; (zus. mit Rainer Osnowski) RWE – Ein Riese mit Ausstrahlung, Köln 1996; Energiewirtschaft – Energiepolitik, Skript für Humboldt-Universität zu Berlin, 1994; (zus. mit Martin Jänicke und Jürgen Pöschk) Die Energiesituation in der vormaligen DDR, Berlin 1991; Der Atomkonflikt, Reinbek 1981; Energiediskussion in Europa, Villingen-Schwenningen 1979. Kontaktadresse: Lutz Mez, Forschungsstelle für Umweltpolitik, Ihnestraße 22, 14195 Berlin, Fon: +49-(0)30-838-555-85, Fax: +49-(0)30-838-66-85, Email: umwelt1@zedat.fu-berlin.de

Monstadt, Jochen, Dipl.-Ing, Promotionsstipendiat der Hans-Böckler-Stiftung. – Veröffentlichungen u.a.: Energiepolitik im Wandel zur Nachhaltigkeit? Möglichkeiten und Grenzen einer Steuerung. Berliner Beiträge zu Umwelt und Entwicklung, Berlin 1997; Von Belastungsgrenzen zur ökologischen Vorsorge: Sozialwissenschaftliche Perspektiven eines nachhaltigen Umgangs mit Böden. in: R. Mackensen & W. Serbser (Hrsg.): Akteure im Bodenschutz. Preliminarien und Annäherungen an sozialwissenschaftliche Zugänge, Opladen 2000. Räumliche Aspekte neuer Entwicklungen in der Energiepolitik in der Bundesrepublik Deutschland. Studie i.A. der Akademie für Raumforschung und Landesplanung, Berlin 2000. Kontaktadresse: TU Berlin, Sekr. FR 2-9, Institut für Management in der Umweltplanung, Franklinstr. 28/29, 10587 Berlin, Tel. +49(0)30-314-73323, Email: monstadt@imup.tu-berlin.de

Nordbeck, Ralf, Diplom-Politologe, Doktorand an der Forschungsstelle für Umweltpolitik der Freien Universität Berlin. Thema der Dissertation: Pfadabhängigkeit und Transformation. Entwicklungen der Umweltpolitik in Ostmitteleuropa. Forschungsschwerpunkte: Nationale Umweltplanung, Umweltpolitik im internationalen Vergleich, Fon: +49-(0)30-838-544-91, Fax: +49-(0)30-838-566-85, Email: nordbeck@zedat.fu-berlin.de

Die Autorinnen und Autoren

Oberthür, Sebastian, Dr. phil., Projektleiter bei Ecologic, Gesellschaft für Internationale und Europäische Umweltforschung, Berlin. – Veröffentlichungen u.a.: (Zus. mit Hermann E. Ott) The Kyoto Protocol.International Climate Policy for the 21st Century, Berlin 1999; The EU as an International Actor: The Case of the Protection of the Ozone Layer, in: Journal of Common Market Studies 1999; Umweltschutz durch Internationale Regime. Interessen, Verhandlungsprozesse, Wirkungen, Opladen 1997. Kontaktadresse: Ecologic, Gesellschaft für Internationale und Europäische Umweltforschung, Pfalzburger Str. 43-44, 10717 Berlin, Fon: +49-(0)30-8688 0118, Fax: +49-(0)30-8688-0100, Email: oberthuer@ecologic.de.

Prittwitz, Volker von, PD Dr. rer pol., Privatdozent am Otto-Suhr-Institut, Freie Universität Berlin, Sprecher des Arbeitskreises Umweltpolitik der Deutschen Vereinigung für Politische Wissenschaft. – Veröffentlichungen u.a.: Symbolische Politik, in: Bernd Hansjürgens/Gertrude Lübbe-Wolff (Hrsg.), Symbolische Umweltpolitik, Frankfurt am Main 2000 i.E.; Leistungsresponsivität und Verfahrenssteuerung – Modernisierungskonzepte des öffentlichen Sektors, in: Edgar Grande/Rainer Prätorius (Hrsg.): Modernisierung des Staates?, Baden-Baden 1997, 115-144; (Hrsg.) Verhandeln und Argumentieren. Dialog, Interessen und Macht in der Umweltpolitik, Opladen 1996; Politikanalyse, Opladen 1994. Kontaktadresse: Fon: +49-(0)30-85729566, Fax: +49-(0)30-85729568, Email: vvp@zedat. fu-berlin.de

Voß, Jan-Peter, Dipl. Pol., Studium an der Freien Universität Berlin und der London School of Economics and Political Science, Forschungsinteressen: Politische Steuerung, Umwelt- und Energiepolitische Governance. Kontaktadresse: Öko-Institut – Institut für angewandte Ökologie e.V., Binzengrün 34a, 79114 Freiburg i. Brsg., Tel.: +49-(0)762-45295-0, Email: voss@oeko.de, URL: http://www.oeko.de

Politische Ökologie
Eine Einführung

Peter Cornelius Mayer-Tasch (Hrsg.)
Politische Ökologie
Eine Einführung
1999. 168 Seiten. Kart.
26,80 DM/25,– SFr/196 ÖS
ISBN 3-8100-2276-4

Politische Ökologie thematisiert die politischen Bedingungen und Gestaltungen unseres Umganges mit der Natur. Vor dem Hintergrund der Grunddisziplinen der Politikwissenschaft (Politische Theorie, Politische Systemlehre und Internationale Politik) wird eine Einführung in diese neue Disziplin gegeben, die auf die existentiellen Herausforderungen der Gegenwart antwortet.

Politische Ökologie bindet die naturwissenschaftliche Lehre vom gemeinsamen Haushalt der Natur in die sozialwissenschaftliche Reflexion über die politischen Bedingungen einer „nachhaltigen" Gestaltung des Lebens. Sie aktualisiert mithin die alte Frage, die den Ursprung der Politikwissenschaft kennzeichnet – die Frage nach dem guten Leben. Aus diesem Grunde ist der Politischen Ökologie eine normative Tendenz eigen. Die Fragwürdigkeit der Gegenwart ist der intuitive Ausgangspunkt dieser erfahrungsgesättigten „Leitwissenschaft der Postmoderne"; das Bild eines auf Zukunft angelegten guten Lebens ist ihr Leitbild.

Politische Ökologie beschäftigt sich einerseits mit den philosophischen und kulturellen Grundlagen und der Genealogie unseres Naturverständnisses; sie fragt andererseits in staatlicher und über- bzw. zwischenstaatlicher Perspektive nach den politisch-institutionellen Bedingungen unseres Umganges mit der Natur.
Die Verbindung von empirischer (Politikfeld) Analyse und normativer Tendenz kennzeichnet das Konzept der Politischen Ökologie, die, anders als die sogenannte „Umweltpolitik", durch Ganzheitlichkeit bestimmt wird.

■ **Leske + Budrich**
Postfach 300 551 . 51334 Leverkusen
E-Mail: lesbudpubl@aol.com . www.leske-budrich.de